Das Streikverbot für Beamte

Europäische Hochschulschriften

European University Studies

Publications Universitaires Européennes

Reihe II **Rechtswissenschaft**

Series II Law

Série II Droit

Band/ Volume **6000**

Fabian Ernst

Das Streikverbot für Beamte

Zur Rechtmäßigkeit des Streikverbots für Beamte unter Berücksichtigung der aktuellen Entwicklungen im nationalen und internationalen Recht

PETER LANG

Bibliografische Information der Deutschen Nationalbibliothek
Die Deutsche Nationalbibliothek verzeichnet diese Publikation in der Deutschen Nationalbibliografie; detaillierte bibliografische Daten sind im Internet über http://dnb.d-nb.de abrufbar.

Zugl.: Bucerius Law School, Diss., 2017

H360
ISSN 0531-7312
ISBN 978-3-631-75244-9 (Print)
E-ISBN 978-3-631-75245-6 (E-PDF)
E-ISBN 978-3-631-75246-3 (EPUB)
E-ISBN 978-3-631-75247-0 (MOBI)
DOI 10.3726/b13803

Diese Publikation wurde begutachtet.

www.peterlang.com

Meiner Mutter

Vorwort

Die vorliegende Arbeit wurde im Juli 2017 in Hamburg an der Bucerius Law School – Hochschule für Rechtswissenschaft – als Dissertation angenommen. Die mündliche Promotionsprüfung fand am 18. September 2017 in Form eines Rigorosums statt. Rechtsprechung und Schrifttum wurden bis Juli 2016 berücksichtigt.

Mein Dank gebührt zunächst meinem Doktorvater, Herrn Professor Dr. Matthias Jacobs, der mein Dissertationsvorhaben von der ersten Idee bis zum erfolgreichen Abschluss begleitet und gefördert hat. Ebenso gilt mein Dank Herrn Professor Dr. Klaus-Stefan Hohenstatt für die zügige Erstellung des Zweitgutachtens.

Danken möchte ich auch all jenen aus meinem persönlichen Umfeld, die mich beim Entstehungsprozess dieser Arbeit unterstützt haben. Besonderer Dank gebührt dabei Frau Stephanie Siegert für ihr geduldiges Verständnis und die wertvolle mentale Stütze während der Zeit der Promotion.

Ganz besonders herzlich danke ich zudem meiner Mutter Gisela Ernst für ihre jederzeit liebevolle und fürsorgliche Unterstützung. Ohne sie wäre sowohl mein Studium als auch die Anfertigung dieser Arbeit kaum möglich gewesen. Meiner Mutter ist diese Arbeit gewidmet.

Hamburg, im Oktober 2017 — Fabian Ernst

Inhaltsübersicht

Inhaltsverzeichnis

Abkürzungsverzeichnis

a. A.	anderer Ansicht
a. F.	alte Fassung
ABl.	Amtsblatt
Abs.	Absatz
AEUV	Vertrag über die Arbeitsweise der Europäischen Union
AfP	Zeitschrift für Medien- und Kommunikationsrecht (früher: Archiv für Presserecht)
AnwBl.	Anwaltsblatt
AöR	Archiv des öffentlichen Rechts
AP	Arbeitsrechtliche Praxis
ArbuR	Arbeit und Recht
Art.	Artikel
Az.	Aktenzeichen
BAG	Bundesarbeitsgericht
BayDG	Bayerisches Disziplinargesetz
BBesG	Bundesbesoldungsgesetz
BBG	Bundesbeamtengesetz
Bd.	Band
BeamtStG	Beamtenstatusgesetz
BeamtVG	Beamtenversorgungsgesetz
BeckRS	Beck-Online Rechtsprechung
BGB	Bürgerliches Gesetzbuch
BGBl.	Bundesgesetzblatt
BGH	Bundesgerichtshof
BMinG	Bundesministergesetz
BNotO	Bundesnotarordnung
BT-Drucks.	Bundestags-Drucksache
BVerfG	Bundesverfassungsgericht
BVerfGG	Bundesverfassungsgerichtsgesetz
BVerwG	Bundesverwaltungsgericht
bzw.	beziehungsweise
DB	Der Betrieb
DDB	Der deutsche Beamte
DGB	Deutscher Gewerkschaftsbund
DÖV	Die öffentliche Verwaltung

DPG	Deutsche Postgewerkschaft
DVBl.	Deutsches Verwaltungsblatt
EGMR	Europäischer Gerichtshof für Menschenrechte
EMRK	Europäische Menschenrechtskonvention
ESC	Europäische Sozialcharta
EU	Europäische Union
EU-BeamtStat	Statut der Beamten der Europäischen Union
EU-GrCharta	EU-Grundrechtecharta
EUBestG	EU-Bestechungsgesetz
EuGRZ	Europäische Grundrechte-Zeitschrift
EuR	Europarecht
EUrlVO	Erholungsurlaubsverordnung
EUV	Vertrag über die Europäische Union in der Fassung des Vertrags von Lissabon
EuZA	Europäische Zeitschrift für Arbeitsrecht
f.	folgend
FamRZ	Zeitschrift für das gesamte Familienrecht
ff.	fortfolgend
GBl.	Gesetzblatt
GEW	Gewerkschaft Erziehung und Wissenschaft
GG	Grundgesetz
GVBl.	Gesetz- und Verordnungsblatt
IGH	Internationaler Gerichtshof
ILO	International Labour Organization
Jura	Juristische Ausbildung
JuS	Juristische Schulung
JW	Juristische Wochenschrift
JZ	Juristenzeitung
KG	Kammergericht
KritV	Kritische Vierteljahresschrift für Gesetzgebung und Rechtswissenschaft
LBG Berlin	Landesbeamtengesetz für das Land Berlin
LBG NRW	Landesbeamtengesetz für das Land Nordrhein-Westfalen
LG	Landgericht
LPVG	Landespersonalvertretungsgesetz
m. w. N.	mit weiteren Nachweisen
NBG	Niedersächsisches Beamtengesetz
NdsVBl.	Niedersächsische Verwaltungsblätter

NJW	Neue juristische Wochenschrift
Nr.	Nummer
NStZ	Neue Zeitschrift für Strafrecht
NVwZ	Neue Zeitschrift für Verwaltungsrecht
NVwZ-RR	Neue Zeitschrift für Verwaltungsrecht Rechtsprechungs-Report
NZA	Neue Zeitschrift für Arbeitsrecht
OVG	Oberverwaltungsgericht
ParlStG	Gesetz über die Rechtsverhältnisse der Parlamentarischen Staatssekretäre
PersV	Die Personalvertretung
PrOVG	Entscheidungen des Preußischen Oberverwaltungsgerichts
RdA	Recht der Arbeit
RDGH	Reichsdisziplinargerichtshof
RG	Reichsgericht
RGBl.	Reichsgesetzblatt
RGSt	Entscheidungssammlung der Entscheidungen des Reichsgerichts in Strafsachen
RiA	Recht im Amt
RMinBl.	Reichsministerialblatt
Rn.	Randnummer
Rspr.	Rechtsprechung
RV	Verfassung des Deutschen Reiches
S.	Satz / Seite / siehe
st.	ständige
StGB	Strafgesetzbuch
SUrlV	Sonderurlaubsverordnung
TVG	Tarifvertragsgesetz
TVöD	Tarifvertrag für den öffentlichen Dienst
u.	und
UNO	United Nations Organization
usw.	und so weiter
v.	von
VerpflG	Verpflichtungsgesetz
VG	Verwaltungsgericht
Vgl.	vergleiche
VwRspr	Verwaltungs-Rechtsprechung in Deutschland
WÜRV	Wiener Übereinkommen über das Recht der Verträge
z. B.	zum Beispiel

ZBR	Zeitschrift für Beamtenrecht
ZfA	Zeitschrift für Arbeitsrecht
ZG	Zeitschrift für Gesetzgebung
ZJS	Zeitschrift für das juristische Studium
ZRP	Zeitschrift für Rechtspolitik
ZStW	Zeitschrift für die gesamte Strafrechtswissenschaft
ZTR	Zeitschrift für Tarifrecht

A. Einleitung

I. Einführung in die Thematik

Nicht lange ist es her, als in der Bundesrepublik Deutschland die Deutsche Bahn[1] und die Deutsche Post[2] von ihren Mitarbeitern bestreikt wurden. Wie immer bei einem Streik – also einer von einer Mehrzahl von Arbeitnehmern planmäßig und gemeinschaftlich durchgeführte Arbeitsniederlegung – sollte auch hier durch die gemeinschaftliche Vorenthaltung der Arbeitsleistung Druck auf den Arbeitgeber ausgeübt werden, um dessen Verhandlungsbereitschaft zu beeinflussen.[3] Aufgrund der Tatsache, dass von diesen Streiks jedoch nicht nur der jeweilige Arbeitgeber, sondern in ganz massiver Weise auch die breite Bevölkerung betroffen wurde, erregten diese Streiks enorme öffentliche Aufmerksamkeit. Schnell verbreitete sich in der Bevölkerung ein gewisses Unverständnis für die lang anhaltenden Streiks und die damit verbundenen Einschränkungen. Manch einer wird sich an die „gute alte Zeit" zurückerinnert haben, in der die Deutsche Bahn und die Deutsche Post staatliche Unternehmen und all ihre Bediensteten verbeamtet waren. Beamte dürfen nach ganz überwiegender Meinung in der Bundesrepublik Deutschland nämlich nicht streiken.[4] Wären die Mitarbeiter der Deutschen Post und der Deutschen Bahn auch heute noch alle verbeamtet, wäre es aufgrund des Streikverbots für Beamte somit zu keinerlei Einschränkungen für die Bürger gekommen. Doch ist das in der Bundesrepublik Deutschland nach ganz überwiegender Meinung geltende Streikverbot für Beamte überhaupt rechtskonform? Immerhin gilt die Koalitionsfreiheit (Art. 9 Abs. 3 GG), welche auch das Streikrecht umfasst,[5] „für jedermann und für alle Berufe", also auch für den öffentlichen Dienst.

---

1 Zeit-Artikel vom 4.5.2015, abrufbar unter: http://www.zeit.de/wirtschaft/2015-05/deutsche-bahn-lokfuehrer-wollen-ab-dienstag-sechs-tage-streiken.

2 Zeit-Artikel vom 8.6.2015, abrufbar unter: http://www.zeit.de/wirtschaft/2015-06/post-beschaeftigte-streiken-unbefristet.

3 Vgl. BeckOK-ArbR/*Waas*, Art. 9 GG, Rn. 90.

4 Statt vieler BeckOK-ArbR/*Waas*, Art. 9 GG, Rn. 113; ErfK/*Linsenmaier*, Art. 9 GG, Rn. 190; *Kissel*, § 45, Rn. 9 ff.; Maunz/Dürig/*Badura*, Art. 33 GG, Rn. 58; NK-ArbR/*Hanau*, Art. 9 GG, Rn. 167; a. A. ArbkR/*Hensche*, § 18a, Rn. 15 ff.; *Däubler*, S. 98 ff.

5 *Bitsch*, ZTR 2012, 78, 79.

II. Anlass der Untersuchung

Der juristisch vorgebildete Leser wird sofort erkennen, dass diese Arbeit nicht einzig die für jedermann geltende Koalitionsfreiheit als Anlass nehmen kann, um das Streikverbot für Beamte zu hinterfragen. Arbeiten, die das Streikverbot unter verfassungsrechtlichen Gesichtspunkten auf dessen Rechtmäßigkeit hin untersucht haben, gibt es nämlich schon zu Genüge.[6] Anlass für die erneute Untersuchung der Rechtmäßigkeit des Streikverbots für Beamte ist vielmehr, dass sich einige Umstände seit der ungefähr ein halbes Jahrhundert zurückliegenden lebhaften juristische Diskussion um die Rechtmäßigkeit des Streikverbots für Beamte so maßgeblich verändert haben, dass eine Neubetrachtung des Streikverbots für Beamte nicht nur gerechtfertigt, sondern sogar unbedingt notwendig ist.

Mit der angesprochenen Veränderung der Umstände ist hierbei zunächst gemeint, dass die Stellung des Beamten in der Gesellschaft heute eine ganz andere ist, als sie es noch vor 50 Jahren war. Wie sich aus den oben genannten Beispielen der Deutschen Bahn und der Deutschen Post bereits ergibt,[7] ist in diesem Zusammenhang zunächst die immer weiter voranschreitende Privatisierung von staatlichen Unternehmen zu nennen. Damit einher geht auch immer der Abbau von Beamtenstellen. Mit diesen Maßnahmen will der Staat seine Kosten reduzieren, da er sich über diesen Weg seiner unrentablen Unternehmen entledigen und gleichzeitig seine Personalkosten verringern kann. Insbesondere der Abbau von Beamtenstellen führt zu einer erheblichen Kostenersparnis, da die laufenden Ausgaben für die Bezüge und die Altersversorgung von Beamten die vergleichbaren Ausgaben für Arbeitnehmer deutlich übersteigen. Selbst wenn Positionen, die bisher von Beamten ausgeführt wurden, fortan von Angestellten im öffentlichen Dienst übernommen werden, spart der Staat also Geld. Genau aus diesem Grund – der Kostenreduzierung – wird der Beamte heutzutage auch mehr und mehr nur noch für seine ursprüngliche Kernaufgabe, die Ausführung von hoheitlichen Tätigkeiten, eingesetzt. Ein Beispiel für diese Konzentration des Beamteneinsatzes auf dessen Kernaufgaben bildet etwa der immer geringer werdende Anteil von Beamten in der Lehrerschaft. Immer seltener werden Lehrer nämlich verbeamtet. So hat Berlin bereits im Jahr 2003 entschieden keine Lehrer mehr zu

---

6 Statt vieler etwa *Däubler*, S. 1 ff.; *Isensee*, S. 1 ff.; *Ramm*, S. 1 ff.; *Schnapp*, S. 1 ff., jeweils m. w. N.

7 S. zu den Beispielen A.I.

verbeamten.[8] Ebenso verfährt Thüringen.[9] Stattdessen werden Lehrer heutzutage überwiegend nur noch als Angestellte des öffentlichen Dienstes eingestellt und beschäftigt. Diese Praxis führt dazu, dass aktuell sowohl Angestellte des öffentlichen Dienstes als auch Beamte dem Beruf des Lehrers nachgehen. Beide Gruppen üben somit die gleiche Tätigkeit aus, verfügen aber über unterschiedliche Rechte und Pflichten. In Bezug auf das Streikverbot führt dieser Zustand etwa dazu, dass verbeamtete Lehrer nicht streiken dürfen, Lehrer als Angestellte des öffentlichen Dienstes hingegen schon, da das Streikrecht in der Bundesrepublik Deutschland nach wie vor nur vom Status der Person und nicht von dessen Funktion abhängt. Inwiefern ein solches statusbezogenes Streikverbot für Beamte gerade in Anbetracht der oftmaligen Austauschbarkeit der Beamten durch die Angestellten des öffentlichen Dienstes – wie etwa bei den Lehrern – auch heutzutage noch angemessen ist, ist fragwürdig. Das gilt umso mehr, da die Besoldung der Beamten inzwischen in aller Regel durch eine Koppelung an den Tarifvertrag für den öffentlichen Dienst (TVöD) an die Besoldung der Angestellten des öffentlichen Dienstes angeglichen ist.

Diese – an den eben genannten Beispielen exemplarisch aufgezeigte – veränderte Stellung der Beamten führt dazu, dass das ein oder andere in älteren Arbeiten vorgebrachte Argument zur Rechtfertigung des statusbezogenen Streikverbots für Beamte heute wahrscheinlich anders beurteilt werden muss als damals. Allein die veränderte Stellung der Beamten in der Gesellschaft bietet somit einen hinreichenden Grund, die Rechtmäßigkeit des in der Bundesrepublik Deutschland geltenden Streikverbots für Beamte erneut zu hinterfragen.

Doch die Umstände haben sich nicht nur in tatsächlicher, sondern auch in rechtlicher Hinsicht verändert. So kann das deutsche Recht heutzutage nicht mehr nur national betrachtet werden. Gerade der Bereich des Arbeitsrechts unterliegt einer zunehmenden Internationalisierung. So hat Deutschland immer weitergehende völker- und europarechtliche Vorgaben zu beachten, die allesamt maßgeblichen Einfluss auf die deutsche Gesetzgebung, die Auslegung der deutschen Gesetze und die deutsche Rechtsprechung haben.

Vor dem Hintergrund dieser Entwicklung und insbesondere der Angleichung der Rechtsordnungen innerhalb der Europäischen Union ist im Hinblick auf das Streikverbot für Beamte zunächst festzustellen, dass die überwiegende Mehr-

---

8 Berliner Zeitung-Artikel vom 26.1.2012, abrufbar unter: http://www.berliner-zeitung.de/berlin/verbeamtung-berliner-junglehrer-revoltieren-gegen-senat,10809148,11518046.html.

9 Sofatutor-Beitrag vom 14.7.2014, abrufbar unter: http://magazin.sofatutor.com/lehrer/2014/07/14/infografik-wo-werden-lehrer-verbeamtet/.

heit aller europäischen Rechtsordnungen den Beamten ein Streikrecht zuspricht. Nur in drei weiteren Ländern (Polen, Dänemark, Estland) wird den Beamten allein aufgrund ihres Status das Streikrecht untersagt, doch dort gehen die Beschränkungen – etwa wegen sehr sparsamer Verleihung des Beamtenstatus – nicht so weit wie in der Bundesrepublik Deutschland.[10] In den übrigen europäischen Rechtsordnungen sind bloß funktionsbezogene Beschränkungen vorgesehen. Deutschland nimmt mit seinem absolut geltenden Streikverbot für Beamte also eine Sonderstellung ein, die vor dem Hintergrund der fortschreitenden Angleichung der Rechtsordnungen Anlass bietet, das statusbezogene Streikverbot zu hinterfragen.

Maßgeblichen Anlass für diese Arbeit und prominente Beispiele für den zunehmenden Einfluss völker- und europarechtlichen Vorgaben auf das deutsche Recht bilden allerdings die beiden aktuellen Entscheidungen des EGMR in den Fällen *Demir und Baykara*[11] und *Enerji Yapi-Yol Sen*[12], in denen der EGMR Angehörigen des öffentlichen Dienstes auf Grundlage des Art. 11 EMRK grundsätzlich ein Streikrecht zugesprochen und damit das in der Bundesrepublik Deutschland ausnahmslos geltende Streikverbot für Beamte so stark infrage gestellt hat wie kein anderer Umstand je zuvor. Zwar sind die Urteile des EGMR nur gegen die Türkei ergangen und entfalten daher keine Wirkung gegenüber der Bundesrepublik Deutschland, jedoch geht von diesen Urteilen eine enorme Signalwirkung aus, die es mehr als zweifelhaft erscheinen lässt, dass das in der Bundesrepublik Deutschland geltende statusbezogene Streikverbot für Beamte unter Berücksichtigung der völker- und europarechtlichen Vorgaben nach wie vor rechtmäßig ist.

Einige Beamte nahmen die neue Rechtsprechung des EGMR sogar zum Anlass, sich wieder an Streiks zu beteiligen und gegen die daraufhin erlassenen Disziplinarverfügungen gerichtlich vorzugehen. Aus diesem Grund waren die Verwaltungsgerichte gezwungen, sich mit der neuen EGMR-Rechtsprechung auseinanderzusetzen.[13] Hierbei kam es zu vielen divergierenden Entscheidungen,

---

10 ArbkR/*Hensche*, § 18a, Rn. 76; s. ausführlich auch *Warneck/Clauwaert*, S. 7 ff., 73 ff.

11 EGMR 12.11.2008, NZA 2010, 1425 – *Demir und Baykara/Türkei.*

12 EGMR 21.4.2009, NZA 2010, 1423 – *Enerji Yapi-Yol Sen/Türkei.*

13 So etwa das OVG Münster 7.3.2012, NVwZ 2012, 890; OVG Lüneburg 12.6.2012, NVwZ 2012, 1272; OVG Lüneburg 12.6.2012, BeckRS 2012, 51817; VG Düsseldorf 15.12.2010, ArbuR 2011, 74; VG Kassel 27.7.2011, ZBR 2011, 386; VG Kassel 27.7.2011, ArbuR 2012, 36; VG Osnabrück 19.8.2011, NVwZ-RR 2012, 323; VG Osnabrück 19.8.2011, ArbuR 2011, 375; VG Bremen 3.7.2012, BeckRS 2012, 60146; VG Berlin 18.12.2012, BeckRS 2013, 53632; VG Berlin 18.12.2012, BeckRS 2013, 53633; VG Berlin 18.12.2012, BeckRS 2013, 53635; s. zu den Urteilen ausführlich unter F.III. – F.IX.

durch welche die bestehende Rechtsunsicherheit weiter gefördert wurde. Erst zwei richtungsweisende Entscheidungen des BVerwG konnten diese Rechtsunsicherheit etwas eindämmen.[14] In diesen Entscheidungen hat das BVerwG jeweils erklärt, dass das Beamtenstreikverbot zwar weiterhin gelte, dieses Verbot aber mit den Gewährleistungen des Art. 11 EMRK unvereinbar sei und nur der Gesetzgeber diese Kollisionslage auflösen könne. Statt den Beamten selbst ein Streikrecht zuzusprechen, beließ es das BVerwG daher dabei, den Gesetzgeber zur Nachbesserung aufzufordern. Mit diesen Entscheidungen des BVerwG ist das letzte Wort hinsichtlich des Beamtenstreikverbots allerdings noch nicht gesprochen. Gegen das Urteil des BVerwG aus dem Jahre 2014 ist nämlich Verfassungsbeschwerde eingelegt worden,[15] sodass auch das BVerfG zum Beamtenstreikverbot noch Stellung beziehen wird.

III. Ziel der Untersuchung und Gang der Darstellung

Da die Frage nach der Rechtmäßigkeit des in der Bundesrepublik Deutschland geltenden Streikverbots für Beamte somit nach wie vor brandaktuell ist, soll diese Arbeit untersuchen, ob das Beamtenstreikverbot auch zur heutigen Zeit nach nationalem Recht sowie nach den völker- und europarechtlichen Vorgaben noch rechtmäßig ist.

Um dieser Frage nachzugehen, muss vorab geklärt werden, wer zu den Beamten zählt und wer somit vom Streikverbot erfasst wird. Daher werden zunächst verschiedene Beamtenbegriffe dargestellt. Anschließend wird entschieden, welcher dieser Beamtenbegriffe für diese Arbeit maßgeblich ist. Sodann werden die besonderen Rechte und Pflichten der Beamten näher erläutert, auf die im späteren Verlauf der Arbeit immer wieder abgestellt wird. An dieser Stelle wird auch der Frage nachgegangen, ob das auf den ersten Blick stark benachteiligend wirkende Beamtenstreikverbot möglicherweise durch umfassende Sonderrechte der Beamten ausgeglichen wird und deshalb ein Streikrecht für Beamte nicht erforderlich ist.

Im Anschluss daran werden die Rechtmäßigkeitsvoraussetzungen eines Streiks erläutert, da diese auch für einen rechtmäßigen Beamtenstreik erfüllt sein müssen. Sodann wird dargestellt, wie sich das heute weitgehend anerkannte Beamtenstreikverbot in der Historie herausgebildet hat. Eine solche historische Betrachtung ist für die Bewertung der Rechtmäßigkeit des Streikverbots insbesondere deshalb hilfreich, da der Gesetzgeber gemäß Art. 33 Abs. 5 GG gehalten ist, das Beamtenverhältnis

---

14 BVerwG 27.2.2014, NZA 2014, 616; BVerwG 26.2.2015, NZA 2015, 505; s. zum Urteil ausführlich unter F.X.

15 Anhängig unter dem Az. 2 BVR 1068/14.

nach den sogenannten „hergebrachten Grundsätzen des Berufsbeamtentums" zu gestalten und diese hergebrachten Grundsätze sich aus der Historie des Berufsbeamtentums ergeben. Da die historische Entwicklung des Beamtenstreikverbots nicht losgelöst von der Entwicklung des allgemeinen Streikrechts betrachtet werden kann, wird an dieser Stelle auch die Historie des allgemeinen Streikrechts erläutert.

Nach der historischen Betrachtung erfolgt ein Sprung in das jetzige Zeitgeschehen, indem zunächst die aktuelle Rechtsprechung zum Beamtenstreikverbot dargestellt wird. Zu Beginn werden die bereits oben erwähnten Entscheidungen des EGMR in den Fällen *Demir und Baykara*[16] und *Enerji Yapi-Yol Sen*[17] erläutert, da diese Entscheidungen die aktuelle Rechtsprechung zum Beamtenstreikverbot maßgeblich geprägt haben. Anschließend werden die darauf folgenden Entscheidungen der deutschen Verwaltungsgerichte mitsamt ihren verschiedenen Argumentationssträngen genau erläutert und zueinander ins Verhältnis gesetzt. Dabei wird auch analysiert, worin die Gemeinsamkeiten der einzelnen Urteile liegen. Ältere verwaltungsgerichtliche Entscheidungen werden an dieser Stelle nicht dargestellt, da sie keine Aussagen über die neue Rechtsprechung des EGMR enthalten. Sofern es auf diese älteren Entscheidungen ankommt, werden sie an geeigneter Stelle erwähnt.

Im Anschluss an diesen Teil wird ein Überblick über die verschiedenen Literaturmeinungen zum Beamtenstreikverbot gegeben. Sodann wird untersucht, ob das Beamtenstreikverbot mit dem nationalen Recht sowie mit den völker- und europarechtlichen Vorgaben vereinbar ist. Im Rahmen dieses Abschnitts wird sich vertieft mit den im Schrifttum und in der Rechtsprechung zu dieser Frage vertretenen Meinungen auseinandergesetzt. Zunächst wird dabei die Vereinbarkeit des Streikverbots für Beamte mit dem Verfassungsrecht und den einfachen Gesetzen untersucht. Da sich mit dieser Frage jedoch bereits viele Arbeiten beschäftigt haben, wird diese Arbeit schwerpunktmäßig die Vereinbarkeit des Streikverbots für Beamte mit Völker- und Europarecht untersuchen. Den Kern dieser Untersuchung bildet dabei die Frage, ob das in der Bundesrepublik Deutschland geltende statusbezogene Streikverbot für Beamte gegen Art. 11 EMRK verstößt oder nicht. Darüber hinaus wird analysiert, ob das Beamtenstreikverbot mit den Vorgaben der ILO, der ESC, den Normen der UNO und den europarechtlichen Vorgaben aus dem AEUV und dem EUV vereinbar ist. Sollte sich herausstellen, dass das Beamtenstreikverbot mit den gesetzlichen Vorgaben unvereinbar ist, wird in dieser Arbeit zudem ein Lösungsvorschlag entwickelt, wie die Rechtslage in Deutschland mit den gesetzlichen Vorgaben in Einklang gebracht werden kann.

---

16 EGMR 12.11.2008, NZA 2010, 1425 – *Demir und Baykara/Türkei.*

17 EGMR 21.4.2009, NZA 2010, 1423 – *Enerji Yapi-Yol Sen/Türkei.*

B. Beamtenbegriff

Bevor jedoch die Rechtmäßigkeit des Beamtenstreikverbots untersucht werden kann, muss zunächst – wie bereits angekündigt worden ist[18] – geklärt werden, welche Personen zu den Beamten zählen und wer somit vom Streikverbot erfasst wird. Diese Frage ist vor allem deshalb problematisch, da es keine gesetzliche Definition des Beamtenbegriffs gibt.

Da eine solche gesetzliche Definition fehlt, wird in der Rechtsordnung zwischen Beamten im staatsrechtlichen Sinne[19], Beamten im haftungsrechtlichen Sinne und Beamten im strafrechtlichen Sinne unterschieden.[20] Sollten diese Begriffe nicht deckungsgleich sein, müsste zunächst der dieser Untersuchung zugrunde liegende Beamtenbegriff bestimmt werden. Somit ist zu fragen, wie die einzelnen Begriffe den Beamten jeweils definieren und welcher dieser Beamtenbegriffe der nachfolgenden Untersuchung zugrunde gelegt wird.

I. Beamter im staatsrechtlichen Sinne

Nach dem staatsrechtlichen Beamtenbegriff ist Beamter, wer in einem öffentlich-rechtlichen Dienst- und Treueverhältnis zum Staat oder zu einer anderen, mit Dienstherreneigenschaft ausgestatteten juristischen Person des öffentlichen Rechts steht, in welches er unter Aushändigung der gesetzlich vorgeschriebenen Ernennungsurkunde berufen worden ist.[21] Damit knüpft dieser Beamtenbegriff an den Status als Beamter an.[22] Es sind alle mittelbaren und unmittelbaren Beamtenverhältnisse von diesem Beamtenbegriff umfasst.[23]

---

18 S. dazu A.III.

19 Auch Beamte im dienst- oder statusrechtlichen Sinne genannt (so etwa bei *Behrens*, § 2, Rn. 3).

20 *Battis*, § 4 BBG, Rn. 2; *Ossenbühl/Cornils*, S. 15 f.; *Wolff/Bachof/Stober/Kluth*, § 67, Rn. 13. Außerdem existiert ein gemeinschaftsrechtlicher Beamtenbegriff. Nach Art. 1a Abs. 1 EU-BeamtStat ist Beamter der Union, wer bei einem der Organe der Union durch eine Urkunde der Anstellungsbehörde dieses Organs nach den Vorschriften des Statuts unter Einweisung in eine Dauerplanstelle zum Beamten ernannt worden ist. Der gemeinschaftsrechtliche Beamtenbegriff scheidet als Grundlage für diese Arbeit jedoch aus, da dem Beamtenstreikverbot alle Personen unterfallen sollen, die nach der deutschen Rechtsordnung zu den Beamten zählen.

21 *Battis*, § 4 BBG, Rn. 2; Maunz/Dürig/*Papier*, Art. 34 GG, Rn. 105.

22 *Defren*, S. 68; *Ossenbühl/Cornils*, S. 16.

23 Vgl. *Kunig*, Jura 1991, 556, 558.

Zu den Beamten im staatsrechtlichen Sinne zählen sowohl die Bundes- und Landesbeamten als auch die Gemeindebeamten.[24] Für diesen Beamtenbegriff kommt es nicht darauf an, ob die Berufung auf Widerruf, Probe oder Lebenszeit erfolgt ist.[25]

Obgleich die Soldaten und Richter häufig von Gesetzes wegen mit den Beamten gleichgestellt werden,[26] zählen diese Personengruppen auf Grundlage dieses Beamtenbegriffs nicht zu den Beamten. Nach diesem Beamtenbegriff sind zudem die Arbeitnehmer des öffentlichen Dienstes keine Beamten, obwohl sie häufig die gleichen Tätigkeiten wie Beamte ausüben.[27]

II. Beamter im haftungsrechtlichen Sinne

Ein Beamter im haftungsrechtlichen Sinne ist jede Person, welcher die zuständige Stelle die Ausübung eines öffentlichen Amtes anvertraut hat (Art. 34 GG in Verbindung mit § 839 BGB).[28] Unter der Ausübung eines öffentlichen Amtes ist dabei jede dienstliche Betätigung zu verstehen, die nicht nur zivilrechtliche Belange wahrnimmt.[29] Nach diesem Beamtenbegriff kommt es nicht auf die Eigenschaft als Beamter im staatsrechtlichen Sinne an, sondern die Amtshaftung wird auch auf Personen ausgeweitet, die nicht in einem Beamtenverhältnis stehen.[30] Der haftungsrechtliche Beamtenbegriff ist somit sehr weit gefasst und schließt auch alle Personen ein, die in einem sonstigen öffentlich-rechtlichen Dienstverhältnis (beispielsweise das Soldaten- oder Richterverhältnis) oder in einem privatrechtlichen Dienstverhältnis (Arbeitnehmer des öffentlichen Dienstes) zu einer öffentlich-rechtlichen Körperschaft stehen.[31] Für die öffentlich-rechtlichen Amtsverhältnisse, die keine Dienstverhältnisse sind, wie etwa die Rechtsverhältnisse der Mitglieder der Bundesregierung, gilt Entsprechendes.[32]

---

24 Vgl. *Kunig*, Jura 1991, 556, 558; Schönke/Schröder/*Eser/Hecker*, § 11 StGB, Rn. 17.

25 Schönke/Schröder/*Eser/Hecker*, § 11 StGB, Rn. 17.

26 Vgl. *Behrens*, § 1, Rn. 2.

27 Vgl. VG Kassel 27.7.2011, ArbuR 2012, 36, 37; *Leppek*, Rn. 6.

28 *Battis*, § 4 BBG, Rn. 2; Maunz/Dürig/*Papier*, Art. 34 GG, Rn. 105; *Wolff/Bachof/Stober/Kluth*, § 67, Rn. 13.

29 BGH 28.11.1955, VwRspr Bd. 8 Nr. 141; vgl. auch BGH 31.3.2016, BeckRS 2016, 07306; *Battis*, § 4 BBG, Rn. 2.

30 PdK-BeamtStG/*Zentgraf*, § 3 BeamtStG, 1.1; vgl. auch Sachs/*Bonk/Detterbeck*, Art. 34 GG, Rn. 55.

31 Maunz/Dürig/*Papier*, Art. 34 GG, Rn. 107; Sachs/*Bonk/Detterbeck*, Art. 34 GG, Rn. 55.

32 Maunz/Dürig/*Papier*, Art. 34 GG, Rn. 108.

III. Beamter im strafrechtlichen Sinne

Ursprünglich wurde in § 359 StGB a. F. noch ein einheitlicher strafrechtlicher Beamtenbegriff verwendet.[33] An die Stelle dieses früheren Beamtenbegriffs sind jedoch die kasuistisch differenzierenden strafrechtlichen Begriffe Amtsträger (§ 11 Abs. 1 Nr. 2 StGB), Richter (§ 11 Abs. 1 Nr. 3 StGB) und für den öffentlichen Dienst besonders Verpflichtete (§ 11 Abs. 1 Nr. 4 StGB) getreten.[34] Der Begriff des Richters ist allerdings bloß als Unterfall des Amtsträgers zu verstehen (vgl. § 11 Abs. 1 Nr. 2 lit. a StGB). Dementsprechend ist nur zwischen den Amtsträgern (§ 11 Abs. 1 Nr. 2 und 3 StGB) und den für den öffentlichen Dienst besonders Verpflichteten (§ 11 Abs. 1 Nr. 4 StGB) zu unterscheiden.[35] Mit Wirkung vom 26.11.2015 wurde zudem der Europäische Amtsträger in die Personenbestimmungen des § 11 Abs. 1 StGB aufgenommen (§ 11 Abs. 1 Nr. 2a StGB).[36] Da diesem Begriff viele Personen unterfallen, die bisher über Art. 2 EUBestG den (deutschen) Amtsträgern und Richtern gleichgestellt waren,[37] müssen die Europäischen Amtsträger fortan auch zu den Beamten im strafrechtlichen Sinne gezählt werden.

1. Amtsträger (§ 11 Abs. 1 Nr. 2 und 3 StGB)

Zu den Amtsträgern gehört, wer nach deutschem Recht Beamter oder Richter ist (§ 11 Abs. 1 Nr. 2 lit. a StGB), in einem sonstigen öffentlich-rechtlichen Amtsverhältnis steht (§ 11 Abs. 1 Nr. 2 lit. b StGB) oder sonst dazu bestellt ist, bei einer Behörde oder bei einer sonstigen Stelle oder in deren Auftrag Aufgaben der öffentlichen Verwaltung unbeschadet der zur Aufgabenerfüllung gewählten Organisationsform wahrzunehmen (§ 11 Abs. 1 Nr. 2 lit. c StGB). Diese drei Personengruppen haben gemeinsam, dass sie in einem bestimmten Dienst- oder Auftragsverhältnis zu einer öffentlichen Stelle stehen und ihre Bestellung auf deutschem Recht beruht.[38] Es kommt dabei nicht darauf an, ob der Amtsträger im Dienst des Bundes, eines Landes, einer Gemeinde oder Gemeindeverbandes, einer Körperschaft, Anstalt oder Stiftung des öffentlichen Rechts tätig ist.[39]

---

33 *Battis*, § 4 BBG, Rn. 2.

34 *Battis*, § 4 BBG, Rn. 2; Schönke/Schröder/*Eser/Hecker*, § 11 StGB, Rn. 13.

35 Schönke/Schröder/*Eser/Hecker*, § 11 StGB, Rn. 13.

36 BGBl. 2015 I, S. 2025.

37 Vgl. Art. 2 § 1 Abs. 1 Nr. 1 und 2 EUBestG; BeckOK-StGB/*v. Heintschel-Heinegg*, § 11 StGB, Rn. 31.

38 Schönke/Schröder/*Eser/Hecker*, § 11 StGB, Rn. 14.

39 Schönke/Schröder/*Eser/Hecker*, § 11 StGB, Rn. 14.

a) *Beamter oder Richter (§ 11 Abs. 1 Nr. 2 lit. a StGB)*

Mit den in § 11 Abs. 1 Nr. 2 lit. a StGB genannten Beamten sind solche im staatsrechtlichen Sinne gemeint.[40] Zu den auch unter § 11 Abs. 1 Nr. 3 StGB noch einmal separat aufgeführten Richtern zählen sowohl die Berufsrichter als auch die ehrenamtlichen Richter.[41] Die gesonderte Nennung dient lediglich dazu, ihre besondere verfassungsrechtliche Stellung als Träger der rechtsprechenden Gewalt (Art. 92, 97 GG) hervorzuheben und dem vom Beamtenverhältnis zu unterscheidenden Richterverhältnis Rechnung zu tragen.[42] Schiedsrichter und ausländische Richter werden von diesem Richterbegriff hingegen nicht erfasst.[43]

b) *Sonstiges öffentlich-rechtliches Amtsverhältnis (§ 11 Abs. 1 Nr. 2 lit. b StGB)*

Zu den Amtsträgern zählen nach § 11 Abs. 1 Nr. 2 lit. b StGB auch die Personen, die in einem sonstigen öffentlich-rechtlichen Amtsverhältnis stehen. Ein solches Verhältnis setzt Beziehungen zwischen den Beteiligten voraus, welche mit einem öffentlich-rechtlichen Dienst- und Treueverhältnis vergleichbar sind, ohne dass es sich um ein Beamtenverhältnis handelt.[44] Klassische Beispiele für diese Personengruppe sind der Bundeskanzler, die Minister (vgl. § 1 BMinG), die Parlamentarischen Staatssekretäre (vgl. § 1 Abs. 3 ParlStG), Notare und Notarassessoren (vgl. §§ 1, 7 Abs. 4 S. 1, 2 BNotO) und die Rechtsreferendare und Referendare im Schuldienst, soweit diese nicht Beamte auf Widerruf sind.[45] Nicht erfasst sind hingegen etwa Abgeordnete, Angehörige freier Berufe, Soldaten und Beliehene.[46]

c) *Bestellung zur Wahrnehmung von Aufgaben öffentlicher Verwaltung (§ 11 Abs. 1 Nr. 2 lit. c StGB)*

Ebenfalls zu den Amtsträgern zählen nach § 11 Abs. 1 Nr. 2 lit. c StGB Personen, die dazu bestellt sind, bei einer Behörde oder bei einer sonstigen Stelle oder in deren Auftrag Aufgaben der öffentlichen Verwaltung unbeschadet der

40 BT-Drucks. 7/550, S. 209; Schönke/Schröder/*Eser/Hecker*, § 11 StGB, Rn. 17; zum staatsrechtlichen Beamtenbegriff s. B.I.

41 *Fischer*, § 11 StGB, Rn. 24; Schönke/Schröder/*Eser/Hecker*, § 11 StGB, Rn. 29.

42 Schönke/Schröder/*Eser/Hecker*, § 11 StGB, Rn. 29.

43 *Lackner/Kühl*, § 11 StGB, Rn. 12; Schönke/Schröder/*Eser/Hecker*, § 11 StGB, Rn. 30.

44 BeckOK-StGB/*v. Heintschel-Heinegg*, § 11 StGB, Rn. 15; Schönke/Schröder/*Eser/Hecker*, § 11 StGB, Rn. 19.

45 *Lackner/Kühl*, § 11 StGB, Rn. 5; Schönke/Schröder/*Eser/Hecker*, § 11 StGB, Rn. 19.

46 *Fischer*, § 11 StGB, Rn. 16; Schönke/Schröder/*Eser/Hecker*, § 11 StGB, Rn. 19.

zur Aufgabenerfüllung gewählten Organisationsform wahrzunehmen. Mit dieser Kategorie sollen vor allem die früheren Beamten im strafrechtlichen Sinne erfasst werden.[47] Während bei den Beamten im staatsrechtlichen Sinne die Amtsträgereigenschaft ohne besondere Rücksicht auf die Art der Tätigkeit bereits aus dem Beamtenverhältnis gefolgert wird,[48] kommt es für die Amtsträger nach § 11 Abs. 1 Nr. 2 lit. c StGB nicht so sehr auf den Charakter des Anstellungsverhältnisses wie auf die konkrete öffentliche Aufgabenstellung der betreffenden Stelle an.[49]

aa) Aufgaben der öffentlichen Verwaltung

Um dieser Kategorie zu unterfallen, müssen die Personen Aufgaben der öffentlichen Verwaltung wahrnehmen. Dazu zählen sowohl hoheitsrechtliche Funktionen wie die Ausübung staatlicher Anordnungs- und Zwangsgewalt als auch die sogenannte schlicht-hoheitliche Verwaltung, wie sie im Bereich der Daseinsvorsorge (beispielsweise im Bereich der Wasser- und Stromversorgung) typisch ist.[50] Dabei ist die organisatorische Form in der die Verwaltung ihre Ziele verfolgt unerheblich.[51] Die Wahrnehmung öffentlicher Aufgaben kann somit auch in privatrechtlicher Form geschehen.[52] Eine öffentliche Aufgabe wird allerdings dann nicht mehr wahrgenommen, wenn der Hoheitsträger diese aus der Hand gibt und ihre Erledigung einem privaten, marktwirtschaftlichen Unternehmen überlässt.[53] Sonstige staatliche Funktionen, wie beispielsweise die Gesetzgebung oder Rechtsprechung begründen keine Amtsträgereigenschaft im Sinne von § 11 Abs. 1 Nr. 2 lit. c StGB, weil es sich um Aufgaben der Verwaltung handeln muss.[54] Abgeordnete sind somit beispielsweise grundsätzlich keine Amtsträger im vorliegenden Sinne.[55]

---

47 BeckOK-StGB/*v. Heintschel-Heinegg*, § 11 StGB, Rn. 16; Schönke/Schröder/*Eser/Hecker*, § 11 StGB, Rn. 20.

48 Vgl. dazu die Ausführungen zu den Amtsträgern nach § 11 Abs. 1 Nr. 2 lit. a StGB unter B.III.1.a) und die Ausführungen zum staatsrechtlichen Beamtenbegriff unter B.I.

49 Schönke/Schröder/*Eser/Hecker*, § 11 StGB, Rn. 20.

50 BeckOK-StGB/*v. Heintschel-Heinegg*, § 11 StGB, Rn. 22; Schönke/Schröder/*Eser/Hecker*, § 11 StGB, Rn. 21.

51 BeckOK-StGB/*v. Heintschel-Heinegg*, § 11 StGB, Rn. 22; *Fischer*, § 11 StGB, Rn. 21.

52 Schönke/Schröder/*Eser/Hecker*, § 11 StGB, Rn. 21.

53 Schönke/Schröder/*Eser/Hecker*, § 11 StGB, Rn. 21.

54 BeckOK-StGB/*v. Heintschel-Heinegg*, § 11 StGB, Rn. 28; Schönke/Schröder/*Eser/Hecker*, § 11 StGB, Rn. 22.

55 So bereits BAG 24.11.1953, NJW 1954, 439, 441.

bb) Behörde oder sonstige Stelle

Die Aufgaben der öffentlichen Verwaltung müssen bei einer Behörde oder bei einer sonstigen Stelle oder in deren Auftrag wahrgenommen werden. Eine Behörde ist dabei eine in die Staatsverwaltung eingeordnete, organisatorische Einheit von Personen und Sachmitteln, welche mit einer gewissen Selbstständigkeit ausgestattet dazu berufen ist, unter öffentlicher Autorität für die Erreichung der Zwecke des Staates tätig zu sein.[56] Nach § 11 Abs. 1 Nr. 7 StGB zählen zu den Behörden zwar auch die Gerichte, allerdings kann eine dort ausgeübte Tätigkeit eine Amtsträgereigenschaft nach § 11 Abs. 1 Nr. 2 lit. c StGB allenfalls insoweit begründen, als es sich nicht um Rechtsprechung, sondern um Justizverwaltung, wie etwa bei einer Justizkasse, handelt.[57]

Unter einer sonstigen Stelle versteht man eine Institution, ohne Rücksicht auf ihre Organisationsform, die zwar keine Behörde, rechtlich aber befugt ist, bei der Ausführung von Gesetzen mitzuwirken.[58] Somit kommen nicht nur Behörden im organisatorischen Sinne in Betracht, sondern auch beispielsweise Körperschaften oder Anstalten des öffentlichen Rechts, zur Erfüllung öffentlicher Aufgaben berufene Vereinigungen, Ausschüsse oder Beiräte oder Stellen, die Teil einer Behörde im organisatorischen Sinne sind.[59]

cc) Bestellung

Zudem muss die Person dazu bestellt sein, die Aufgaben der öffentlichen Verwaltung bei einer Behörde oder bei einer sonstigen Stelle oder in deren Auftrag wahrzunehmen. Die Person muss also in einem Zugehörigkeits- oder Auftragsverhältnis zu der Behörde stehen.[60] Eine Bestellung setzt dem BGH nach zudem voraus, dass die Person zu einer über den einzelnen Auftrag hinausgehenden längerfristigen Tätigkeit herangezogen oder in die Behördenstruktur eingegliedert wird.[61] Die Bestellung kann dabei grundsätzlich formfrei erfolgen.[62] Nicht erforderlich soll eine Bestellung dem BGH zufolge hingegen sein, wenn die Stelle eine juristische Person des Privatrechts ist, die kraft öffentlich-rechtlichen Ver-

---

56 BVerfG 14.7.1959, DÖV 1959, 690, 693.

57 Schönke/Schröder/*Eser/Hecker*, § 11 StGB, Rn. 24.

58 BeckOK-StGB/*v. Heintschel-Heinegg*, § 11 StGB, Rn. 17; *Lackner/Kühl*, § 11 StGB, Rn. 8.

59 BT-Drucks. 7/550, S. 209.

60 Schönke/Schröder/*Eser/Hecker*, § 11 StGB, Rn. 25.

61 BGH 15.5.1997, NStZ 1997, 540; BeckOK-StGB/*v. Heintschel-Heinegg*, § 11 StGB, Rn. 20; *Fischer*, § 11 StGB, Rn. 20; a. A. Schönke/Schröder/*Eser/Hecker*, § 11 StGB, Rn. 25.

62 BGH 29.8.2007, NStZ 2008, 87, 88.

trags zur Wahrnehmung von Aufgaben der öffentlichen Verwaltung berufen ist und staatlicher Steuerung und Kontrolle unterliegt.[63]

2. Europäische Amtsträger (§ 11 Abs. 1 Nr. 2a StGB)

Nach der mit Wirkung vom 26.11.2015 neu aufgenommenen Regelung[64] ist Europäischer Beamter, wer Mitglied der Europäischen Kommission, der Europäischen Zentralbank, des Rechnungshofs oder eines Gerichts der EU ist (§ 11 Abs. 1 Nr. 2a lit. a StGB). Ebenfalls ist Europäischer Beamter, wer Beamter[65] oder sonstiger Bediensteter der EU oder einer auf der Grundlage des Rechts der EU geschaffenen Einrichtung ist (§ 11 Abs. 1 Nr. 2a lit. b StGB). Schließlich ist auch Europäischer Beamter, wer mit der Wahrnehmung von Aufgaben der EU oder von Aufgaben einer auf der Grundlage des Rechts der EU geschaffenen Einrichtung beauftragt ist (§ 11 Abs. 1 Nr. 2a lit. c StGB). Mitglieder des Europäischen Parlaments, des Europäischen Rates und des Rates stehen nicht in einem Auftragsverhältnis zur Europäischen Union und sind (mit Ausnahme des Präsidenten der Europäischen Kommission[66]) keine Europäischen Amtsträger.[67]

3. Für öffentlichen Dienst besonders Verpflichtete (§ 11 Abs. 1 Nr. 4 StGB)

Für die den (Europäischen) Amtsträgern gegenübergestellte Personengruppe der für den öffentlichen Dienst besonders Verpflichteten sind im Wesentlichen vier Kriterien maßgeblich.[68] So darf der besonders Verpflichtete nicht bereits Amtsträger nach § 11 Abs. 1 Nr. 2 StGB sein (§ 11 Abs. 1 Nr. 4 StGB). Folglich können unter diese Personengruppe von vornherein nur solche Personen fallen, die selbst keine öffentlichen Funktionen wahrnehmen, insbesondere etwa Büro- und Schreibkräfte.[69]

---

63 BGH 19.12.1997, NJW 1998, 1874, 1877; *Fischer*, § 11 StGB, Rn. 20.

64 BGBl. 2015 I, S. 2025.

65 An dieser Stelle kommt es auf den gemeinschaftsrechtlichen Beamtenbegriff an, demzufolge Beamter der Union derjenige ist, der bei einem der Organe der Union durch eine Urkunde der Anstellungsbehörde dieses Organs nach den Vorschriften des Statuts unter Einweisung in eine Dauerplanstelle zum Beamten ernannt worden ist (vgl. Art. 1a Abs. 1 EU-BeamtStat).

66 Vgl. § 11 Abs. 1 Nr. 2a lit. a StGB.

67 BeckOK-StGB/*v. Heintschel-Heinegg*, § 11 StGB, Rn. 31a.

68 Schönke/Schröder/*Eser/Hecker*, § 11 StGB, Rn. 31.

69 BeckOK-StGB/*v. Heintschel-Heinegg*, § 11 StGB, Rn. 33.1; Schönke/Schröder/*Eser/Hecker*, § 11 StGB, Rn. 32.

Nach § 11 Abs. 1 Nr. 4 StGB muss der Verpflichtete zudem bei einer Behörde oder sonstigen Stelle, die Aufgaben der öffentlichen Verwaltung wahrnimmt, beschäftigt oder tätig sein. An dieser Voraussetzung zeigt sich ein Unterschied gegenüber dem Amtsträger nach § 11 Abs. 1 Nr. 2 StGB. So muss der Amtsträger die öffentlichen Aufgaben in eigener Person wahrnehmen, bei den für den öffentlichen Dienst besonders Verpflichteten muss hingegen die Stelle, für die der Verpflichtete tätig ist, mit Verwaltungsaufgaben betraut sein.[70] Nimmt die dafür zuständige Behörde oder sonstige Stelle diese Aufgaben unmittelbar wahr, liegt ein Fall von § 11 Abs. 1 Nr. 4 lit. a StGB vor, bedient sich die zuständige Behörde oder sonstige Stelle zur Erfüllung ihrer Aufgaben jedoch eines Betriebes, Unternehmens, Verbandes oder eines sonstigen Zusammenschlusses, wird diese mittelbare Aufgabenerledigung von § 11 Abs. 1 Nr. 4 lit. b StGB erfasst.[71] Die Rechtsnatur und Organisationsstruktur der zwischengeschalteten Organisation ist dabei unerheblich.[72] Entscheidend ist lediglich, dass sie für eine Behörde oder sonstige Stelle als deren verlängerter Arm Verwaltungsaufgaben erledigt.[73]

Als drittes Kriterium muss der Verpflichtete bei einer der genannten Stellen beschäftigt oder für eine von ihnen tätig sein. Dazu muss er entweder in einem Dauerbeschäftigungsverhältnis zu einer von den genannten Stellen stehen oder aufgrund eines entsprechenden Auftrags vorübergehend herangezogen werden.[74]

Zudem muss die Person auf die gewissenhafte Erfüllung ihrer Obliegenheiten aufgrund des Verpflichtungsgesetzes (VerpflG) förmlich verpflichtet sein.[75]

4. Zwischenergebnis

Als Fazit lässt sich festhalten, dass der ehemalige strafrechtliche Beamtenbegriff bzw. die ihn ersetzenden Begriffe des Amtsträgers, des Europäischen Amtsträgers und des für den öffentlichen Dienst besonders Verpflichteten sehr komplex sind und nach diesen Begriffen grundsätzlich ein sehr großer Personenkreis zu den Beamten zählt.

---

70 *Lenckner*, ZStW 106, 502, 541 f.; Schönke/Schröder/*Eser/Hecker*, § 11 StGB, Rn. 33.

71 Schönke/Schröder/*Eser/Hecker*, § 11 StGB, Rn. 33.

72 BeckOK-StGB/*v. Heintschel-Heinegg*, § 11 StGB, Rn. 34; Schönke/Schröder/*Eser/Hecker*, § 11 StGB, Rn. 33.

73 Schönke/Schröder/*Eser/Hecker*, § 11 StGB, Rn. 33.

74 BeckOK-StGB/*v. Heintschel-Heinegg*, § 11 StGB, Rn. 34; *Lackner/Kühl*, § 11 StGB, Rn. 16.

75 *Fischer*, § 11 StGB, Rn. 26; Schönke/Schröder/*Eser/Hecker*, § 11 StGB, Rn. 35.

IV. Ergebnis

Insgesamt wird deutlich, dass nach den verschiedenen Beamtenbegriffen teilweise sehr unterschiedliche Personengruppen zu den Beamten gehören, wobei der staatsrechtliche Beamtenbegriff der von allen am engsten gefasste Beamtenbegriff ist. Um die Rechtmäßigkeit des Streikverbots für Beamte treffend beurteilen zu können, ist die Entscheidung für einen der drei Beamtenbegriffe als Basis für diese Untersuchung somit unumgänglich. Da es für die Beurteilung der Rechtmäßigkeit des Streikverbots für Beamte weder um Fragen der Strafbarkeit noch um haftungsrechtliche Fragen geht, sind der haftungsrechtliche und der strafrechtliche Beamtenbegriff dieser Untersuchung nicht zugrunde zu legen. Vielmehr ist für diese Untersuchung der staatsrechtliche Beamtenbegriff maßgeblich. Damit gilt für diese Untersuchung als Beamter, wer in einem öffentlich-rechtlichen Dienst- und Treueverhältnis zum Staat oder zu einer anderen, mit Dienstherreneigenschaft ausgestatteten juristischen Person des öffentlichen Rechts steht, in welches er unter Aushändigung der gesetzlich vorgeschriebenen Ernennungsurkunde berufen worden ist.

C. Rechte und Pflichten des Beamten

Nachdem erörtert wurde, welcher Beamtenbegriff dieser Untersuchung zugrunde gelegt wird,[76] soll nun die Sonderstellung der Beamten genauer dargestellt werden, indem die besonderen Rechte und Pflichten der Beamten näher erläutert werden. Besonderes Augenmerk wird dabei auf der Frage liegen, ob das auf den ersten Blick stark benachteiligend wirkende Streikverbot für Beamte nicht etwa durch umfassende Sonderrechte der Beamten ausgeglichen wird oder ein Streikrecht möglicherweise aus sonstigen Gründen nicht erforderlich ist.

Im Rahmen dieser Betrachtung ist zunächst festzuhalten, dass das öffentlich-rechtliche Dienst- und Treueverhältnis, in dem die Beamten zu ihren Dienstherrn stehen, ein Sonderstatusverhältnis ist, welches den Beamten besondere Rechte und Pflichten zuweist, welche über die eines normalen Bürgers gegenüber dem Staat hinausgehen.[77] Bei der Ausgestaltung der besonderen Rechte und Pflichten der Beamten hat der Gesetzgeber dabei die hergebrachten Grundsätze des Berufsbeamtentums zu berücksichtigen (vgl. Art. 33 Abs. 5 GG). Mit diesen Grundsätzen ist der Kernbestand von Strukturprinzipien gemeint, welche allgemein oder doch ganz überwiegend und während eines längeren, Tradition bildenden Zeitraums, mindestens unter der Reichsverfassung von Weimar, als verbindlich anerkannt und gewahrt worden sind.[78] Da diese Grundsätze nach dem Wortlaut des Art. 33 Abs. 5 GG nur zu berücksichtigen sind, müssen sie nicht zwingend beachtet werden und haben eine geringere normative Bindungswirkung.[79] Einzelne hergebrachte Grundsätze hält das BVerfG allerdings für so bedeutsam, dass diese nicht nur zu berücksichtigen, sondern sogar zu beachten seien.[80]

Zudem wird unter Hinweis auf die bloße Pflicht zur „Berücksichtigung" der hergebrachten Grundsätze eine Anpassung der Rechte und Pflichten an veränderte Umstände für zulässig erachtet.[81] Die Möglichkeit einer solchen Anpassung findet sich seit der im Jahr 2006 vorgenommenen Änderung des Art. 33 Abs. 5 GG auch in dessen Wortlaut wieder, wonach das Recht des öffentlichen

---

76 S. zu den verschiedenen Beamtenbegriffen bereits unter B.

77 Vgl. Maunz/Dürig/*Herdegen*, Art. 1 Abs. 3 GG, Rn. 47; *Schnellenbach*, § 7, Rn. 1.

78 BVerfG 28.5.2008, NVwZ 2008, 873, 874 m. w. N.

79 *Jarass/Pieroth*, Art. 33 GG, Rn. 51.

80 BVerfG 24.11.1998, JuS 2000, 182, 183; BVerfG 20.3.2007, NVwZ 2007, 679, 680; BVerfG 28.5.2008, NVwZ 2008, 873, 874.

81 BVerfG 6.3.2007, NVwZ 2007, 568, 569; *Jarass/Pieroth*, Art. 33 GG, Rn. 52.

Dienstes nicht mehr nur unter Berücksichtigung der hergebrachten Grundsätze des Berufsbeamtentums zu regeln, sondern nun auch „fortzuentwickeln" ist.[82] Trotz dieser Fortentwicklungsklausel sind die hergebrachten Grundsätze des Berufsbeamtentums jedoch weiterhin bei der Ausgestaltung der besonderen Rechte und Pflichten der Beamten zu berücksichtigen und können nicht völlig ausgeblendet werden.[83]

Für die folgende Darstellung der einzelnen Rechte und Pflichten der Beamten werden grundsätzlich nur Gesetze und Verordnungen, die das Recht der Bundesbeamten ausgestalten, berücksichtigt. Der Übersichtlichkeit halber bleiben Gesetze und Verordnungen, die das Recht der Landesbeamten regeln, außer Betracht, da diese Regelungen – zumindest in ihrem für diese Untersuchung wichtigen Kerngehalt – im Wesentlichen mit den Regelungen für Bundesbeamte vergleichbar sind.

I. Rechte des Beamten

Zunächst ist ein Blick auf die Rechte des Beamten zu werfen. Diese lassen sich grundsätzlich in Grundrechte, vermögenswerte Rechte und nichtvermögenswerte Rechte unterteilen.

1. Grundrechte

Der Beamte kann sich im Beamtenverhältnis gegenüber seinem Dienstherrn grundsätzlich unbeschränkt auf die Grundrechte berufen.[84] Allerdings kann die Ausübung der Grundrechte dann eingeschränkt werden, wenn dies zur Erhaltung der Funktionsfähigkeit des öffentlichen Dienstes erforderlich ist.[85] Die dogmatische Begründung für diese Grundrechtseinschränkungen hat sich im Laufe der Zeit gewandelt.

In jedem Fall überholt ist die frühere Argumentation, dass mit der freiwilligen Entscheidung Beamter zu werden, ein Verzicht auf die Geltung der Grundrechte insoweit verbunden ist, als es zu Kollisionen mit dem Beamtenrecht kommt.[86]

82 Vgl. BT-Drucks. 16/813, S. 10.

83 BVerfG 19.9.2007, NVwZ 2007, 1396, 1400 f.; BVerfG 28.5.2008, NVwZ 2008, 873, 877.

84 BVerfG 22.5.1975, NJW 1975, 1641, 1647; BVerfG 10.1.1991, NJW 1991, 1477; *Battis*, § 4 BBG, Rn. 29.

85 BVerfG 22.5.1975, NJW 1975, 1641, 1647; BVerfG 10.1.1991, NJW 1991, 1477, 1478; *Leppek*, Rn. 201.

86 *Leppek*, Rn. 201; *Schnellenbach*, § 7, Rn. 2; so jedoch etwa *Dürig*, AöR 81, 117, 152.

Auch die von *Otto Mayer* begründete „Lehre vom besonderen Gewaltverhältnis“,[87] in welchem bestimmte Grundrechte von vornherein unanwendbar sein sollten, ist spätestens seit der Entscheidung des BVerfG, wonach die Grundrechte nur durch Gesetz oder aufgrund eines Gesetzes eingeschränkt werden dürfen,[88] nicht mehr vertretbar.[89]

Nach überwiegender Auffassung können sich die Einschränkungen der Grundrechte stattdessen aus den zahlreichen (einfachgesetzlichen) Regelungen einschließlich Generalklauseln und aus Art. 33 Abs. 5 GG ergeben.[90] Für die Bestimmung der Schranken der Ausübung eines Grundrechts im Einzelfall gilt dabei grundsätzlich, dass weder Grundrechte dem Beamtenverhältnis „zum Opfer fallen“ dürfen, noch dass die Gewährleistung der Grundrechte die Funktion des Beamtenverhältnisses unmöglich machen darf (praktische Konkordanz).[91] Dabei ist für die Bestimmung des Ausmaßes der Grundrechtsschranken der Aufgabenbereich des Beamten und seine Dienststellung zu berücksichtigen.[92]

Durch das hier in Rede stehende Streikverbot könnte der Beamte in unzulässiger Weise vor allem in Art. 9 Abs. 3 GG beeinträchtigt sein.

2. Vermögenswerte Rechte

Neben den Grundrechten stehen dem Beamten auch noch vermögenswerte Rechte zu. Diese werden maßgeblich vom Alimentationsprinzip geprägt.

a) Alimentationsprinzip

Auf dem Alimentationsprinzip, das zu den hergebrachten Grundsätzen des Berufsbeamtentums zählt, beruhen die Besoldung und die Versorgung des Beamten und seiner Hinterbliebenen.[93] Es verpflichtet den Dienstherrn dem Beamten einen angemessenen Lebensunterhalt entsprechend der Entwicklung der allgemeinen wirtschaftlichen und finanziellen Verhältnisse und des allgemeinen Lebensstandards zu gewähren.[94] Der Beamte kann Besoldung und Versorgung dabei nur

87 *Mayer*, S. 101 f.
88 BVerfG 14.3.1972, NJW 1972, 811.
89 So auch *Battis*, § 4 BBG, Rn. 29; *Behrens*, § 1, Rn. 25; *Leppek*, Rn. 201; *Schnellenbach*, § 7, Rn. 2.
90 *Battis*, § 4 BBG, Rn. 29; *Leppek*, Rn. 201.
91 *Battis*, § 4 BBG, Rn. 29.
92 *Battis*, § 4 BBG, Rn. 29; *Wagner*, RiA 1986, 130, 131.
93 *Schnellenbach*, § 10, Rn. 8.
94 BVerfG 27.9.2005, NVwZ 2005, 1294, 1298 m. w. N.; *Jarass/Pieroth*, Art. 33 GG, Rn. 63.

nach Maßgabe eines Gesetzes verlangen, wobei die Höhe je nach der Bedeutung des Amtes und nach Erfahrungszeiten abgestuft sein darf.[95]

Das Alimentationsprinzip bildet damit die Voraussetzung dafür, dass sich der Beamte ganz dem öffentlichen Dienst als Lebensberuf widmen und zur Erfüllung der dem Berufsbeamtentum vom Grundgesetz zugewiesenen Aufgabe beitragen kann, eine stabile und gesetzestreue Verwaltung zu sichern.[96] Die besondere Bedeutung, welche der mit dem Alimentationsprinzip verbundenen Sicherung eines angemessenen Lebensunterhalts somit zukommt, führt dazu, dass das Alimentationsprinzip bei der Gestaltung des öffentlichen Rechts vom Gesetzgeber nicht nur zu berücksichtigen, sondern sogar zu beachten ist.[97]

Hervorzuheben ist noch, dass die Besoldung und Versorgung des Beamten kein Entgelt für bestimmte Dienstleistungen ist,[98] sondern der Anspruch auf diese Leistungen dem Beamten allein durch seine Amtsstellung zusteht.[99] Dieser Umstand führt aber nicht dazu, dass der Anspruch ohne Gegenleistung besteht, denn die Besoldung und Versorgung des Beamten und seiner Hinterbliebenen ist ein Ausgleich des Dienstherrn dafür, dass sich der Beamte ihm mit seiner ganzen Persönlichkeit zur Verfügung stellt.[100]

b) Recht auf Besoldung

Mit der Besoldung ist die laufende, meist monatlich gezahlte Leistung des Dienstherrn an den Beamten gemeint.[101] Die Vorschriften zu der Besoldung von Beamten des Bundes sind im Bundesbesoldungsgesetz (BBesG) geregelt.

Zu der Besoldung zählt neben Zuschüssen für Professoren, Familienzuschlägen, sonstigen Zulagen, Vergütungen, Auslandsbesoldungen, Anwärterbezügen und vermögenswirksamen Leistungen, vor allem das Grundgehalt der Beamten (vgl. § 1 Abs. 2 und 3 BBesG). Die Höhe des Grundgehalts ergibt sich aus den Besoldungsordnungen, die dem BBesG anliegen. Die Berechnung der individuellen Gehaltshöhe erfolgt dabei unter Berücksichtigung des jeweils bekleideten Amtes (und der damit verbundenen Besoldungsgruppe) und der jeweiligen Erfahrungszeit.[102]

---

95 *Jarass/Pieroth*, Art. 33 GG, Rn. 64 f. m. w. N.
96 Vgl. BVerfG 27.9.2005, NVwZ 2005, 1294, 1298 m. w. N.
97 Vgl. BVerfG 27.9.2005, NVwZ 2005, 1294, 1298 m. w. N.
98 BVerfG 27.9.2005, NVwZ 2005, 1294, 1298 m. w. N.
99 *Behrens*, § 6, Rn. 15.
100 *Leppek*, Rn. 237.
101 *Behrens*, § 6, Rn. 18.
102 Vgl. *Leppek*, Rn. 239 ff.

Die Besoldungsordnungen und somit auch die Höhe der sich aus den Besoldungsordnungen ergebenden Grundgehälter werden vom Gesetzgeber festgelegt, wobei diesem dabei ein weiter Gestaltungsspielraum zukommt.[103] Aufgrund des Alimentationsprinzips gilt zwar der Grundsatz der amtsangemessenen Vergütung,[104] jedoch folgt aus dem Alimentationsprinzip kein Anspruch der Beamten auf Besoldung in einer bestimmten Höhe.[105] Der Gesetzgeber ist lediglich dazu verpflichtet, die Besoldung entsprechend der Entwicklung der allgemeinen wirtschaftlichen und finanziellen Verhältnisse in der Bundesrepublik Deutschland und unter Berücksichtigung der mit den Dienstaufgaben verbundenen Verantwortung anzupassen (§ 14 Abs. 1 BBesG).[106] Diese Anpassungspflicht verlangt jedoch weder eine gleichzeitige lineare Erhöhung der Bezüge in allen Besoldungsgruppen[107] noch eine spiegelbildliche Übertragung der Ergebnisse der Tarifverhandlungen für die Arbeitnehmer des öffentlichen Dienstes.[108]

Bei Vorliegen sachlicher Gründe kann der Gesetzgeber die Besoldung für die Zukunft sogar kürzen.[109] Dieses Kürzungsrecht besteht allerdings nicht unbeschränkt, denn der Beamte muss stets über ein Nettoeinkommen verfügen, das seine rechtliche und wirtschaftliche Sicherheit und Unabhängigkeit gewährleistet und ihm über die Befriedigung der Grundbedürfnisse hinaus ein Minimum an Lebenskomfort ermöglicht.[110] Innerhalb der durch das Alimentationsprinzip vorgegebenen Grenzen ist der Gesetzgeber bei der Ausgestaltung der Besoldung somit weitestgehend frei.

c) Recht auf Versorgung

Das Recht auf Versorgung ist ein weiteres bedeutsames Recht des Beamten, welches für die Bundesbeamten durch das Beamtenversorgungsgesetz (BeamtVG) geregelt wird. Durch dieses Recht soll der angemessene Lebensunterhalt des Beamten, seiner Familienangehörigen und Hinterbliebenen gesichert werden.[111] Zu den Versorgungsleistungen zählen daher neben dem Ruhegehalt auch die Hinterbliebenenversorgung,

---

103 BVerfG 24.9.2007, NVwZ 2008, 195, 196 m. w. N.

104 Vgl. C.I.2.a).

105 BVerfG 12.2.2003, NVwZ 2003, 1364, 1365.

106 Vgl. BVerfG 24.9.2007, NVwZ 2008, 195, 196; *Leppek*, Rn. 238.

107 BVerfG 2.6.2001, NVwZ 2001, 1393, 1394; *Jarass/Pieroth*, Art. 33 GG, Rn. 70.

108 BVerwG 19.12.2002, NVwZ 2003, 869; vgl. auch BVerfG 24.9.2007, NVwZ 2008, 195, 198; *Jarass/Pieroth*, Art. 33 GG, Rn. 70.

109 BVerfG 24.9.2007, NVwZ 2008, 195, 196 m. w. N.

110 Vgl. BVerfG 24.9.2007, NVwZ 2008, 195, 196.

111 *Leppek*, Rn. 245.

die Unfallfürsorge, das Übergangsgeld, der Altersgrenzenausgleich und die Bezüge bei Verschollenheit.[112] Für die Höhe der Versorgungsbezüge gilt dabei, dass für ihre Berechnung grundsätzlich das letzte vom Beamten bekleidete Amt maßgeblich ist.[113]

Genau wie bei der Besoldung, verfügt der Gesetzgeber auch bei der Regelung der Versorgung über einen weiten Gestaltungsspielraum.[114] Der Gesetzgeber ist aufgrund des Alimentationsprinzips lediglich verpflichtet den Versorgungsempfängern weiterhin eine dem früheren Amt des Beamten angemessene Lebensführung zu ermöglichen.[115] Daher sind auch bei den Versorgungsleistungen zumutbare Kürzungen grundsätzlich nicht ausgeschlossen.[116] Zudem ist es nicht zwingend erforderlich, die Versorgungsleistungen parallel zur Besoldung anzupassen.[117] Somit ist der Gesetzgeber auch bei der Ausgestaltung der Versorgungsleistungen innerhalb der durch das Alimentationsprinzip vorgegebenen Grenzen weitestgehend frei.

d) Sonstige geldwerte Rechte

Neben den Rechten auf Besoldung und Versorgung stehen den Beamten noch weitere geldwerte Recht zu. So hat der Beamte einen Vergütungsanspruch für die notwendigen Kosten einer Dienstreise (§ 81 Abs. 1 BBG), Anspruch auf Umzugskostenvergütung (§ 82 Abs. 1 BBG) und Anspruch auf Zahlung eines Trennungsgeldes (§ 83 Abs. 1 BBG), welches die notwendigen Auslagen des Beamten abgelten soll, die ihm durch eine dienstlich veranlasste getrennte Haushaltsführung entstehen.[118] Ferner steht Beamten unter Umständen ein Anspruch auf Aufwandsentschädigung für dienstlich veranlasste finanzielle Aufwendungen zu, deren Übernahme den Beamten nicht zugemutet werden kann (§ 17 BBesG). Einzelne Beamtengruppen erhalten zusätzlich auch noch Sachbezüge. Zu diesen Sachbezügen zählen insbesondere das unentgeltliche Bereitstellen von Dienstbekleidung und Gemeinschaftsunterkünften und die Gewährung von freier Heilfürsorge (vgl. § 70 BBesG).[119]

Neben den Aufwands- und Sachbezügen erhalten die Beamten außerdem Beihilfen in Krankheits-, Pflege-, Geburts- und Todesfällen (vgl. § 80 BBG).[120] Mit

---

112 *Behrens*, § 6, Rn. 32.

113 *Behrens*, § 6, Rn. 34; *Jarass/Pieroth*, Art. 33 GG, Rn. 76.

114 Vgl. BVerfG 24.9.2007, NVwZ 2008, 195, 196 m. w. N.; *Leppek*, Rn. 245.

115 Vgl. *Behrens*, § 6, Rn. 35.

116 Vgl. etwa BVerfG 5.7.1989, NVwZ 1989, 1983; *Jarass/Pieroth*, Art. 33 GG, Rn. 77.

117 BVerfG 27.9.2005, NVwZ 2005, 1294.

118 *Leppek*, Rn. 248b.

119 *Behrens*, § 6, Rn. 29.

120 Einzelheiten zur Beihilfegewährung finden sich in der Verordnung über Beihilfe in Krankheits-, Pflege- und Geburtsfällen (BBhV).

diesen Beihilfen wird die Eigenvorsorge, die die Beamten aus ihren laufenden Bezügen zu bestreiten haben, ergänzt.[121] Dazu übernimmt der Dienstherr einen bestimmten Prozentsatz der in solchen Fällen tatsächlich entstandenen Aufwendungen, wobei grundsätzlich mindestens 50 % der beihilfefähigen Aufwendungen vom Dienstherrn zu tragen sind (§ 80 Abs. 3 S. 1 BBG).[122] Für die Absicherung der durch die Beihilfen nicht abgedeckten Aufwendungen, müssen die Beihilfeberechtigten allerdings selbst (etwa durch Abschluss von Versicherungen) sorgen.[123]

Anders als die Besoldung und Versorgung zählen die Beihilfeleistungen nicht zu der Alimentation der Beamten, sondern das Beihilfesystem resultiert aus dem Fürsorgeanspruch, welcher dem Beamten gegen seinen Dienstherrn zusteht.[124] Zudem ist das Beihilfesystem – anders als das Alimentationsprinzip – nicht als hergebrachter Grundsatz des Berufsbeamtentums verfassungsrechtlich geschützt.[125] Diese Einordnung ist damit zu begründen, dass sich das Beihilfesystem erst in jüngerer Zeit herausgebildet hat.[126] Über den Umfang sowie die Art und Weise der Beihilfe steht dem Gesetzgeber im Rahmen seiner Fürsorgepflicht allerdings – ähnlich wie bei der Besoldung und Versorgung in den Grenzen des Alimentationsprinzips – ein weiter Gestaltungsspielraum zu.[127] Auch Änderungen am Beihilfesystem sind in weitem Umfang zulässig.[128]

Neben den Rechten auf Besoldung und Versorgung stehen den Beamten somit auch eine Vielzahl sonstiger geldwerter Rechte zu, welche die Beamten finanziell unterstützen. Auch bei der Ausgestaltung dieser Rechte ist der Gesetzgeber jedoch in weiten Teilen frei.

3. Nichtvermögenswerte Rechte

Neben den bereits genannten Rechten stehen den Beamten noch eine Reihe von nichtvermögenswerten Rechten zu. Diese Rechte sind für die Beurteilung der Rechtmäßigkeit des Streikverbots allerdings grundsätzlich von untergeordneter Bedeutung. Einzig dem Recht des Beamten auf Fürsorge und Schutz ist eine besondere Bedeutung für diese Untersuchung beizumessen.

---

121 *Leppek*, Rn. 249.
122 *Behrens*, § 6, Rn. 42.
123 Vgl. *Battis*, § 80 BBG, Rn. 10.
124 *Behrens*, § 6, Rn. 43; zum Fürsorgeanspruch s. C.I.3.a).
125 BVerfG 23.6.1981, NJW 1981, 1998, 1999.
126 BVerfG 23.6.1981, NJW 1981, 1998, 1999; *Behrens*, § 6, Rn. 43.
127 Vgl. BVerwG 31.1.2002, NJW 2002, 2045, 2046; *Jarass/Pieroth*, Art. 33 GG, Rn. 82; *Leppek*, Rn. 249.
128 Vgl. BVerfG 13.11.1990, NJW 1991, 743 f.; *Behrens*, § 6, Rn. 43.

a) *Recht auf Fürsorge und Schutz*

Die Fürsorge- und Schutzpflicht gehört zu den hergebrachten Grundsätzen des Berufsbeamtentums[129] und ist generell von so großer Bedeutung, dass der Gesetzgeber sie bei der Ausgestaltung der Rechte und Pflichten der Beamten nicht nur zu berücksichtigen, sondern sogar zu beachten hat.[130] Die Fürsorgepflicht ist somit die zweite Hauptpflicht des Dienstherrn neben der Alimentationspflicht.[131]

Aufgrund der Fürsorgepflicht ist der Dienstherr verpflichtet, den Beamten bei seiner amtlichen Tätigkeit und in seiner Stellung als Beamter zu schützen, ihn gegen unberechtigte Vorwürfe in Schutz zu nehmen, ihn entsprechend seiner Eignung und Leistung zu fördern und bei seinen Entscheidungen die wohlverstandenen Interessen des Beamten in gebührender Weise zu berücksichtigen.[132] Eine einfachgesetzliche Grundlage findet die Fürsorge- und Schutzpflicht in § 78 BBG. Danach hat der Dienstherr im Rahmen des Dienst- und Treueverhältnisses für das Wohl der Beamtinnen und Beamten und ihrer Familien, auch für die Zeit nach Beendigung des Beamtenverhältnisses, zu sorgen.

Die Fürsorge- und Schutzpflicht ist grundsätzlich in vielen Bereichen bei der Gestaltung einzelner Pflichten des Dienstherrn (beispielsweise beim Recht auf Besoldung und Versorgung) berücksichtigt worden.[133] Aufgrund des generalklauselartigen Charakters der Fürsorge- und Schutzpflicht lassen sich die aus dieser Pflicht resultierenden Teilpflichten allerdings nicht abschließend festlegen.[134] Im Vergleich zu der allgemeinen arbeitsrechtlichen Fürsorgepflicht bestehen die Hauptunterschiede zur beamtenrechtlichen Fürsorgepflicht – abgesehen von dem strukturellen Unterschied, dass die arbeitsrechtliche Fürsorgepflicht ein Mittel allein für individuelle arbeitsvertragliche Beziehungen ist und die beamtenrechtliche Fürsorgepflicht aus dem normativen Beamtenverhältnis mit Verfassungsrang resultiert – darin, dass der Schutzkreis der beamtenrechtlichen Fürsorgepflicht weiter ist, dass auch die Familie des Beamten einen Fürsorgeanspruch hat, und dass die beamtenrechtliche Fürsorgepflicht den Dienstherrn auch nach Beendigung des aktiven Beamtenverhältnisses bindet und somit der zeitliche Geltungs-

---

129 BVerfG 7.11.2002, NVwZ 2003, 720; *Battis*, § 78 BBG, Rn. 2.

130 Maunz/Dürig/*Badura*, Art. 33 GG, Rn. 71; vgl. zur Berücksichtigung bzw. Beachtung einzelner hergebrachter Grundsätze durch den Gesetzgeber C.

131 *Battis*, § 78 BBG, Rn. 4; *Summer*, PersV 1988, 76, 78; zum Alimentationsprinzip s. C.I.2.a).

132 BVerfG 15.12.1976, NJW 1977, 1189; Maunz/Dürig/*Badura*, Art. 33 GG, Rn. 71.

133 *Leppek*, Rn. 213.

134 *Leppek*, Rn. 213.

bereich der beamtenrechtlichen Fürsorgepflicht über den der arbeitsrechtlichen Fürsorgepflicht hinausgeht.[135]

Begrenzt wird die Fürsorgepflicht – außer durch spezielle beamtenrechtliche Regelungen (wie etwa die Regelungen über die Besoldung oder Versorgung im BBesG bzw. BeamtVG) – durch gesetzliche Verpflichtungen des Dienstherrn, durch überwiegende Interessen des Dienstherrn (z. B. an Sicherheit und Ordnung) und durch fiskalische Interessen.[136] Zudem führt die verfassungsrechtliche Verankerung der Fürsorge- und Schutzpflicht nicht dazu, dass jede auf dem allgemeinen Fürsorge- und Schutzgedanken beruhende besondere Regelung verfassungsmäßig abgesichert und somit unveränderbar ist.[137] So könnte etwa das Beihilfesystem geändert werden, ohne dass Art. 33 Abs. 5 GG betroffen ist.[138]

Auch das Recht auf Fürsorge und Schutz gewährleistet dem Beamten somit einen gewissen Schutz, allerdings ist der Gesetzgeber bei der Ausgestaltung des Fürsorge- und Schutzniveaus weitestgehend frei, solange er den verfassungsmäßig vorgegebenen Mindeststandard nicht unterschreitet.

b) Sonstige nichtvermögenswerte Rechte

Außer dem Recht auf Fürsorge und Schutz stehen dem Beamten noch weitere nichtvermögenswerte Rechte zu. Dazu zählt etwa das Recht des Beamten gemäß seinem Amt und seinen Fähigkeiten beschäftigt zu werden.[139] Zudem hat der Beamte das Recht darauf, innerhalb und außerhalb des Dienstes eine Amtsbezeichnung zu führen (§ 86 Abs. 2 BBG).[140] Ferner steht dem Beamten ein Recht auf die Ausübung einer Nebentätigkeit zu.[141] Dabei bedarf der Beamte für eine entgeltliche freiwillige Nebentätigkeit grundsätzlich einer Genehmigung (§ 99 Abs. 1 BBG).[142] Nur für den Fall, dass der Beamte zur Ausübung der Nebentätigkeit nach § 98 BBG verpflichtet ist oder es sich um eine der in § 100 Abs. 1 BBG abschließend aufgeführten Nebentätigkeiten handelt, ist die Nebentätigkeit genehmigungsfrei (§ 99 Abs. 1 BBG). Nicht genehmigungspflichtig ist danach etwa eine Tätigkeit zur Wahrung von Berufsinteressen in Gewerkschaften oder Berufsverbänden (§ 100 Abs. 1 Nr. 4 Alt. 1 BBG).

---

135 *Battis*, § 78 BBG, Rn. 5.
136 *Battis*, § 78 BBG, Rn. 7.
137 *Schnellenbach*, § 10, Rn. 2.
138 Vgl. C.I.2.d).
139 *Behrens*, § 6, Rn. 55.
140 *Leppek*, Rn. 222.
141 Ausführliche gesetzliche Regelungen in den §§ 97 ff. BBG.
142 *Leppek*, Rn. 225.

Darüber hinaus hat der Beamte auch Anspruch auf einen jährlichen Erholungsurlaub unter Fortzahlung der Besoldung (§ 89 BBG). Die Erteilung und Dauer des Urlaubs richtet sich dabei nach der Erholungsurlaubsverordnung (EUrlVO).[143] Zudem kann aus besonderem Anlass nach Maßgabe der Sonderurlaubsverordnung (SUrlV) Sonderurlaub mit oder ohne Fortbestehen der Besoldung gewährt werden (§ 90 Abs. 1 BBG).

Ferner stehen dem Beamten umfangreiche Rechte im Bezug auf seine Personalakte zu (§§ 106 ff. BBG). So hat der Beamte (auch nach Beendigung des Beamtenverhältnisses) ein Recht auf Einsicht in seine vollständige Personalakte (§ 110 Abs. 1 BBG). Außerdem hat der Beamte ein Anhörungsrecht vor Aufnahme von potentiell ungünstigen Unterlagen in die Personalakte (§ 109 BBG) und dem Beamten steht ein Anspruch auf Entfernung von unbegründeten oder falschen Unterlagen aus der Personalakte zu (§ 112 Abs. 1 S. 1 Nr. 1 BBG). Nach Beendigung des Beamtenverhältnisses steht dem Beamten zudem ein Recht auf Erteilung eines Dienstzeugnisses zu (§ 85 BBG).

Daneben hat der Beamte auch das Recht, sich in Gewerkschaften oder Berufsverbänden zusammenzuschließen (§ 116 Abs. 1 S. 1 BBG). Für den Beamten von besonderer Bedeutung ist dabei, dass er gemäß § 116 Abs. 2 BBG wegen einer Betätigung für eine Gewerkschaft oder einen Berufsverband dienstlich nicht gemaßregelt oder benachteiligt werden darf.

4. Zwischenergebnis

Insgesamt stehen dem Beamten durch seine Beamtenstellung umfassende, teilweise sogar durch die Verfassung garantierte, Rechte zu. Die dem Beamten zugesprochenen Rechte gehen dabei teils deutlich über die Rechte eines Arbeitnehmers hinaus. Jedoch obliegt die Ausgestaltung der einzelnen Rechte des Beamten in relativ weiten Grenzen dem Gesetzgeber. Daher ist der gewünschte Umfang, in dem den Beamten die Rechte gewährt werden, in das Ermessen des Gesetzgebers gestellt, solange nicht der verfassungsmäßig vorgegebene Mindeststandard unterschritten wird.

II. Pflichten der Beamten

Mit den oben dargestellten besonderen Rechten geht eine besondere Pflichtenbindung des Beamten einher. Um das Verhältnis zwischen den besonderen Rechten und Pflichten eines Beamten besser nachvollziehen zu können, sollen im Folgenden die einzelnen Pflichten des Beamten näher erläutert werden.

---

143 *Leppek*, Rn. 228a; zur Dauer des Urlaubs s. etwa § 5 EUrlVO.

1. Treuepflicht

Die Treuepflicht des Beamten ist das Korrelat zu der Fürsorge- und Schutzpflicht des Dienstherrn.[144] Wie der Dienstherr für das Wohl des Beamten und seiner Angehörigen zu sorgen hat, so ist der Beamte dem Dienstherrn zur Treue verpflichtet.[145] Sie zählt somit zu den Kernpflichten des Beamtenverhältnisses und stellt einen hergebrachten Grundsatz des Berufsbeamtentums dar.[146] Unterteilen lässt sich die Treuepflicht in die allgemeine und in die politische Treuepflicht.

a) Allgemeine Treuepflicht

Die allgemeine Treuepflicht dient als übergreifende Generalklausel der Beamtenpflichten.[147] Aus ihr folgt, dass der Beamte dem Allgemeinwohl und damit zur uneigennützigen Amtsführung verpflichtet ist, und dass er bei der Erfüllung der ihm anvertrauten Aufgaben seine eigenen Interessen zurückzustellen hat.[148] Aufgrund der offenen Formulierung dient die Treuepflicht zur Feinabstimmung der Pflichten des Beamten im Einzelfall.[149] Ferner können aus der Treuepflicht aus dem gleichen Grund ungeschriebene Nebenpflichten hergeleitet werden oder sie kann zur Auslegung der einzelnen Hauptpflichten im Beamtenrecht herangezogen werden.[150]

b) Politische Treuepflicht

Die in § 60 Abs. 1 S. 3 BBG einfachgesetzlich geregelte politische Treuepflicht resultiert aus der allgemeinen Treuepflicht.[151] Nach der politischen Treuepflicht ist der Beamte verpflichtet, positiv für die freiheitlich demokratische Grundordnung im Sinne des Grundgesetzes einzutreten und sich durch sein gesamtes Verhalten zu ihr zu bekennen.[152] Daher ist der Beamte dazu angehalten allen verfassungsfeindlichen Bestrebungen aktiv entgegenzutreten.[153] Diese Verpflichtung gilt dabei sowohl innerhalb

---

144 Maunz/Dürig/*Badura*, Art. 33 GG, Rn. 71; zur Fürsorge- und Schutzpflicht des Dienstherrn s. C.I.3.a).
145 *Behrens*, § 6, Rn. 7.
146 Vgl. BVerfG 19.9.2007, NVwZ 2007, 1396, 1398; *Battis*, § 60 BBG, Rn. 3.
147 *Behrens*, § 5, Rn. 4.
148 BVerfG 19.9.2007, NVwZ 2007, 1396, 1398.
149 *Battis*, § 4 BBG, Rn. 4.
150 *Leppek*, Rn. 167.
151 *Battis*, § 4 BBG, Rn. 4.
152 *Jarass/Pieroth*, Art. 33 GG, Rn. 60.
153 *Behrens*, § 5, Rn. 6.

als auch außerhalb des Dienstes.[154] Mit der politischen Treuepflicht ist jedoch keine Pflicht des Beamten verbunden, sich mit den Zielen oder einer bestimmten Politik der jeweiligen Regierung zu identifizieren.[155] Ziel der politischen Treuepflicht ist nämlich nur, eine verlässliche, den Staat verteidigende Beamtenschaft zu gewährleisten.[156]

2. Gemeinwohlverpflichtung und Neutralitätspflicht

Nach § 60 Abs. 1 S. 1 und 2 BBG ist der Beamte zudem zur gemeinwohlbezogenen, unparteiischen und gerechten Amtsführung verpflichtet. Auch diese Pflicht ist ein Ausfluss aus der allgemeinen Treuepflicht.[157] Durch diese Verpflichtung soll das Fachbeamtentum für einen gerechten Ausgleich der Interessen zwischen den widerstreitenden gesellschaftlichen Kräften sorgen.[158] Deshalb ist es dem Beamten gegenüber dem Dienstherrn und innerhalb der Verwaltung untersagt sich für eine parteipolitische Ansicht aktiv und nachhaltig zu engagieren und gegenüber dem Bürger Anhänger bestimmter Ansichten zu diskriminieren oder zu bevorzugen.[159]

3. Mäßigungs- und Zurückhaltungspflicht

Ebenfalls aus der allgemeinen Treuepflicht folgt die in § 60 Abs. 2 BBG einfachgesetzlich kodifizierte Mäßigungs- und Zurückhaltungspflicht.[160] Danach hat der Beamte bei politischer Betätigung diejenige Mäßigung und Zurückhaltung zu wahren, die sich aus seiner Stellung gegenüber der Allgemeinheit und aus der Rücksicht auf die Pflichten seines Amtes ergeben. Demzufolge muss der Beamte gegebenenfalls auf eine politische Betätigung verzichten, wenn er gegen eine vorrangige Dienstpflicht verstößt.[161] Aufgrund der Mäßigungspflicht ist der Beamte zudem verpflichtet die Grenze zwischen einer scharfen, aber sachlichen politischen Auseinandersetzung und der Polemik nicht zu überschreiten.[162] Mit dieser Pflicht soll insbesondere das Vertrauen der Bürger in die Funktionsfähigkeit der öffentlichen Verwaltung gestärkt werden.[163]

---

154 *Leppek*, Rn. 168.
155 BVerfG 22.5.1975, NJW 1975, 1641, 1642.
156 *Leppek*, Rn. 168.
157 *Battis*, § 60 BBG, Rn. 3.
158 *Leppek*, Rn. 169.
159 *Leppek*, Rn. 169.
160 *Battis*, § 60 BBG, Rn. 3.
161 *Behrens*, § 5, Rn. 25.
162 *Behrens*, § 5, Rn. 25.
163 *Battis*, § 60 BBG, Rn. 17.

4. Pflicht zu achtungs- und vertrauenswürdigem Verhalten

Über die Mäßigungs- und Zurückhaltungspflicht hinaus trifft den Beamten zudem die Pflicht, sich sowohl während als auch außerhalb des Dienstes immer so zu verhalten, wie es die Achtung und das Vertrauen gegenüber seinem Beruf generell erfordern.[164] Dabei hat der Beamte sich innerhalb des Dienstes gegenüber den Staatsbürgern stets höflich und hilfsbereit zu verhalten und seinen Vorgesetzten zu achten.[165] Aufgrund von damit verbundenen Eingriffen in die Privatsphäre gilt bei außerdienstlichem Verhalten ein lockererer Maßstab, sodass ein Verstoß gegen die Pflicht nur bei einem solchen Verhalten besteht, das im besonderen Maße geeignet ist, Achtung und Vertrauen in einer für das Amt des Beamten oder das Ansehen des Beamtentums in bedeutsamer Weise zu beeinträchtigen.[166] Ein Verstoß besteht damit vor allem bei gesetzeswidrigem Verhalten.[167] Nach § 71 Abs. 1 BBG ist es Beamten zudem grundsätzlich verboten, Belohnungen, Geschenke oder sonstigen Vorteile für sich oder einen Dritten in Bezug auf ihr Amt zu fordern, sich versprechen zu lassen oder anzunehmen. Dieses Verbot gilt auch nach Beendigung des Beamtenverhältnisses fort.

5. Beratungs-, Unterstützungs-, Folge- und Remonstrationspflicht

Ferner treffen den Beamten eine Beratungs-, Unterstützungs-, Folge- und Remonstrationspflicht. So hat der Beamte seinen Vorgesetzten zu beraten, zu unterstützen und die von dem Vorgesetzten erlassenen Anordnungen auszuführen und dessen allgemeine Richtlinien zu befolgen (§ 62 Abs. 1 BBG). Außerdem ist der Beamte verpflichtet, Bedenken gegen die Rechtmäßigkeit einer dienstlichen Anordnung oder allgemeinen Richtlinie unverzüglich bei seinem Vorgesetzten oder – falls dieser die Anordnung aufrechterhält – bei seinem nächsthöheren Vorgesetzten geltend zu machen (§ 63 Abs. 2 BBG).[168]

6. Pflicht zur Leistung des Diensteides

Zudem muss der Beamte nach Begründung eines Beamtenverhältnisses einen Diensteid leisten (§ 64 Abs. 1 BBG). Damit bekräftigt der Beamte seinen Willen

---

164 *Behrens*, § 5, Rn. 47.
165 *Leppek*, Rn. 171.
166 Vgl. zu der Anforderung § 77 Abs. 1 S. 2 BBG; *Leppek*, Rn. 171.
167 *Leppek*, Rn. 171.
168 *Leppek*, Rn. 179.

das Grundgesetz und alle in der Bundesrepublik Deutschland geltenden Gesetze zu wahren, und seine Amtspflichten gewissenhaft zu erfüllen.[169]

7. Verschwiegenheitspflicht

Außerdem ist der Beamte über diejenigen Angelegenheiten, die ihm bei oder bei Gelegenheit seiner amtlichen Tätigkeit bekannt geworden sind, zur Verschwiegenheit verpflichtet (§ 67 Abs. 1 S. 1 BBG). Auch diese Pflicht gilt nach Beendigung des Beamtenverhältnisses fort (§ 67 Abs. 1 S. 2 BBG).

8. Dienstleistungspflicht

Neben der Treuepflicht zählt auch die Dienstleistungspflicht zu den Kernpflichten des Beamtenverhältnisses.[170] Diese Pflicht des Beamten wird durch verschiedene Einzelpflichten ausgeformt.

a) Pflicht zu vollem persönlichem Einsatz

Maßgeblich bestimmt wird die Dienstleistungspflicht von der Pflicht des Beamten sich mit vollem persönlichem Einsatz seinem Beruf zu widmen. Diese in § 61 Abs. 1 S. 1 BBG einzelgesetzlich festgehaltene Pflicht resultiert aus dem hergebrachten Grundsatz des Berufsbeamtentums, wonach der Dienst des Beamten ein Lebensberuf ist.[171] Mit der Pflicht zum vollen persönlichen Einsatz ist gemeint, dass der Beamte sich stets um die bestmögliche Erledigung sowie eine ständige Verbesserung der Aufgabenerfüllung bemühen muss.[172] Dabei hat der Beamte seinen Dienst grundsätzlich in der regelmäßigen Arbeitszeit zu leisten.[173] Darüber hinaus hat der Beamte aber auch die Pflicht, ohne Entschädigung über die regelmäßige Arbeitszeit hinaus Dienst zu leisten, wenn zwingende dienstliche Verhältnisse dies erfordern und sich die Mehrarbeit auf Ausnahmefälle beschränkt (§ 88 S. 1 BBG). Es wird von dem Beamten allerdings nicht verlangt, dass er „immer im Dienst" sein muss.[174]

---

169 *Leppek*, Rn. 180.
170 Vgl. *Behrens*, § 5, Rn. 9.
171 *Battis*, § 61 BBG, Rn. 3.
172 *Leppek*, Rn. 173.
173 *Battis*, § 87 BBG, Rn. 3; zur Arbeitszeit s. § 87 BBG.
174 *Leppek*, Rn. 173; Wichmann/Langer/*Wichmann*, Rn. 204.

b) *Weitere aus der Dienstleistungspflicht resultierende Pflichten*

Aus der allgemeinen Dienstleistungspflicht folgt neben der Pflicht zu vollem persönlichem Einsatz auch die Pflicht des Beamten, alles zu vermeiden, was seiner dienstlichen Leistungsfähigkeit schaden könnte.[175] Ferner ist der Beamte verpflichtet an Maßnahmen der dienstlichen Qualifizierung zur Erhaltung oder Fortentwicklung seiner Kenntnisse und Fähigkeiten teilzunehmen (§ 61 Abs. 2 BBG). Außerdem kann der Beamte auf Verlangen seiner Dienstbehörde verpflichtet werden, eine Nebentätigkeit im öffentlichen Dienst zu übernehmen, wenn diese seiner Vorbildung oder Berufsausübung entspricht und ihn nicht über Gebühr in Anspruch nimmt (§ 98 BBG). Unerheblich ist dabei, ob für die Nebentätigkeit eine Vergütung gewährt wird oder nicht.[176]

c) *Streikverbot*

Abschließend gehört zu der Dienstleistungspflicht bisher auch das in der Bundesrepublik Deutschland ganz weitgehend anerkannte Streikverbot für Beamte.[177] Wie sich dieses Verbot historisch entwickelt hat, wie es rechtlich begründet wird und ob es nach wie vor Bestand haben kann, ist in den folgenden Abschnitten zu klären.[178]

9. Zwischenergebnis

Den bereits erwähnten umfassenden Rechten der Beamten stehen somit viele Pflichten gegenüber, wobei die Treue- sowie die Dienstleistungspflicht als die Kernpflichten des Beamtenverhältnisses angesehen werden können.

III. Ergebnis

Insgesamt lässt sich daher festhalten, dass den Beamten eine Vielzahl von Sonderrechten zusteht. Gleichzeitig unterliegen die Beamten jedoch vielen besonderen Pflichten, von denen das bisher weitgehend anerkannte Streikverbot als eine Unterkategorie der Dienstpflicht nur eine von vielen ist. Aufgrund des umfassenden Rechte- und Pflichtenkatalogs der Beamten kann das Streikverbot nicht losgelöst von den anderen Rechten und Pflichten betrachtet werden, sondern es muss in

---

175 *Leppek*, Rn. 174.

176 *Leppek*, Rn. 176.

177 Vgl. *Behrens*, § 5, Rn. 19; *Leppek*, Rn. 172.

178 S. zur historischen Entwicklung des Beamtenstreikverbots noch unter E. und zur rechtlichen Bewertung des Beamtenstreikverbots noch unter H.

Relation zu den anderen Rechten und Pflichten gestellt und bewertet werden. Für die Frage nach der Rechtmäßigkeit des Streikverbots müssen dabei vor allem das Alimentationsprinzip und die Treuepflicht berücksichtigt werden, da diese eine besondere Nähe zum Streikverbot aufweisen. Bevor allerdings näher auf die Rechtmäßigkeit des Beamtenstreikverbots eingegangen wird, werden im nächsten Abschnitt zunächst die allgemeinen Voraussetzungen erläutert, welche ein Streik erfüllen muss, damit er rechtmäßig ist.

D. Rechtmäßigkeitsvoraussetzungen eines Streiks

Nachdem der Begriff des Beamten, welcher dieser Arbeit zugrunde liegt, festgelegt[179] sowie die besonderen Rechte und Pflichten des Beamten erläutert wurden,[180] ist nun zu klären, unter welchen Voraussetzungen ein Streik rechtmäßig ist. Grundsätzlich wird das Streikrecht nämlich durch Art. 9 Abs. 3 GG verfassungsrechtlich gewährleistet,[181] jedoch fehlt es an normativen Maßstäben dafür, unter welchen Voraussetzungen gestreikt werden darf.[182] Aus diesem Grund entwickelte die Rechtsprechung Kriterien, welche ein Streik erfüllen muss, damit er rechtmäßig ist.[183] Voraussetzung für einen rechtmäßigen Streik ist danach, dass er von einer tariffähigen Partei geführt wird, auf ein tariflich regelbares Ziel gerichtet ist, die Kampfparität sowie die Friedenspflicht beachtet wird, der Verhältnismäßigkeitsgrundsatz gewahrt wird und gegebenenfalls bestehende besondere Kampfverbote beachtet werden.[184] Da auch über die Rechtmäßigkeit eines Beamtenstreiks mittels dieser Kriterien entschieden wird, sind diese für die vorliegende Untersuchung von großer Bedeutung und werden im Folgenden näher erläutert.

I. Führung durch tariffähige Partei

Damit ein Streik rechtmäßig ist, muss er von einer Partei geführt werden, die tariffähig und tarifzuständig ist.[185] Da die einzelnen Arbeitnehmer nicht tariffähig sind (vgl. § 2 Abs. 1 TVG), ist erforderlich, dass ein Streik von einer Gewerkschaft im Rahmen ihrer Tarifzuständigkeit erklärt wird.[186] Bedeutsam wird diese Beschränkung beim sogenannten „wilden Streik",[187] bei welchem es sich um eine nicht von einer Gewerkschaft getragene Arbeitsniederlegung der Belegschaft

---

179 S. dazu bereits unter B.

180 S. dazu bereits unter C.

181 BVerfG 26.6.1991, NZA 1991, 809; BVerfG 4.7.1995, NZA 1995, 754, 755; BVerfG 26.3.2014, NZA 2014, 493 f.; BeckOK-ArbR/*Waas*, Art. 9 GG, Rn. 29; s. zur historischen Entwicklung des Streikrechts noch unter E.

182 ErfK/*Linsenmaier*, Art. 9 GG, Rn. 111.

183 Brox/Rüthers/*Rüthers*, Rn. 7; *Buchholtz*, S. 11; *Junker*, Rn. 602.

184 BeckOK-ArbR/*Waas*, Art. 9 GG, Rn. 29 ff.

185 BeckOK-ArbR/*Waas*, Art. 9 GG, Rn. 31; ErfK/*Linsenmaier*, Art. 9 GG, Rn. 123.

186 *Junker*, Rn. 604.

187 BeckOK-ArbR/*Waas*, Art. 9 GG, Rn. 32.

handelt.[188] Ein solcher Streik ist immer rechtswidrig, da die streikende Belegschaft nicht Partei eines Tarifvertrags sein kann und der „wilde Streik“ somit nicht von einer tariffähigen Partei geführt wird.[189] Allerdings kann die Gewerkschaft den „wilden Streik“ übernehmen, mit der Folge, dass der Streik nach Ansicht des BAG rückwirkend rechtmäßig wird, sofern die übrigen Rechtmäßigkeitsvoraussetzungen erfüllt sind.[190]

II. Kampf um tariflich regelbare Ziele

Weitere Voraussetzung eines rechtmäßigen Streiks ist, dass dieser auf ein tariflich regelbares Ziel gerichtet ist.[191] Aus dem Bezug des Streikrechts zur Tarifautonomie nach Art. 9 Abs. 3 GG wird vom BVerfG nämlich abgeleitet, dass mit Streiks Vereinbarungen zur Wahrung und Förderung der Arbeits- und Wirtschaftsbedingungen angestrebt werden dürfen und sie jedenfalls als Instrument zur Durchsetzung tariflicher Regelungen verfassungsrechtlich gewährleistet sind.[192] Das BAG sieht darin zugleich eine Grenze des Streikrechts und hält nur solche Arbeitskämpfe für zulässig, die auf den Abschluss eines Tarifvertrags gerichtet sind.[193] Zwar hat das BAG in jüngerer Zeit angezweifelt, ob die Tarifbezogenheit des Streiks im Hinblick auf Art. 6 Nr. 4 ESC bestand haben kann,[194] dennoch hält es weiterhin an dieser Rechtmäßigkeitsvoraussetzung fest. Mithin sind nach wie vor nur solche Streiks rechtmäßig, die auf den Abschluss einer tariflichen Regelung abzielen. Da nur erstreikbar ist, was tarifvertraglich regelbar ist, muss der Streik zudem auf den Abschluss eines Tarifvertrags zielen, dessen Inhalt rechtlich zulässig ist.[195] Begrenzt werden die tarifvertraglichen Regelungsmöglichkeiten vor allem durch die Verfassung und das einfache Gesetzesrecht.[196]

---

188 *Junker*, Rn. 595.

189 BAG 20.12.1963, NJW 1964, 883, 884 ff.; BAG 7.6.1988, NZA 1988, 883.

190 BAG 5.9.1955, AP GG Art. 9 Arbeitskampf Nr. 3; BeckOK-ArbR/*Waas*, Art. 9 GG, Rn. 31; ErfK/*Linsenmaier*, Art. 9 GG, Rn. 123; *Junker*, Rn. 604; kritisch *Kissel*, § 25, Rn. 20.

191 *Junker*, Rn. 605.

192 BVerfG 26.6.1991, NZA 1991, 809; BVerfG 10.9.2004, NZA 2004, 1338, 1339; ErfK/*Linsenmaier*, Art. 9 GG, Rn. 114.

193 BAG 5.3.1985, AP GG Art. 9 Arbeitskampf Nr. 85; BAG 20.11.2012, NZA 2013, 437, 443; Bedenken wegen Art. 6 Nr. 4 ESC hat diesbezüglich etwa ErfK/*Linsenmaier*, Art. 9 GG, Rn. 105.

194 BAG 10.12.2002, NZA 2003, 734, 740; BAG 19.6.2007, NZA 2007, 1055, 1059.

195 BeckOK-ArbR/*Waas*, Art. 9 GG, Rn. 41.

196 *Junker*, Rn. 607.

Wegen der Voraussetzung, dass ein Streik immer auf ein tariflich regelbares Ziel gerichtet sein muss, wird etwa ein politischer Streik für rechtswidrig gehalten. Bei dem politischen Streik wird nämlich keine tariflich regelbare Forderung, sondern eine Forderung gegenüber einer staatlichen Instanz (Gesetzgebung, Verwaltung, Gerichte) durchgesetzt.[197]

III. Beachtung der Friedenspflicht

Ferner ist ein Streik nur rechtmäßig, wenn er nicht gegen die Friedenspflicht verstößt.[198] Unterschieden wird dabei zwischen der relativen und der absoluten Friedenspflicht. Die absolute Friedenspflicht muss zwischen den Tarifparteien ausdrücklich vereinbart werden und verbietet jegliche Arbeitskämpfe zwischen den Beteiligten.[199] Die relative Friedenspflicht muss nicht ausdrücklich vereinbart werden, sondern sie ist dem Tarifvertrag immanent.[200] Sie verbietet während der Laufzeit eines Tarifvertrags eine kampfweise Durchsetzung von Tarifforderungen, wenn und soweit diese mit der tarifvertraglich geregelten Materie in einem inneren sachlichen Zusammenhang stehen.[201] Werden neben den wegen der relativen Friedenspflicht gesperrten auch zulässige Kampfziele verfolgt, so ist der Arbeitskampf trotzdem insgesamt rechtswidrig.[202]

IV. Beachtung der Kampfparität

Außerdem ist ein Streik nur rechtmäßig, wenn das Gebot der Kampfparität beachtet wird.[203] Dieses Gebot soll ein hinreichendes Kräftegleichgewicht zwischen den Tarifparteien gewährleisten.[204] Voraussetzung dafür ist, dass eine annähernd gleiche Verhandlungsstärke und Durchsetzungskraft der Parteien besteht.[205] Es soll sich bei einem Arbeitskampf nicht nur um „kollektives Betteln" handeln.[206] Nur wenn ein solches Kräftegleichgewicht besteht, kann nämlich ein angemes-

---

197 BeckOK-ArbR/*Waas*, Art. 9 GG, Rn. 36; *Junker*, Rn. 605.
198 BAG 19.6.2007, NZA 2007, 1055, 1057; *Junker*, Rn. 608.
199 BeckOK-ArbR/*Waas*, Art. 9 GG, Rn. 46.
200 BAG 21.12.1982, AP GG Art. 9 Arbeitskampf Nr. 76; vgl. auch ErfK/*Linsenmaier*, Art. 9 GG, Rn. 125.
201 BeckOK-ArbR/*Waas*, Art. 9 GG, Rn. 45.
202 ErfK/*Linsenmaier*, Art. 9 GG, Rn. 125.
203 BeckOK-ArbR/*Waas*, Art. 9 GG, Rn. 47.
204 Vgl. MünchHdbArbR/*Ricken*, § 200, Rn. 38.
205 ErfK/*Linsenmaier*, Art. 9 GG, Rn. 112.
206 ErfK/*Linsenmaier*, Art. 9 GG, Rn. 112.

sener Interessenausgleich zwischen den Parteien gefunden werden.[207] Allerdings ist umstritten, anhand welcher Kriterien sich bestimmen lässt, ob das Gebot der Kampfparität gewahrt wird.[208] Konkrete Maßstäbe, anhand derer das Kräftegleichgewicht der Tarifvertragsparteien beurteilt werden könnte, lassen sich Art. 9 Abs. 3 GG nicht entnehmen.[209] Überwiegend wird eine typisierende Betrachtung für maßgebend erachtet, bei der konjunktur- und situationsbedingte Besonderheiten einzelner Arbeitskämpfe außer Betracht bleiben müssen.[210] Das BAG, welches diese Auffassung teilt, hat dazu folgende Ausführungen gemacht:[211]

> *„Ein funktionierendes Tarifvertragssystem setzt annähernd gleichgewichtige Verhandlungschancen der sozialen Gegenspieler voraus. Das erforderliche Verhandlungsgleichgewicht läßt sich aber weder formal fingieren noch normativ anordnen, es muß wenigstens in groben Zügen tatsächlich feststellbar sein. […] Wenn auch die realen Kräfteverhältnisse maßgebend sind, so bedeutet das doch andererseits nicht, daß alle Besonderheiten eines Arbeitskampfes (Kampfziele, wirtschaftliche Lage, Organisationsgrad usw.) berücksichtigt werden müßten. Der Grundsatz der Parität bezieht sich (unbeschadet der im Grundsatz geltenden Kampfmittelfreiheit) auf das Arsenal zulässiger Kampfmittel. Er muß in generellen und abstrakt formulierten Regeln ausgedrückt werden und kann nur Kriterien erfassen, die einer typisierenden Betrachtung zugänglich sind. Situationsbedingte Vorteile, die sich im konkreten Arbeitskampf sehr stark auswirken mögen, bleiben notwendigerweise unberücksichtigt. […] Der innere Zusammenhang des Paritätsprinzips mit der Tarifautonomie spricht nicht nur gegen eine auf den Einzelfall bezogene konkrete Betrachtung, sondern ebenso auch gegen eine globale Einbeziehung aller denkbaren Kriterien, die sich in anderen Bereichen auf das Kräfteverhältnis von Arbeitgeber und Arbeitnehmer auswirken mögen."*

Besteht nach diesen Maßstäben ein ausgeglichenes Kräfteverhältnis der beiden Parteien, ist das Gebot der Kampfparität somit gewahrt. Beherrscht hingegen eine Partei nach den genannten Maßstäben das Kampfgeschehen, ist das Kräftegleichgewicht nicht gewährleistet und der Arbeitskampf wegen Verstoßes gegen das Gebot der Kampfparität rechtswidrig.

Praktische Konsequenzen hatte das Gebot der Kampfparität in der Rechtsprechung des BAG bisher zum Arbeitskampfrisiko, zum Mitbestimmungsrecht des Betriebsrats während eines Arbeitskampfs und zu den Grenzen des Aus-

---

207 Vgl. *Junker*, Rn. 610.

208 S. zu den verschiedenen Ansichten ausführlich *Kissel*, § 32, Rn. 7 ff.; MünchHdbArbR/*Ricken*, § 200, Rn. 39 ff.

209 BAG 22.9.2009, NZA 2009, 1347, 1352; *Kissel*, § 32, Rn. 6.

210 BAG 10.6.1980, AP GG Art. 9 Arbeitskampf Nr. 64; ErfK/*Linsenmaier*, Art. 9 GG, Rn. 113; *Kissel*, § 32, Rn. 18 ff.

211 BAG 10.6.1980, AP GG Art. 9 Arbeitskampf Nr. 64; MünchHdbArbR/*Ricken*, § 200, Rn. 40.

sperrungsrechts.[212] Für die Rechtmäßigkeit eines Streiks spielte die Kampfparität bisher hingegen keine Rolle, da das BAG pauschal von einer „strukturellen“ Unterlegenheit der Arbeitnehmer ausgeht.[213]

V. Wahrung des Verhältnismäßigkeitsgrundsatzes

Zudem ist ein Streik nur rechtmäßig, wenn er verhältnismäßig ist. Das Gebot der Verhältnismäßigkeit ist gewahrt, wenn der Streik, gemessen an seinem Ziel, geeignet, erforderlich und angemessen ist.[214]

1. Geeignetheit

Geeignet ist ein Streik, wenn durch ihn die Durchsetzung des Streikziels gefördert werden kann.[215] Bei dieser Frage steht den Parteien eine weite Einschätzungsprärogative zu.[216] Erst wenn der Streik offensichtlich ungeeignet ist, um das Streikziel zu erreichen, ist der Streik rechtswidrig.[217]

2. Erforderlichkeit

Ob ein Streik erforderlich ist, wird (ähnlich wie im Bereich des Kündigungsschutzrechts) durch das Ultima-ratio-Prinzip konkretisiert.[218] Nach dem Ultima-ratio-Prinzip ist ein Streik erst dann zulässig, wenn die Beteiligten alle zumutbaren Möglichkeiten einer friedlichen Konfliktlösung ausgeschöpft haben.[219] Der Streik muss „das letzte Mittel“ sein, um sich durchzusetzen.[220] Mit anderen Worten darf erst gestreikt werden, wenn ohne einen Streik ein Tarifabschluss im Wege von Verhandlungen nicht zu erreichen ist.[221] Wann allerdings die Verhandlungsmöglichkeiten ohne begleitende Arbeitskampfmaßnahmen als gescheitert anzusehen sind,

---

212 ErfK/*Linsenmaier*, Art. 9 GG, Rn. 113.

213 BAG 19.6.2007, NZA 2007, 1055, 1057; *Junker*, Rn. 610.

214 BAG 21.4.1971, NJW 1971, 1668; BAG 10.6.1980, AP GG Art. 9 Arbeitskampf Nr. 64; BAG 11.5.1993, NZA 1993, 809, 810; BAG 22.9.2009, NZA 2009, 1347; BeckOK-ArbR/*Waas*, Art. 9 GG, Rn. 50; ErfK/*Linsenmaier*, Art. 9 GG, Rn. 129.

215 BAG 19.6.2007, NZA 2007, 1055, 1058.

216 BAG 19.6.2007, NZA 2007, 1055, 1058; ErfK/*Linsenmaier*, Art. 9 GG, Rn. 130a.

217 BAG 19.6.2007, NZA 2007, 1055, 1058; ErfK/*Linsenmaier*, Art. 9 GG, Rn. 130a.

218 BeckOK-ArbR/*Waas*, Art. 9 GG, Rn. 50.

219 BAG 21.4.1971, NJW 1971, 1668, 1669; BeckOK-ArbR/*Waas*, Art. 9 GG, Rn. 50.

220 BAG 21.4.1971, NJW 1971, 1668, 1669; BAG 19.6.2007, NZA 2007, 1055, 1058; BeckOK-ArbR/*Waas*, Art. 9 GG, Rn. 50.

221 MünchHdbArbR/*Ricken*, § 200, Rn. 47.

liegt nach Auffassung der Rechtsprechung in der freien und nicht nachprüfbaren Entscheidung der Vertragsparteien.[222] Damit erfordert das Ultima-ratio-Prinzip lediglich, dass eine Tarifforderung aufgestellt und diese zurückgewiesen wurde.[223] Im Schrifttum ist dieser Standpunkt der Rechtsprechung kritisiert worden.[224]

Des Weiteren folgert das BAG aus dem Ultima-ratio-Prinzip, dass die Tarifparteien gehalten sind, ein Schlichtungsverfahren zu vereinbaren und in Anspruch zu nehmen, bevor sie streiken.[225] In der Literatur sind die Meinungen bezüglich eines Schlichtungszwangs hingegen geteilt.[226] Weitgehende Einigkeit besteht demgegenüber hinsichtlich der Frage, ob wegen des Ultima-ratio-Prinzips ein Streik erst dann als zulässig angesehen werden kann, wenn zuvor eine Urabstimmung durchgeführt wurde, die in der Verbandssatzung vorgeschrieben ist.[227] Nach allgemeiner Auffassung ist die Verpflichtung zur Urabstimmung nämlich nur ein verbandsinternes Erfordernis, sodass eine Urabstimmung für einen rechtmäßigen Streik nicht notwendig ist.[228] Auch besteht aufgrund des Ultima-ratio-Prinzips keine Pflicht, Streiks anzukündigen.[229]

3. Angemessenheit

Angemessen ist ein Streik, wenn er nicht außer Verhältnis zum erstrebten Ziel steht.[230] Bei der Angemessenheit geht es um eine rein rechtliche Wertungsfrage, bei der die kollidierenden Grundrechtspositionen und der Grad ihrer Beeinträchtigung gewichtet und gegen die Bedürfnisse kollektiver Koalitionsbetätigung abgewogen werden sollen.[231] Es wird daher nicht geprüft, ob der Streik mit der zugrunde liegenden Forderung in einem angemessenen Verhältnis steht, sondern es soll nur sichergestellt werden, dass Schäden, die aus dem Streik resultieren, noch in einem angemessenen Verhältnis zum erstrebten Nutzen stehen.[232] Streiks dürfen weder den

---

222 BAG 21.6.1988, NZA 1988, 846; BeckOK-ArbR/*Waas*, Art. 9 GG, Rn. 53; ErfK/*Linsenmaier*, Art. 9 GG, Rn. 132; MünchHdbArbR/*Ricken*, § 200, Rn. 47.

223 BeckOK-ArbR/*Waas*, Art. 9 GG, Rn. 53.

224 S. dazu ErfK/*Linsenmaier*, Art. 9 GG, Rn. 133; *Kissel*, § 30, Rn. 46 ff.

225 BAG 21.4.1971, NJW 1971, 1668, 1669; BeckOK-ArbR/*Waas*, Art. 9 GG, Rn. 52, 54.

226 Vgl. *Kissel*, § 69, Rn. 17 f.

227 BeckOK-ArbR/*Waas*, Art. 9 GG, Rn. 52, 55.

228 BeckOK-ArbR/*Waas*, Art. 9 GG, Rn. 55; *Kissel*, § 40, Rn. 16.

229 BeckOK-ArbR/*Waas*, Art. 9 GG, Rn. 55; ErfK/*Linsenmaier*, Art. 9 GG, Rn. 135.

230 MünchHdbArbR/*Ricken*, § 200, Rn. 51.

231 ErfK/*Linsenmaier*, Art. 9 GG, Rn. 130a; vgl. auch BAG 19.6.2007, NZA 2007, 1055, 1058.

232 BeckOK-ArbR/*Waas*, Art. 9 GG, Rn. 59 f.

Streikgegner noch die Allgemeinheit unverhältnismäßig belasten.[233] Insbesondere dürfen sie nicht auf die Existenzvernichtung der Gegenseite abzielen, sondern die Arbeit muss nach Streikende fortgeführt werden können.[234] Eine praktikable „Faustformel", wann ein Streik unangemessen ist, gibt es aber nicht.[235]

VI. Beachtung besonderer Kampfverbote

Zudem ist ein Streik nur rechtmäßig, wenn er nicht gegen besondere Kampfverbote verstößt. Diese Verbote resultieren vor allem aus der Verfassung oder einfachgesetzlichen Vorschriften. Klassisches Beispiel für ein solches besonderes Kampfverbot ist das in dieser Arbeit zu untersuchende Streikverbot für Beamte.[236] Dieses Streikverbot wird unter anderem damit begründet, dass ein Beamtenstreik nicht mit den hergebrachten Grundsätzen des Berufsbeamtentums im Sinne des Art. 33 Abs. 5 GG vereinbar sei.[237] Des Weiteren kann sich ein besonderes Kampfverbot aus Art. 9 Abs. 3 GG ergeben.[238] So soll eine selektive Aussperrung, die gezielt nur die Mitglieder der streikenden Gewerkschaft erfasst und nichtorganisierte Arbeitnehmer verschont, gegen die positive Koalitionsfreiheit der Gewerkschaftsmitglieder verstoßen und daher rechtswidrig sein.[239]

Ein weiteres Beispiel für ein besonderes Kampfverbot bildet der strafrechtliche Tatbestand der Nötigung (§ 240 StGB).[240] Dieser kann nach Auffassung des BAG etwa bei einer Betriebsblockade erfüllt sein, die es dem Arbeitgeber unmöglich macht, die Produktion mit Hilfe arbeitswilliger Arbeitnehmer fortzusetzen, sodass diese Arbeitskampfmaßnahme rechtswidrig ist.[241] Zudem folgt ein besonderes Kampfverbot aus § 74 Abs. 2 S. 1 BetrVG, wonach Arbeitskampfmaßnahmen zwischen Arbeitgeber und Betriebsrat unzulässig sind. In der Betriebsverfassung ersetzt nämlich die Einigungsstelle den Arbeitskampf (§ 76 BetrVG).[242]

---

233 BeckOK-ArbR/*Waas*, Art. 9 GG, Rn. 60.

234 BAG 30.3.1982, AP GG Art. 9 Arbeitskampf Nr. 74; BAG 11.5.1993, NZA 1993, 809, 811; ErfK/*Linsenmaier*, Art. 9 GG, Rn. 131.

235 Vgl. ErfK/*Linsenmaier*, Art. 9 GG, Rn. 130a.

236 BeckOK-ArbR/*Waas*, Art. 9 GG, Rn. 68; *Junker*, Rn. 619.

237 So etwa BVerfG 11.6.1958, NJW 1958, 1228, 1230; BVerwG 27.2.2014, NZA 2014, 616; BVerwG 26.2.2015, NZA 2015, 505; s. zu dieser und weiteren Begründungen für das Beamtenstreikverbot und deren rechtlicher Bewertung noch ausführlich unter H.

238 *Junker*, Rn. 619.

239 BAG 10.6.1980, AP GG Art. 9 Arbeitskampf Nr. 66; *Junker*, Rn. 619.

240 BeckOK-ArbR/*Waas*, Art. 9 GG, Rn. 67.

241 Vgl. BAG 8.11.1988, NZA 1989, 475; *Junker*, Rn. 619.

242 *Junker*, Rn. 619.

VII. Zwischenergebnis

Ein Streik muss somit viele Voraussetzungen erfüllen, um rechtmäßig zu sein. Für den Beamtenstreik könnte vor allem problematisch werden, dass ein rechtmäßiger Streik auf ein tariflich regelbares Ziel gerichtet sein muss, das Beamtenverhältnis (und damit insbesondere die Besoldung und Versorgung der Beamten) aber gesetzlich ausgestaltet ist.[243] Ebenfalls zweifelhaft ist, ob auch im Falle eines Beamtenstreiks die Kampfparität bereits aufgrund „struktureller" Unterlegenheit der Beamten gewahrt wird. Immerhin verfügen die Beamten gegenüber ihrem Dienstherrn über Rechte, die deutlich über die Rechte von Arbeitnehmern gegenüber ihren Arbeitgebern hinausgehen.[244] Im weiteren Verlauf der Untersuchung muss somit geprüft werden, ob alle diese Voraussetzungen im Falle eines Beamtenstreiks eingehalten werden.[245] Zuvor wird im nächsten Abschnitt allerdings erläutert, wie sich das Streikrecht und das Beamtenstreikverbot historisch entwickelt haben.

---

243 S. zur gesetzlichen Ausgestaltung der Rechte und Pflichten bereits unter C.

244 S. zu den Rechten der Beamten bereits ausführlich unter C.I.

245 S. zur rechtlichen Bewertung des Beamtenstreikverbots noch unter H.

E. Entstehung des Streikrechts und des Streikverbots für Beamte

Nachdem der Begriff des Beamten, welcher dieser Arbeit zugrunde liegt, festgelegt[246] sowie die besonderen Rechte und Pflichten des Beamten und die Rechtmäßigkeitsvoraussetzungen eines Streiks erläutert wurden,[247] wird im nächsten Schritt dargestellt, wie sich das heute weitgehend anerkannte Streikverbot für Beamte in der Historie herausgebildet hat. Eine solche historische Betrachtung ist für die Bewertung der Rechtmäßigkeit des Streikverbots insbesondere deshalb hilfreich, da der Gesetzgeber gemäß Art. 33 Abs. 5 GG gehalten ist, das Beamtenverhältnis nach den sogenannten „hergebrachten Grundsätzen des Berufsbeamtentums" zu gestalten, was nichts anderes bedeutet, als dass die historische Entwicklung des Berufsbeamtentums bei der Ausgestaltung des Beamtenverhältnisses vom Gesetzgeber von Verfassungs wegen zu berücksichtigen ist.[248]

Da ein Streikverbot, welches ausschließlich für Beamte gilt, zwingend mit einem Streikrecht für andere Berufsgruppen einhergeht, wird im Folgenden auch ein Blick auf die Entstehung des allgemeinen Streikrechts geworfen. Dadurch soll die Frage beantwortet werden, ob den Beamten bereits seit der Entstehung des allgemeinen Streikrechts das Streikrecht verwehrt wurde oder ob sich das Streikverbot erst im Nachhinein entwickelt hat.

I. Streikrecht und Beamtenstreikverbot bis zur industriellen Revolution

In seiner ursprünglichen Form waren Streiks überwiegend Rebellionen von unfreien Arbeitern (wie etwa Sklaven oder Leibeigenen), die meist mit militärischen Mitteln niedergeschlagen wurden.[249] Als bekanntes Beispiel für einen solchen „Streik" gilt etwa der Spartakus-Aufstand (74–71 v. Chr.).[250] In seinen Anfän-

---

246 S. dazu bereits B.

247 Zu den Rechten und Pflichten der Beamten s. bereits unter C.; zu den Rechtmäßigkeitsvoraussetzungen eines Streiks s. bereits unter D.

248 Vgl. *Strauß*, S. 25; zu den hergebrachten Grundsätzen des Berufsbeamtentums s. C.

249 ArbkR/*Däubler*, § 1, Rn. 1.

250 ArbkR/*Däubler*, § 1, Rn. 1; zur Geschichte des Spartakus-Aufstands s. *Mommsen*, S. 84 ff.

gen unterschied sich das Arbeitskampfrecht somit noch fundamental von dem heutigen.

In der Bundesrepublik kam es zu ersten mit unseren heutigen Streiks vergleichbaren Arbeitsniederlegungen im mittelalterlichen Bergbau und Handwerk.[251] So fand die älteste bekannte Arbeitsniederlegung im Jahre 1329 in Breslau statt, als die Gürtlergesellen ein Jahr lang für höhere Löhne streikten.[252] Im Unterschied zur heutigen Zeit existierten damals allerdings noch keine spezifischen Regeln, die den Ablauf der Auseinandersetzungen, die zulässigen Ziele und die möglichen Sanktionen bei Regelverstößen vorgaben.[253] Von der Politik wurde der Arbeitskampf damals wie sonstige Fälle der Nichtleistung behandelt oder sogar verboten.[254] Die Verbote richteten sich in der Regel allerdings primär nicht gegen den Arbeitskampf als solchen, sondern gegen die organisatorischen Träger (die sogenannten Gesellenschaften) dieser Kämpfe.[255]

Da das Verhängen von Koalitions- und Arbeitskampfverboten in der Zeit zwischen dem 14. und 16. Jahrhundert jedoch nicht wirklich effektiv war,[256] wurde auf Grundlage der Reichszunftordnung von 1731 die Bemühung um die Zerschlagung der Gesellenschaften intensiviert, indem die Bildung von Koalitionen und die Durchführung von Arbeitskämpfen mit Strafe bedroht wurden.[257] Diese Regelung galt zwar nur für die reichsunmittelbaren Gebiete, dennoch hatte sich am Ende des 18. Jahrhunderts in sämtlichen deutschen Territorialstaaten ein allgemeines Streikverbot durchgesetzt.[258]

II. Streikrecht und Beamtenstreikverbot zur Zeit der industriellen Revolution und im Kaiserreich

Mit der Entstehung der industriellen Produktion wandelte sich das Bild der Gesellschaft. Zu dieser Zeit wurde die auf Vertrag beruhende Lohnarbeit zur Massenerscheinung und dem Unternehmer wurde es aufgrund der Vielzahl an verfügbaren Arbeitskräften möglich, den Vertragsinhalt allein nach seinen

---

251 ArbkR/*Däubler*, § 1, Rn. 5; MünchHdbArbR/*Ricken*, § 195, Rn. 1.

252 *Kissel*, § 2, Rn. 8; *Ritscher*, S. 4 f.

253 ArbkR/*Däubler*, § 1, Rn. 9; s. zu den heutigen Rechtmäßigkeitsvoraussetzungen eines Streiks bereits unter D.

254 ArbkR/*Däubler*, § 1, Rn. 10; MünchHdbArbR/*Ricken*, § 195, Rn. 1.

255 ArbkR/*Däubler*, § 1, Rn. 10; vgl. auch Brox/Rüthers/*Rüthers*, Rn. 2; *Kissel*, § 2, Rn. 9.

256 Einzelheiten bei *Wohlgemuth*, S. 27 f. m. w. N.

257 ArbkR/*Däubler*, § 1, Rn. 10; vgl. auch MünchHdbArbR/*Ricken*, § 195, Rn. 1.

258 *Däubler*, S. 7; *Rüthers*, S. 9.

Vorstellungen zu bestimmen.[259] Diese Situation hatte für die Arbeitnehmer unmenschliche Arbeitsbedingungen zur Folge, gegen die sie sich nur wehren konnten, wenn sie es schaffen würden, dem Arbeitgeber als „kollektiver Anbieter" von Arbeitskraft gegenüberzutreten.[260]

Die ersten Versuche der Gründung von Arbeitnehmerzusammenschlüssen wurden von den Unternehmern und dem Staatsapparat zu Beginn jedoch erfolgreich unterdrückt.[261] In den sechziger Jahren des 19. Jahrhunderts kam es – trotz der nach wie vor bestehenden Koalitionsverbote – schließlich allerdings immer öfter zu spontanen Streikaktionen und anschließend zur Gründung von lokalen Arbeitervereinen.[262] Diese Vereine wurden von den Behörden überwiegend geduldet, da sich die Erkenntnis einstellte, dass sich die sozialen Auseinandersetzungen nicht mehr einfach durch Unterdrückung der Organisationen verhindern ließen.[263] Auf diese Änderung der tatsächlichen Verhältnisse, folgte im Jahre 1869 die Änderung der Rechtslage: Nach § 152 Abs. 1 der Gewerbeordnung für den Norddeutschen Bund[264] (der im Zuge der Reichsgründung auf die übrigen deutschen Einzelstaaten ausgedehnt wurde)[265] galt fortan:

> *„Alle Verbote und Strafbestimmungen … wegen Verabredungen und Vereinigungen zum Behufe der Erlangung günstiger Lohn- und Arbeitsbedingungen, insbesondere mittels Einstellung der Arbeit oder Entlassung der Arbeiter, werden aufgehoben."*

Mit dieser Regelung wurden die Koalitionsverbote aufgehoben, sodass nun auch offiziell Gewerkschaften gegründet werden konnten, und auch der Streik als solcher war nicht mehr rechtswidrig. Die damit mittelbar eingeführte Streikfreiheit galt dabei nicht nur für eine von der Gewerkschaft organisierte, sondern für jede Arbeitsniederlegung.[266] Allerdings wurde die neu gewonnene Freiheit durch die Rechtsprechung in den folgenden Jahren stark eingeschränkt, indem sie so hohe Hindernisse konstruierte, dass nur noch ein marginaler Teil von der Streikfreiheit übrig blieb.[267] So erklärten die Gerichte etwa Streiks unter Rückgriff auf § 826 BGB nicht selten für sittenwidrig, tolerierten im Gegensatz dazu die Kampfmittel der Arbeitgeberseite in großzügiger Weise und mobilisierten gegen den Streik sogar

---

259 ArbkR/*Däubler*, § 2, Rn. 1; *Kissel*, § 2, Rn. 12.
260 ArbkR/*Däubler*, § 2, Rn. 2; vgl. auch *Kissel*, § 2, Rn. 13.
261 ArbkR/*Däubler*, § 2, Rn. 3 f.
262 ArbkR/*Däubler*, § 2, Rn. 5.
263 ArbkR/*Däubler*, § 2, Rn. 5.
264 BGBl. des Norddeutschen Bundes 1869, S. 245 ff.
265 ArbkR/*Däubler*, § 2, Rn. 7; *Kissel*, § 2, Rn. 15.
266 Vgl. *Ramm*, ArbuR 1971, 97, 100.
267 Hierzu eingehend *Saul*, S. 189 ff.; vgl. auch *Kissel*, § 2, Rn. 17.

das allgemeine Strafrecht,[268] indem sie beispielsweise das Streikpostenstehen als „groben Unfug" bestraften.[269]

Die Frage nach dem Beamtenstreik kam zu dieser Zeit weit überwiegend noch nicht auf, was sich mit der persönlichen Treubindung der Beamten an den Monarchen und der – aufgrund von zahlreichen Privilegien und geringen Anzahl von Beamten – hervorgehobenen Position der Beamten erklären lässt.[270] Einzig *Potthoff* beschäftigte sich mit der Frage nach dem Streikrecht für Beamte und kam sogar zu dem Schluss, dass auch den Beamten das Recht zur gemeinsamen Arbeitsniederlegung zustehen müsse, da das Beamtenverhältnis nichts anderes als ein öffentlich-rechtlich ausgestaltetes Arbeitsverhältnis sei.[271] Da er aber gleichzeitig von dem Vorrang vertraglicher Verpflichtungen ausging, war nach seiner Meinung ein Beamtenstreik nur nach vorangegangenen Anträgen auf Entlassung möglich.[272] Ein bedingungsloses Streikrecht wollte er den Beamten somit nicht zugestehen.

III. Streikrecht und Beamtenstreikverbot zur Zeit der Weimarer Republik

Mit der Ablösung der Monarchie im November 1918 und ihrer Ersetzung durch ein parlamentarisch-demokratisches System kam es erneut zu einem Wandel.[273] So erließ der Rat der Volksbeauftragten am 12.11.1918 einen Aufruf, dessen Ziff. 2 mit Gesetzeskraft bestimmte:

> *„Das Vereins- und Versammlungsrecht unterliegt keiner Beschränkung, auch nicht für Beamte und Staatsarbeiter."*[274]

Damit wurde zum ersten Mal auch den Beamten das uneingeschränkte Koalitionsrecht zuerkannt, welches nach damaligem Verständnis auch das Streikrecht umfasste.[275] Diese durch den Aufruf der Volksbeauftragten ausgelöste neue Entwicklung wurde von der preußischen Regierung bereits am 13.11.1918 aufgegriffen, indem sie die „Durchführung der uneingeschränkten Koalitionsfreiheit aller Staatsarbeiter und Beamten" als eine der bevorstehenden Auf-

268 ArbkR/*Däubler*, § 3, Rn. 5 ff.
269 Nachweis bei *Legien*, S. 94 f.
270 *Bendix*, S. 1 ff.; *Däubler*, S. 7.
271 *Däubler*, S. 7; *Potthoff*, S. 106, 169 f.
272 *Däubler*, S. 8; *Potthoff*, S. 169 f.
273 *Däubler*, S. 8.
274 RGBl. 1918 I, S. 1303.
275 *Hoffmann*, AöR 91, 141, 162 f.

gaben proklamierte.[276] Kurz darauf wurde die neue Entwicklung auch in einigen Landesverfassungen berücksichtigt. So galt etwa nach § 17 Abs. 2 der badischen Verfassung vom 21.3.1919 das Koalitionsrecht für jedermann, „insbesondere auch für die Beamten".[277] Auch die oldenburgische Verfassung vom 17.6.1919 bestimmte in § 9 Abs. 2, dass die Koalitionsfreiheit in keiner Weise beschränkt werden dürfe.[278]

Allerdings wurde diese gerade in Gang gekommene Entwicklung mit Verabschiedung der Weimarer Reichsverfassung am 11.8.1919[279] bereits wieder gestoppt.[280] So war in der Weimarer Nationalversammlung die grundsätzliche Legalität von Streiks zwar unbestritten, jedoch herrschte Uneinigkeit, ob und gegebenenfalls welche Grenzen in den Verfassungstext aufgenommen werden sollten.[281] Man verständigte sich auf die Ausklammerung der Streikproblematik, indem Art. 159 der Weimarer Reichsverfassung statt der „Koalitionsfreiheit" bloß die „Vereinigungsfreiheit" zur Wahrung und Förderung der Arbeits- und Wirtschaftsbedingungen garantierte.[282] Mit dem damit verbundenen Verzicht auf eine verfassungsrechtliche Streikgarantie blieb somit auch die Frage nach dem Beamtenstreik ungelöst.[283] Zwar stand den Beamten nach Art. 130 Abs. 2 der Weimarer Reichsverfassung das „Vereinigungsrecht" zu, sodass sie Gewerkschaften bilden und bestehenden Organisationen beitreten konnten.[284] Für einen legalen Streik hätten sie jedoch zunächst einen Antrag auf Entlassung aus dem Beamtenverhältnis stellen müssen, der den Verlust aller „wohlerworbenen Rechte" zur Folge hätte.[285] In der Literatur fanden sich nur vereinzelt Stimmen, die den Beamten auch ohne Wahrung dieser Voraussetzung das Recht zur Arbeitsniederlegung zusprechen wollten.[286] Damit stand dem Beamtenstreik eine für den einzelnen Beamten kaum überwindbare Hürde entgegen.[287]

---

276 *Ramm*, S. 67 f.

277 Badisches GVBl. 1919, S. 279 ff.

278 Oldenburgisches GBl. 1919, S. 391 ff.

279 RGBl. 1919 I, S. 1383 ff.

280 Dazu ausführlich *Ramm*, S. 70 ff.

281 Die Diskussion des zuständigen Ausschusses ist ausführlich dokumentiert bei *Wahsner*, Streikfreiheit und Aussperrungsverbot, S. 144, 173 ff.

282 Vgl. ArbkR/*Däubler*, § 4, Rn. 5; Brox/Rüthers/*Rüthers*, Rn. 3; *Buchholtz*, S. 10; *Kissel*, § 2, Rn. 24.

283 Vgl. *Däubler*, S. 9.

284 ArbkR/*Däubler*, § 4, Rn. 15.

285 ArbkR/*Däubler*, § 4, Rn. 15.

286 ArbkR/*Däubler*, § 4, Rn. 15 m. w. N.

287 Vgl. ArbkR/*Hensche*, § 18a, Rn. 34.

Explizit verboten wurde der Beamtenstreik durch die Notverordnung des Reichspräsidenten vom 1.2.1922, die als Reaktion auf einen drohenden Eisenbahnerstreik erlassen wurde.[288] Darin hieß es:

> *„Den Beamten der Reichsbahn ist ebenso wie allen übrigen Beamten nach dem geltenden Beamtenrecht die Einstellung oder Verweigerung der ihnen obliegenden Arbeit verboten."*

Zudem wurde jede Aufforderung zum Streik unter Strafe gestellt.[289] Nach Abbruch des Eisenbahnerstreiks wurde die Verordnung am 9.2.1922 jedoch wieder aufgehoben und war somit insgesamt nur acht Tage in Kraft.[290] Obwohl in der darauf folgenden Zeit keine weiteren Verbote ausgesprochen wurden, bewirkte die Notverordnung, dass fortan das Verbot des Beamtenstreiks von der herrschenden Meinung nicht mehr hinterfragt wurde.[291]

Einen maßgeblichen Anteil zur Festigung dieser herrschenden Ansicht leistete dabei auch die Rechtsprechung.[292] So bestätigte das Reichsgericht in mehreren Strafverfahren gegen Streikbeteiligte und in Schadensersatzprozessen gegen Vorstandsmitglieder der Gewerkschaft die Verbindlichkeit des Streikverbots und warnte vor einer Untergrabung der staatlichen Autorität.[293] Auch die Disziplinargerichte kamen zu dem gleichen Ergebnis.[294] Durch diese einheitliche Rechtsprechung der obersten Gerichte war die Frage nach dem Beamtenstreik für die Weimarer Republik damit de facto entschieden.[295]

IV. Streikrecht und Beamtenstreikverbot zur Zeit des Nationalsozialismus

Während der Zeit des Nationalsozialismus kam es zur Zerschlagung der Gewerkschaften, welche durch die „Deutsche Arbeitsfront" (DAF), der auch die Arbeitgeber angehörten, ersetzt wurden.[296] Das Ziel der DAF bestand darin,

---

288 RGBl. 1922 I, S. 187; *Däubler*, S. 11.

289 ArbkR/*Hensche*, § 18a, Rn. 38.

290 RGBl. 1922 I, S. 205.

291 ArbkR/*Hensche*, § 18a, Rn. 38 m. w. N.

292 So auch ArbkR/*Hensche*, § 18a, Rn. 38.

293 RG 19.10.1922, RGSt 56, 412, 413 f.; RG 30.10.1922, RGSt 56, 419, 422 f.; RG 24.2.1927, JW 1927, 1249.

294 RDGH 14.12.1922, RMinBl. 1923, S. 975; so etwa das Preußische OVG 17.1.1924, PrOVG 78, 448, 452 f.

295 *Däubler*, S. 13.

296 ArbkR/*Däubler*, § 5, Rn. 1 ff.; Brox/Rüthers/*Rüthers*, Rn. 4; *Kissel*, § 2, Rn. 29.

„den Arbeitsfrieden dadurch zu sichern, dass bei den Betriebsführern das Verständnis für die berechtigten Ansprüche ihrer Gefolgschaft, bei den Gefolgschaften das Verständnis für die Lage und die Möglichkeiten ihres Betriebes geschaffen wird.“[297]

Die Gründung anderer Organisationen wurde explizit ausgeschlossen.[298]

Mit der Zerschlagung der Gewerkschaften war den Streiks die wichtigste organisatorische Grundlage entzogen worden.[299] Hinzu kam, dass nach dem Arbeitsordnungsgesetz Aufforderungen zur Arbeitsniederlegung als „Verhetzung“ der Belegschaft verboten waren.[300] Dennoch kam es weiterhin, wenn auch nicht mehr so häufig wie zuvor, zu Streiks.[301] Außerdem kam es in den Jahren nach 1936 häufig zu Arbeitszurückhaltungen, gegen die jegliche Repressionsversuche wenig erfolgreich waren.[302] Durch das Streikverbot gingen die offenen und berechenbaren Auseinandersetzungen während der Zeit des Nationalsozialismus somit im Ergebnis zwar zurück, sie wurden aber durch eine Vielzahl verdeckter Widerstandsformen ersetzt.[303]

V. Streikrecht und Beamtenstreikverbot zur Zeit nach 1945

Die Zeit nach 1945 war von einer breiten Übereinstimmung für die grundrechtliche Verankerung des allgemeinen Streikrechts und dessen Erstreckung auf die Beamten geprägt.[304] So gewährleisteten fast alle zwischen 1945 und 1949 beschlossenen Länderverfassungen nicht nur eine Koalitions-, sondern eine ausdrückliche Streikgarantie und gingen damit über das von der Weimarer Reichsverfassung Gewährte hinaus.[305] Lediglich die Bayerische Verfassung beschränkte sich auf die Gewährleistung der Vereinigungsfreiheit.[306] Mit Ausnahme des Saarlandes[307] sprachen zudem alle Länder, die das Streikrecht zusicherten, dieses Recht auch den Beamten zu.[308]

---

297 *Erdmann*, S. 211 f.

298 ArbkR/*Däubler*, § 5, Rn. 4.

299 ArbkR/*Däubler*, § 5, Rn. 9.

300 S. im Einzelnen *Hueck/Nipperdey/Dietz*, § 36 AOG, Rn. 21.

301 ArbkR/*Däubler*, § 5, Rn. 10 ff.; vgl. auch *Kissel*, § 2, Rn. 29.

302 Vgl. *Mason*, S. 313 ff.

303 ArbkR/*Däubler*, § 5, Rn. 13.

304 ArbkR/*Hensche*, § 18a, Rn. 41.

305 *Däubler*, S. 13.

306 Vgl. Art. 170 der Verfassung des Freistaates Bayern v. 2.12.1946, abgedruckt im Bayerischen GVBl. 1946, S. 333 ff.

307 Vgl. Art. 56 Abs. 2 S. 1 und Art. 119 Abs. 6 der Verfassung des Saarlandes v. 15.12.1947, abgedruckt im ABl. des Saarlandes 1947, S. 1077 ff.

308 ArbkR/*Hensche*, § 18a, Rn. 41; *Däubler*, S. 13 ff.

Auch bei der Erstellung des Grundgesetzes waren sich die Verfasser ursprünglich einig, dass eine allgemeine Streikgarantie in die Verfassung aufgenommen werden sollte.[309] So wurde dem Hauptausschuss vom Grundsatzausschuss vorgeschlagen in Art. 9 Abs. 4 GG eine Bestimmung mit folgendem Wortlaut aufzunehmen:[310]

> *„Das Recht der gemeinschaftlichen Arbeitseinstellung zur Wahrung und Förderung der Arbeits- und Wirtschaftsbedingungen wird anerkannt. Seine Ausübung wird durch Gesetze geregelt."*

Auf eine explizite Normierung eines Streikverbots für Beamte wurde verzichtet.[311]

In der Sitzung des Hauptausschusses am 3.12.1948 kam es jedoch zu Meinungsverschiedenheiten über die Formulierung und über inhaltliche Fragen, wie den politischen Streik[312] und die Arbeitsniederlegung im öffentlichen Dienst.[313] Einig war man sich nur insoweit, dass der Streik zur Wahrung und Förderung der Arbeits- und Wirtschaftsbedingungen durch die Verfassung gewährleistet sein sollte.[314] Auch zur Frage nach der Aufnahme eines Streikverbots für Beamte bestand Uneinigkeit. So vertrat der Abgeordnete *Kaufmann* (CDU) die Auffassung, dass der Streik der Beamten im Grundgesetz selbst verboten werden müsse, da sonst Versorgungsbetriebe lahmgelegt, und die ganze staatliche Ordnung auf den Kopf gestellt werden könnte.[315] Dagegen wandte sich der SPD-Abgeordnete *Schönfelder*, indem er die Frage nach dem Beamtenstreikrecht für noch nicht ausdiskutiert erachtete und es für gefährlich hielt, ein Streikverbot ins Grundgesetz aufzunehmen.[316] Er plädierte stattdessen dafür, die Lösung einem späteren Gesetz zu überlassen.[317] Der Abgeordnete *Renner* (KPD) hielt den Beamtenstreik

---

309 *Däubler*, S. 17.

310 Parlamentarischer Rat, Verhandlungen des Hauptausschusses, Bonn 1948/1949, S. 210.

311 ArbkR/*Däubler*, § 6, Rn. 10.

312 Zum Begriff des politischen Streiks s. bereits unter D.II.

313 Parlamentarischer Rat, Verhandlungen des Hauptausschusses, Bonn 1948/1949, S. 211 ff.; *Buchholtz*, S. 10; *Däubler*, S. 17.

314 Parlamentarischer Rat, Verhandlungen des Hauptausschusses, Bonn 1948/1949, S. 213.

315 Parlamentarischer Rat, Verhandlungen des Hauptausschusses, Bonn 1948/1949, S. 211.

316 Parlamentarischer Rat, Verhandlungen des Hauptausschusses, Bonn 1948/1949, S. 211.

317 Parlamentarischer Rat, Verhandlungen des Hauptausschusses, Bonn 1948/1949, S. 211.

hingegen für zulässig, da auch der Beamte keine wirtschaftliche Vorzugsstellung mehr genießen würde.[318] Auch wenn sich aus dieser Diskussion ergab, dass keine einheitliche Meinung zu einem Streikverbot für Beamte existierte, machten sich hier – insbesondere auch im Vergleich zu den Länderverfassungen – nichtsdestotrotz erste Anzeichen einer streikfeindlichen Entwicklung bemerkbar.[319]

Man entschied sich aufgrund der vielen bestehenden Meinungsverschiedenheiten dafür, auf eine ausdrückliche Streikgarantie im Grundgesetz zu verzichten und die Lösung der ungeklärten Fragen dem zukünftigen Gesetzgeber zu überlassen.[320] Die Nichtaufnahme einer ausdrücklichen Streikgarantie, welche von der Bevölkerung ohne sichtbaren Protest hingenommen wurde, darf allerdings nicht dahin gehend missverstanden werden, dass dem Grundgesetz keine Aussage zum Arbeitskampf entnommen werden kann.[321] Die Diskussion zeigt nämlich, dass zumindest an der Zulässigkeit eines von einer Gewerkschaft getragenen Streiks um bessere Lohn- und Arbeitsbedingungen keine Zweifel bestanden, da während der gesamten Diskussion die Rechtmäßigkeit eines solchen Streiks zu keiner Zeit infrage gestellt wurde.[322]

Die Frage nach einem Beamtenstreikrecht kam erneut bei den Vorarbeiten zum Bundesbeamtengesetz Anfang der Fünfzigerjahre auf. So hatte der § 57 des Regierungsentwurfs ursprünglich ein ausdrückliches Streikverbot für Beamte vorgesehen,[323] welches jedoch vom Deutschen Gewerkschaftsbund (DGB) „mit aller Entschiedenheit" zurückgewiesen wurde.[324] Diese ablehnende Haltung der Gewerkschaften zum Streikverbot für Beamte führte sogar zu der Streichung des § 57.[325] Als Grund für die Streichung benennt der Ausschussbericht zwar stattdessen, dass das Streikverbot für Beamte rechtlich so klar gegeben und in den Rechtsvorstellungen der Beamten und Staatsbürger so fest verankert sei, dass die Aufnahme einer entsprechenden Vorschrift in das Bundesbeamtengesetz von dem Ausschuss für entbehrlich gehalten wurde.[326] Allerdings wurde diese im Bericht dargestellte Meinung des Ausschusses im Plenum des Bundes-

---

318 Parlamentarischer Rat, Verhandlungen des Hauptausschusses, Bonn 1948/1949, S. 214.
319 So auch *Däubler*, S. 18.
320 ArbkR/*Hensche*, § 18a, Rn. 42; vgl. auch *Buchholtz*, S. 10.
321 ArbkR/*Däubler*, § 6, Rn. 13, 19.
322 Vgl. ArbkR/*Däubler*, § 6, Rn. 13.
323 BT-Drucks. 1/2846, S. 10.
324 S. dazu DDB 1952, 177, 178.
325 Vgl. *Däubler*, S. 20.
326 Nachtrag zur BT-Drucks. 1/4246, S. 8.

tages nicht ein einziges Mal erwähnt oder gar bestätigt.[327] Es spricht somit viel dafür, dass der Gesetzgeber durch sein Schweigen zum Beamtenstreikverbot einen Konflikt mit den Gewerkschaften vermeiden wollte und sich deshalb bewusst dafür entschieden hat, in das Bundesbeamtengesetz keine Regelung zum Streikverbot für Beamte aufzunehmen.[328] Damit fehlte es weiterhin an einem gesetzlich festgelegten Streikverbot für Beamte, was zur Folge hatte, dass die Frage nach dem Beamtenstreikrecht weiterhin ungeklärt und nach wie vor – genau wie viele andere Fragen des Streikrechts – der tatsächlichen Entwicklung überlassen war.

Indem der Gesetzgeber somit keinerlei konkrete Voraussetzungen für einen rechtmäßigen Streik vorgab, oblag die Ausgestaltung dieser Voraussetzungen den Gerichten.[329] In einem Beschluss des Großen Senats des BAG vom 28.1.1955[330] wurden erstmalig die beim Arbeitskampf zu beachtenden Grundregeln bestimmt, indem sich der Große Senat der Vorstellung *Nipperdeys* vom sozialadäquaten Streik anschloss und sie in diversen Punkten spezifizierte.[331]

Nach *Nipperdey* war jeder Streik ein Eingriff in das nach § 823 Abs. 1 BGB geschützte Recht am eingerichteten und ausgeübten Gewerbebetrieb.[332] Die aus diesem Eingriff resultierende Schadensersatzpflicht solle nur dann entfallen, wenn es sich um eine „sozialadäquate" Arbeitsniederlegung gehandelt habe.[333] Eine solche „sozialadäquate" Arbeitsniederlegung sei aber nicht gegeben, wenn die Forderungen an das Parlament (statt an den Arbeitgeber) adressiert werden.[334] Damit waren politische Streiks nicht als „sozialadäquat" anzusehen.[335]

Das BAG fügte hinzu, dass ein legitimer gewerkschaftlicher Streik dazu führe, dass nicht nur die zum Streik aufrufende Gewerkschaft, sondern auch die daraufhin die Arbeit ohne Kündigung niederlegenden Arbeitnehmer weder vertragswidrig noch rechtswidrig handeln würden.[336] Diese Folge solle auch für Arbeitnehmer

327 *Hoffmann*, AöR 91, 141, 149.

328 Vgl. *Däubler*, S. 20; *Hoffmann*, AöR 91, 141, 149.

329 Brox/Rüthers/*Rüthers*, Rn. 7; *Buchholtz*, S. 11; s. zu den heute gültigen und von der Rechtsprechung entwickelten Rechtmäßigkeitsvoraussetzungen eines Streiks bereits unter D.

330 BAG 28.1.1955, NJW 1955, 882.

331 ArbkR/*Däubler*, § 7, Rn. 4.

332 ArbkR/*Däubler*, § 7, Rn. 3.

333 *Nipperdey*, S. 39 ff.

334 *Nipperdey*, S. 44 ff.

335 Zum politischen Streik s. auch bereits unter D.II.

336 BAG 28.1.1955, NJW 1955, 882.

gelten, die keiner oder einer anderen Gewerkschaft angehören, sich aber dennoch am Streik beteiligen würden.[337]

Indem der Große Senat damit keine Kündigung der Arbeitnehmer mehr verlangte, brach er mit der bisher herrschenden Ansicht, wonach die Streikbeteiligung eines Arbeitnehmers ohne vorherige fristgerechte Kündigung als widerrechtliche und schuldhafte Pflichtverletzung des Arbeitsvertrags angesehen wurde, welche den Arbeitgeber zur fristlosen Entlassung des Arbeitnehmers berechtigte.[338] Damit stand für die Arbeitnehmer bei der Streikteilnahme fortan nicht mehr ihr Arbeitsplatz auf dem Spiel, was eine deutliche Verbesserung gegenüber der vorherigen Rechtslage war.[339] Obwohl der Große Senat damit die Position der Arbeitnehmer stärkte, was mittelbar eine Zunahme von Arbeitskämpfen zur Folge hätte, sah er die Arbeitskämpfe dennoch als im Allgemeinen unerwünscht an, da sie volkswirtschaftliche Schäden mit sich bringen und den im Interesse der Gesamtheit liegenden sozialen Frieden beeinträchtigen würden.[340]

Von dieser Haltung des BAG gegenüber Arbeitskämpfen waren auch die weiteren Voraussetzungen geprägt, die an einen „sozialadäquaten" Streik gestellt wurden. So erklärte einige Jahre nach dem besagten Beschluss des Großen Senats das BAG die verbandsfreie Arbeitsniederlegung für rechtswidrig.[341] Als legal galt dagegen der Streik um tarifliche Ziele, soweit weder die Friedenspflicht verletzt wurde noch tarifrechtliche Bedenken gegen das Streikziel bestanden.[342]

Auch wenn das Kriterium der „sozialen Adäquanz" bereits wenig später nach dessen „Einführung" nur noch am Rande und ab 1963 gar nicht mehr herangezogen wurde,[343] kam es zu einer wirklichen Veränderung der Voraussetzungen eines rechtmäßigen Streiks erst im Jahre 1971 – erneut durch einen Beschluss des Großen Senats. Nach diesem Beschluss standen Arbeitskämpfe fortan unter dem Gebot der Verhältnismäßigkeit,[344] was bedeutet, dass Arbeitskämpfe nur insoweit eingeleitet und durchgeführt werden dürfen, als sie zur Erreichung rechtmäßiger Kampfziele und des nachfolgenden Arbeitsfriedens geeignet und sachlich er-

---

337 ArbkR/*Däubler*, § 7, Rn. 4.

338 Vgl. BAG 28.1.1955, NJW 1955, 882 ff.

339 ArbkR/*Däubler*, § 7, Rn. 3.

340 BAG 28.1.1955, NJW 1955, 882, 883.

341 BAG 20.12.1963, NJW 1964, 883; s. zum Erfordernis der Streikführung durch eine tariffähige Partei auch bereits unter D.I.

342 BAG 4.5.1955, NJW 1955, 1373; s. zum Erfordernis eines tariflich regelbaren Ziels bereits unter D.II. und zur Friedenspflicht bereits unter D.III.

343 Dazu näher *Meyer*, ZRP 1974, 253 f.

344 BAG 21.4.1971, NJW 1971, 1668.

forderlich sind und der Arbeitskampf das letzte mögliche Mittel (*ultima ratio*) ist.[345] Zudem dürfen bei der Durchführung von Arbeitskämpfen die Arbeitskampfmittel ihrer Art nach nicht über das hinausgehen, was zur Durchsetzung des erstrebten Zieles jeweils erforderlich ist.[346] Nach beendetem Arbeitskampf müssen ferner beide Parteien dazu beitragen, dass sobald wie möglich und in größtmöglichem Umfang der Arbeitsfriede wiederhergestellt wird.[347] Dieser neu eingeführte Prüfungsmaßstab des BAG wies viel mehr Flexibilität auf, als die inzwischen durch „Spielregeln" verfestigte Lehre von der Sozialadäquanz und eröffnete dem BAG somit eine umfassendere Steuerungsmöglichkeit, etwa um bestimmte „systemdysfunktionale" Arbeitskämpfe zu illegalisieren.[348]

Darüber hinaus änderte der Große Senat mit dem Beschluss vom 21.4.1971 auch seine Auffassung zum Paritätsprinzip. Während er dieses ursprünglich als rein formale Entsprechung von Streik und Aussperrung auffasste, indem der Streik durch eine Seite der Aussperrung durch die andere Seite entsprechen würde,[349] ging der Große Senat nun zu einer bis heute bejahten materiellen Betrachtung über.[350] Nach dieser neuen Auffassung sollte die Verhandlungsparität sicherstellen, „dass nicht eine Tarifvertragspartei der anderen von vornherein ihren Willen aufzwingen kann, sondern dass möglichst gleiche Verhandlungschancen bestehen".[351]

In den darauf folgenden Jahren wurde das BAG auch weiterhin immer wieder mit Fragen zur Rechtmäßigkeit von Arbeitskämpfen beschäftigt, die Grundvoraussetzungen eines rechtmäßigen Arbeitskampfes haben sich seither aber nicht mehr grundlegend verändert.[352] Für einen rechtmäßigen Arbeitskampf müssen daher auch heute noch folgende Voraussetzungen erfüllt sein:[353]

1. Führung durch tariffähige Partei
2. Kampf um tariflich regelbare Ziele
3. Beachtung der Friedenspflicht
4. Beachtung der Kampfparität

---

345 BAG 21.4.1971, NJW 1971, 1668, 1669; s. zum Verhältnismäßigkeitsgrundsatz bereits unter D.V.

346 BAG 21.4.1971, NJW 1971, 1668, 1669.

347 BAG 21.4.1971, NJW 1971, 1668, 1669.

348 ArbkR/*Däubler*, § 7, Rn. 9; *Meyer*, ZRP 1974, 253, 256.

349 BAG 28.1.1955, NJW 1955, 882, 885.

350 ArbkR/*Däubler*, § 9, Rn. 34.

351 BAG 21.4.1971, NJW 1971, 1668, 1669; zur Kampfparität s. auch bereits unter D.IV.

352 Vgl. BeckOK-ArbR/*Waas*, Art. 9 GG, Rn. 29 ff.

353 S. ausführlich zu den einzelnen Voraussetzungen bereits unter D.

5. Wahrung des Verhältnismäßigkeitsgrundsatzes
6. (Gegebenenfalls) Beachtung besonderer Kampfverbote

Während das BAG sich somit frühzeitig mit dem Arbeitskampf auseinandersetzen und dessen Rechtmäßigkeitsvoraussetzungen bestimmen musste, hat sich das BVerfG erst 1991 zur verfassungsrechtlichen Gewährleistung des Arbeitskampfes durch Art. 9 Abs. 3 GG bekannt,[354] obwohl es sich schon viel früher im Rahmen eines *obiter dictums* zu dieser Frage hätte äußern können.[355] Statt diese Möglichkeit zu nutzen, machte das BVerfG zu Existenz und Umfang der Streikrechtsgarantie durch Art. 9 Abs. 3 GG bis zur besagten Entscheidung im Jahre 1991 jedoch nur vorsichtige Andeutungen.[356] Dieses erst sehr späte Bekenntnis des BVerfG ist daher exemplarisch für die zögernde und widerstrebende Haltung der Gerichte gegenüber dem Streikrecht.

Berücksichtigt man, dass die Rechtmäßigkeitsvoraussetzungen des Arbeitskampfes von den Gerichten – zumindest anfangs – immer wieder verändert wurden, ist es umso überraschender, dass die Gerichte in Bezug auf das Verbot des Beamtenstreiks eine sehr konsequente Linie verfolgten und an dem Streikverbot für Beamte zu keiner Sekunde zweifelten.[357]

Diese strikte Haltung der Gerichte bekamen in den 1970er Jahren zunächst die Fluglotsen und ihr Verband, 1980 die Beamten der Bundespost und die Deutsche Postgewerkschaft und zuletzt 2012 verbeamtete Lehrer zu spüren. So hatten Ende der 60er/Anfang der 70er Jahre die damals noch überwiegend verbeamteten Fluglotsen neben Gehaltserhöhungen und leichteren Aufstiegsmöglichkeiten vor allem Arbeitsentlastung und eine Herabsetzung der Altersgrenze gefordert.[358] Nachdem sie auf ihre Forderungen lediglich unbefriedigende Angebote erhielten, antworteten sie – nach einer ersten Aktion im Jahre 1970 – im Sommer 1973 mit Dienst nach Vorschrift und mit Krankmeldungen, was Beeinträchtigungen des Flugverkehrs zur Folge hatte.[359] Diese Aktionen wurden von

354 BVerfG 26.6.1991, NZA 1991, 809.

355 So stellte das BVerfG im Jahre 1975 etwa fest, dass das Verbot der lösenden Aussperrung von Betriebsratsmitgliedern nicht gegen Art. 9 Abs. 3 GG verstoßen würde, ließ jedoch alle anderen Fragen des Arbeitskampfrechts ausdrücklich dahinstehen (BVerfG 19.2.1975, NJW 1975, 968).

356 S. hierzu ausführlich ArbkR/*Däubler*, § 9, Rn. 2.

357 Vgl. etwa BVerfG 11.6.1958, NJW 1958, 1228, 1230; BVerfG 30.3.1977, NJW 1977, 1869; BGH 31.1.1978, NJW 1978, 816, 817; BVerwG 10.5.1984, NZA 1984, 401; BAG 10.9.1985, NZA 1985, 814, 815; ArbkR/*Hensche*, § 18a, Rn. 16 ff.

358 ArbkR/*Hensche*, § 18a, Rn. 17.

359 ArbkR/*Hensche*, § 18a, Rn. 17.

den Gerichten disziplinarisch geahndet[360] und haftungsrechtlich sanktioniert.[361] So degradierte etwa das Bundesverwaltungsgericht den Vorsitzenden des Verbandes Deutscher Fluglotsen wegen Beihilfe an der Aktion und verhängte damit die zweithöchste Disziplinarstrafe.[362] Der BGH verurteilte den Verband und seine Funktionäre hingegen wegen vorsätzlicher sittenwidriger Schädigung der Bundesrepublik Deutschland zum Schadensersatz.[363] Innerhalb dieser Entscheidungen erhoben die Gerichte schwere Vorwürfe und bezeichneten die Aktion beispielsweise als besonders rücksichtslos[364] und warfen den Fluglotsen unter anderem vor, sich die „Hilflosigkeit des Dienstherrn“ zunutze gemacht zu haben[365] und zur Hauptreisezeit Unbeteiligte „schweren Beeinträchtigungen und Gefährdungen ausgesetzt“ und „Millionenschäden für die Volkswirtschaft“ angerichtet zu haben.[366]

Ähnlich streng urteilten die Gerichte im Zusammenhang mit einem Streik der Arbeiter und Angestellten der Deutschen Bundespost, zu dem die Deutsche Postgewerkschaft im November 1980 aufgerufen hatte, nachdem die Verhandlungen über eine Neuregelung des Schichtdienstes gescheitert waren.[367] Um den durch den Streik verursachten Arbeitsausfall zu kompensieren, wies der Bundespostminister die Oberpostdirektionen an, Beamte auf bestreikten Arbeitsplätzen einzusetzen.[368] Zwar wurde diese Weisung zehn Jahre später vom BVerfG aufgrund des Fehlens einer gesetzlichen Grundlage für den Streikeinsatz für unzulässig erklärt,[369] jedoch waren zuvor gegen diverse Beamte, die es abgelehnt hatten, Streikbrucharbeit zu leisten, Disziplinarstrafen verhängt worden.[370] Andere Beamte hatten gegen ihre Abordnung Widerspruch eingelegt.[371] Die Verwaltungsgerichte bestätigten in den darauf eingeleiteten Verfahren jedoch die Rechtmäßigkeit der

360 So etwa BVerwG 19.9.1977, NJW 1978, 178; BVerwG 22.11.1979, NJW 1980, 1809; BVerwG 3.12.1980, JZ 1981, 220.

361 BGH 31.1.1978, NJW 1978, 816; s. auch BGH 16.6.1977, NJW 1977, 1875; BGH 22.3.1979, DÖV 1979, 866.

362 BVerwG 3.12.1980, JZ 1981, 220.

363 BGH 31.1.1978, NJW 1978, 816; ArbkR/*Hensche*, § 18a, Rn. 17.

364 BGH 31.1.1978, NJW 1978, 816, 817.

365 BVerwG 3.12.1980, JZ 1981, 220, 221.

366 BGH 31.1.1978, NJW 1978, 816, 817.

367 ArbkR/*Hensche*, § 18a, Rn. 18.

368 ArbkR/*Hensche*, § 18a, Rn. 18.

369 BVerfG 2.3.1993, NJW 1993, 1379.

370 ArbkR/*Hensche*, § 18a, Rn. 18.

371 ArbkR/*Hensche*, § 18a, Rn. 18.

Einsätze.[372] Insbesondere folgten die Gerichte nicht der Berufung auf die Solidarität mit den streikenden Gewerkschaftskollegen und der Berufung auf die in privatrechtlichen Arbeitsverhältnissen allgemein anerkannte Unzumutbarkeit arbeitgeberseitig auferlegter – also unfreiwilliger – Streikbrucheinsätze,[373] da das Streikverbot für Beamte die Beamten „außerhalb des auf jeweils solidarische Vertretung der Gruppeninteressen von Arbeitnehmern einerseits und Arbeitgebern andererseits angelegten Systems von Tarifvertrag und Arbeitskampf" stelle.[374]

Im Hinblick auf das Streikverbot der Beamten behielten die Gerichte diese strikte Linie bis in das heutige Jahrhundert bei. Erst durch die Urteile des EGMR in den Fällen *Demir und Baykara*[375] und *Enerji Yapi-Yol Sen*[376] ist die bis dato unumstößliche Überzeugung der Gerichte vom Streikverbot für Beamte zumindest bei manchen Gerichten ins Wanken gekommen. So wurden in den letzten Jahren mehrere Gerichte aufgrund von streikenden verbeamteten Lehrern erneut mit der Frage nach der Rechtmäßigkeit des Streikverbots für Beamte konfrontiert.[377] In den aus diesen Fällen resultierenden Urteilen mussten sich die Gerichte erstmals mit der neuen Rechtsprechung des EGMR auseinandersetzen, welche manche Gerichte zum Anlass genommen haben, fortan nicht mehr an dem generellen Streikverbot für Beamte festzuhalten.[378] Die damit von der bisherigen ständigen Rechtsprechung abweichenden Entscheidungen wurden aber bisher nur in erster Instanz getroffen. Spätestens in zweiter Instanz wurde nach wie vor an dem Streikverbot für Beamte festgehalten. So hatte etwa eine Berufung vor dem OVG Münster gegen eine vorhergehende Entscheidung des VG Düsseldorf Erfolg.[379]

---

372 BVerwG 10.5.1984, NZA 1984, 401; so auch bereits in erster Instanz VG Düsseldorf 23.3.1982, ZBR 1982, 241.

373 BAG 25.7.1957, AP BGB § 611 Direktionsrecht Nr. 3; BGH 19.1.1978, NJW 1978, 990, 991; BAG 10.9.1985, NZA 1985, 814, 815.

374 BVerwG 10.5.1984, NZA 1984, 401.

375 EGMR 12.11.2008, NZA 2010, 1425 – *Demir und Baykara/Türkei.*

376 EGMR 21.4.2009, NZA 2010, 1423 – *Enerji Yapi-Yol Sen/Türkei.*

377 Etwa OVG Münster 7.3.2012, NVwZ 2012, 890; OVG Lüneburg 12.6.2012, NVwZ 2012, 1272; OVG Lüneburg 12.6.2012, BeckRS 2012, 51817; VG Düsseldorf 15.12.2010, ArbuR 2011, 74; VG Kassel 27.7.2011, ZBR 2011, 386; VG Kassel 27.7.2011, ArbuR 2012, 36; VG Osnabrück 19.8.2011, NVwZ-RR 2012, 323; VG Osnabrück 19.8.2011, ArbuR 2011, 375; VG Bremen 3.7.2012, BeckRS 2012, 60146; VG Berlin 18.12.2012, BeckRS 2013, 53632; VG Berlin 18.12.2012, BeckRS 2013, 53633; VG Berlin 18.12.2012, BeckRS 2013, 53635.

378 So VG Düsseldorf 15.12.2010, ArbuR 2011, 74, 75; VG Kassel 27.7.2011, ZBR 2011, 386; VG Kassel 27.7.2011, ArbuR 2012, 36.

379 OVG Münster 7.3.2012, NVwZ 2012, 890.

Dieses Berufungsverfahren ist vor allem deshalb interessant, da das VG Düsseldorf das bisher geltende Streikverbot für Beamte in seinem Urteil zwar als europarechtswidrig bezeichnete, es aber nach wie vor als rechtsgültig ansah. Nach dem VG Düsseldorf ist lediglich die Verhängung einer Disziplinarmaßnahme wegen einer Streikteilnahme unzulässig. Diesen Weg hätte das OVG Münster als langsamen Rechtsprechungswechsel nutzen können, aber stattdessen kehrte das OVG Münster zur bisher bestehenden Rechtsprechung zurück und hielt weder das Streikverbot für Beamte für europarechtswidrig noch die Verhängung der Disziplinarmaßnahme für unzulässig. Auch das – aufgrund der gegen das Urteil des OVG Münster eingelegten Revision – mit der Frage nach der Rechtsgültigkeit des Streikverbots für Beamte befasste BVerwG spricht den Beamten kein Streikrecht zu, hält das in der Bundesrepublik Deutschland geltende Streikverbot für Beamte aber immerhin explizit für unvereinbar mit der EMRK und fordert den Gesetzgeber auf, diese Kollisionslage aufzulösen.[380]

VI. Ergebnis und Stellungnahme

Abschließend lässt sich somit festhalten, dass das allgemeine Streikrecht nicht aufgrund einer gesetzgeberischen Entscheidung entstanden ist, sondern sich aus den tatsächlichen gesellschaftlichen Gegebenheiten heraus entwickelte und vom Staat nur zögernd und widerstrebend anerkannt wurde.[381]

Auch das Streikverbot für Beamte entwickelte sich aus den tatsächlichen Gegebenheiten heraus. Während das Streikrecht den Beamten im Jahre 1918 durch den Aufruf des Rats der Volksbeauftragten noch zugesprochen wurde, wurde kurze Zeit danach, nämlich am 1.2.1922, durch eine Notverordnung des Reichspräsidenten den Beamten der Streik verboten und dieses Verbot damit auch gesetzlich manifestiert. Ursächlich für diesen kurzfristigen Meinungswandel waren nicht etwa rechtsdogmatische oder langfristig orientierte gesellschaftspolitische Überlegungen, sondern das Beamtenstreikverbot wurde lediglich eingeführt, um einen drohenden Eisenbahnerstreik zu verhindern. Die Notverordnung und das damit verbundene ausdrückliche Streikverbot für Beamte wurde insgesamt nur acht Tage aufrechterhalten, beeinflusste die Rechtsprechung und Stimmen in der Literatur fortan aber so maßgeblich, dass auch nach Aufhebung der Notverordnung die herrschende Meinung das Streikverbot für Beamte für sehr lange Zeit nicht mehr anzweifelte. Berücksichtigt man, dass neben dem Aufruf des Rats der Volksbeauftragten auch einige Länderverfassungen Ende der 1910er-Jahre ein

380 BVerwG 27.2.2014, NZA 2014, 616.
381 So auch *Isensee*, S. 18.

Streikrecht für Beamte vorsahen und dass das in der Notverordnung ausdrücklich geregelte Streikverbot für Beamte nur acht Tage galt, ist nicht nachvollziehbar, wie selbstverständlich das Streikverbot seit Erlass der Notverordnung von der herrschenden Meinung anerkannt wird. Zwar ist den Vertretern der herrschenden Ansicht zuzugestehen, dass die Beamten bereits zur Zeit der Monarchie nicht streiken durften, weshalb man ihnen nicht vorwerfen kann, dass sie das Streikverbot für Beamte nur der lediglich acht Tage geltenden Notverordnung entnommen und nur aufgrund dieser Notverordnung – trotz deren späterer Aufhebung – das Streikverbot für weiterhin gültig gehalten haben. Jedoch müssen sich die Vertreter der herrschenden Ansicht vorwerfen lassen, dass die Rechtslage (und damit das Streikverbot für Beamte) in der Monarchie nicht geeignet ist, um das Bestehen des Streikverbots für Beamte in der heutigen Zeit zu rechtfertigen. So ist nämlich zu bedenken, dass die Gesetze aus der Monarchiezeit nicht nach demokratischen Grundsätzen zustande gekommen sind. An der damaligen Gesetzgebung war mit dem Reichstag formal zwar eine gewählte Volksvertretung beteiligt,[382] in der Praxis wurde die Gesetzgebung im Kaiserreich jedoch von dem Monarchen kontrolliert.[383] Die Gesetze aus der Monarchiezeit waren somit nicht demokratisch legitimiert. Würde man die Rechtslage zu Monarchiezeiten bei der Bestimmung der „hergebrachten Grundsätze des Berufsbeamtentums" berücksichtigen, würden auf diese Weise undemokratisch zustande gekommene Gesetze die Rechtslage in der Bundesrepublik Deutschland mitbestimmen. Da ein solches Ergebnis mit dem Demokratieprinzip (Art. 20 Abs. 2 S. 1 GG) unvereinbar wäre, ist es nicht überzeugend, auch die Rechtslage zu Zeiten der Monarchie bei der Bestimmung der „hergebrachten Grundsätzen des Berufsbeamtentums" zu berücksichtigen. Die Rechtslage zur Zeit der Monarchie müsste allenfalls dann berücksichtigt werden, wenn der Gesetzgeber sich diese Rechtslage bewusst zu Eigen gemacht und bei der Gesetzgebung ausdrücklich übernommen oder in Bezug genommen hätte. Durch diesen Akt würde die fehlende demokratische Legitimation nämlich nachgeholt werden. Da das Streikverbot für Beamte aber bis heute ein „ungeschriebenes Gesetz" ist, welches bloß durch die Rechtsprechung aufrechterhalten wird, hat der Gesetzgeber sich die Rechtslage zur Zeit der Monarchie – mangels Gesetzerlass – nicht bewusst zu Eigen gemacht und konnte sie – ebenfalls mangels Gesetzerlass – auch nicht ausdrücklich über- oder in Bezug nehmen. Bei der von Verfassungs wegen bestehenden Pflicht zur Aus-

382 Vgl. Art. 5 Abs. 1 RV und Art. 20 Abs. 1 RV.

383 Dem Monarchen standen nämlich erhebliche Druckmittel zur Verfügung, um Gesetze durchzusetzen. So konnte der Kaiser gemeinsam mit dem Bundesrat etwa das Parlament vorzeitig auflösen (vgl. Art. 24, 25 RV).

gestaltung des Beamtenverhältnisses unter Berücksichtigung „der hergebrachten Grundsätze des Berufsbeamtentums" ist die Rechtslage zur Monarchiezeit somit nicht zu berücksichtigen. Für die Bestimmung der „hergebrachten Grundsätze des Berufsbeamtentums" kann daher grundsätzlich nur die Rechtslage ab der Weimarer Republik berücksichtigt werden. Will man ein Streikverbot für Beamte als „hergebrachten Grundsatz des Berufsbeamtentums" bei der Ausgestaltung des Beamtenverhältnisses berücksichtigen, lässt sich dafür somit nur die für lediglich acht Tage geltende Notverordnung und die als Folge dieser Notverordnung entstandene herrschende Meinung anführen.

F. Überblick über die aktuelle Rechtsprechung

Nachdem soeben gezeigt wurde, wie sich das heute weitgehend anerkannte Streikverbot für Beamte in der Historie herausgebildet hat,[384] soll nun ein Sprung in das jetzige Zeitgeschehen erfolgen, indem die aktuelle Rechtsprechung zum Streikverbot für Beamte dargestellt wird.

Wie bereits erwähnt worden ist,[385] kam es seit der EGMR-Entscheidung im Fall *Enerji Yapi-Yol Sen* in der Bundesrepublik Deutschland zu divergierenden Urteilen im Hinblick auf das Streikverbot für Beamte. Sogar das BVerwG hat sich kürzlich mehrfach mit der Frage nach dem Streikverbot für Beamte vor dem Hintergrund der besagten EGMR-Entscheidung beschäftigt.[386] Um die aktuelle Entwicklung der Rechtsprechung besser nachvollziehen zu können, werden hier im Folgenden zunächst die beiden EGMR-Urteile, die maßgeblichen Einfluss auf die deutsche Rechtsprechung in der Frage nach dem Streikverbot für Beamte genommen haben, dargelegt und anschließend werden die darauf folgenden maßgeblichen Entscheidungen der deutschen Verwaltungsgerichte mitsamt ihren verschiedenen Argumentationssträngen genau erläutert und zueinander ins Verhältnis gesetzt. Dabei wird auch analysiert, worin die Gemeinsamkeiten der einzelnen Urteile liegen.[387]

Die Urteile werden grundsätzlich chronologisch dargestellt. Die zweitinstanzliche Entscheidung wird jedoch immer im Anschluss an die erstinstanzliche Entscheidung wiedergegeben, um diese nicht aus dem Kontext zu reißen. Als letztes Urteil wird die Entscheidung des BVerwG aus dem Jahr 2014 zu der Frage nach der Rechtmäßigkeit des Streikverbots für Beamte erläutert, da diese jedenfalls „Orientierungswirkung" für alle Verwaltungsgerichte der Bundesrepublik Deutschland entfaltet und dieses Urteil somit die Diskussion um die Rechtmäßigkeit des Streikverbots für Beamte abschließen könnte, wenn die Argumentation des BVerwG überzeugend ausfällt. Da die neuere Entscheidung des BVerwG aus dem Jahr 2015 nur auf die vorherige Entscheidung des BVerwG aus dem Jahr 2014 verweist,[388] wird die aktuellere BVerwG-Entscheidung nicht dargestellt.

---

384 S. dazu unter E.

385 S. unter A.II. sowie unter E.V.

386 BVerwG 27.2.2014, NZA 2014, 616; BVerwG 26.2.2015, NZA 2015, 505.

387 Ältere verwaltungsgerichtliche Entscheidungen werden an dieser Stelle nicht dargestellt, da sie keine Aussagen über die neue Rechtsprechung des EGMR enthalten. Sofern es auf diese älteren Entscheidungen ankommt, werden sie an geeigneter Stelle erwähnt.

388 Vgl. BVerwG 26.2.2015, NZA 2015, 505 ff.

I. EGMR-Urteil vom 12.11.2008 (Demir und Baykara/Türkei)

Angefangen hat die Rechtsprechungsänderung zur Frage des Beamtenstreikrechts mit der Entscheidung des EGMR in der Sache *Demir und Baykara*.[389]

1. Sachverhalt

Geklagt haben zwei in der Türkei lebende Angehörige des öffentlichen Dienstes, welche Mitglied einer von Angehörigen des öffentlichen Dienstes gegründeten Gewerkschaft waren. Diese Gewerkschaft schloss am 27.2.1993 einen Tarifvertrag mit dem Stadtrat von Gaziantep ab, welcher am 1.1.1993 wirksam wurde. Da der Stadtrat bestimmte Verpflichtungen aus diesem Tarifvertrag nicht erfüllte, klagte eine der Beschwerdeführerinnen des EGMR-Verfahrens, die Vorsitzende der Gewerkschaft war, vor dem LG Gaziantep auf Erfüllung der vertraglichen Pflichten. Zwar gab das LG Gaziantep der Klage mit Urteil vom 22.6.1994 statt, allerdings hob der Kassationshof das Urteil am 13.12.1994 wieder auf, da Angehörige des öffentlichen Dienstes zwar rechtlich nicht daran gehindert seien, eine Gewerkschaft zu gründen, diese nach derzeitiger Rechtslage jedoch nicht befugt sei, Tarifverträge abzuschließen. Der Kassationshof verwies die Sache wieder zurück an das LG, welches sein vorheriges Urteil jedoch am 28.3.1995 bestätigte. Dieses Urteil wurde vom Kassationshof allerdings am 6.12.1995 erneut aufgehoben. Dieses Mal begründete der Kassationshof seine Entscheidung damit, dass die Verfassungsgarantie, eine Gewerkschaft zu bilden und Tarifverträge abzuschließen, ohne spezifische gesetzliche Regelung nicht angewendet werden könne. Das bei der Gründung der Gewerkschaft geltende türkische Recht habe Angestellte des öffentlichen Dienstes nicht dazu berechtigt, Gewerkschaften zu gründen. Spätere Verfassungsänderungen, welche ein solches Recht vorsehen, würden nichts daran ändern können, dass die Gewerkschaft keine Rechtsfähigkeit erworben habe und daher auch nicht in Gerichtsverfahren parteifähig sei. Auch einen Berichtigungsantrag wies der Kassationshof am 10.4.1996 zurück.

Daraufhin wandten sich die Beschwerdeführer an die EMRK und rügten unter anderem eine Verletzung ihrer von Art. 11 EMRK garantierten Vereinigungsfreiheit. Mit Inkrafttreten des 11. Protokolls zur EMRK ist die Sache am 1.11.1998 auf den EGMR übergegangen (Art. 5 Abs. 2 Protokoll Nr. 11).

---

389 EGMR 12.11.2008, NZA 2010, 1425 – *Demir und Baykara/Türkei*; im französischen Originaltext abrufbar unter: http://hudoc.echr.coe.int/eng?i=001-89555.

2. Urteil

Der EGMR urteilte, dass Art. 11 EMRK durch den Eingriff in das Recht der Beschwerdeführer als städtische Bedienstete eine Gewerkschaft zu gründen und durch die rückwirkende Nichtigerklärung des Tarifvertrags, verletzt sei. So verpflichte Art. 11 EMRK den Staat als Arbeitgeber, unabhängig davon, ob seine Beziehungen zu den Bediensteten dem öffentlichen Recht oder dem Privatrecht zuzuordnen seien. Zudem seien Gemeindebedienstete keine „Angehörige der Staatsverwaltung“ im Sinne von Art. 11 Abs. 2 EMRK. Daher dürfe ihr Recht, Gewerkschaften zu gründen, nicht eingeschränkt werden. Dieses Recht umfasse unter Berücksichtigung der Entwicklung im Völkerrecht und im staatlichen Recht auch das Recht der Gewerkschaften, Tarifverhandlungen mit dem Arbeitgeber zu führen.

3. Urteilsbegründung

Um zu klären, ob Art. 11 EMRK auf Angehörige des öffentlichen Dienstes anwendbar ist, diesen das Recht zusteht sich in Gewerkschaften zusammenzuschließen und ob Gewerkschaften ein Recht auf Kollektivverhandlungen zusteht, befasste sich der EGMR zunächst mit der Frage, ob Konventionsvorschriften auch unter Berücksichtigung anderer völkerrechtlicher Texte und Instrumente ausgelegt werden können. Hier kam der EGMR – nach ausführlicher Herleitung – zu dem Ergebnis, dass der Gerichtshof bei der Bestimmung der Bedeutung des Wortlauts und der Begriffe in den Konventionsvorschriften auch die Grundsätze in anderen völkerrechtlichen Vereinbarungen sowie ihre Auslegung durch die zuständigen Institutionen und die Praxis der europäischen Staaten, welche ihre gemeinsamen Werte deutlich mache, berücksichtigen müsse. Nach Ansicht des EGMR ist es dabei nicht erforderlich, dass der beklagte Staat alle völkerrechtlichen Vereinbarungen ratifiziert hat, die auf den Gegenstand des gegen ihn anhängigen Falles anwendbar sind. Es genüge, dass die einschlägigen internationalen Instrumente eine kontinuierliche Entwicklung der anwendbaren Vorschriften und Grundsätze des Völkerrechts oder des staatlichen Rechts der Mehrheit der Mitgliedstaaten des Europarats zeigen und beweisen würden, dass bei einer bestimmten Frage eine übereinstimmende Auffassung der modernen Gesellschaft bestehe.

Nachdem das Gericht damit den Maßstab für die Auslegung der EMRK bestimmt hatte, kam es sodann zu den eigentlichen Fragen des Prozesses, nämlich ob Gemeindebediensteten das Recht zusteht, Gewerkschaften zu gründen und ob Gewerkschaften ein Recht auf Tarifverhandlungen zusteht.

a) *Recht von Gemeindebediensteten Gewerkschaften zu gründen*

Zunächst setzte sich der EGMR mit der Frage auseinander, ob die Beschwerdeführer als Gemeindebedienstete ein Recht aus Art. 11 EMRK auf Gründung einer Gewerkschaft in Anspruch nehmen können.

Dazu führte das Gericht aus, dass Art. 11 Abs. 1 EMRK die Freiheit, Gewerkschaften zu gründen, als eine Form oder einen besonderen Aspekt der Vereinigungsfreiheit mit schütze und der Staat die Vereinigungsfreiheit seiner Bediensteten grundsätzlich achten müsse. Art. 11 EMRK verpflichte den Staat als Arbeitgeber, gleichgültig, ob seine Beziehungen zu den Bediensteten dem öffentlichen Recht oder dem Privatrecht zuzuordnen seien. Damit würden auch Gemeindebedienstete grundsätzlich dem Schutz des Art. 11 EMRK unterfallen.

Zwar mache Art. 11 Abs. 2 EMRK am Ende der Vorschrift deutlich, dass der Staat nur verpflichtet sei, die Vereinigungsfreiheit seiner Bediensteten vorbehaltlich möglicher berechtigter Beschränkung der Ausübung der in dieser Vorschrift garantierten Rechte für Angehörige der Streitkräfte, der Polizei und der staatlichen Verwaltung zu achten. Allerdings müssten die Einschränkungen, die den drei in Art. 11 EMRK genannten Personengruppen auferlegt werden können, eng ausgelegt werden. Sie müssten sich daher auf die „Ausübung" der fraglichen Rechte beschränken und dürften das Recht auf Vereinigungsfreiheit selbst nicht in seinem Wesensgehalt antasten.

Darüber hinaus seien Gemeindebedienstete, deren Tätigkeit nicht zur Verwaltung des Staates an sich gehört, grundsätzlich nicht den „Angehörigen der Staatsverwaltung" gleichzustellen. Da nicht dargelegt wurde, warum es die von den Beschwerdeführern ausgeübten Funktionen notwendig machen würden, sie als „Angehörige der Staatsverwaltung" anzusehen, könne auf Basis des Art. 11 Abs. 2 EMRK die Ausübung ihres Rechts, sich zu vereinigen und Gewerkschaften zu gründen, nicht beschränkt werden.

Auch in den meisten anwendbaren internationalen Übereinkommen und in der Praxis der europäischen Staaten würden diese Überlegungen eine Stütze finden.

Angehörige des öffentlichen Dienstes fallen nach Ansicht des EGMR daher nicht aus dem Anwendungsbereich des Art. 11 EMRK heraus. Allenfalls könnten staatliche Stellen ihnen „berechtigte" Einschränkungen auferlegen, welche mit Art. 11 Abs. 2 EMRK übereinstimmen, wenn es sich bei den betroffenen Angehörigen des öffentlichen Dienstes um eine der in Art. 11 Abs. 2 EMRK genannten Personengruppen handelt.

b) *Recht von Gewerkschaften auf Tarifverhandlungen*

Im Anschluss an die Frage, ob die Beschwerdeführer als Gemeindebedienstete ein Recht aus Art. 11 EMRK auf Gründung einer Gewerkschaft in Anspruch nehmen können, befasste sich der EGMR mit der Frage, ob Gewerkschaften ein Recht auf Tarifverhandlungen zusteht.

Hierzu führte der EGMR aus, dass das Gericht stets davon ausgegangen sei, dass Art. 11 EMRK die Freiheit garantiere, die wirtschaftlichen Interessen von Gewerkschaftsmitgliedern durch Tarifverträge zu schützen und dass der Staat Tarifverhandlungen und den Abschluss von Tarifverträgen erlauben und möglich machen müsse. Bezüglich des Rechts, Tarifverträge abzuschließen, habe der EGMR jedoch ursprünglich angenommen, dass Art. 11 EMRK Gewerkschaften keine Sonderbehandlung zusichere und ihnen insbesondere nicht das Recht garantiere, Tarifverträge zu vereinbaren. Ein solches Recht sei nämlich kein wesentliches Element, welches zwingend in Art. 11 EMRK enthalten sei.

Später habe der EGMR die Ansicht vertreten, dass Tarifverträge für eine wirksame Ausübung der gewerkschaftlichen Freiheit zwar nicht unabdingbar seien, diese aber ein Mittel dafür sein könnten, Gewerkschaften in den Stand zu versetzen, die Interessen ihrer Mitglieder zu vertreten. Gewerkschaften müsse es nämlich möglich sein, auf die eine oder andere Weise die Arbeitgeber dazu zu bewegen, anzuhören, was sie im Namen ihrer Mitglieder zu sagen hätten. Damit habe der EGMR fortan das Recht, eine Gewerkschaft zu gründen und ihr Mitglied zu werden, das Verbot gewerkschaftlicher Monopole und das Recht einer Gewerkschaft, den Arbeitgeber dazu zu veranlassen, anzuhören, was sie im Namen ihrer Mitglieder zu sagen habe, als wesentliche Aspekte der Vereinigungsfreiheit angesehen.

Im Anschluss daran führte der EGMR aus, dass der genannte Schutzumfang jedoch nicht abschließend sei, sondern vielmehr nach Maßgabe der besonderen Entwicklung in der Arbeitswelt fortentwickelt werden müsse. Die EMRK sei nämlich ein lebendes Instrument, welches unter Berücksichtigung der jetzigen Lebensbedingungen ausgelegt werden müsse, zu denen auch die Weiterentwicklung des Völkerrechts zählen würde. Daher setzte sich der EGMR dann mit der bestehenden Rechtslage des internationalen und staatlichen Arbeitsrechts und der Praxis der Konventionsstaaten auseinander, wobei er zu dem Ergebnis kam, dass das Recht, Tarifverhandlungen mit dem Arbeitgeber zu führen, grundsätzlich auch ein wesentliches Element des in Art. 11 EMRK garantierten Rechts geworden sei.

So sei das Recht auf Tarifverhandlungen in der ILO-Konvention Nr. 98, welche auch von der Türkei ratifiziert worden sei, seit 1949 garantiert. In Art. 6 stelle die

Konvention zwar klar, dass sie nicht für „öffentliche Beamte" gelten würde. Der Sachverständigenausschuss habe diese Vorschrift aber so ausgelegt, dass sie nur solche Angehörige des öffentlichen Dienstes ausschließe, deren Tätigkeit Staatsverwaltung im eigentlichen Sinne sei. Daher würden alle anderen von der Regierung, staatlichen Unternehmen und autonomen öffentlichen Einrichtungen beschäftigten Personen das Recht haben, über ihre Arbeitsbedingungen und ihre Besoldung Tarifverhandlungen zu führen.

Auch die ILO-Konvention Nr. 151, welche ebenfalls von der Türkei ratifiziert worden sei, lasse den Staaten zwar die Wahl, ob sie den Angehörigen der Streitkräfte oder der Polizei das Recht geben wollen, bei der Bestimmung der Beschäftigungsbedingungen mitwirken zu können oder nicht, bestimme aber, dass dieses Recht überall sonst im öffentlichen Dienst gelten würde, wenn nötig unter bestimmten Voraussetzungen.

Im Hinblick auf europäische Konventionen garantiere ferner Art. 6 ESC allen Arbeitnehmern und allen Gewerkschaften das Recht, Tarifverhandlungen zu führen, und verpflichte entsprechend die Behörden, eine Kultur der Beratungen und Verhandlungen in der Wirtschaft zu fördern. Die Behörden seien aufgrund der Konvention aber nicht verpflichtet Tarifverträge abzuschließen. Nach dem von dem Europäischen Ausschuss für Soziale Rechte bestimmten Sinn des Art. 6 ESC, welcher in vollem Umfang für Angehörige des öffentlichen Dienstes gelte, würden Staaten, welche Tarifverhandlungen im öffentlichen Dienst beschränken, Vertreter des Personals bei der Bestimmung von Beschäftigungsbedingungen beteiligen müssen, um ihren Pflichten aus Art. 6 ESC zu genügen.

Darüber hinaus sehe auch die EU-Grundrechtecharta (EU-GrCharta) in Art. 28 vor, dass Arbeitnehmer und Arbeitgeber oder ihre jeweiligen Organisationen nach dem Gemeinschaftsrecht und den einzelstaatlichen Rechtsvorschriften und Gepflogenheiten das Recht haben würden, Tarifverträge auf den geeigneten Ebenen auszuhandeln und abzuschließen.

In der Praxis der europäischen Staaten ist nach Ansicht des Gerichts zudem das Recht der Angehörigen des öffentlichen Dienstes, Tarifverhandlungen mit der Verwaltung zu führen, in einer großen Mehrheit der Staaten anerkannt, wobei verschiedene Ausnahmen vorgesehen seien, welche bestimmte als sensibel angesehene Bereiche oder bestimmte Gruppen von Angehörigen des öffentlichen Dienstes ausschließen würden, die im Bereich ausschließlicher Rechte des Staates tätig seien.

In Anbetracht dieser feststellbaren Entwicklung sowohl im Völkerrecht als auch in den staatlichen Rechtsordnungen kam der EGMR zu dem Ergebnis, dass seine Rechtsprechung nicht zu halten sei, wonach das Recht, Tarifverträge auszuhandeln und abzuschließen, kein wesentliches Element von Art. 11 EMRK darstellen würde.

c) Ergebnis

Nachdem der EGMR das Recht von Gemeindebediensteten auf Gewerkschaftsgründung und das Recht von Gewerkschaften auf Tarifverhandlungen anerkannt hatte, kam das Gericht zu dem Ergebnis, dass in Art. 11 EMRK zum einen eingegriffen worden sei, weil den Beschwerdeführern als Gemeindebedienstete das Recht verweigert worden ist, Gewerkschaften zu gründen und zum anderen, weil ein Tarifvertrag ex tunc für nichtig erklärt wurde. Da beide Eingriffe auch nicht gerechtfertigt gewesen seien, wurde somit nach Ansicht des EGMR Art. 11 EMRK durch die beiden Eingriffe verletzt.

4. Fazit

Dieses Urteil des EGMR handelte zwar nicht vom Streikrecht für Beamte. Hätte der EGMR in dieser Entscheidung jedoch nicht eingeräumt, dass sich auch Angehörige des öffentlichen Dienstes auf Art. 11 EMRK berufen dürfen und ihnen somit das Recht zugesprochen, sich in Gewerkschaften zusammenzuschließen, und hätte der EGMR in dieser Entscheidung nicht festgestellt, dass die Gewerkschaften berechtigt sind, Kollektivverhandlungen zu führen, wäre die Frage, ob ein generelles Streikverbot für Beamte mit Art. 11 EMRK vereinbar ist, nicht aufgekommen. Insofern hat diese Entscheidung den Grundstein für die nachfolgende Entscheidung des EGMR im Fall *Enerji Yapi-Yol Sen*[390] und die dann folgende Diskussion um die Rechtmäßigkeit eines generellen Streikverbots für Beamte gelegt.

II. EGMR-Urteil vom 21.4.2009 (Enerji Yapi-Yol Sen/Türkei)

Nachdem der EGMR in der Sache *Demir und Baykara* somit den Grundstein für eine neue Auslegung des Art. 11 EMRK gelegt hatte, musste sich der EGMR in dem Fall *Enerji Yapi-Yol Sen* aufgrund einer am 1.9.2000 eingelegten Beschwerde erneut mit der Frage nach einer Verletzung des Art. 11 EMRK auseinandersetzen.[391]

---

390 EGMR 21.4.2009, NZA 2010, 1423 – *Enerji Yapi-Yol Sen/Türkei*; s. ausführlich unter F.II.

391 EGMR 21.4.2009, NZA 2010, 1423 – *Enerji Yapi-Yol Sen/Türkei*; im französischen Originaltext abrufbar unter: http://hudoc.echr.coe.int/eng?i=001-92266.

1. Sachverhalt

Auslöser war ein am 13.4.1996 in der Türkei veröffentlichter Runderlass, in dem es unter anderem hieß: „Während die Arbeiten zur Harmonisierung der türkischen Gesetzgebung mit internationalen Konventionen einschließlich der EMRK im Gange sind und die Rechtsstellung der Angehörigen des öffentlichen Dienstes noch nicht geklärt ist, gibt es Informationen über eine mögliche Versammlung der Bediensteten mit dem Ziel eines Streiks, und das entgegen dem Verbot in dem Gesetz über ihre Rechtsstellung. [...] Zum Schutz der Autorität des Staates, der Aufrechterhaltung der öffentlichen Sicherheit, des guten Funktionierens des öffentlichen Dienstes und der Verhinderung von Zuwiderhandlungen gegen das Gesetz durch Angehörige des öffentlichen Dienstes werden sie durch die Behörden, denen sie angehören, daran gehindert, an den erwähnten Versammlungen teilzunehmen. Die Weiterarbeit des öffentlichen Dienstes wird garantiert und die Personen, die sich weigern, dem nachzukommen, werden zur Rechenschaft gezogen ...“ Trotz dieses einer Streikteilnahme entgegenstehenden Runderlasses nahmen drei Mitglieder des Verwaltungsrats der Beschwerdeführerin an Streiks teil. Daraufhin wurden sie mit Disziplinarstrafen belegt. Einen Antrag der Beschwerdeführerin auf Aufhebung des Runderlasses wies der Staatsrat (*Conseil d'Etat*) am 24.9.1996 zurück, da der Runderlass nur auf die gesetzlichen Vorschriften über das Verhalten von Angestellten des öffentlichen Dienstes hinweisen sollte und deren Rechtsstellung nicht ändere. Dieses Urteil wurde am 2.7.1999 durch das Plenum des Staatsrats bestätigt und am 21.1.2000 wies der Staatsrat den Antrag auf Berichtigung des Urteils zurück. Die Beschwerdeführerin rügte daraufhin beim EGMR unter anderem die Verletzung des Art. 11 EMRK durch die türkischen Behörden.

2. Urteil

Mit Urteil vom 21.4.2009 entschied der EGMR, dass ein Streikverbot ein Eingriff in die in Art. 11 EMRK garantierten Rechte sei und einer Rechtfertigung nach Art. 11 Abs. 2 EMRK bedürfe. Zwar sei das Streikrecht nicht absolut und könne beschränkt werden. Ein allgemeines Streikverbot für Angehörige des öffentlichen Dienstes sei jedoch unverhältnismäßig und entspreche keinem sozialen Bedürfnis. Daher verstoße ein solches Verbot gegen Art. 11 EMRK.

3. Urteilsbegründung

Nachdem der EGMR sich zunächst mit der Frage beschäftigte, ob die Beschwerdeführerin durch den Runderlass Opfer eines Eingriffs in ihre Versammlungs- und Vereinigungsfreiheit geworden ist, was das Gericht bejahte, setzte es sich mit der

Frage nach der Rechtfertigung dieses Eingriffs auseinander. Damit ein Eingriff in Art. 11 EMRK gerechtfertigt ist, müsse er „gesetzlich vorgesehen“ sein, eines oder mehrere der in Art. 11 Abs. 2 EMRK genannten berechtigten Ziele verfolgen und „in einer demokratischen Gesellschaft notwendig“ sein, um dieses Ziel zu erreichen. In seinem Urteil prüfte der EGMR diese Voraussetzungen strukturiert durch und kam dabei zu dem Ergebnis, dass der Runderlass zwar in Ausübung einer Rechtsetzungsbefugnis erlassen worden sei und somit eine Rechtsgrundlage für den umstrittenen Eingriff bilde. Allerdings äußerte der EGMR Zweifel, ob der Eingriff überhaupt ein berechtigtes Ziel im Sinne von Art. 11 Abs. 2 EMRK verfolgen würde. Das Gericht ließ diese Frage dahinstehen, da es jedenfalls an der Notwendigkeit eines solchen Eingriffs in einer demokratischen Gesellschaft fehlen würde. Zwar sei das Streikrecht nicht absolut und könne von Voraussetzungen abhängig gemacht und beschränkt werden (so sei es etwa mit der EMRK vereinbar, Streiks von Angehörigen des öffentlichen Dienstes zu verbieten, die im Namen des Staates Hoheitsgewalt ausüben), allerdings könne ein Streikverbot nicht für den gesamten öffentlichen Dienst ausgesprochen werden. Stattdessen müssten Vorschriften über das Streikrecht so eindeutig und begrenzt wie möglich die Gruppen der betroffenen Angestellten des öffentlichen Dienstes bestimmen. Eine solche Begrenzung ließ der Runderlass vermissen, indem er allen Angestellten des öffentlichen Dienstes den Streik verbot und keine Abwägung der in Art. 11 Abs. 2 EMRK aufgezählten Ziele vornahm. Auch habe die Regierung nicht nachgewiesen, dass die Beschränkung in einer demokratischen Gesellschaft notwendig sei. Folglich sei Art. 11 EMRK verletzt.

4. Fazit

Mit dieser Entscheidung stellte der EGMR klar, dass Art. 11 EMRK auch das Streikrecht schützt und ein allgemeines Streikverbot für Angehörige des öffentlichen Dienstes mit Art. 11 EMRK unvereinbar ist. Für mit der EMRK vereinbar hält der EGMR lediglich ein Streikverbot für Angehörige des öffentlichen Dienstes, die im Namen des Staates Hoheitsgewalt ausüben. Damit ist nach Ansicht des EGMR lediglich ein funktionsbezogenes Streikverbot für die Angehörigen des öffentlichen Dienstes mit Art. 11 EMRK vereinbar. Ein statusbezogenes Streikverbot – also ein Streikverbot, das für eine Personengruppe allein aufgrund ihres Status unabhängig von ihrer Funktion besteht – pauschal für alle Angehörigen des öffentlichen Dienstes sei mit Art. 11 EMRK hingegen unvereinbar.

Da der EGMR diese Rechtsauffassung auch in den – unmittelbar im Anschluss an das Urteil im Fall *Enerji Yapi-Yol Sen* – getroffenen Entscheidungen in den

Rechtssachen *Kaya und Seyhan*[392] und *Çerikci*[393] bekräftigt hatte,[394] lässt sich die neue Rechtsprechung des EGMR zu Art. 11 EMRK auch nicht als „Eintagsfliege" einordnen. Vielmehr zeigt sich an dem Festhalten an der neuen Rechtsprechung in den beiden Fällen, dass der EGMR gewillt ist, diese Rechtsprechung auch weiterhin fortzusetzen.[395]

Vor diesem Hintergrund ist es verständlich, dass das Urteil im Fall *Enerji Yapi-Yol Sen* die deutschen Verwaltungsgerichte dazu veranlasst hat, ihre bis dato ständige Rechtsprechung im Hinblick auf das Streikverbot für Beamte kritisch zu hinterfragen. Auch wenn in der Bundesrepublik Deutschland nicht jeder Angehörige des öffentlichen Dienstes dem Streikverbot unterliegt, betrifft das von der Rechtsprechung bis dahin unangetastete Streikverbot für Beamte mit den Beamten nämlich eine sehr große Gruppe der Angehörigen des öffentlichen Dienstes, sodass dieses Streikverbot einem allgemeinen Streikverbot für Angehörige des öffentlichen Dienstes zumindest nahe kommt. Darüber hinaus gilt das Streikverbot für Beamte in der Bundesrepublik Deutschland für alle Beamten – unabhängig von deren Funktion – und steht damit im Widerspruch zur Auffassung des EGMR, wonach ein solches statusbezogenes Streikverbot mit Art. 11 EMRK unvereinbar ist.

III. Urteil des VG Düsseldorf vom 15.12.2010

Als erstes deutsches Verwaltungsgericht setzte sich das VG Düsseldorf mit der neuen EGMR-Rechtsprechung auseinander.[396]

1. Sachverhalt

Dem Urteil lag der Fall zugrunde, dass die Klägerin, eine verbeamtete Lehrerin, während ihrer Dienstzeit an drei Warnstreiks im Zeitraum zwischen dem

---

392 EGMR 15.9.2009, ArbuR 2011, 304 – *Kaya und Seyhan/Türkei.*

393 EGMR 13.7.2010, ArbuR 2011, 306 – *Çerikci/Türkei.*

394 Die Interpretation, nach der der EGMR in den besagten Entscheidungen nur Aussagen zur Demonstrationsfreiheit – und somit keine Aussagen zum Streikrecht oder zur Koalitionsfreiheit – getroffen hätte (so etwa *Böhm*, PersV 2012, 164, 168), ist abzulehnen (so auch *Buchholtz*, S. 268). In der französischen Originalfassung spricht der EGMR nämlich in beiden Fällen von der Vereinigungsfreiheit („liberté d'association"; s. Rn. 15 bei *Kaya und Seyhan* und Rn. 12 bei *Çerikci*). Zudem wird in der Entscheidung *Kaya und Seyhan* ausdrücklich auf die Rechtssache *Enerji Yapi-Yol Sen* verwiesen (Rn. 26 und 29). Die Originalurteile sind abrufbar unter: http://hudoc.echr.coe.int/eng?i=001-93993 bzw. http://hudoc.echr.coe.int/eng?i=001-99946.

395 So auch *Buchholtz*, S. 268 f.

396 VG Düsseldorf 15.12.2010, ArbuR 2011, 74.

28.1.2009 und dem 10.2.2009 teilgenommen hat. Aus diesem Anlass wurde gegen sie am 10.8.2009 von der Beklagten ein Disziplinarverfahren eingeleitet. Nach Anhörung der Klägerin und Beteiligung der Gleichstellungsbeauftragten wurde gegen die Klägerin am 10.5.2010 eine Disziplinarverfügung erlassen, welche ihr eine Geldbuße in Höhe von 1.500 EUR wegen der Streikteilnahmen und der damit verbundenen Dienstversäumnisse auferlegte. Gegen diese Verfügung erhob die Klägerin Klage.

2. Urteil

Das VG Düsseldorf kam zu dem Ergebnis, dass – trotz der neuen Rechtsprechung des EGMR – Beamte in der Bundesrepublik Deutschland nicht streiken dürfen. Tun sie dies dennoch, so würden sie ein Dienstvergehen begehen, welches die Einleitung eines Disziplinarverfahrens zur Folge habe. Allerdings ist nach Auffassung des Gerichts die Verhängung einer Disziplinarmaßnahme wegen der Streikteilnahme unzulässig, wenn der Beamte nicht zu dem in Art. 11 Abs. 2 S. 2 EMRK beschriebenen Kernbereich hoheitlicher Staatsverwaltung gehört. In solchen Fällen sei das Disziplinarverfahren einzustellen, da nur so der EMRK Rechnung getragen werden könne.

3. Urteilsbegründung

Nach Ansicht des VG Düsseldorf hat die Klägerin durch die Teilnahme an den Warnstreiks schuldhaft gegen ihre Dienstleistungspflicht verstoßen. Dieser Verstoß sei durch die Koalitionsfreiheit der Beamten zudem weder gerechtfertigt noch entschuldigt. So würde die Koalitionsfreiheit im nationalen Recht den Beamten kein Streikrecht einräumen, da Arbeitskämpfe stets ein tariflich regelbares Ziel voraussetzen würden, die Bezüge der Beamten aber nicht durch Tarifvertrag, sondern durch Gesetz festgelegt würden. Zudem vertritt das Gericht die Auffassung, dass Beamte nach den hergebrachten Grundsätzen des Berufsbeamtentums nicht befugt seien, zur Förderung gemeinsamer Berufsinteressen kollektive Kampfmaßnahmen zu ergreifen. Auch durch das europäische Recht würde sich für diese Rechtslage nichts anderes ergeben. Zwar sei das Streikverbot für Beamte wegen eines Verstoßes gegen Art. 11 EMRK europarechtswidrig, da es Streiks von Beamten generell ausschließe, ohne eine Unterscheidung nach bestimmten Kategorien von Beamten vorzunehmen, aber dies ändere nichts daran, dass das Streikverbot weiterhin gültig sei. Eine Anpassung des Beamtenrechts an die EMRK im Wege der völkerrechtsfreundlichen Auslegung sei aufgrund der entgegenstehenden hergebrachten Grundsätze des Berufsbeamtentums nicht möglich, da damit die Grenzen der Auslegung überschritten werden würden.

Es sei Aufgabe des Gesetzgebers einen mit Art. 11 EMRK vereinbaren Rechtszustand herzustellen. Solange dies nicht geschehen ist, könne der einzelne Beamte sich – trotz der Europarechtswidrigkeit – nicht über die bestehenden Regelungen hinwegsetzen.

Nach Ansicht des Gerichts durfte der Beklagte auf das Dienstvergehen der Klägerin allerdings dennoch nicht mit dem Erlass einer Disziplinarverfügung reagieren. Daran sei er durch die EMRK und die zu ihr ergangene Rechtsprechung des EGMR gehindert. So habe der EGMR nämlich nicht nur festgestellt, dass nicht bloß das abstrakte Streikverbot in Art. 11 EMRK eingreifen würde, sondern auch die Sanktionierung der Streikteilnahme im Einzelfall. Eine in dem vom VG Düsseldorf entschiedenen Fall mögliche Rechtfertigung der Sanktion nach Art. 11 Abs. 2 EMRK kommt nach Ansicht des Gerichts nicht in Betracht, da der mit der Sanktion verbundene Eingriff – anders als Art. 11 Abs. 2 EMRK es für eine Rechtfertigung verlangt – in einer demokratischen Gesellschaft nicht notwendig gewesen sei. Diese fehlende Notwendigkeit sei damit zu begründen, dass die Sanktion sich nicht auf eine gesetzliche Einschränkung des Streikrechts stützen könne, die so klar und eng wie möglich die Kategorien der betroffenen Beamten bestimmen würde. Der deutsche Gesetzgeber habe es nach den Entscheidungen des EGMR vielmehr verpasst, bei dem Streikverbot für Beamte nach den Funktionen der Beamten zu differenzieren und insbesondere nur solche Beamte einem Streikverbot zu unterwerfen, die hoheitlich tätig sind. Mangels Rechtfertigung verstieß die angefochtene Disziplinarverfügung somit gegen die EMRK. Liegt ein Konventionsverstoß in dem Erlass eines bestimmten Verwaltungsaktes (hier der Disziplinarverfügung) hat die zuständige Behörde nach Ansicht des VG Düsseldorf diesen entweder nicht zu erlassen oder – falls dies bereits geschehen ist – wieder aufzuheben. Da der Streik auch ansonsten nicht unzulässig gewesen sei, sei die Disziplinarverfügung somit wieder aufzuheben.

4. Fazit

Die Lösung des VG Düsseldorf – Streikverbot ja, disziplinarische Ahndung nein – ist wenig überzeugend. Zwar hält das Gericht das Streikverbot für Beamte für europarechtswidrig, zieht aus der Europarechtswidrigkeit aber keine Konsequenzen. Es scheint, als ob sich das VG Düsseldorf nicht getraut hat, den Beamten ausdrücklich ein Streikrecht zuzusprechen. De facto macht es das Gericht aber, denn ein Streikverbot ohne drohende Sanktionen ist wirkungslos und wird die Beamten nicht mehr von einer Streikteilnahme abhalten können.

In diese Richtung argumentierte auch die Beklagte: Sie trug vor, dass die Unzulässigkeit der disziplinarischen Ahndung von Verstößen gegen das Streikverbot dazu führen würde, dass Beamte künftig in erheblichem Umfang an Streikmaßnahmen teilnehmen und dadurch die Funktionsfähigkeit des öffentlichen Dienstes gefährden würden. Wenig überzeugend stellte sich das VG Düsseldorf gegen diese Befürchtung mit dem Hinweis, dass den Beamten im Falle einer Streikteilnahme der Verlust von Dienstbezügen drohe (vgl. § 9 BBesG) und zudem ein Disziplinarverfahren eingeleitet werden könne, dass etwa bei einem unverhältnismäßigen Streik nicht zwingend mit der Einstellung enden würde. Außerdem bestünde eine besondere Pflicht der Beamten, die Verfassung und die Gesetze zu befolgen, ohne Rücksicht darauf, ob die Nichtbefolgung sanktionsbewehrt sei. Daher gehe das Gericht davon aus, dass das verfassungsrechtliche Streikverbot auch dann beachtet werde, wenn ein Verstoß keine Disziplinarmaßnahme nach sich zöge. Ganz überzeugt ist das Gericht von seiner eigenen These aber selbst nicht, da es offen lässt, „welche rechtlichen Konsequenzen sich ergäben, wenn diese Annahme durch die künftige Entwicklung widerlegt werden sollte“. Diese somit nur halbherzig vertretene Mutmaßung des Gerichts ist nur ein weiteres Indiz für das ängstliche Urteil des VG Düsseldorf, welches sich vor dem Ausspruch einer klaren Linie gescheut hat. Hier wäre es der Rechtssicherheit zuträglich gewesen, wenn das VG Düsseldorf jedenfalls allen nicht hoheitlich tätigen Beamten explizit ein Streikrecht zugesprochen hätte.

IV. Urteil des OVG Münster vom 7.3.2012

Gegen das vom VG Düsseldorf am 15.12.2010 ausgesprochene Urteil[397] wurde Berufung eingelegt, sodass in der Folgezeit das OVG Münster mit der Frage nach der Rechtmäßigkeit der disziplinarischen Maßnahme beschäftigt war.[398] Da sich der zu entscheidende Sachverhalt nicht geändert hat, wird im Folgenden direkt auf das Urteil des OVG Münster und dessen Urteilsbegründung eingegangen.

1. Urteil

Das OVG Münster entschied, dass Beamten in der Bundesrepublik Deutschland kein Streikrecht zustehen würde, da die Koalitionsfreiheit der Beamten durch die im Grundgesetz verankerten hergebrachten Grundsätze des Berufsbeamtentums eingeschränkt werde. Nach Ansicht des Gerichts lässt sich auch aus der EMRK kein Streikrecht für deutsche Beamte ableiten, da die EMRK in der Bundesrepu-

397 VG Düsseldorf 15.12.2010, ArbuR 2011, 74; s. ausführlich unter F.III.
398 OVG Münster 7.3.2012, NVwZ 2012, 890.

blik Deutschland den Rang eines einfachen Bundesgesetzes habe und sich damit an den Vorgaben des höherrangigen Grundgesetzes messen lassen müsse.

2. Urteilsbegründung

a) Pflichtverletzung

Nach Ansicht des OVG Münster hat die Klägerin durch ihre ungenehmigte Teilnahme an den Streiks in vierfacher Hinsicht gegen die ihr obliegenden Dienstpflichten verstoßen. Als erstes habe die Klägerin gegen die Pflicht verstoßen, sich mit voller Hingabe ihrem Beruf zu widmen (vgl. § 34 S. 1 BeamtStG), da sie ihrer Pflicht, ihrem Dienstherrn ihre volle Arbeitskraft zur Verfügung zu stellen, ihre körperliche und geistige Leistungsfähigkeit voll einzubringen und ihre Dienstaufgaben engagiert zu erfüllen, nicht nachgekommen sei, indem sie an drei Tagen unerlaubt dem Dienst fernblieb und keinen Schulunterricht erteilt hatte.

Darüber hinaus habe sie durch die ungenehmigte Streikteilnahme auch ihre Pflicht zu achtungs- und vertrauenswürdigem Verhalten verletzt (vgl. § 34 S. 3 BeamtStG), indem sie sich nicht darum gekümmert habe, ob der von ihr zu haltende Unterricht von anderen Lehrern übernommen werden könne oder ob die Pflichtstunden zum Nachteil der ihr anvertrauten Schüler ausfallen mussten. Damit habe die Klägerin nicht die besondere Zuverlässigkeit und Vertrauenswürdigkeit offenbart, die für die Erfüllung des Erziehungsauftrags der ihr anvertrauten Schüler zwingend erforderlich sei.

Zudem habe die Klägerin durch die ungenehmigte Streikteilnahme gegen ihre Dienstpflicht verstoßen, nicht ohne Genehmigung dem Dienst fernzubleiben (vgl. § 79 Abs. 1 S. 1 LBG NRW a. F.). Während sie an den drei Warnstreiks teilgenommen hat, sei sie ihrer durch den Wochenstundenplan konkretisierten Unterrichtsverpflichtung an diesen drei Tagen nicht nachgekommen. Dabei sei es unerheblich, dass zumindest teilweise für eine anderweitige Betreuung der Schüler durch die Schulleitung gesorgt werden konnte, denn ein Beamter dürfe über seine persönliche Dienstleistungspflicht weder nach eigenem Belieben disponieren noch als Lehrer eigenmächtig die durch den Stundenplan festgesetzten Zeiten ändern.

Schließlich hat die Klägerin nach Auffassung des Gerichts durch die ungenehmigte Streikteilnahme gegen ihre Gehorsamspflicht (vgl. § 35 S. 2 BeamtStG) verstoßen, indem sie trotz Hinweisen ihrer Vorgesetzten, dass sie nicht an den Warnstreiks teilnehmen dürfe, an diesen teilgenommen hat.

b) *Rechtfertigung*

Diese – nach Ansicht des Gerichts auch vorsätzlich begangenen – Dienstpflichtverletzungen seien zudem weder verfassungsrechtlich noch völker- und europarechtlich und auch nicht mit Blick auf § 103 LBG NRW a. F. gerechtfertigt.

aa) *Keine verfassungsrechtliche Rechtfertigung*

Zunächst begründe die – grundsätzlich auch Beamten zustehende – in Art. 9 Abs. 3 GG normierte Koalitionsfreiheit für diese kein Streikrecht, da die Koalitionsfreiheit der Beamten durch die in Art. 33 Abs. 5 GG verankerten hergebrachten Grundsätze des Berufsbeamtentums eingeschränkt werde. Zu diesen hergebrachten Grundsätzen zählt nach Ansicht des Gerichts unter anderem das Streikverbot für Beamte.

Diese Auffassung begründet das Gericht vor allem damit, dass das Streikverbot für Beamte insbesondere aus der bereits im 19. und zu Beginn des 20. Jahrhunderts bestehenden Treuepflicht, der Anstellung auf Lebenszeit und dem Alimentationsprinzip folge, welche bis heute prägende Strukturmerkmale des Berufsbeamtentums seien und selbst zu den hergebrachten Grundsätzen des Berufsbeamtentums zählen würden.[399] So sei der Beamte aufgrund der Treuepflicht dem Allgemeinwohl und damit zur uneigennützigen Amtsführung verpflichtet und habe bei der Erfüllung der ihm anvertrauten Aufgaben seine eigenen Interessen zurückzustellen. Aufgrund dieser historisch und durch das öffentlich-rechtliche Dienstverhältnis geprägten Treuepflicht seien ihm kollektive Kampfmaßnahmen im Sinne des Art. 9 Abs. 3 GG – wie das Streikrecht – zur Durchsetzung seiner eigenen Interessen verwehrt.

Zudem würde ein Streikrecht für Beamte im Widerspruch zum Alimentations- und Lebenszeitprinzip stehen. So habe der Streik grundsätzlich die Funktion während der Tarifverhandlungen auf den Arbeitgeber in „Augenhöhe“ Druck ausüben zu können. Allerdings sei die Besoldung der Beamten keine Verhandlungsposition, die zwischen Tarifvertragsparteien auf „Augenhöhe“ verhandelt werden könne, da die Besoldung und Versorgung der Beamten unter Beachtung des Alimentationsprinzips einseitig vom Gesetzgeber festgelegt werde. Mithin fehle es an einer verhandelbaren und tariffähigen Situation.

Ferner passt ein Arbeitskampf nach Ansicht des Gerichts auch nicht in die verfassungsrechtlich vorgegebene Systematik des öffentlich-rechtlichen Dienstverhältnisses. Unter den im Tarifrecht maßgeblichen Paritätsgesichtspunkten würde eine Streikmaßnahme von Beamten gegenüber dem Dienstherrn nämlich ein

---

399 Ausführlich zu den Rechten und Pflichten des Beamten s. C.

ungleicher Kampf sein. Während bei einem normalen Streik der Arbeitnehmer das Risiko des Lohnausfalls und der Arbeitgeber den Produktionsausfall und die Gefahr steigender Verluste und Schäden trage, habe der Beamte aufgrund des Lebenszeitprinzips eine unkündbare Stelle und aufgrund des Alimentationsprinzips würde er selbst während eines Streiks seinen Anspruch auf weitere Alimentation nicht verlieren. Daher sei der Dienstherr dem Streik wehrlos ausgesetzt, was dem im Arbeitsrecht geltenden Prinzip der Arbeitskampfparität widersprechen und das Arbeitskampfrisiko einseitig zulasten des Dienstherrn verteilen würde.

Hinzu komme, dass der Beamte – anders als der privatrechtlich Beschäftigte – zum Schutz seiner Rechte keine Streikbefugnis brauche. Ihm stehe nach Maßgabe des § 54 Abs. 2 BeamtStG nämlich die Möglichkeit zu, gegen Maßnahmen, mit denen er nicht einverstanden ist, Widerspruch einzulegen. Sollte dies nicht zum Erfolg führen, stehe ihm im Anschluss der Verwaltungsrechtsweg offen. Solche Möglichkeiten hätten die privatrechtlich Beschäftigten nicht, sodass diese – im Gegensatz zu den Beamten – auf das Streikrecht angewiesen seien, um ihren Interessen gegenüber dem Arbeitgeber Nachdruck verleihen zu können.

Als letztes Argument führt das Gericht an, dass das Streikverbot für Beamte zudem zur Aufrechterhaltung der Funktionsfähigkeit des öffentlichen Dienstes erforderlich sei. Daher gehöre das aus der Treuepflicht, dem Alimentations- und Lebenszeitprinzip ableitbare Streikverbot für Beamte zu den hergebrachten Grundsätzen des Berufsbeamtentums und sei vom Gesetzgeber nicht bloß – dem Wortlaut des Art. 33 Abs. 5 GG entsprechend – zu berücksichtigen, sondern sogar zu beachten.

Zwar wird nach Ansicht des Gerichts nicht jede beamtenrechtliche Regelung, die bereits seit längerer Zeit besteht, von der institutionellen Garantie des Berufsbeamtentums erfasst. Allerdings seien die Regelungen und Grundsätze geschützt, welche das Bild des Beamtentums in seiner überkommenden Gestalt maßgeblich prägen, sodass ihre Beseitigung auch das Wesen des Berufsbeamtentums antasten würde. In einem modernen Verwaltungsstaat mit seinen ebenso vielfältigen wie komplizierten Aufgaben, von deren korrekter Erfüllung das Funktionieren des gesellschaftlich-politischen Systems und die Möglichkeit eines menschenwürdigen Lebens eines jeden Einzelnen abhänge, sei ein intakter, loyaler, pflichttreuer, dem Staat und seiner verfassungsmäßigen Ordnung innerlich verbundener Beamtenkörper erforderlich. Wäre auf die Beamtenschaft kein Verlass mehr, wären die Gesellschaft und ihr Staat in kritischen Situationen „verloren". Vor diesem Hintergrund könne das Streikverbot nicht hinweg gedacht werden, ohne dass die Treuepflicht des Beamten in ihrer Struktur und ihrem Wesensgehalt entfiele. Stünde den Beamten ein Streikrecht zu, würde es sich zudem nicht mehr grundlegend von einem privatrechtlichen Arbeitsverhältnis unterscheiden und daher überflüssig sein. Genauso überflüssig sei dann auch das Alimentationsprinzip, denn es bestehe kein Grund mehr, warum der Dienstherr weiterhin zur Alimentation verpflichtet sein solle, wenn im Gegenzug die Treuepflicht des Beamten als Korrelat zum Alimentationsprinzip durch ein Streikrecht perforiert und in seinen Grundzügen aufgehoben wäre. Daher präge das Streikverbot das Bild des Beamtentums in seiner überkommenden Gestalt maßgeblich und dessen Beseitigung würde das Wesen des Berufsbeamtentums antasten. Somit zählt das Streikverbot nach Ansicht des OVG Münster zu den hergebrachten Grundsätzen des Berufsbeamtentums und muss vom Gesetzgeber beachtet werden.

Das Gericht stellt darüber hinaus fest, dass die dem Art. 33 Abs. 5 GG angefügte sogenannte „Fortentwicklungsklausel" nichts daran geändert habe, dass bei der Regelung und Gestaltung des öffentlichen Dienstrechts weiterhin die hergebrachten Grundsätze des Berufsbeamtentums zu berücksichtigen seien. Die Klausel enthalte bloß einen Auftrag an den Gesetzgeber, das öffentliche Dienstrecht fortzuentwickeln, nicht aber den hierfür geltenden Maßstab, die hergebrachten Grundsätze des Berufsbeamtentums, abzuändern.

Auch eine funktionsbezogene Differenzierung in der Hinsicht, dass nur nicht hoheitlich tätigen Beamten ein Streikrecht zustehen soll, findet nach Ansicht des Gerichts im Grundgesetz keine Grundlage. Der Beamtenstatus kenne keine Klassifizierung und sei weder aufspalt- noch teilbar. Daran ändere auch die Tatsache nichts, dass Angestellte und Beamte zum Teil dieselben Aufgaben übernehmen würden. Auch die rechtliche Stellung des Beamten sei im Einzelnen unabhängig von der Tätigkeit, die er ausübt. Das Beamtenrecht im Sinne des Art. 33 Abs. 5 GG und der Bundes- und Landesgesetze kenne keine funktionsbezogenen Beamtenkategorien mit unterschiedlichen Rechten und Pflichten. Somit sei eine funktionsbezogene Differenzierung ein Aliud und künstliches Konstrukt, welches mit den hergebrachten Grundsätzen des Berufsbeamtentums nicht vereinbar sei. Zudem würde eine solche funktionsbezogene Differenzierung zu einem Verwischen der beamtenrechtlichen Strukturprinzipien durch Mischung mit Elementen aus privatrechtlich geregelten Beschäftigungsverhältnissen führen, was ebenfalls den hergebrachten Grundsätzen des Berufsbeamtentums widerspräche.

bb) Keine völker- und europarechtliche Rechtfertigung

Ein Streikrecht lässt sich nach Ansicht des OVG Münster auch nicht aus dem Völker- oder Europarecht herleiten. Insbesondere lasse sich ein Streikrecht für deutsche Beamte weder aus der EMRK noch aus der Rechtsprechung des EGMR ableiten. So finde sich in Art. 11 EMRK keine ausdrückliche Gewährleistung eines Streikrechts, erst recht nicht für Beamte. Zwar sei die EMRK auch im Zusammenhang mit der Rechtsprechung des EGMR zu sehen, allerdings habe der EGMR in keinem Verfahren an dem die Bundesrepublik Deutschland beteiligt gewesen war, festgestellt, dass das Streikverbot für Beamte gegen die EMRK, insbesondere gegen Art. 11 EMRK, verstoße. Entgegen der Auffassung einiger Teile der Rechtsprechung und der Literatur, könne aus der Rechtsprechung des EGMR in dem Verfahren *Demir und Baykara/Türkei*[400] eine völkerrechtliche Gewährleistung des Streikrechts für Beamte nicht abgeleitet werden, denn der EGMR habe in dieser Entscheidung ausdrücklich klargestellt, dass Fragen des Streikverbots im öffentlichen Dienst und damit auch Fragen eines Beamtenstreikrechts nicht Gegenstand des Verfahrens seien. Zudem würde diese Entscheidung ohnehin nur im Verhältnis zur Türkei Bindung entfalten und selbst eine Übertragung der Entscheidung auf das deutsche Recht komme nicht in Betracht, da die Rechtsverhältnisse in der Türkei nicht ohne Weiteres mit den Rechtsverhältnissen in der Bundesrepublik Deutschland vergleichbar seien.

Ein Streikrecht für Beamte oder jedenfalls für die Beamten, die nicht hoheitlich tätig sind, ergibt sich für das Gericht auch nicht aus der Entscheidung des EGMR in dem Verfahren *Enerji Yapi-Yol Sen/Türkei*.[401] Der vom EGMR in dieser Entscheidung verwendete Begriff „fonctionnaire" sei nämlich mit „Angehörige des öffentlichen Dienstes" statt mit „Beamte" zu übersetzen. Damit habe sich der EGMR lediglich gegen ein generelles Streikverbot für alle Angehörigen des öffentlichen Dienstes ausgesprochen und nicht – wie fälschlich von einigen Gerichten und teilweise in der Literatur angenommen – gegen ein Streikverbot für Beamte. Ein solches Streikverbot stelle nämlich kein Streikverbot für den gesamten öffentlichen Dienst dar und sei auch hinreichend bestimmt und begrenzt und somit mit Art. 11 EMRK vereinbar. Zudem habe der EGMR klargestellt, dass das Streikrecht beschränkt werden könne, wenn die Beschränkung in einer demokratischen Gesellschaft notwendig sei. In der Bundesrepublik Deutschland ist das Streikverbot nach Auffassung des OVG Münster ein hergebrachter Grundsatz des Berufsbeamtentums, welcher unter dem Aspekt der Treuepflicht und der Erhaltung der Funktionsfähigkeit des Staates zu den verfassungsrechtlichen Kernstrukturprinzipien gehört. Es sei zur Aufrechterhaltung und Sicherung der demokratischen Gesellschaft notwendig, historisch verbürgt und verfassungs-

400 EGMR 12.11.2008, NZA 2010, 1425 – *Demir und Baykara/Türkei*; s. ausführlich unter F.I.

401 EGMR 21.4.2009, NZA 2010, 1423 – *Enerji Yapi-Yol Sen/Türkei*; s. ausführlich unter F.II.

rechtlich verankert, dass der Staat mit zumindest einem Teil seiner Beschäftigten im öffentlichen Dienst in jeder Situation handlungsfähig bleibe.

Selbst wenn man jedoch annehmen würde, dass die EMRK ein Streikrecht auch für deutsche Beamte oder jedenfalls für diejenigen, die nicht hoheitsrechtliche Funktionen wahrnehmen, gewährleisten würde, sei dadurch das in Art. 33 Abs. 5 GG verfassungsrechtlich verankerte Streikverbot für deutsche Beamte nicht infrage gestellt. Die EMRK und ihre Zusatzprotokolle seien nämlich völkerrechtliche Verträge, denen der Bundesgesetzgeber jeweils mit förmlichem Gesetz gemäß Art. 59 Abs. 2 GG zugestimmt habe und die in der deutschen Rechtsordnung den Rang eines Bundesgesetzes einnehmen würden. Diese Einordnung führe dazu, dass deutsche Gerichte die EMRK zwar wie anderes Gesetzesrecht des Bundes im Rahmen methodisch vertretbarer Auslegung zu beachten und anzuwenden hätten, die EMRK allerdings im deutschen Rechtsanwendungsbereich an dem Grundgesetz zu messen sei. Freilich seien die EMRK und die Rechtsprechung des EGMR aufgrund der Völkerrechtsfreundlichkeit des Grundgesetzes als Orientierungs- und Auslegungshilfe bei der Anwendung der Grundrechte heranzuziehen, jedoch ende die Möglichkeit einer konventionsfreundlichen Auslegung von Grundrechten dort, wo diese nach den anerkannten Methoden der Gesetzesauslegung und der Verfassungsinterpretation nicht mehr vertretbar erscheine, insbesondere dann, wenn hierdurch die verfassungsrechtliche Kernstruktur infrage gestellt werden würde.

Da die Einführung eines Streikrechts für Beamte mittels konventionskonformer Auslegung die verfassungsrechtliche Kernstruktur infrage stellen würde, komme eine solche Maßnahme nicht in Betracht. Ein Streikrecht für Beamte würde nämlich gegen die hergebrachten Grundsätze des Berufsbeamtentums nach Art. 33 Abs. 5 GG verstoßen. Die Treuepflicht der Beamten (und ein damit nicht zu vereinbarendes Streikrecht) und das mit dieser Pflicht korrespondierende Alimentationsprinzip würden zu dem Kernbestand an verfassungsrechtlichen Strukturprinzipien gehören, welche die Funktionsfähigkeit des deutschen Staates sicherstellen sollen und die einer anderen inhaltlichen Ausgestaltung durch bloße Auslegung entzogen seien. Das gelte für das Streikverbot für Beamte als Gesamtheit, sodass wegen der statusbezogenen Ausgestaltung des Beamtenrechts auch eine funktionsbezogene Differenzierung nach den geltenden verfassungsrechtlichen Maßstäben nicht möglich sei.

Auch die Fortentwicklungsklausel ändere daran nichts, da Änderungen, die mit dem Kernbestand der Grundstrukturen des von Art. 33 Abs. 5 GG geschützten Berufsbeamtentums nicht in Einklang gebracht werden können, auch weiterhin gegen die Vorgaben des Grundgesetzes verstoßen würden. Wolle man den Inhalt und die Reichweite der im Grundgesetz garantierten Grundrechte über den Kernbestand an Strukturprinzipien hinaus modifizieren, sei es Sache des Verfassungsgesetzgebers das Grundgesetz entsprechend abzuändern.

Weiter führt das Gericht aus, dass sich auch aus anderen völker- und europarechtlichen Übereinkommen und Regelungen kein Streikrecht für deutsche Beamte ableiten lasse. So würde den ILO-Übereinkommen Nr. 87 und Nr. 98 im Vergleich zur EMRK im deutschen Recht keine über den Rang eines einfachen Bundesgesetzes hinausgehende Wirkung zukommen, sodass diese ebenfalls an Art. 33 Abs. 5 GG zu messen seien. Außerdem seien diese Abkommen auf Beamte ohnehin nicht anwendbar. Zum ebenfalls in Betracht kommenden ILO-Übereinkommen Nr. 151 stellt das Gericht knapp fest, dass dies von der Bundesrepublik Deutschland gar nicht erst ratifiziert worden sei und diesem Übereinkommen in der Bundesrepublik Deutschland daher keinerlei Rechtswirkung zukommen würde.

Auch aus unmittelbar geltendem EU-Recht ergibt sich nach Ansicht des Gerichts kein Streikrecht für Beamte, da die EU-Verträge der EU nicht die Kompetenz einräumen würden, das Streikrecht zu regeln (vgl. Art. 153 Abs. 5 AEUV). Zudem ergebe sich auch aus der EU-Grundrechtecharta kein Streikrecht für Beamte. Zwar würde Art. 12 Abs. 1 EU-GrCharta das Vereinigungsrecht und Art. 28 EU-GrCharta das Recht auf Kollektivverhandlungen beinhalten, was auch das Streikrecht erfasse, jedoch binde die EU-GrCharta nach Art. 51 Abs. 1 EU-GrCharta vorrangig nur die Organe der EU. Mitgliedstaaten hätten die Verbürgungen der EU-GrCharta ausschließlich bei der Durchführung des Rechts der Union zu beachten. Durch die Bestimmungen der EU-GrCharta würden die in den Verträgen festgelegten Zuständigkeiten in keiner Weise erweitert werden (vgl. Art. 6 Abs. 1 EUV). Da die Regelung des innerstaatlichen Beamtenrechts keine Durchführung des EU-Rechts sei, verbleibe es hierbei bei der originären Kompetenz der Mitgliedstaaten (vgl. Art. 4 Abs. 1 EUV). Mangels einer Regelungskompetenz für das Arbeitskampfrecht könne der EU eine solche mit Blick auf den in Art. 5 Abs. 1 S. 1 EUV geregelten Grundsatz der begrenzten Einzelermächtigung auch nicht über Art. 28 EU-GrCharta hergeleitet werden.

cc) Keine Rechtfertigung durch § 103 LBG NRW a. F.

Auch eine Rechtfertigung der Arbeitsniederlegung wegen der Teilnahme an den Warnstreiks durch § 103 LBG NRW a. F. kommt nach Ansicht des OVG Münster nicht in Betracht. Eine solche Rechtfertigung komme nämlich nur infrage, wenn die gewerkschaftliche Betätigung mit den verfassungsrechtlich geregelten und höherrangigen hergebrachten Grundsätzen des Berufsbeamtentums (Art. 33 Abs. 5 GG) im Einklang stehe, was im Falle eines Streiks jedoch nicht der Fall sei.

c) *Schuldhaftigkeit der Pflichtverletzung*

Nach Auffassung des OVG Münster hat die Klägerin die ihr vorgeworfenen Dienstpflichtverletzungen auch schuldhaft begangen. Insbesondere könne die Klägerin sich nicht auf einen das Verschulden ausschließenden Verbotsirrtum (vgl. § 17 Abs. 1 S. 1 StGB) oder eine gegenläufige Rechtsprechung berufen. So sei die Klägerin ausdrücklich auf die Unzulässigkeit ihrer geplanten Streikteilnahme hingewiesen worden und die relevanten Entscheidungen des EGMR seien erst nach den Streikteilnahmen ergangen. Zudem gäben diese Entscheidungen für ein Streikrecht der Beamten – wie oben dargestellt worden ist[402] – nichts her.

d) *Angemessenheit der Disziplinarmaßnahme*

Die Verhängung der Disziplinarmaßnahme ist in Anbetracht der Schwere des von der Klägerin begangenen Dienstvergehens nach Ansicht des OVG Münster auch angemessen gewesen.

e) *Keine Einstellung des Disziplinarverfahrens geboten*

Entgegen der Ansicht des VG Düsseldorf ist das Disziplinarverfahren nach Auffassung des OVG Münster auch nicht einzustellen. Die Annahme des VG Düsseldorf, dass eine Disziplinarmaßnahme wegen Verstoßes gegen die EMRK unzulässig sei, wird von dem Senat nämlich aus mehreren Gründen nicht geteilt: Zum einen verstößt das verfassungsrechtlich verankerte Streikverbot für Beamte in der Bundesrepublik Deutschland aus den bereits genannten Gründen nach Ansicht des OVG Münster nicht gegen Art. 11 EMRK. Zum anderen verkenne das VG Düsseldorf die Rangordnung der EMRK im deutschen Rechtssystem als einfaches Bundesgesetz, das letztlich an dem Grundgesetz als höherrangiger Norm zu messen sei. Selbst wenn man aus der EMRK und der Rechtsprechung des EGMR ein generelles Streikrecht für Beamte ableiten wollen würde, hindere dies in der Bundesrepublik Deutschland den jeweiligen Dienstherrn rechtlich nämlich nicht, gegen Beamte, die ihren Dienst- und Gehorsamspflichten wegen eines Streiks nicht nachkommen würden, ein Disziplinarverfahren einzuleiten und eine Disziplinarmaßnahme zu verhängen oder gar zum Zwecke der Entfernung aus dem Beamtenverhältnis gegen den Beamten eine Disziplinarklage

---

402 S. dazu bereits unter F.IV.2.b)bb).

zu erheben. Das Völkerrecht könne die Rechtswirksamkeit der im Grundgesetz verankerten und geschützten Kernstrukturprinzipien – zu denen auch das Streikverbot für Beamte zähle – nämlich nicht aushebeln.

Zudem sei die Entscheidung des VG Düsseldorf widersprüchlich und in der Sache inkonsequent. So gehe das Verwaltungsgericht einerseits selbst davon aus, dass ein Streikrecht der Klägerin als Beamtin verfassungsrechtlich ausgeschlossen sei, sich daran auch mit Blick auf „das europäische Recht" nichts ändere und die Klägerin mit ihrer Streikteilnahme schuldhaft ein Dienstvergehen begangen habe, andererseits vertrete es aber, dass dieses Dienstvergehen in Anbetracht eines Verstoßes gegen die EMRK nicht geahndet werden dürfe und das Disziplinarverfahren deshalb hätte eingestellt werden müssen. Diese Argumentation enthält nach Ansicht des OVG Münster einen Zirkelschluss und würde das Disziplinarrecht, welches ebenfalls als hergebrachter Grundsatz des Berufsbeamtentums verfassungsrechtlich verankert sei, überflüssig machen, weil es zur Folge hätte, dass sich Beamte bewusst und schuldhaft dienstpflichtwidrig verhalten würden, ihr Verhalten jedoch dienstrechtlich ohne Konsequenzen bliebe. Die mit dem Disziplinarrecht verfolgte Ordnungsfunktion könne so nicht mehr gewährleistet werden.

Anders als vom VG Düsseldorf vertreten, würde sich daran auch durch § 9 S. 1 BBesG nichts ändern, da zum einen sein Anwendungsbereich nicht eröffnet wäre, wenn den Beamten ein Streikrecht zustehen würde und den Beamten vom Dienstherrn damit für die Streikteilnahme eine Genehmigung zum Fernbleiben vom Dienst erteilt werden müsste. Zum anderen sei § 9 S. 1 BBesG keine disziplinarische Maßnahme und bezwecke somit insbesondere nicht, den geordneten äußeren Dienstablauf zu sichern. Vielmehr handele es sich bei der Regelung lediglich um eine besoldungsrechtliche Rechtsfolge. Der Beamte der unberechtigt und schuldhaft seine Arbeitszeit verkürzt, solle nicht besser gestellt werden als der Beamte, der entsprechend festgesetzte Teilzeitarbeit leistet.

Auch die Auffassung des VG Düsseldorf, dass davon auszugehen sei, dass die Beamten „das verfassungsrechtliche Streikverbot auch dann beachten, wenn ein Verstoß keine Disziplinarmaßnahme nach sich zieht", da die Beamten in besonderer Weise verpflichtet seien, Verfassung und Gesetz zu befolgen, ist nach Ansicht des OVG Münster durch Beispiele nicht belegt und sogar durch zahlreiche Disziplinarverfahren widerlegt. Wenn das VG Düsseldorf Recht hätte, würden sich nämlich alle Beamten an die Gesetze halten. Es dürfe somit keine Dienstvergehen geben und das Disziplinarrecht wäre überflüssig. Realitätsnah sei vielmehr, dass viele Beamte künftig an zahlreichen Streiks teilnehmen würden, wenn sie in dem Wissen handeln, dass sie zwar ein Dienstvergehen begehen, aber keine Disziplinarmaßnahmen zu befürchten haben. Würde man derartige Dienstvergehen nicht ahnden können, hätte dies zur Folge, dass dadurch die verfassungsrechtlich verankerte Treuepflicht des Beamten ausgehebelt und die Funktionsfähigkeit des öffentlichen Dienstes in besonderer Weise gefährdet werden würde.

f) Ergebnis

Das von der Klägerin begangene Dienstvergehen ist nach Ansicht des OVG Münster somit zu Recht mit der Disziplinarverfügung geahndet worden.

3. Fazit

Mit dieser Entscheidung stellt sich das OVG Münster gegen jegliche Versuche der Vorinstanz der neuen Rechtsprechung des EGMR eine Bedeutung für das Recht der Bundesrepublik Deutschland beizumessen. Zwar sieht das OVG Münster – genau wie das VG Düsseldorf – in den Streikteilnahmen Dienstpflichtverletzungen und kann für diese ebenfalls keine Rechtfertigungen erkennen. Allerdings kommt das OVG Münster entgegen dem VG Düsseldorf nicht zu dem Ergebnis, dass diese Dienstpflichtverletzungen nicht disziplinarisch geahndet werden können. Die vom VG Düsseldorf vertretene Ansicht, dass der Dienstherr an der Verhängung der Disziplinarmaßnahme durch die EMRK und die zu ihr ergangene Rechtsprechung des EGMR gehindert sei, teilt das OVG Münster ausdrücklich nicht.

Dem OVG Münster ist zunächst darin zuzustimmen, dass es die Entscheidung des VG Düsseldorf als widersprüchlich und inkonsequent ansieht. Wie bereits ausgeführt worden ist,[403] ist es nämlich nicht überzeugend zwar eine ungerechtfertigte und schuldhafte Dienstpflichtverletzung zu bejahen, auf der anderen Seite aber keinerlei Sanktionen gegen diese zuzulassen. Zu Recht kritisiert das OVG Münster in diesem Zusammenhang auch die Ansicht des VG Düsseldorf, dass die Beamten „das verfassungsrechtliche Streikverbot auch dann beachten, wenn ein Verstoß keine Disziplinarmaßnahme nach sich zieht". Es ist in der Tat nämlich wesentlich wahrscheinlicher, dass viele Beamte künftig an zahlreichen Streiks teilnehmen würden, wenn sie in dem Wissen handeln, dass sie zwar ein Dienstvergehen begehen, aber keine Disziplinarmaßnahmen zu befürchten haben. So kommt es bereits jetzt – trotz der Verhängung von Disziplinarmaßnahmen – regelmäßig zu Dienstpflichtverletzungen. Es ist kein Grund ersichtlich, warum Beamte sich bei Wegfall der Disziplinarmaßnahmen plötzlich rechtskonform verhalten sollten.

---

403 S. unter F.III.4.

Zweifelhaft ist jedoch, wie das OVG Münster jeglichen Einfluss der EMRK und der aktuellen EGMR-Rechtsprechung auf das deutsche Recht ausblendet, den Beamten weiterhin ein Streikrecht verwehrt und die Verhängung von Disziplinarmaßnahmen zulässt. Damit vertritt das OVG Münster zwar eine klarere Linie als das VG Düsseldorf. Allerdings ist das OVG Münster jedenfalls nicht überzeugend, wenn es die Verantwortung auf den Gesetzgeber schiebt, indem es sagt, dass es Sache des Verfassungsgesetzgebers sei, das Grundgesetz entsprechend abzuändern, wenn man den Inhalt und die Reichweite der im Grundgesetz garantierten Grundrechte über den Kernbestand an Strukturprinzipien hinaus modifizieren wolle. Damit sagt das Gericht nichts anderes, als dass der Gesetzgeber es ausdrücklich regeln muss, wenn er den Beamten ein Streikrecht zugestehen will. Dass man ein solches Streikrecht jedoch auch ohne ausdrückliche Regelung in die aktuelle Rechtslage hineinlesen könnte (wenn man es denn wollte) zeigt die bereits vorher ergangene Entscheidung des VG Kassel, welche im nächsten Abschnitt dargestellt wird.[404]

Bei aller ausführlichen Argumentation des Gerichts ist es hier zu einer ergebnisorientierten Entscheidung gekommen. Das OVG Münster hatte nämlich bedenken, welche Folgen ein Streikrecht für Beamte in der Bundesrepublik Deutschland hätte, und wollte in dieser Sache keine „Vorreiterstellung" einnehmen. So betonte das Gericht mehrfach die Bedeutung des Streikverbots für die Funktionsfähigkeit des öffentlichen Dienstes, dessen historische Wurzeln und dessen enge Verzahnung mit der Treuepflicht und dem Alimentationsprinzip. Trotz dem konsequenteren Ergebnis fehlt somit auch dem OVG Münster der Mut zur Anpassung der Rechtslage an die völkerrechtlichen Vorgaben.

V. Urteil des VG Kassel vom 27.7.2011

Als weiteres Gericht setzte sich das VG Kassel in zwei Fällen mit dem neuen EGMR-Urteil auseinander.[405]

1. Sachverhalt

Ersterem Urteil[406] ging die Teilnahme eines Studienrates - dem Kläger - an einem Streik der Gewerkschaft für Erziehung und Wissenschaft (GEW) am 17.11.2009 voraus. Aufgrund der Streikteilnahme blieb er ohne Entschuldigung

404 VG Kassel 27.7.2011, ArbuR 2012, 36; s. zur Entscheidung ausführlich unter F.V.

405 VG Kassel 27.7.2011, ZBR 2011, 386; VG Kassel 27.7.2011, ArbuR 2012, 36.

406 VG Kassel 27.7.2011, ArbuR 2012, 36.

dem Dienst fern und hielt zwei Unterrichtsstunden nicht. Mit Schreiben vom 12.2.2010 wurde dem Kläger von dem Schulleiter mitgeteilt, dass geplant sei, gegen ihn wegen der Streikteilnahme am 17.11.2009 eine schriftliche Missbilligung auszusprechen. Gegen dieses Vorbringen rechtfertigte sich der Kläger damit, dass der EGMR in zwei Entscheidungen erklärt habe, dass ein generelles Streikverbot für Beamte gegen die EMRK verstoße. Ungeachtet dieser versuchten Rechtfertigung des Klägers sprach der Schulleiter gegen diesen am 18.3.2010 eine schriftliche Missbilligung aus. Mit Schreiben vom 16.4.2010 legte der Kläger gegen diese schriftliche Missbilligung Widerspruch ein, welcher mit Widerspruchsbescheid vom 15.7.2010 zurückgewiesen wurde. Daraufhin erhob der Kläger am 9.9.2010 Klage, in der er die Missbilligung aufgrund seiner Streikteilnahme rügt.

Einem nahezu identischen Sachverhalt liegt das Urteil des zweiten Falls[407] zugrunde. In diesem Fall war die Klägerin jedoch eine verbeamtete Lehrerin, welche an dem Streik der GEW am 17.11.2009 teilnahm und deshalb dem Dienst für drei Unterrichtsstunden fernblieb. Auch dort wurde die Klägerin vorab über eine geplante schriftliche Missbilligung aufgrund ihrer Streikteilnahme von dem Schulleiter informiert und ihr Gelegenheit zur Stellungnahme gegeben, welche die tatsächliche Aussprache der schriftlichen Missbilligung durch den Schulleiter aber nicht verhindern konnte. Daraufhin legte die Klägerin gegen die schriftliche Missbilligung mit Berufung auf die EMRK und die Rechtsprechung des EGMR Widerspruch ein, welcher allerdings zurückgewiesen wurde. Diese Zurückweisung nahm die Klägerin zum Anlass, um am 3.5.2010 Klage zu erheben, in der auch sie die Missbilligung aufgrund ihrer Streikteilnahme rügt.

Aufgrund der nahezu identischen Sachverhalte und der nahezu identischen Urteilsbegründungen wird im Folgenden nur noch auf das Urteil des erstgenannten Falls eingegangen. Diese Ausführungen gelten sinngemäß auch für den zweiten Fall.

2. Urteil

Das VG Kassel kam in beiden Fällen zu dem Ergebnis, dass auch Beamten das grundrechtlich garantierte Streikrecht zustehen könne, außer sie sind hoheitlich tätig. Eine aufgrund einer Streikteilnahme eines Studienrats bzw. einer verbeamteten Lehrerin ausgesprochene Missbilligung sei daher rechtswidrig und verletze den Kläger bzw. die Klägerin in ihren Rechten.

407 VG Kassel 27.7.2011, ZBR 2011, 386.

3. Urteilsbegründung

Nach Ansicht des Gerichts ist die Missbilligung materiell rechtswidrig, da der Kläger durch die Teilnahme an dem Streik am 17.11.2009 nicht gegen seine ihm obliegenden Dienstpflichten verstoßen hat und diese Streikteilnahme auch in sonstiger Weise keinen Anlass zur Beanstandung seines dienstlichen Verhaltens gibt.

Vielmehr habe der Kläger durch die Streikteilnahme sein grundgesetzlich garantiertes Streikrecht wahrgenommen, das entgegen der bisherigen höchstrichterlichen Rechtsprechung auch Beamten zustehen könne, sofern diese nicht hoheitlich tätig sind. Das Gericht sieht in dem in der Bundesrepublik Deutschland ausnahmslos geltenden Streikverbot für alle Beamten nämlich einen Verstoß gegen Art. 11 Abs. 2 EMRK und sieht seine Auffassung durch das Urteil des EGMR im Fall *Enerji Yapi-Yol Sen*[408] bestätigt. Nach Überzeugung der Kammer hat diese Rechtsprechung des EGMR – entgegen der Ansicht des VG Düsseldorf[409] – nicht nur zur Folge, dass die konkrete Streikteilnahme von nicht hoheitlich tätigen Beamten nicht disziplinarisch geahndet werden könne, sondern mit der für die Bundesrepublik Deutschland verbindlichen Auslegung der EMRK durch den EGMR habe sich der hergebrachte Grundsatz des Berufsbeamtentums, auf dessen Grundlage die Rechtsprechung den Beamtenstreik bisher ausnahmslos verbot, in der Hinsicht gewandelt, dass nun unter bestimmten Voraussetzungen auch die Streikteilnahme von Beamten als mit der Beamtenpflicht vereinbar anzusehen sein müsse. Die Regelungen der EMRK seien zwar keine allgemeinen Regeln des Völkerrechts im Sinne des Art. 25 GG. Sie seien aufgrund ihrer Ratifizierung aber bindendes Recht für alle deutschen Stellen, was zur Folge habe, dass das Grundgesetz unter Berücksichtigung der EMRK auszulegen sei. Hier müsse die nach Art. 33 Abs. 5 GG gebotene Fortentwicklung des Rechts des öffentlichen Dienstes in der Gestalt vorgenommen werden, dass das ursprünglich für alle Beamten geltende Streikverbot nunmehr allenfalls noch für die in Art. 11 Abs. 2 S. 2 EMRK genannte Gruppe von Beamten (Mitglieder der Streitkräfte, Polizei oder Staatsverwaltung) gelten könne. Zu dieser Gruppe würden verbeamtete Lehrer, wie der Kläger, allerdings nicht gehören.

Unzutreffend ist für das VG Kassel die teilweise vertretene Ansicht, dass der deutsche Gesetzgeber bereits die vom EGMR geforderte eindeutige und anhand materieller Kriterien nachvollziehbare Unterscheidung zwischen solchen Beschäftigten des öffentlichen Dienstes, denen er ein Streikrecht zugesteht, und solchen,

408 EGMR 21.4.2009, NZA 2010, 1423 – *Enerji Yapi-Yol Sen/Türkei.*

409 S. dazu ausführlich F.III.

denen er ein Streikrecht aus übergeordneten Aspekten (insbesondere aufgrund der Zugehörigkeit zu der in Art. 11 Abs. 2 S. 2 EMRK genannten Personengruppe) verwehrt, getroffen habe, indem der Gesetzgeber nur für eine bestimmte Gruppe von Staatsbediensteten – den Beamten – ein Streikverbot ausgesprochen hat und den übrigen ein Streikrecht einräumt. Häufig werde nämlich ein und derselbe Arbeitsplatz parallel ausgeschrieben bzw. Beamte und Angestellte würden auf gleichen Arbeitsplätzen ihren Dienst verrichten. Diese Praxis habe zur Folge, dass – abgesehen von dem Bereich der hoheitlichen Tätigkeiten – eine Abgrenzung zwischen diesen beiden Gruppen anhand ihrer Tätigkeit nicht mehr möglich sei. Das Streikrecht würde einzelnen Personengruppen somit lediglich in Abhängigkeit von deren Status und damit nicht primär aus übergeordneten Gesichtspunkten zugestanden. Eine solche rein statusbezogene Abgrenzung genüge dem Erfordernis aus Art. 11 EMRK jedoch nicht.

Auch die konkrete Streikteilnahme des Klägers am 17.11.2009 wurde von dem Gericht nicht beanstandet. Der Streik hat sich nach Ansicht des Gerichts nämlich innerhalb der von der Rechtsprechung für Arbeitskämpfe entwickelten Voraussetzungen gehalten, soweit diese im Rahmen eines Beamtenstreiks Anwendung finden. Zwar habe sich der Streik gegen die gegenüber den tarifvertraglich Beschäftigten erhöhte Arbeitszeit für Beamte gerichtet und somit wäre der Streik für die verbeamteten Lehrer nicht auf ein tariflich regelbares Ziel gerichtet gewesen, allerdings würde das europarechtlich gebotene Streikrecht komplett ausgehöhlt, würde man dieses Kriterium eines rechtmäßigen Streiks auch bei streikenden Beamten einfordern. Deshalb muss diese Voraussetzung nach Ansicht des Gerichts bei Beamtenstreiks dahin abgewandelt werden, dass eine Streikteilnahme von Beamten nur dann rechtmäßig ist, wenn das Streikziel der Beamten in unmittelbarem Zusammenhang mit ihren eigenen Arbeitsbedingungen steht. Ein solcher Zusammenhang bestünde insbesondere bei der Festlegung von Arbeitszeiten, Besoldung, Versorgung, Krankenversicherung (Beihilfe) und sonstigen materiellen Arbeitsbedingungen. Da der Streik sich gegen die erhöhte Arbeitszeit gerichtet habe, stünde er in unmittelbarem Zusammenhang mit den Arbeitsbedingungen der Beamten und war nach Auffassung des Gerichts somit rechtmäßig.

Ferner stellte das Gericht fest, dass es beim Beamtenstreik nicht darauf ankomme, ob der Streik gegen die Friedenspflicht verstößt, denn bezüglich der Arbeitsbedingungen der Beamten existiere weder eine Friedenspflicht noch ein tarifloser Zustand. Der Grund dafür liege darin, dass die gesetzlichen Regelungen über die Rechte und Pflichten der Beamten nicht zeitlich beschränkt seien und auch nicht jeweils neu verhandelt werden müssten. Würde man fordern, dass Beamte nur streiken dürfen, wenn gesetzliche Regelungen unmittelbar bevorstünden und diese verhindert oder modifiziert werden sollen, sei ein Beamtenstreik wiederum kaum möglich.

4. Fazit

Anders als das VG Düsseldorf sieht sich das VG Kassel aufgrund der EGMR-Rechtsprechung nicht nur daran gehindert, die Streikteilnahme disziplinarisch zu ahnden, sondern es spricht allen Beamten, die nicht hoheitlich tätig sind, ausdrücklich ein Streikrecht zu. Diese Ansicht begründet das VG Kassel sehr ausführlich und kommt zu einem gut vertretbaren und nachvollziehbaren Ergebnis. Überzeugend ist insbesondere, dass das Gericht es für die vom EGMR geforderte Abgrenzung zwischen streikberechtigten und streikunberechtigten Beschäftigten des öffentlichen Dienstes nicht ausreichen lässt, dass in der Bundesrepublik Deutschland nur den Beamten der Streik verboten wird. Hier erkennt und stellt das Gericht völlig zu Recht auf die weitverbreitete Praxis ab, Beamte und Angestellte auf gleichen Arbeitsplätzen zu beschäftigen, was einer hinreichenden funktionsbezogenen Abgrenzung des Streikverbots im Wege steht. Anders würde das VG Kassel die Situation sicherlich beurteilen, würden Beamte nur für hoheitliche und die Angestellten des öffentlichen Dienstes für alle sonstigen Tätigkeiten eingesetzt. Dann würde das Gericht in einem „Streikverbot für Beamte" mit großer Wahrscheinlichkeit auch eine hinreichende funktionsbezogene Abgrenzung sehen, da von einem solchen Streikverbot im Ergebnis nur die hoheitlich tätigen Angehörigen des öffentlichen Dienstes erfasst sein würden. Dass dieses Streikverbot auch mit einem statusbezogenen Kriterium – dem Beamtenstatus – einhergehen würde, wäre dann hinnehmbar, da jedenfalls die Voraussetzung des Art. 11 Abs. 2 S. 2 EMRK gewahrt wäre, wonach nur den hoheitlich tätigen Angehörigen des öffentlichen Dienstes ein Streikverbot auferlegt werden darf.[410]

Zudem ist hervorhebenswert, dass das VG Kassel erkennt, dass die Rechtmäßigkeit eines – nach Auffassung des Gerichts nun überwiegend erlaubten – Beamtenstreiks nicht anhand der bisherigen Kriterien geprüft werden kann. Zur Lösung dieses Problems geht das Gericht einen neuen Weg, indem es die Anforderungen, dass stets für ein tariflich regelbares Ziel gestreikt werden muss und nicht gegen die Friedenspflicht verstoßen werden darf,[411] modifiziert. Bei den Beamten sei nur noch erforderlich, dass das Streikziel der Beamten in unmittelbarem Zusammenhang mit ihren eigenen Arbeitsbedingungen stehe. Auf das

---

410 Zur hoheitlichen Tätigkeit nach nationalem und konventionsrechtlichem Verständnis s. noch ausführlich unter H.II.1.a)aa)(2)(b)(bb).

411 S. zu diesen Anforderungen bereits unter D.II. und D.III.

Kriterium der Friedenspflicht solle es beim Beamtenstreik hingegen gar nicht mehr ankommen. An den sonstigen Voraussetzungen hält das Gericht aber fest. Diese Anpassungen sind folgerichtig und auch notwendig, wenn man den Beamten ein Streikrecht zuspricht, da ein starres Festhalten an den alten Voraussetzungen nicht mit einem Streikrecht der Beamten in Einklang zu bringen wäre.

Insgesamt ist das VG Kassel mit dieser Entscheidung zu einer sehr ausdifferenzierten und praktikablen Lösung gekommen. Schön ist dabei insbesondere, dass das VG Kassel mit seiner Lösung mutiger ist als das VG Düsseldorf und sich klar zum Streikrecht aller Beamten, die nicht im hoheitlichen Bereich tätig sind, bekennt.

VI. Urteil des VG Osnabrück vom 19.8.2011

Auch das VG Osnabrück hatte über zwei nahezu identische Fälle zu entscheiden und musste sich dabei unter Berücksichtigung der neuen EGMR-Rechtsprechung mit der Frage nach dem Fortbestehen des Streikverbots für Beamte beschäftigen.[412]

1. Sachverhalt

In dem ersten zu entscheidenden Fall[413] nahm der Kläger, ein verbeamteter Lehrer, an einer Protestveranstaltung der GEW am 25.2.2009 trotz entsprechender Belehrung durch den Schulleiter teil. Aufgrund der Teilnahme ist der Kläger seiner an diesem Tag bestehenden Unterrichtsverpflichtung von fünf Stunden nicht nachgekommen. Daher hatte die Beklagte mit Verfügung vom 19.6.2009 den Verlust seiner Dienstbezüge für diese Zeit festgestellt und nach Anhörung des Klägers am 11.1.2011 eine Disziplinarverfügung erlassen, mit der sie dem Kläger eine Geldbuße in Höhe von 100 EUR auferlegte. Gegen diese Verfügung erhob der Kläger Klage.

In dem zweiten Fall[414] nahm die Klägerin, eine verbeamtete Lehrerin, ebenfalls trotz entsprechender Belehrung durch den Schulleiter an der Protestveranstaltung der GEW vom 25.2.2009 teil und ist aufgrund der Teilnahme ihrer Unterrichtsverpflichtung von vier Stunden an diesem Tag nicht nachgekommen. Auch in diesem Fall stellte die Beklagte mit Verfügung vom 19.6.2009 den Verlust der Dienstbezüge der Klägerin fest und erließ nach ihrer Anhörung am 11.1.2011

412 VG Osnabrück 19.8.2011, NVwZ-RR 2012, 323; VG Osnabrück 19.8.2011, ArbuR 2011, 375.

413 VG Osnabrück 19.8.2011, NVwZ-RR 2012, 323.

414 VG Osnabrück 19.8.2011, ArbuR 2011, 375.

eine Disziplinarverfügung, mit der sie der Klägerin eine Geldbuße in Höhe von 100 EUR auferlegte. Gegen diese Verfügung klagte die Klägerin.

Aufgrund der nahezu identischen Sachverhalte und der nahezu identischen Urteilsbegründungen wird im Folgenden nur noch auf das Urteil des erstgenannten Falls eingegangen. Diese Ausführungen gelten sinngemäß auch für den zweiten Fall.

2. Urteil

Das VG Osnabrück entschied, dass die hergebrachten Grundsätze des Berufsbeamtentums aus Art. 33 Abs. 5 GG auch weiterhin ein allgemeines Streikverbot für Beamte beinhalten würden. Eine wie vom EGMR auf Grundlage des Art. 11 EMRK in seiner Entscheidung zum türkischen Streikverbot geforderte funktionsbezogene Differenzierung würde einen Verstoß gegen Art. 33 Abs. 5 GG in seiner durch das BVerfG vorgenommenen Auslegung darstellen. Zu einer abweichenden Beurteilung des statusbezogenen Streikverbots für Beamte als tragenden Verfassungsgrundsatz sei das VG Osnabrück nicht befugt. Auch aus anderen völkerrechtlichen Übereinkommen oder aus unmittelbar geltendem EU-Recht könne kein Streikrecht für Beamte abgeleitet werden. Die Verhängung einer disziplinaren Geldbuße von 100 EUR sei vielmehr angemessen und erforderlich, um eine erneute Streikteilnahme der Beamten zu verhindern.

3. Urteilsbegründung

a) Pflichtverletzung

Das VG Osnabrück ist der Auffassung, dass der Kläger mit der Teilnahme an dem Streik am 25.2.2009 gegen seine ihm obliegende Dienstleistungspflicht (§ 67 Abs. 1 NBG), gegen seine Pflicht zur Amtsführung zum Wohle der Allgemeinheit (§ 33 Abs. 1 BeamtStG) und gegen seine Pflicht zum vollen persönlichen Einsatz, zur uneigennützigen Aufgabenwahrnehmung sowie zum achtungs- und vertrauensgerechten Verhalten (§ 34 BeamtStG) verstoßen habe.

Zwar stehe die Koalitionsfreiheit aus Art. 9 Abs. 3 GG grundsätzlich auch den Beamten zu, ein Streikrecht lasse sich daraus für die Beamten infolge der in Art. 33 Abs. 5 GG normierten hergebrachten Grundsätze des Berufsbeamtentums – zu denen auch das Streikverbot für Beamte zählen würde – jedoch nicht ableiten. Dabei könne dahinstehen, ob das beamtenrechtliche Streikverbot auch heute noch ein eigener hergebrachter Grundsatz des Berufsbeamtentums im Sinne des Art. 33 Abs. 5 GG ist, weil es jedenfalls Ausfluss der in diesem Sinne anerkannten Treuepflicht der Beamten sei. Für das Gericht gehört das Streikverbot als Ausprägung der Treuepflicht zudem zu den Kernpflichten des Beamtenverhältnisses, da Streiks oder streikähnliche Maßnahmen die Funktionsfähigkeit des Berufsbeamtentums beseitigen oder mindern würden.

Ferner ergänze das Streikverbot für Beamte, zumindest dann, wenn es um die eigene Besoldung geht, das ebenfalls als hergebrachten Grundsatz des Berufsbeamtentums anerkannte Alimentationsprinzip. Die Besoldung werde danach nämlich einseitig durch das Parlament festgelegt und somit gerade nicht von den Beamten „erstritten" oder „vereinbart". Die Beamten hätten demnach keine eigenen rechtlichen Möglichkeiten auf die nähere Ausgestaltung ihrer Rechtsverhältnisse einzuwirken. Deshalb seien sie nach den hergebrachten Grundsätzen auch nicht befugt, zur Förderung gemeinsamer Berufsinteressen kollektive wirtschaftliche Kampfmaßnahmen zu ergreifen. Ein Beamtenstreik sei somit unzulässig und das in der Bundesrepublik Deutschland geltende statusbezogene Streikverbot für Beamte stelle daher einen tragenden Verfassungsgrundsatz dar.

Diesen Grundsatz könne das Gericht auch nicht abweichend – etwa in Form eines funktionsbezogenen Streikrechts – beurteilen. Zum einen sei eine Änderung dieses Grundsatzes mit den aktuellen Grundstrukturen des von Art. 33 Abs. 5 GG geschützten Leitbilds des deutschen Berufsbeamtentums nämlich nicht in Einklang zu bringen und zum anderen sei das VG Osnabrück zur Vornahme einer solchen Änderung ohnehin nicht befugt. Das Gericht sei als staatlicher Funktionsträger nämlich gemäß § 31 Abs. 1 BVerfGG an die Entscheidungen des BVerfG zu Art. 33 Abs. 5 GG gebunden und dessen Auslegung des Art. 33 Abs. 5 GG lasse eine Abkehr vom statusbezogenen Streikverbot nicht zu. So sei nach Aussage des BVerfG ein „Rosinenpicken" im Beamtenrecht nicht vorgesehen[415] und es widerspräche somit Art. 33 Abs. 5 GG mit seinem vom BVerfG festgestellten Gehalt, wenn aus dem auf gegenseitigen Rechten und Pflichten basierenden Beamtenverhältnis Teilbereiche – wie etwa das Streikverbot – herausgenommen werden würden. Im Beamtenverhältnis stünden nämlich gewisse Vorteile, wie etwa das Alimentationsprinzip, gewisse Nachteile, wie beispielsweise das Streikverbot, gegenüber. Das VG Osnabrück sei daher nach § 31 Abs. 1 BVerfGG nicht befugt, von der Auslegung und Bestimmung des Kerns des Art. 33 Abs. 5 GG abzuweichen und verbeamteten Lehrern ein Streikrecht zuzusprechen. Eine funktionsbezogene Differenzierung bei der Entscheidung über das Streikrecht verstieße somit gegen Art. 33 Abs. 5 GG. Gegen eine solche Lösung spreche darüber hinaus, dass das deutsche Beamtenrecht an keiner Stelle eine solche funktionsbezogene Differenzierung vorsehe.

415 BVerfG 19.9.2007, NVwZ 2007, 1396, 1399.

Auch aus den zwischenzeitlich ergangenen Entscheidungen des EGMR[416] ergibt sich für das Gericht kein Grund den Kernbestand des Art. 33 Abs. 5 GG anders zu beurteilen. So würden diese Entscheidungen gemäß Art. 46 Abs. 1 EMRK nämlich nur die Parteien des Rechtsstreits binden und für Deutschland daher bloß Orientierungswirkung entfalten. Zudem stehe die EMRK in der deutschen Rechtsordnung gemäß Art. 59 Abs. 2 GG grundsätzlich im Range eines förmlichen Bundesgesetzes und somit unterhalb des Grundgesetzes. Zwar würden die EMRK und die Rechtsprechung des EGMR auch auf Ebene des Verfassungsrechts als Auslegungshilfen dienen, der Gesetzgeber könne jedoch ausnahmsweise Völkervertragsrecht nicht beachten, wenn nur auf diese Weise ein Verstoß gegen tragende Grundsätze der Verfassung abzuwenden sei. Ferner müssten die staatlichen Organe bei der Berücksichtigung von Entscheidungen des EGMR die Auswirkungen auf die nationale Rechtsordnung in ihre Rechtsanwendung einbeziehen. Diese Pflicht bestünde insbesondere dann, wenn es sich bei dem einschlägigen nationalen Recht um ein ausbalanciertes Teilsystem des innerstaatlichen Rechts handele. Folglich müsse die Rechtsprechung des EGMR möglichst schonend in das vorhandene, dogmatisch ausdifferenzierte nationale Rechtssystem eingepasst werden. Nach Ansicht des Gerichts verbietet sich daher eine unreflektierte Adaption völkerrechtlicher Begriffe.

Unter Berücksichtigung dieser Grundsätze führen die Entscheidungen des EGMR nach Auffassung des Gerichts nicht zu einer Lockerung des allgemeinen Streikverbots für Beamte in der Bundesrepublik Deutschland. So müsse etwa der Begriff „fonctionnaire" aus dem offiziell in französisch verfassten Urteil des EGMR im Fall *Enerji Yapi-Yol Sen*[417] vorsichtig in die deutsche Rechtssprache übersetzt werden, da er sowohl mit „Beamter" als auch mit „Angehöriger des öffentlichen Dienstes" übersetzt werden könne und dem Urteil – je nach zugrunde gelegter Übersetzung – eine unterschiedliche Bedeutung zukommen würde. Ferner sei zu berücksichtigen, dass die Beschäftigungssysteme innerhalb der Vertragsstaaten unterschiedlich ausgestaltet seien und daher keine schematische Übernahme der Rechtsprechung des EGMR in das deutsche Recht möglich sei. Auf diese Besonderheiten kommt es hier nach Ansicht des VG Osnabrück aber nicht an. Zwar spricht für das Gericht viel dafür, dass das absolute Streikverbot für Beamte in der Bundesrepublik Deutschland gegen Art. 11 EMRK verstößt

416 EGMR 12.11.2008, NZA 2010, 1425 – *Demir und Baykara/Türkei*; EGMR 21.4.2009, NZA 2010, 1423 – *Enerji Yapi-Yol Sen/Türkei*; s. zu den Entscheidungen ausführlich unter F.I. bzw. F.II.

417 EGMR 21.4.2009, NZA 2010, 1423 – *Enerji Yapi-Yol Sen/Türkei*; s. zur Entscheidung ausführlich unter F.II.

und stattdessen ein funktionsbezogenes Streikverbot eingeführt werden muss, damit die Bundesrepublik Deutschland sich nicht mehr konventionswidrig verhält. Trotzdem würde diese konventionswidrige Rechtslage nicht dazu führen, dass das dogmatisch ausdifferenzierte Berufsbeamtentum in seinem Kernbestand automatisch verändert werde. Für eine solche Anpassung sei nämlich nur das BVerfG als maßgeblicher Interpret des Grundgesetzes bei seinen Entscheidungen über die Reichweite des Art. 33 Abs. 5 GG oder der verfassungsändernde Gesetzgeber zuständig.

Etwas anderes ergebe sich auch nicht durch die sogenannte „Fortentwicklungsklausel" aus Art. 33 Abs. 5 GG. Danach sei nämlich nur das Recht des öffentlichen Dienstes fortzuentwickeln, nicht aber der hierfür geltende Maßstab – die hergebrachten Grundsätze des Berufsbeamtentums. Deren Inhalt werde nach wie vor vom Grundgesetz bzw. dessen Auslegung durch das BVerfG vorgegeben. Eine andere Beurteilung des Inhalts der hergebrachten Grundsätze des Berufsbeamtentums sei dem VG Osnabrück – selbst vor dem Hintergrund anders lautender Entscheidungen des EGMR – aufgrund der bereits dargestellten Rollenverteilung zwischen dem VG Osnabrück als Fachgericht und dem BVerfG nicht möglich. Eine Beseitigung des zu den hergebrachten Grundsätzen des Berufsbeamtentums zählenden allgemeinen Streikverbots für Beamte hätte nämlich zur Folge, dass das Wesen des Berufsbeamtentums, welches durch das BVerfG in seiner Auslegung des Art. 33 Abs. 5 GG erst seine Gestaltung erhalten hätte, angetastet werden würde, was nicht mit Art. 33 Abs. 5 GG zu vereinbaren wäre. Somit sei das VG Osnabrück selbst an den Kernbestand des Art. 33 Abs. 5 GG gebunden und sehe keine Möglichkeit, in der Abwägung zwischen dem Kernbestand des Art. 33 Abs. 5 GG und seiner Pflicht zur völkerrechtsfreundlichen Auslegung deutschen Rechts einen schonenden Ausgleich herbeizuführen. Folglich liege auch unter Berücksichtigung der Fortentwicklungsklausel in der Streikteilnahme von Beamten ein Verstoß gegen Art. 33 Abs. 5 GG.

Auch die anderen völkerrechtlichen Übereinkommen, wie etwa das ILO-Übereinkommen Nr. 87, würden zu keinem anderen Resultat führen, da diesen in der Bundesrepublik Deutschland keine über den Rang eines einfachen Bundesgesetzes hinausgehende Wirkung zukomme (vgl. Art. 59 Abs. 2 GG). Zudem scheitere eine völkerrechtsfreundliche Auslegung des Grundgesetzes an dem bereits beschriebenen Verständnis des verfassungsrechtlich garantierten Kernbestands des Berufsbeamtentums.

Ein Streikrecht ergibt sich nach Ansicht des Gerichts auch nicht aus dem unmittelbar geltenden EU-Recht, da der EU im Bereich des Arbeitskampfes keine Regelungskompetenz zukommt (vgl. Art. 153 Abs. 5 AEUV). Ferne könne auch kein

Streikrecht aus Art. 6 Abs. 1 EUV in Verbindung mit der EU-Grundrechtecharta hergeleitet werden, da die Charta nur für Organe und Einrichtungen der EU gelte (Art. 51 Abs. 1 EU-GrCharta). Die Mitgliedstaaten hätten die Charta nach Art. 51 Abs. 1 EU-GrCharta nur bei der Durchführung des Rechts der Union zu beachten. Allerdings sei die Ausgestaltung des nationalen Beamtenrechts kein EU-Recht, sodass dieses Rechtsgebiet weiterhin in die originäre Kompetenz des jeweiligen Mitgliedstaates falle. Insgesamt stellt die Teilnahme des Klägers an der Streikmaßnahme daher nach Ansicht des VG Osnabrück eine Dienstpflichtverletzung dar.

b) Schuldhaftigkeit der Pflichtverletzung

Diese Dienstpflichtverletzung habe der Kläger auch schuldhaft begangen. Er hätte sich nicht auf vereinzelte Literaturmeinungen, die den Beamten ein Streikrecht zugestehen wollen, verlassen dürfen. Das gelte umso mehr, da das Urteil des EGMR im Fall *Enerji Yapi-Yol Sen*[418], welches ein allgemeines Streikverbot in der Türkei für konventionswidrig erklärt habe und aus welchem der Kläger schwerpunktmäßig sein Streikrecht herleiten würde, zum Zeitpunkt seiner Streikteilnahme noch nicht ergangen war.

c) Keine Einstellung des Disziplinarverfahrens erforderlich

Entgegen der Auffassung des VG Düsseldorf, nach der eine Einstellung des Disziplinarverfahrens trotz Vorliegens eines Dienstvergehens erforderlich ist, um der Auffassung des EGMR Rechnung zu tragen,[419] durfte die Beklagte nach Ansicht des VG Osnabrück auf das Dienstvergehen auch mit einer Disziplinarverfügung reagieren. Die vom VG Düsseldorf vorgenommene völkerrechtsfreundliche Auslegung des deutschen Beamtenrechts kann nach Auffassung des VG Osnabrück nicht dazu führen, dass zum einen ein Vorrang des Art. 33 Abs. 5 GG gegenüber Art. 11 EMRK festgestellt wird und zum anderen die auf diesem Verhältnis beruhende Pflichtverletzung ohne Konsequenzen bleibt. Ein solches Ergebnis hätte nämlich zur Folge, dass mit einer wiederholten Streikteilnahme des Klägers und anderer Beamter zu rechnen sei. Die vom VG Düsseldorf aufgestellte These, dass die Kläger das verfassungsrechtliche Streikverbot auch dann beachten würden, wenn ein Verstoß keine Disziplinarmaßnahme nach sich ziehe, ist für das VG Osnabrück nicht überzeugend, da ansonsten das gesamte Disziplinarrecht unnötig sein würde.

418 EGMR 21.4.2009, NZA 2010, 1423 – *Enerji Yapi-Yol Sen/Türkei.*

419 VG Düsseldorf 15.12.2010, ArbuR 2011, 74; s. ausführlich dazu unter F.III.

d) *Angemessenheit und Ergebnis*

Da ferner auch die Höhe der Geldbuße angemessen sei, sei die Disziplinarverfügung insgesamt rechtmäßig.

4. Fazit

Mit diesem Urteil beschreitet das VG Osnabrück einen Mittelweg zwischen den Entscheidungen des VG Düsseldorf und des OVG Münster[420]. Wie beide Gerichte hält auch das VG Osnabrück das in der Bundesrepublik Deutschland geltende Streikverbot für Beamte für weiterhin gültig. Allerdings vertritt das VG Osnabrück, dass das absolute Streikverbot für Beamte in der Bundesrepublik Deutschland gegen Art. 11 EMRK verstoße und stattdessen ein funktionsbezogenes Streikverbot eingeführt werden müsse. Damit grenzt es sich vom OVG Münster ab, welches in dem statusbezogenen Streikverbot für Beamte gerade keinen Verstoß gegen die EMRK sieht. Vielmehr ist das VG Osnabrück hier auf einer Linie mit dem VG Düsseldorf, welches das statusbezogene Streikverbot ebenfalls für konventionswidrig hält.

Die Meinungen des VG Düsseldorf und des VG Osnabrück gehen aber hinsichtlich der aus der Konventionswidrigkeit gezogenen Konsequenzen auseinander. Während das VG Düsseldorf die Ansicht vertritt, dass aufgrund der Konventionswidrigkeit die Verhängung einer Disziplinarmaßnahme gegen einen Beamten wegen seiner Streikteilnahme unzulässig sei, wenn der Beamte nicht hoheitlich tätig ist, hält das VG Osnabrück die Verhängung von Disziplinarmaßnahmen nach wie vor für zulässig. Diese Auffassung begründet das Gericht damit, dass der Beamte durch die Streikteilnahme eine Pflichtverletzung begehe, welche stets disziplinarisch geahndet werden müsse. Von der Disziplinarmaßnahme könne nur abgesehen werden, wenn der Beamte keine Pflichtverletzung mehr beginge. Diese Voraussetzung wäre nur erfüllt, wenn das aktuell geltende statusbezogene Streikverbot für Beamte durch ein funktionsbezogenes ersetzt werden würde. Zwar wäre dies nach Ansicht des VG Osnabrück aufgrund der Konventionswidrigkeit des statusbezogenen Streikverbots geboten, jedoch hält das Gericht sich zu einer solchen Änderung für nicht befugt. Für die Einführung eines funktionsbezogenen Streikverbots sei stattdessen das BVerfG als maßgeblicher Interpret des Grundgesetzes bei seinen Entscheidungen über die Reichweite des Art. 33 Abs. 5 GG oder der verfassungsändernde Gesetzgeber selbst zuständig.

---

420 OVG Münster 7.3.2012, NVwZ 2012, 890; s. ausführlich dazu unter F.IV.

Diese Ansicht des VG Osnabrück ist im Ergebnis überzeugender als die des VG Düsseldorf. Auch wenn es auf den ersten Blick inkonsequent ist, dass das VG Osnabrück das statusbezogene Streikverbot für Beamte zwar für konventionswidrig hält, aber dennoch die disziplinarische Ahndung der Streikteilnahme zulässt, ist die Begründung für diese Diskrepanz – die Bindung an die Rechtsprechung des BVerfG und die Vorgaben des Gesetzgebers – nämlich nachvollziehbar. Zudem ist die Auffassung des VG Osnabrück auch folgerichtig, denn wenn man sich für die Gültigkeit des Streikverbots ausspricht, muss man auch die Sanktion etwaiger Verstöße gegen das Streikverbot zulassen. Ein – vom VG Düsseldorf proklamiertes – sanktionsloses Streikverbot ist im Ergebnis nämlich wirkungslos.

Nicht überzeugen kann das VG Osnabrück hingegen mit dem Argument, dass der einzelne Beamte keine eigenen rechtlichen Möglichkeiten haben würde, um auf die nähere Ausgestaltung seines Rechtsverhältnisses einzuwirken.[421] Hier übersieht das VG Osnabrück nämlich, dass Beamte immer die Möglichkeit haben, sich an ihren Personalrat und ihre Gewerkschaft zu wenden, die dann im Gesetzgebungsprozess die Interessen der Beamten insgesamt vertreten können. Zudem haben Beamte die Möglichkeit, die Kontrolle ihrer Arbeits- und Wirtschaftsbedingungen im gerichtlichen Wege zu verfolgen.

Gelungen ist dem VG Osnabrück demgegenüber jedoch, dass es – anders als das OVG Münster – sich nicht scheut, das statusbezogene Streikverbot für Beamte für konventionswidrig zu erklären. Für eine erstinstanzliche Entscheidung ist dieses Urteil – ähnlich wie das Urteil des VG Kassel – damit insgesamt in weiten Teilen argumentativ gut nachvollziehbar.

VII. Urteil des OVG Lüneburg vom 12.6.2012

Gegen die vom VG Osnabrück am 19.8.2011 ausgesprochenen Urteile[422] wurde jeweils Berufung eingelegt, sodass in der Folgezeit das OVG Lüneburg mit der Frage nach der Rechtmäßigkeit der jeweiligen Disziplinarverfügung beschäftigt war.[423] Da sich die zu entscheidenden Sachverhalte nicht verändert haben, wird im Folgenden auf eine erneute Sachverhaltsdarstellung verzichtet. Aufgrund der nahezu identischen Sachverhalte und der nahezu identischen Urteilsbegründung in beiden Fällen, wird darüber hinaus im Folgenden nur das Urteil des erst-

421 VG Osnabrück 19.8.2011, NVwZ-RR 2012, 323, 324.

422 VG Osnabrück 19.8.2011, NVwZ-RR 2012, 323; VG Osnabrück 19.8.2011, ArbuR 2011, 375; s. ausführlich unter F.VI.

423 OVG Lüneburg 12.6.2012, BeckRS 2012, 51817; OVG Lüneburg 12.6.2012, NVwZ 2012, 1272.

genannten Falls explizit dargestellt. Die dazu gemachten Ausführungen gelten sinngemäß auch für den zweiten Fall.

1. Urteil

Das OVG Lüneburg kam zu dem Ergebnis, dass sich ein Streikrecht für Beamte nicht aus Art. 9 Abs. 3 GG ableiten lasse, da die Koalitionsfreiheit der Beamten durch die in Art. 33 Abs. 5 GG verankerten hergebrachten Grundsätze des Berufsbeamtentums geprägt und eingeschränkt werde und das Streikverbot für Beamte als hergebrachter Grundsatz des Berufsbeamtentums durch Art. 33 Abs. 5 GG verfassungsrechtlich bestimmt sei.

Eine Teilnahme eines Beamten am Streik ist nach Ansicht des Gerichts insbesondere auch nicht europa- und völkerrechtlich durch Art. 11 EMRK unter Berücksichtigung der Rechtsprechung des EGMR gerechtfertigt. Selbst wenn man unterstellen würde, dass das generelle Streikverbot für deutsche Beamte gegen Art. 11 EMRK verstoßen würde, sei die Streikteilnahme dennoch nicht gerechtfertigt, da einer grundsätzlich gebotenen völkerrechtsfreundlichen Auslegung des deutschen Rechts der Kernbestand des Art. 33 Abs. 5 GG entgegenstehe. Das Streikverbot für deutsche Beamte sei nämlich ein tragender Bestandteil des ausbalancierten Systems des Berufsbeamtentums mit den gegenseitigen Rechten und Pflichten der Beamten und ihrer Dienstherrn und stelle daher einen tragenden Verfassungsgrundsatz dar. Die Anwendung des Konventionsrechts würde somit die Grundprinzipien der deutschen Verfassung infrage stellen und damit würde die Grenze der völkerrechtsfreundlichen Auslegung überschritten werden. Stattdessen würden die tragenden Verfassungsgrundsätze – wie etwa das Streikverbot für Beamte – nur vom Verfassungsgesetzgeber geändert werden können.

2. Urteilsbegründung

a) Schuldhafte Pflichtverletzung

Nach Ansicht des OVG Lüneburg hat der Kläger durch seine ungenehmigte Teilnahme am Warnstreik am 25.2.2009 gegen seine ihm obliegende Dienstleistungspflicht (§ 67 Abs. 1 NBG), gegen seine Pflicht zur Amtsführung zum Wohle der Allgemeinheit (§ 33 Abs. 1 S. 2 BeamtStG) und gegen seine Pflicht zum vollen persönlichen Einsatz im Beruf, zur uneigennützigen Aufgabenwahrnehmung sowie zum achtungs- und vertrauensgerechten Verhalten (§ 34 BeamtStG) verstoßen.

Diese Pflichtverletzungen habe der Kläger auch schuldhaft begangen, da er die Pflichtwidrigkeit der Streikteilnahme hätte erkennen können und müssen. Auf vereinzelt in der Literatur vertretene Gegenmeinungen hätte er sich nicht verlassen dürfen. Das gelte insbesondere, da die neue Rechtsprechung des EGMR zum Streikverbot für Beamte und die hierzu ergangene deutsche Rechtsprechung zum Zeitpunkt der Streikteilnahme des Klägers noch gar nicht existierte.

b) Keine verfassungsrechtliche Rechtfertigung der Pflichtverletzung

Die Streikteilnahme des Klägers ist nach Ansicht des OVG Lüneburg auch nicht verfassungsrechtlich gerechtfertigt. So könne der Kläger für sich kein Streikrecht aus Art. 9 Abs. 3 GG herleiten.

aa) Kein legitimes Streikziel

Zwar steht den Beamten nach Ansicht des Gerichts die Koalitionsfreiheit im Grundsatz zu, dennoch lässt sich daraus kein Streikrecht für sie herleiten. Wesentlicher Zweck der von Art. 9 Abs. 3 GG geschützten Koalitionen sei nämlich der Abschluss von Tarifverträgen. Die grundlegenden Arbeitsbedingungen der Beamten würden jedoch nicht auf verhandelten Tarifverträgen beruhen, sondern entsprechend Art. 33 Abs. 5 GG durch Gesetz geregelt sein. Weil die grundlegenden Arbeitsbedingungen somit einseitig durch den parlamentarischen Gesetzgeber festgelegt und somit gerade nicht durch die Tarifvertragsparteien erstritten und vereinbart werden würden, bedürften die Beamten der – grundsätzlich von Art. 9 Abs. 3 GG geschützten – Arbeitskampfmaßnahmen, zu denen auch der Streik zähle, nicht. Es fehlt nach Ansicht des OVG Lüneburg somit für die Ableitung eines Streikrechts aus Art. 9 Abs. 3 GG bereits am legitimen Streikziel, nämlich dem Abschluss von Tarifverträgen.

bb) Einschränkung der Koalitionsfreiheit durch die hergebrachten Grundsätze des Berufsbeamtentums

Außerdem werde die Koalitionsfreiheit der Beamten durch die in Art. 33 Abs. 5 GG verankerten hergebrachten Grundsätze des Berufsbeamtentums geprägt und eingeschränkt. Das Streikverbot für Beamte, welches nach der Rechtsprechung des BVerwG als hergebrachter Grundsatz des Berufsbeamtentums durch Art. 33 Abs. 5 GG verfassungsrechtlich bestimmt sei, gehe einher mit der zu den hergebrachten Grundsätzen des Berufsbeamtentums zählenden Treuepflicht. Diese verbiete es, zur Förderung gemeinsamer Berufsinteressen kollektive wirtschaftliche Kampfmaßnahmen zu ergreifen.[424]

---

424 Ausführlich zur Treuepflicht und dessen Ausprägungen s. C.II.

cc) Einschränkung der Koalitionsfreiheit zur Stabilisierung des Staates

Zudem diene das Berufsbeamtentum der Stabilisierung des Staates, indem es die institutionelle Absicherung des Gesetzesvollzugs durch die Verwaltung sei und insofern die Verwirklichung des Rechtsstaatsprinzips gewährleiste. Streiks oder streikähnliche Maßnahmen von Beamten würden die Funktionsfähigkeit des Berufsbeamtentums beseitigen oder mindern, was folglich zu einer Instabilität des Staates führen würde. Diese Folge von Beamtenstreiks macht nach Ansicht des OVG Lüneburg das Streikverbot für Beamte zur Stabilisierung des Staates erforderlich und rechtfertigt die Einschränkung der in Art. 9 Abs. 3 GG garantierten Koalitionsfreiheit.

dd) Verhältnismäßigkeit der Einschränkung der Koalitionsfreiheit

Nach Ansicht des Gerichts ist die mit dem Streikverbot für Beamte einhergehende Einschränkung der Koalitionsfreiheit auch verhältnismäßig, da die Koalitionsbetätigungsfreiheit der Beamten aus Art. 9 Abs. 3 GG grundsätzlich unangetastet bleibt. So hätten Beamte das Recht, Mitglied in Gewerkschaften oder Berufsverbänden zu sein und würden bei der Vorbereitung gesetzlicher Regelungen der beamtenrechtlichen Verhältnisse über die Spitzenorganisationen der zuständigen Gewerkschaften und Berufsverbände beteiligt werden (vgl. etwa §§ 52, 53 BeamtStG).

Eine Einschränkung der Koalitionsfreiheit für Beamte durch das Streikverbot sei allerdings mit Blick auf die Verschiedenheit der Beschäftigungssysteme zwischen dem Beamten und seinem Dienstherrn einerseits und zwischen dem Arbeitnehmer und dem Arbeitgeber andererseits geboten, da zwischen dem Dienstherrn und dem Beamten ein Über- und Unterordnungsverhältnis und nicht wie bei den Tarifparteien ein Kräftegleichgewicht bestehe. Zwar sei der Beamte auf die Regelungen angewiesen, die sein Dienstherr als Gesetzgeber getroffen hat, er könne aber gegen – seiner Meinung nach – nicht zufriedenstellende Arbeitsbedingungen gerichtlich vorgehen, wohingegen die privatrechtlich Beschäftigten auf Arbeitskampfmaßnahmen angewiesen seien.

Zudem sei im Rahmen der Verhältnismäßigkeit zu berücksichtigen, dass mit Eintritt in das auf Lebenszeit ausgerichtete Beamtenverhältnis für die Beamten sowohl Rechte als auch Pflichten entstünden, welche in einem ausgewogenen Verhältnis innerhalb eines Gesamtregelsystems stehen würden. Dieser Umstand führe dazu, dass weder der Dienstherr noch der Beamte befugt seien, bestimmte Rechte für sich in Anspruch zu nehmen, ohne selbst gewisse Pflichten zu erfüllen, denn neben bestimmten Nachteilen – wie dem Streikverbot – bringe der Beamtenstatus gegenüber dem Arbeiter- bzw. Angestelltenstatus auch Vorteile, wie etwa eine unkündbare Stellung oder einen ohne Fristen fortbestehenden Anspruch auf ungekürzte Besoldung im Krankheitsfall. Ein „Rosinenpicken" erlaube die Verschiedenheit der Beschäftigungssysteme nicht.

ee) Keine funktionsbezogene Differenzierung des Streikverbots

Aus dem Grundgesetz lässt sich nach Ansicht des OVG Lüneburg zudem keine Grundlage für eine funktionsbezogene Differenzierung des Streikverbots für Beamte entnehmen. Eine solche Differenzierung ergibt sich nach Auffassung des Gerichts auch nicht daraus, dass Lehrer sowohl im Angestellten- als auch im Beamtenverhältnis beschäftigt werden. Nach Art. 33 Abs. 4 GG sei die Ausübung hoheitsrechtlicher Befugnisse als ständige Aufgabe nämlich in der Regel Angehörigen des öffentlichen Dienstes zu übertragen, die in einem öffentlich-rechtlichen Dienst- und Treueverhältnis stehen. Da dies lediglich „in der Regel" geschehen müsse, könnten von dieser Einschränkung Ausnahmen gemacht werden, sodass etwa auch Angestellte des öffentlichen Dienstes hoheitliche Aufgaben wahrnehmen dürften. Daraus folge aber nicht, dass Beschäftigte, welche hoheitliche Aufgaben in einem Angestelltenverhältnis wahrnehmen, dieselben Rechte und Pflichten hätten wie Beamte. Umgekehrt führe dies auch nicht dazu, dass Beschäftigte, welche nicht-hoheitliche Aufgaben im Beamtenverhältnis wahrnehmen, dieselben Rechte und Pflichten hätten wie Arbeiter und Angestellte aus ihren Arbeitsverträgen. Deshalb würden für einen Lehrer, der in das Beamtenverhältnis eingestellt worden ist, die Rechte und Pflichten eines jeden deutschen Beamten gelten. Würde der Lehrer hingegen im Angestelltenverhältnis eingestellt werden, gälten für ihn die tarifvertraglichen Regelungen. Eine funktionsbezogene Unterscheidung etwa dahin gehend, dass Beamte, welche schwerpunktmäßig hoheitlich tätig sind, und Beamte, welche nicht überwiegend hoheitlich tätig sind, unterschiedliche Rechte und Pflichten haben, gibt es nach Ansicht des Gerichts nicht.

c) Keine Rechtfertigung der Pflichtverletzung gemäß Art. 11 EMRK

Auch sei die Streikteilnahme des Klägers nicht europa- und völkerrechtlich gemäß Art. 11 EMRK unter Berücksichtigung der Rechtsprechung des EGMR gerechtfertigt.

aa) Rechtsprechung des EGMR zu Art. 11 EMRK

So lasse sich dem Wortlaut des Art. 11 EMRK kein Streikrecht für Beamte entnehmen. Bis zum Jahr 2008 habe Art. 11 EMRK nach der Rechtsprechung des EGMR weder ein Recht auf Kollektivverhandlungen noch ein Recht zum Streik umfasst. Vielmehr sei es den Konventionsstaaten überlassen geblieben, die Mittel zur Interessendurchsetzung auszugestalten. Von dieser Auffassung sei der EGMR erst im Jahr 2008 abgerückt, als er in der Entscheidung *Demir und Baykara*[425] Art. 11 EMRK erstmals so auslegte, dass auch Angehörige des öffentlichen Dienstes das Recht haben, sich in Gewerkschaften zusammenzuschließen und das Gericht ein Recht der Gewerkschaft auf Kollektivverhandlungen anerkannte. Diese Rechtsprechung habe der EGMR im Jahre 2009 in der Entscheidung *Enerji Yapi-Yol Sen*[426] fortgesetzt und aus Art. 11 EMRK ein Streikrecht der Gewerkschaften abgeleitet.

Das OVG Lüneburg hebt in diesem Zusammenhang jedoch hervor, dass der EGMR in dieser Entscheidung ausdrücklich einräumen würde, dass das Streikrecht aus Art. 11 EMRK keinen absoluten Charakter habe, sondern bestimmten Einschränkungen und Bedingungen unterworfen werden könne, wie etwa dem Verbot von Streiks bestimmter Gruppen von Angehörigen des öffentlichen Dienstes, die im Namen des Staates Hoheitsgewalt ausüben. Zudem betont das OVG Lüneburg, dass nach Auffassung des EGMR die Vorschriften über das Streikrecht so eindeutig und begrenzt wie möglich die Gruppen der betroffenen Angestellten des öffentlichen Dienstes bestimmen müssen.

bb) Anwendung der EMRK und der Rechtsprechung des EGMR

Im Anschluss daran beschäftigt sich das OVG Lüneburg mit der Frage, ob und wie das Gericht diese neue Rechtsprechung des EGMR zu berücksichtigen hat. Dazu stellt das Gericht zunächst fest, dass es grundsätzlich die EMRK als völkerrechtlichen Vertrag, welchem in der deutschen Rechtsordnung nur der Rang eines einfachen Bundesgesetzes zukomme (Art. 59 Abs. 2 S. 1 GG), bei der Interpretation des nationalen Rechts zu berücksichtigen habe. Die EMRK würde nämlich – genau wie die Rechtsprechung des EGMR – nach ständiger Rechtsprechung des BVerfG auf Ebene des Verfassungsrechts als Auslegungshilfe für die Bestimmung von Inhalt und Reichweite von Grundrechten und rechtsstaatlichen Grundsätzen des Grundgesetzes dienen, sofern dies nicht zu einer von der Konvention selbst nicht gewollten Einschränkung oder Minderung des Grundrechtsschutzes nach dem Grundgesetz führe.

Die Rechtsprechung des EGMR ist nach Ansicht des Gerichts darüber hinaus für die Konventionsauslegung heranzuziehen. Die Entscheidungen des EGMR

---

425 EGMR 12.11.2008, NZA 2010, 1425 – *Demir und Baykara/Türkei;* s. ausführlich dazu unter F.I.

426 EGMR 21.4.2009, NZA 2010, 1423 – *Enerji Yapi-Yol Sen/Türkei*; s. ausführlich dazu unter F.II.

würden zwar nur die Parteien des Rechtsstreits binden (vgl. Art. 46 Abs. 1 EMRK) – in den hier in Rede stehenden Entscheidungen somit jeweils nur die Türkei – allerdings würden die Entscheidungen für die Bundesrepublik Deutschland Orientierungswirkung entfalten. Nach der Rechtsprechung des BVerfG sei es daher Aufgabe der nationalen Gerichte, eine Entscheidung des EGMR in den betroffenen Teilrechtsbereich der nationalen Rechtsordnung einzupassen, da es weder der völkervertraglichen Grundlage noch dem Willen des EGMR entsprechen könne, mit seinen Entscheidungen gegebenenfalls notwendige Anpassungen innerhalb einer nationalen Teilrechtsordnung unmittelbar selbst vorzunehmen. Daraus folgert das OVG Lüneburg, dass es gehalten sei, die Auslegung und Anwendung des Art. 11 EMRK unter Berücksichtigung der hierzu ergangenen Rechtsprechung des EGMR auf die nationale Rechtsordnung zu überprüfen.

cc) *Ableitung eines Streikrechts für Beamte aus Art. 11 EMRK und Vereinbarkeit eines Streikverbots mit Art. 11 EMRK*

Im Rahmen dieser Prüfung muss nach Ansicht des Gerichts nicht entschieden werden, ob aus Art. 11 EMRK unter Berücksichtigung der Rechtsprechung des EGMR überhaupt ein Streikrecht für Beamte abgeleitet werden kann und – bejahendenfalls – ob ein Streikverbot noch mit Art. 11 EMRK vereinbar ist. Nichtsdestotrotz wollte das OVG Lüneburg zu diesen Fragen Stellung nehmen und hält in diesem Zusammenhang zunächst fest, dass die Urteile des EGMR in den Fällen *Demir und Baykara*[427] und *Enerji Yapi-Yol Sen*[428] methodische Schwächen aufweisen würden, dennoch aber das vom EGMR zugebilligte Recht auf Kollektivverhandlungen und das Streikrecht als konventionsrechtliche Rahmendaten des Grundrechts der Vereinigungsfreiheit von den Vertragsstaaten hinzunehmen seien. Zwar habe der EGMR im Fall *Enerji Yapi-Yol Sen* bloß den Gewerkschaften ein Streikrecht zugebilligt, da jedoch die Mitwirkung der Mitglieder der Gewerkschaften an einem Streik Voraussetzung für die praktische Wirksamkeit des Streikrechts seien, sei davon auszugehen, dass auch einem Angehörigen des öffentlichen Dienstes unter Berücksichtigung der Rechtsprechung des EGMR ein individuelles Streikrecht zustehen würde.

Zu beachten ist nach Auffassung des OVG Lüneburg ferner, dass die Begrifflichkeiten aus den in englischer und französischer Sprache verfassten Urteilen

---

427 EGMR 12.11.2008, NZA 2010, 1425 – *Demir und Baykara/Türkei;* s. ausführlich dazu unter F.I.

428 EGMR 21.4.2009, NZA 2010, 1423 – *Enerji Yapi-Yol Sen/Türkei*; s. ausführlich dazu unter F.II.

des EGMR besonders genau zu übersetzen sind. Übersetze man den im Urteil des Falls *Enerji Yapi-Yol* verwendeten Begriff „fonctionnaires" nämlich mit „Beamte", bezöge sich das vom EGMR ausgesprochene Streikrecht auf Gewerkschaften von Beamten. Dieses Verständnis hätte zur Folge, dass der EGMR den Beamten grundsätzlich ein allgemeines Streikrecht zugebilligt hätte, welchem das generelle Streikverbot für deutsche Beamte entgegenstünde. Übersetze man das Wort „fonctionnaires" jedoch mit dem weiter gefassten Begriff „Angehörige des öffentlichen Dienstes" (was vorzugswürdig sei), würde bloß ein allgemeines Streikverbot für Angehörige des öffentlichen Dienstes gegen die Konvention verstoßen. Ein Streikverbot, welches nur bestimmte Gruppen von Angehörigen des öffentlichen Dienstes betreffen würde, wäre mit der EMRK unter Zugrundelegung dieser Übersetzungsmöglichkeit hingegen vereinbar. Da den Angestellten des öffentlichen Dienstes ein Streikrecht zustehen würde und nur die Beamten einem Streikverbot unterlägen, bestünde in Deutschland kein allgemeines undifferenziertes Streikverbot für Angehörige des öffentlichen Dienstes in dem oben dargelegten Sinne. Mithin wäre das deutsche Recht unter Zugrundelegung der zuletzt genannten Übersetzungsmöglichkeit nicht konventionswidrig.

Allerdings kann es nach Ansicht des Gerichts dahinstehen, wie der Begriff „fonctionnaires" zu übersetzen ist, da die deutschen Beamten zwar eine begrenzte und eindeutige Teilgruppe aller Angehörigen des öffentlichen Dienstes seien, dem Urteil des EGMR im Falle *Enerji Yapi-Yol* aber entnommen werden könne, dass ein Streikverbot stets – auch wenn es auf eine Gruppe von Angehörigen des öffentlichen Dienstes beschränkt werde – mit den in Art. 11 Abs. 2 EMRK genannten Zielen abgewogen werden müsse. Aufgrund des daher unter anderem zu berücksichtigenden Schrankenvorbehalts in Art. 11 Abs. 2 S. 2 EMRK, wonach rechtmäßige Einschränkungen dieses Artikels für Angehörige der Streitkräfte, der Polizei oder der Staatsverwaltung zulässig sind, könne ein Streikverbot nur für diejenigen Angehörigen des öffentlichen Dienstes verhängt werden, die im Namen des Staates Hoheitsgewalt ausüben. Die Verantwortung der Lehrer für das Funktionieren des Staates ist nach Auffassung des OVG Lüneburg jedoch nicht mit den in Art. 11 Abs. 2 S. 2 EMRK genannten Beschäftigungsgruppen vergleichbar und die Tätigkeit der Lehrer lässt sich zumindest schwerpunktmäßig nicht als hoheitliche Tätigkeit ansehen. Schon deshalb sei das generelle Streikverbot für Beamte – jedenfalls für verbeamtete Lehrer – nicht nach Art. 11 Abs. 2 S. 2 EMRK gerechtfertigt.

Darüber hinaus sei fraglich, ob ein Streikverbot für verbeamtete deutsche Lehrer nach Art. 11 Abs. 2 S. 1 EMRK zulässig ist. Nach Art. 11 Abs. 2 S. 1 EMRK würden die Rechte aus Art. 11 Abs. 1 EMRK eingeschränkt werden können, wenn die Einschränkungen gesetzlich vorgesehen und in einer demokratischen Gesellschaft notwendig seien, etwa für die nationale oder öffentliche Sicherheit oder zur Aufrechterhaltung der Ordnung oder zum Schutz der Rechte und Freiheiten anderer. Nach Ansicht des Gerichts ist das Streikverbot für Beamte in Deutschland zwar im Sinne dieser Vorschrift gesetzlich vorgesehen, da es nach der höchstrichterlichen Rechtsprechung des BVerwG und des BVerfG ein in Art. 33 Abs. 5 GG verankerter hergebrachter Grundsatz des Berufsbeamtentums sei, was vom EGMR wohl als ausreichende gesetzliche Grundlage anerkannt werden würde. Allerdings lasse sich nicht erkennen, dass ein generelles Streikverbot für alle deutschen Beamten für die nationale oder öffentliche Sicherheit oder zur Aufrechterhaltung der demokratischen Ordnung notwendig sei. Insbesondere das Argument, allen Beamten stünden im Verhältnis zu anderen Arbeitnehmern Privilegien zu, dürfte hierfür nicht ausreichen.

Ein – in diesem Fall in Rede stehendes – Streikverbot für deutsche verbeamtete Lehrer ließe sich allenfalls auf den Schutz der Rechte und Freiheit anderer stützen, da durch die Tätigkeit der Lehrer die Grundrechte der Kinder auf Entwicklung der Persönlichkeit und Bildung (Art. 2 Abs. 1, 12 Abs. 1 GG), das Elternrecht (Art. 6 Abs. 2 und 3 GG) und das Schulwesen (Art. 7 Abs. 1 GG) betroffen seien, wobei letzteres allerdings nicht grundrechtlich geschützt sei. Ob diese Rechte durch einen Streik der verbeamteten Lehrer jedoch so stark eingeschränkt werden würden, dass ein vollständiges Streikverbot erforderlich wäre, sei zweifelhaft. Vielmehr sei denkbar, dass eine bloße Beschränkung des Streikrechts ausreichen würde, um etwa die Durchführung von Prüfungen sicherzustellen. Insgesamt würden daher jedenfalls für verbeamtete Lehrer in der Bundesrepublik Deutschland gewisse Aspekte dafür sprechen, dass es an einem notwendigen gesellschaftlichen Bedürfnis für ein absolutes Streikverbot fehle. Das in der Bundesrepublik Deutschland geltende Streikverbot für Beamte ist somit nach Ansicht des Gerichts wohl nicht mit Art. 11 EMRK vereinbar.

dd) Grenze der völkerrechtsfreundlichen Auslegung durch den verfassungsrechtlich geschützten Kernbestand des Art. 33 Abs. 4 und 5 GG

Die Frage, ob das Streikverbot für Beamte mit Art. 11 EMRK vereinbar sei, könne aber dahinstehen, denn selbst wenn das generelle Streikverbot für Beamte gegen Art. 11 EMRK verstoßen würde, sei die Streikteilnahme des Klägers gleichwohl nicht gerechtfertigt. Einer grundsätzlich gebotenen und die Vorgaben der EMRK berücksichtigenden völkerrechtsfreundlichen Auslegung des deutschen Rechts sind durch den verfassungsrechtlich geschützten Kernbestand des Art. 33 Abs. 4 und 5 GG nach Ansicht des Gerichts nämlich Grenzen gesetzt.

So stünden einer völkerrechtskonformen Auslegung des Art. 33 Abs. 5 GG in der Weise, das Streikverbot für alle Beamten aufzugeben oder jedenfalls einem Teil der deutschen Beamten ein Streikrecht einzuräumen, das verfassungsrechtlich verankerte Streikverbot, die Treuepflicht der Beamten und die Fürsorgepflicht des Dienstherrn entgegen. Ein Streikrecht für alle Beamten oder auch nur für einen Teil der Beamten würde das auf diesen gegenseitigen Rechten und Pflichten basierende Gefüge des Berufsbeamtentums fundamental stören und das ausbalancierte System des deutschen Berufsbeamtentums ins Ungleichgewicht bringen. Ein Streikrecht würde nämlich die Treuepflicht des Beamten aufkündigen, wohingegen die Fürsorgepflicht des Dienstherrn im vollen Umfang bestehen bliebe. Das daraus resultierende Ungleichgewicht könne nur beseitigt werden, wenn entweder die Privilegien der Beamten nicht mehr aufrechterhalten oder aber wenn das Berufsbeamtentum funktionell beschränkt werden würde, etwa auf die in Art. 11 Abs. 2 EMRK genannten Gruppen. Die damit einhergehende grundlegende Änderung des Berufsbeamtentums gehe jedoch über die Möglichkeit der völkerrechtsfreundlichen Auslegung hinaus. Die Einräumung eines generellen Streikrechts für deutsche Beamte hätte nämlich eine strukturelle Veränderung der in Art. 33 Abs. 4 und 5 GG angeordneten Traditionsprinzipien zur Folge, zu welcher die Fachgerichte nicht befugt seien. Vielmehr könne eine solche Anpassung der beamtenrechtlichen Strukturen nur durch eine Änderung des Grundgesetzes erfolgen, welche der Verfassungsgesetzgeber beschließen müsse.

Auch vor dem Hintergrund des Art. 9 Abs. 3 GG ist eine konventionskonforme Auslegung nach Ansicht des Gerichts nicht möglich. Das Streikrecht sei danach nämlich auf den Abschluss von Tarifverträgen gerichtet, eine tarifautonome Gestaltung der Beamtenverhältnisse würde jedoch gegen zwingendes Recht verstoßen, da das Beamtenverhältnis maßgeblich durch den parlamentarischen Gesetzgeber geregelt sei. Demzufolge würde ein Beamtenstreik zwangsläufig ein politischer Streik gegen den beamtenrechtlichen Gesetzgeber sein, welcher nach ganz überwiegender Auffassung unzulässig sei. Außerdem habe der Gesetzgeber den Beamten bereits einen Ausgleich für den Verlust des Streikrechts gewährt, indem er den Spitzenorganisationen der Beamten ein Anhörungsrecht im Rahmen von Gesetzgebungsverfahren, welche die Rechtsstellung der Beamten berühren, eingeräumt hat (s. § 53 BeamtStG und § 118 BBG). Aber selbst wenn man der Ansicht sei, dass darin kein ausreichendes Verfahren zur Beteiligung der Beamten liege, und dass Art. 33 Abs. 4 und 5 GG es nicht ausschließen würden, die Beschäftigungsbedingungen der Beamten bis zu einer gewissen Grenze einer tarifautonomen Gestaltung zugänglich zu machen, könne das deutsche Recht nicht konventionskonform fortentwickelt werden, da sich jedenfalls die streikweise Durchsetzung von Forderungen zur Wahrung und Förderung der grundlegenden Beschäftigungsbedingungen der Beamten (wie etwa der Besoldung oder Arbeitszeit) nicht mit dem Grundsatz der hoheitlichen Gestaltung des Beamtenverhältnisses vertragen würde, der als Verfassungsgrundsatz (Art. 33 Abs. 4 und 5 GG) zu beachten sei.

Hinzu komme, dass keine Rechtfertigung mehr für die unterschiedliche Ausgestaltung der Rechtsverhältnisse von den mit einem Streikrecht privilegierten Beamten und den Angestellten des öffentlichen Dienstes bestünde, was zu einer mit Art. 3 GG unvereinbaren Ungleichbehandlung führen würde.

Darüber hinaus sei eine konventionskonforme Auslegung für das OVG Lüneburg deshalb nicht möglich, weil das BVerfG in mehreren Urteilen[429] festgestellt habe, dass die hergebrachten Grundsätze des Berufsbeamtentums es den Beamten verbieten würden, zur Förderung gemeinsamer Berufsinteressen kollektive wirtschaftliche Kampfmaßnahmen zu ergreifen. An diese Entscheidungen des BVerfG seien nach § 31 Abs. 1 BVerfGG grundsätzlich alle Gerichte – und somit auch das OVG Lüneburg – gebunden, wobei die Bindungswirkung sich auf die Teile der Entscheidungsgründe beschränken würde, welche die Auslegung und Anwendung des Grundgesetzes betreffen. Ausführungen des BVerfG, welche nur die Auslegung einfacher Gesetze zum Gegenstand haben, würden hingegen nicht von der Bindungswirkung erfasst werden. Da es in den oben genannten Feststellungen des BVerfG jedoch nicht lediglich um die Auslegung eines einfachen Gesetzes, sondern um die Auslegung des Art. 33 Abs. 5 GG ginge, sei nur das BVerfG befugt, seine grundlegende Rechtsprechung zu den hergebrachten Strukturprinzipien des Berufsbeamtentums zu ändern. Eine solche Rechtsprechungsänderung habe das BVerfG aber bisher nicht vorgenommen. Vielmehr würde das BVerfG nach wie vor davon ausgehen, dass Beamte einem Streikverbot unterliegen. So habe das BVerfG nämlich erst kürzlich festgestellt, dass bei einem Einsatz von Nichtbeamten – im Gegensatz zu einem Einsatz von Beamten – im Maßregelvollzug ein Streik nicht ausgeschlossen werden könne.[430]

Eine konventionskonforme Auslegung kommt nach Ansicht des OVG Lüneburg auch unter Berücksichtigung der sogenannten „Fortentwicklungsklausel" nicht in Betracht, da danach bloß das Recht des öffentlichen Dienstes fortzuent-

---

429 BVerfG 11.6.1958, NJW 1958, 1228, 1230; BVerfG 30.3.1977, NJW 1977, 1869; BVerfG 19.9.2007, NVwZ 2007, 1396, 1398.

430 BVerfG 18.1.2012, NJW 2012, 1563, 1567.

wickeln sei, nicht aber der dafür geltende Maßstab, die hergebrachten Grundsätze des Berufsbeamtentums. Eine Beseitigung des allgemeinen Streikverbots für Beamte taste das Wesen des Berufsbeamtentums, das durch das BVerfG in seiner Auslegung des Art. 33 Abs. 5 GG erst seine Gestaltung erhalten habe, an und wäre deshalb mit Art. 33 Abs. 5 GG nicht zu vereinbaren.

Ferner sei dem Gericht eine konventionskonforme Auslegung auch über den Funktionsvorbehalt des Art. 33 Abs. 4 GG nicht möglich, da – wie bereits genannt worden ist – das deutsche Beamtenrecht keine Differenzierung der Rechte und Pflichten von Beamten vorsehe, die überwiegend oder nicht überwiegend hoheitlich tätig sind.[431] Diese nationale Besonderheit würde der völkerrechtsfreundlichen Auslegung Grenzen setzen.

Zuletzt ist nach Ansicht des Gerichts zu berücksichtigen, dass eine uneinheitliche Rechtsprechung der Fachgerichte zum Streikverbot der Beamten in der Bundesrepublik Deutschland zu einer erheblichen Rechtsunsicherheit führen würde. Entscheide beispielsweise jedes Verwaltungsgericht in Einzelfällen, ob nach Auslegung des Art. 11 EMRK in Verbindung mit der Rechtsprechung des EGMR einem Beamten ein Streikrecht – möglicherweise sogar nur unter bestimmten Voraussetzungen – zustehen würde, sei eine einheitliche Rechtsprechung zum Streikrecht der deutschen Beamten nicht mehr gewährleistet. Daher sei es der Rechtssicherheit zuträglich, wenn die Fachgerichte an die Vorgaben des Gesetzgebers und des BVerfG gebunden seien und den Beamten daher mittels konventionskonformer Auslegung kein Streikrecht zusprechen können.

Nach alledem sei das in der Bundesrepublik Deutschland geltende Streikverbot für verbeamtete Lehrer somit verfassungsgemäß und eine völkerrechtsfreundliche Auslegung des Art. 33 Abs. 4 und 5 GG im Sinne von Art. 11 EMRK sei dem Gericht nicht möglich.

d) Keine Rechtfertigung der Pflichtverletzung aus anderen völkerrechtlichen Übereinkommen oder aus dem unmittelbar geltenden EU-Recht

Nach Ansicht des OVG Lüneburg kann der Kläger zudem weder aus anderen völkerrechtlichen Übereinkommen noch aus dem unmittelbar geltenden EU-Recht ein Streikrecht für sich ableiten. Insofern verweist das Gericht auf die Begründung des VG Osnabrück.[432]

431 S. hierzu bereits F.VII.2.b)ee).

432 VG Osnabrück 19.8.2011, NVwZ-RR 2012, 323, 326; s. ausführlich unter F.VI.

e) *Keine Einstellung des Disziplinarverfahrens erforderlich*

Die Beklagte durfte nach Ansicht des Gerichts auf das Dienstvergehen des Klägers auch mit der streitgegenständlichen Disziplinarverfügung reagieren. Insbesondere könne der Ansicht des VG Düsseldorf,[433] wonach eine Einstellung des Disziplinarverfahrens trotz Vorliegens eines Dienstvergehens erforderlich sei, um der Auffassung des EGMR wegen Verstoßes gegen die EMRK Rechnung zu tragen, nicht gefolgt werden. Ebenso wie die Vorinstanz hält es auch das OVG Lüneburg nämlich für widersprüchlich, wenn zum einen ein Streikverbot des Klägers aufgrund des Vorranges des Art. 33 Abs. 5 GG gegenüber Art. 11 EMRK festgestellt wird und zum anderen bei der Frage der Zulässigkeit des Erlasses einer Disziplinarverfügung dem Konventionsrecht der Vorrang eingeräumt wird. Zudem sei es – entgegen der Ansicht des VG Düsseldorf – nicht überzeugend, davon auszugehen, dass der Kläger das verfassungsrechtliche Streikverbot auch dann beachten würde, wenn ein Verstoß keine Disziplinarmaßnahme nach sich ziehe. Nach dieser Ansicht wäre das Disziplinarrecht grundsätzlich nämlich nicht mehr notwendig. Vielmehr sei nach menschlichem Ermessen mit einer Wiederholung einer Streikteilnahme des Klägers sowie anderen verbeamteten Kollegen zu rechnen, wenn die Dienstpflichtverletzung des Klägers ohne Folgen bliebe.

f) *Angemessenheit, Erforderlichkeit und Ergebnis*

Außerdem sei die verhängte Disziplinarmaßnahme auch erforderlich und angemessen. Im Ergebnis hat das VG Osnabrück nach Ansicht des OVG Lüneburg somit zutreffend entschieden, dass die Disziplinarverfügung insgesamt rechtmäßig ist.

3. Fazit

Das OVG Lüneburg ist nach dem OVG Münster[434] das zweite Instanzgericht, welches sich nach der besagten EGMR-Rechtsprechung mit dem Streikverbot für Beamte beschäftigt hatte. Vergleicht man die beiden instanzgerichtlichen Urteile des OVG Lüneburg und des OVG Münster miteinander, fällt dabei sofort auf, dass diese sich in einem wesentlichen Punkt maßgeblich unterscheiden: Während das OVG Münster in dem Streikverbot für Beamte keinen Verstoß gegen die EMRK sieht, äußert das OVG Lüneburg erhebliche Zweifel, ob das Streikverbot für Beamte mit der EMRK vereinbar sei. Mit dieser Einschätzung befindet sich das OVG

---

433 VG Düsseldorf 15.12.2010, ArbuR 2011, 74; s. ausführlich dazu unter F.III.

434 OVG Münster 7.3.2012, NVwZ 2012, 890; s. ausführlich dazu unter F.IV.

Lüneburg auf einer Linie mit dessen Vorinstanz – dem VG Osnabrück.[435] Sowohl nach Ansicht des OVG Lüneburg als auch nach Ansicht des VG Osnabrück ist das Streikverbot für Beamte nämlich nach wie vor gültig. Beide Gerichte äußern lediglich Bedenken, ob das Streikverbot mit der EMRK vereinbar ist. Das OVG Lüneburg lässt diese Frage aber – bei aller erkennbaren Tendenz eine Vereinbarkeit mit der EMRK zu verneinen – dahinstehen und geht damit nicht so weit, wie das VG Osnabrück, welches die Vereinbarkeit mit der EMRK ausdrücklich verneint. Einig sind sich das OVG Lüneburg und das VG Osnabrück aber wieder darin, dass sie sich beide für nicht befugt halten, dass geltende Streikverbot für Beamte aufzuheben oder zumindest abzuändern. Nach ihrer Auffassung steht einer völkerrechtsfreundlichen Auslegung des Grundgesetzes der Kernbestand des Art. 33 Abs. 5 GG entgegen. Zudem seien sie an die Vorgaben des BVerfG zum Streikverbot für Beamte gebunden. Die tragenden Verfassungsgrundsätze – zu denen auch das Streikverbot für Beamte gehören würde – können nach Ansicht der Gerichte daher nur vom Verfassungsgesetzgeber geändert werden, nicht aber von den Fachgerichten selbst.

Während sich diese Position des OVG Lüneburg nachvollziehen lässt,[436] schwächelt das Gericht jedoch bei der Argumentation, dass die Gerichte auch zur Vermeidung einer uneinheitlichen Rechtsprechung zur Frage des Streikverbots für Beamte und einer damit verbundenen Rechtsunsicherheit an die Vorgaben des Gesetzgebers und des BVerfG gebunden sein sollten. Wie die bis hierhin dargestellten Urteile aufzeigen, besteht die Gefahr einer uneinheitlichen Rechtsprechung zu diesem Thema zwar zweifelsfrei, allerdings kann eine solche Gefahr kein taugliches Rechtsargument für eine Bindung der Fachgerichte an die Vorgaben des Gesetzgebers und des BVerfG und damit für ein Fortbestehen des Streikverbots sein. Vielmehr sollte sich eine – anfangs möglicherweise bestehende – uneinheitliche Rechtsprechung durch überzeugende Argumentationen der einzelnen Gerichte für oder gegen das Fortbestehen des Streikverbots für Beamte zu einer einheitlichen Rechtsprechung hinentwickeln.

Wie alle anderen Gerichte, stellt sich daneben auch das OVG Lüneburg gegen die vom VG Düsseldorf angewandte (und nicht überzeugende) Lösung, die Verhängung einer Disziplinarmaßnahme wegen der Streikteilnahme für unzulässig zu erklären, obwohl das generelle Streikverbot für zulässig gehalten wird. Insgesamt folgt das OVG Lüneburg damit in weiten Teilen der Argumentation des

435 VG Osnabrück 19.8.2011, NVwZ-RR 2012, 323; s. dazu ausführlich F.VI.

436 Inwiefern diese Ansicht auch überzeugend ist, wird noch unter H.II.1.a)cc)(1) ausführlich untersucht.

VG Osnabrück und weicht davon lediglich in einzelnen Aspekten ab. Auch die Entscheidung des OVG Lüneburg ist daher in weiten Teilen argumentativ gut nachvollziehbar und stellt eine gegenüber der Entscheidung des VG Düsseldorf vorzugswürdige Lösung dar. Dass das OVG Lüneburg nur unwesentlich von der Argumentation des VG Osnabrück abweicht, spricht daneben für die bereits oben hervorgehobene Qualität der erstinstanzlichen Entscheidung.[437]

VIII. Urteil des VG Bremen vom 3.7.2012

Ebenfalls setzte sich das VG Bremen mit dem neuen EGMR-Urteil und der Frage nach dem Streikverbot für Beamte auseinander.[438]

1. Sachverhalt

Diesem Urteil ging die Teilnahme des Klägers, einem verbeamteten Studienrat, an einem Warnstreik am 25.2.2009 voraus, aufgrund dessen er seiner Unterrichtsverpflichtung im Umfang von vier Stunden nicht nachgekommen war. Nach Anhörung des Klägers wurde ihm von der Senatorin für Bildung und Wissenschaft mit Bescheid vom 25.2.2010 wegen eines Dienstvergehens ein Verweis erteilt. Dagegen erhob der Kläger Widerspruch, welcher jedoch von der Senatorin für Bildung und Wissenschaft als unbegründet zurückgewiesen wurde. Daraufhin erhob der Kläger am 7.1.2011 Klage, in welcher er die Disziplinarverfügung rügte.

2. Urteil

Das VG Bremen kam zu dem Schluss, dass Beamten in Deutschland kein Streikrecht zustehen würde. Insbesondere sei es nicht durch Art. 11 EMRK gerechtfertigt, dass ein verbeamteter Lehrer vom Dienst fernbleibt, um an einem Warnstreik teilzunehmen.

3. Urteilsbegründung

Nach Auffassung des Gerichts hat der Kläger durch die Teilnahme am Warnstreik am 25.2.2009 seine Dienstpflichten verletzt, da es zu den Grundpflichten eines Beamten gehört, nicht ungenehmigt vom Dienst fernzubleiben (§ 33 Abs. 1 BeamtStG). Inwiefern der Kläger auch noch weitere in Betracht kommende Beam-

---

437 Vgl. zur Qualität der Entscheidung des VG Osnabrück F.VI.4.
438 VG Bremen 3.7.2012, BeckRS 2012, 60146.

tenpflichten verletzt hat, könne dahinstehen, da es für die Maßnahmebemessung darauf nicht ankomme.

Für das Fernbleiben vom Dienst hat dem Kläger nach Ansicht des Gerichts auch kein Rechtfertigungsgrund zugestanden. So würden sich nach der Rechtsprechung des BVerfG zu Art. 9 Abs. 3 und Art. 33 Abs. 5 GG nur Tarifbeschäftigte des öffentlichen Dienstes, nicht jedoch Beschäftigte im Beamtenverhältnis, auf ein Streikrecht berufen können. Zwar gelte die nach Art. 9 Abs. 3 GG gewährleistete Koalitionsfreiheit für jedermann und beinhalte grundsätzlich auch ein Streikrecht, jedoch werde die Koalitionsfreiheit der Beamten durch die hergebrachten Grundsätze des Berufsbeamtentums (Art. 33 Abs. 5 GG) eingeschränkt. Aufgrund seiner Treuepflicht sei der Beamte nämlich dem Allgemeinwohl verpflichtet und habe seine eigenen Interessen demgegenüber zurückzustellen. Dem Beamten sei der Einsatz wirtschaftlicher Druckmittel, insbesondere kollektiver Arbeitskampfmaßnahmen, verwehrt. Ferner würde auch das Alimentationsprinzip, welches ebenfalls zu den hergebrachten Grundsätzen des Berufsbeamtentums gehöre, es ausschließen, dass Beamte ihre Besoldung erstreiten und deren Höhe vereinbaren könnten. An diese vom BVerfG aufgestellten Grundsätze[439] sei das Gericht nach § 31 BVerfGG gebunden, da sie tragend den Kern von Art. 33 Abs. 5 GG bestimmen würden.

Diese Bindungswirkung könne auch nicht mit der Argumentation überwunden werden, dass der Kernbestand des Art. 33 Abs. 5 GG im Lichte der Entscheidungen des EGMR im Falle *Demir und Baykara*[440] und im Falle *Enerji Yapi-Yol Sen*[441] einengend auf die in Art. 11 Abs. 2 EMRK genannten Personengruppen (Angehörige der Streitkräfte, der Polizei oder der Staatsverwaltung) verstanden werden müsse und daher ein Streikverbot jedenfalls für verbeamtete Lehrer nicht mehr eingeschlossen sei. Zwar stünden Entscheidungen des EGMR, die neue Aspekte für die Auslegung des Grundgesetzes enthalten, rechtserheblichen Änderungen gleich, die zu einer Überwindung der Rechtskraft von Entscheidungen des BVerfG führen können, und der Konventionstext sowie die Rechtsprechung des EGMR würden auf der Ebene des Verfassungsrechts als Auslegungshilfe für die Bestimmung von Inhalt und Reichweite der Grundrechte und der rechtsstaatlichen Grundsätze des Grundgesetzes dienen. Jedoch endet die Möglichkeit einer

---

439 Zum Ganzen BVerfG 11.6.1958, NJW 1958, 1228; BVerfG 30.3.1977 NJW 1977, 1869; BVerfG 19.9.2007, NVwZ 2007, 1396.

440 EGMR 12.11.2008, NZA 2010, 1425 – *Demir und Baykara/Türkei*; s. ausführlich unter F.I.

441 EGMR 21.4.2009, NZA 2010, 1423 – *Enerji Yapi-Yol Sen/Türkei*; s. ausführlich unter F.II.

völkerrechtsfreundlichen Auslegung des Grundgesetzes nach Ansicht des VG Bremen dort, wo diese nach den anerkannten Methoden der Gesetzesauslegung und Verfassungsinterpretation nicht mehr vertretbar erscheint, insbesondere dann, wenn dadurch eine Kernstruktur infrage gestellt werden würde.

Unter Zugrundelegung dieses Maßstabs würden die genannten Entscheidungen des EGMR das Gericht nicht in die Lage versetzen, den Kernbestand des Art. 33 Abs. 5 GG, soweit er das statusbezogene Streikverbot der Beamten betrifft, abweichend von der Rechtsprechung des BVerfG zu interpretieren. So ist nach Auffassung des Gerichts bereits zweifelhaft, ob den Entscheidungen des EGMR überhaupt eine völkerrechtliche Gewährleistung des Streikrechts für nicht hoheitlich tätige Beamte im Sinne des deutschen Beamtenrechts entnommen werden kann. Die Entscheidung im Fall *Demir und Baykara*[442] sei diesbezüglich nämlich nicht ergiebig, da der EGMR darin unter anderem ausgeführt habe, dass Fragen des Verbots des Streikrechts im öffentlichen Dienst nicht Gegenstand dieses Verfahrens seien. Darüber hinaus betreffe die Entscheidung im Kern die Gründung einer Gewerkschaft durch Gemeindebedienstete und nicht die hier interessierende Frage, inwieweit das Koalitionsrecht (Art. 11 EMRK, Art. 9 Abs. 3 GG) durch ein statusbezogenes Streikverbot für Beamte eingeschränkt werden dürfe.

Auch dem Urteil des EGMR zum Fall *Enerji Yapi-Yol Sen*[443] lasse sich keine verlässliche Aussage dahin gehend entnehmen, dass verbeamtete Lehrer im Hinblick auf Art. 11 EMRK vom Streikverbot nach Art. 33 Abs. 5 GG ausgenommen werden müssten, da sie nicht im Sinne von Art. 11 Abs. 2 S. 2 EMRK den Streitkräften, der Polizei oder der Staatsverwaltung angehören. In diesem Urteil habe der EGMR nämlich nur das generelle Streikverbot, das alle Angehörigen des öffentlichen Dienstes in der Türkei betraf, als unverhältnismäßigen und damit unzulässigen Eingriff in die Rechte einer Gewerkschaft angesehen. Aus dieser Feststellung lasse sich eine Gewährleistung des Streikrechts für Beamte des öffentlichen Dienstes in der Bundesrepublik Deutschland, die in nicht hoheitlichen Bereichen tätig sind, nicht zwingend herleiten. Das VG Bremen sieht es vielmehr so wie das OVG Münster,[444] welches unter Auswertung des französischen Originaltextes der Entscheidung des EGMR zu dem Ergebnis kam, dass diese – zwar auch in

442 EGMR 12.11.2008, NZA 2010, 1425 – *Demir und Baykara/Türkei*; s. ausführlich unter F.I.

443 EGMR 21.4.2009, NZA 2010, 1423 – *Enerji Yapi-Yol Sen/Türkei*; s. ausführlich unter F.II.

444 OVG Münster 7.3.2012, NVwZ 2012, 890, 897; s. ausführlich zu der Entscheidung unter F.IV.

der Literatur teilweise so gezogene – Schlussfolgerung auf einem Missverständnis beruhe. Die Anhänger einer solchen Schlussfolgerung würden nämlich alle im öffentlichen Dienst Beschäftigten zu Unrecht mit den Beamten gleichsetzen. In dem Urteil des EGMR werde jedoch der weite Begriff „fonctionnaire“ (Amtsträger bzw. Angehöriger des öffentlichen Dienstes) verwendet, während der EGMR den Beamten im engeren (statusrechtlichen) Sinne sonst mit „agent titulaire“ bezeichne. Daher habe der EGMR sich wohl nicht gegen ein Streikverbot für Beamte, sondern eher gegen ein pauschales Streikverbot für alle Angehörigen des öffentlichen Dienstes ausgesprochen. Darüber hinaus habe es sich – was auch das OVG Münster[445] zutreffend erkennen würde – bei der Entscheidung des EGMR um eine reine Beweislastentscheidung gegen die Türkei gehandelt, da die Regierung nicht nachgewiesen habe, dass die umstrittene – generelle – Beschränkung in einer demokratischen Gesellschaft notwendig gewesen sei.

Selbst wenn man annehmen würde, dass den Beamten gemäß Art. 11 Abs. 2 EMRK Streiks zur Verbesserung der Lohn- und Arbeitsbedingungen nicht statusbezogen untersagt werden dürften, sondern nur funktionsbezogen im Bereich des Militärs, der Polizei und der Staatsverwaltung, sehe sich das VG Bremen dennoch daran gehindert, eine Neubewertung des in Art. 33 Abs. 5 GG enthaltenen Streikverbots vorzunehmen, da dadurch der Kerngehalt dieser Vorschrift infrage gestellt werden würde. So würden die in Art. 33 Abs. 5 GG statusbezogenen verankerten Grundsätze ein ausbalanciertes System von überkommenen Grundpflichten und Grundrechten aus dem Beamtenverhältnis enthaltenen, welches durch die Einführung eines Streikrechts für Beamte maßgeblich verändert werden würde, da ein Streikrecht stets eine Minderung der Treuepflicht und eine Erosion des Alimentationsprinzips zur Folge hätte. Zudem würde der Statusbezug der hergebrachten Grundsätze – zumindest teilweise – durch einen Funktionsbezug ersetzt werden. Eine so weitreichende Neubestimmung des Art. 33 Abs. 5 GG würde die Grenzen zulässiger Verfassungsauslegung durch ein Fachgericht überschreiten. Demzufolge wäre es dem Verfassungsgesetzgeber bzw. dem BVerfG als „Hüter der Verfassung“ vorbehalten, den Kernbestand des Art. 33 Abs. 5 GG in seinen Grundstrukturen gegebenenfalls an das Konventionsrecht in Art. 11 EMRK anzupassen.

Ein Beamtenstreikrecht könne darüber hinaus auch nicht auf weitere völkerrechtliche Normen (Art. 8 Abs. 1 lit. d UN-Sozialpakt, Art. 6 Nr. 4 ESC) gestützt werden, da diese im Range einfacher Bundesgesetze (Art. 25 GG) gelten würden

---

445 OVG Münster 7.3.2012, NVwZ 2012, 890, 897; s. ausführlich zu der Entscheidung unter F.IV.

und daher die Bindungswirkung der dargelegten Rechtsprechung des BVerfG zu Art. 33 Abs. 5 GG nicht überwinden könnten. Nach alledem ist die Disziplinarverfügung nach Ansicht des VG Bremen somit rechtmäßig.

4. Fazit

Mit diesem Urteil stellt sich das VG Bremen sehr stark auf die Seite des OVG Münster.[446] Zwar sagt es – anders als das OVG Münster – nicht explizit, dass sich ein Streikrecht für Beamte oder jedenfalls für die Beamten, die nicht hoheitlich tätig sind, nicht aus den Entscheidungen des EGMR ableiten lasse, es äußert diesbezüglich aber erhebliche Zweifel. Dabei macht es sich hinsichtlich des Falls *Enerji Yapi-Yol Sen*[447] die Argumentation des OVG Münster bezüglich einer falschen Übersetzung und einer Beweislastentscheidung zu Eigen. Zudem führt es im Hinblick auf den Fall *Demir und Baykara*[448] genau wie das OVG Münster an, dass Fragen des Verbots des Streikrechts im öffentlichen Dienst nicht Gegenstand dieses Verfahrens gewesen seien und folgert– ebenfalls wie das OVG Münster – daraus, dass diese EGMR-Entscheidung daher für die Frage nach der Gewährleistung eines Streikrechts für Beamte unergiebig sei.

Vorwerfen könnte man dem VG Bremen, dass aus dem Urteil nicht deutlich wird, ob das Gericht den französischen Originaltext der Entscheidung des EGMR im Fall *Enerji Yapi-Yol Sen* selbst ausgewertet und damit die Argumentation des OVG Münster hinsichtlich der falschen Übersetzung dieser Entscheidung selbst überprüft hat, oder ob es blind der Übersetzung und Auswertung des OVG Münster gefolgt ist. Die vom VG Bremen verwandte Formulierung „Das OVG Nordrhein-Westfalen kommt unter Auswertung des französischen Originaltextes der Entscheidung des EGMR zu dem Ergebnis…" spricht jedenfalls dafür, dass das Gericht den Originaltext nicht selbst ausgewertet und die Argumentation des OVG Münster ungeprüft übernommen hat.

Ein allzu großer Vorwurf kann dem Gericht daraus aber nicht gemacht werden, denn wie fast alle anderen Gerichte, vertritt auch das VG Bremen daneben die Position, dass es selbst dann keine Neubewertung des in Art. 33 Abs. 5 GG enthaltenen Streikverbots für Beamte vornehmen könne, wenn man das in der Bundesrepublik Deutschland geltende Streikverbot für unvereinbar mit Art. 11

---

446 OVG Münster 7.3.2012, NVwZ 2012, 890; s. ausführlich dazu unter F.IV.

447 EGMR 21.4.2009, NZA 2010, 1423 – *Enerji Yapi-Yol Sen/Türkei*; s. ausführlich unter F.II.

448 EGMR 12.11.2008, NZA 2010, 1425 – *Demir und Baykara/Türkei*; s. ausführlich unter F.I.

EMRK halten würde, da dadurch der Kerngehalt des Art. 33 Abs. 5 GG infrage gestellt werden würde. Damit kommt es für das Ergebnis auf die Einordnung der EGMR-Urteile letztlich nicht an, sodass selbst eine ungeprüfte Übernahme der Argumentation des OVG Münsters hinnehmbar wäre.

Im Urteil keine Berücksichtigung findet die Lösung des VG Düsseldorf[449]. Da diese Entscheidung aber ohnehin wenig überzeugend ist und dies auch von allen nachfolgenden Gerichtsentscheidungen so beurteilt wurde, kann man diese Entscheidung als „Querschläger" einordnen. Insofern ist es vertretbar, dass das VG Bremen sich nicht ausdrücklich mit diesem (abwegigen) Lösungsansatz auseinandersetzt.

Abschließend lässt sich festhalten, dass sich das VG Bremen mit seinem Urteil recht vehement für das Fortbestehen des Streikverbots für Beamte in der Bundesrepublik Deutschland ausgesprochen hat und sich dabei argumentativ weit überwiegend auf einer Linie mit dem OVG Münster befindet.

IX. Urteil des VG Berlin vom 18.12.2012

Auch das VG Berlin hatte über drei nahezu identische Fälle zu entscheiden und musste sich dabei unter Berücksichtigung der neuen EGMR-Rechtsprechung mit der Frage nach dem Fortbestehen des Streikverbots für Beamte beschäftigen.[450]

1. Sachverhalt

In dem ersten zu entscheidenden Fall[451] nahm der Kläger – ein Studiendirektor – am 5.4.2011 an einer Warnstreikaktion teil, was zur Folge hatte, dass er zwei seiner regulär acht Unterrichtsstunden nicht erteilte. Daraufhin leitete die Beklagte gegen den Kläger am 9.6.2011 ein Disziplinarverfahren ein und hörte den Kläger abschließend zu den Vorwürfen an. Nachdem die Beklagte auch die Frauenvertreterin und den Personalrat beteiligt hatte, erließ sie am 10.2.2012 eine Disziplinarverfügung gegen den Kläger wegen der Teilnahme an der Warnstreikaktion. Gegen diese Disziplinarverfügung wandte sich der Kläger mit der am 13.3.2012 erhobenen Klage.

In dem zweiten Fall[452] nahm der Kläger – ein Studienrat – ebenfalls am 5.4.2011 an der Warnstreikaktion teil, was bei ihm dazu führte, dass er vier

449 VG Düsseldorf 15.12.2010, ArbuR 2011, 74; s. ausführlich dazu unter F.III.

450 VG Berlin 18.12.2012, BeckRS 2013, 53632; VG Berlin 18.12.2012, BeckRS 2013, 53633; VG Berlin 18.12.2012, BeckRS 2013, 53635.

451 VG Berlin 18.12.2012, BeckRS 2013, 53632.

452 VG Berlin 18.12.2012, BeckRS 2013, 53633.

seiner regulär sechs Unterrichtsstunden nicht erteilte. Daraufhin führte am 31.5.2011 der zuständige Schulaufsichtsbeamte mit dem Kläger ein Gespräch, in dem er den Kläger darauf hinwies, dass die Teilnahme an der Protestaktion eine Dienstpflichtverletzung darstelle und dies auch für eine Teilnahme an einer weiteren für den 9.6.2011 geplanten Protestaktion gelten würde. Trotz des Hinweises nahm der Kläger auch an dieser Protestaktion teil, was erneut zur Folge hatte, dass er seiner Unterrichtsverpflichtung im Umfang von drei Unterrichtsstunden nicht nachkam. Im Anschluss daran leitete die Beklagte am 5.11.2011 gegen den Kläger wegen der Streikteilnahmen ein Disziplinarverfahren ein und hörte den Kläger abschließend an. Nachdem die Beklagte auch die Frauenvertreterin und den Personalrat beteiligt hatte, erließ sie am 12.3.2012 eine Disziplinarverfügung gegen den Kläger wegen der Teilnahme an den Streikaktionen. Daraufhin erhob der Kläger am 10.4.2012 Klage, in welcher er die Disziplinarverfügung rügte.

Im dritten Fall[453] nahm der Kläger – ein Oberstudienrat – ebenfalls an der Warnstreikaktion vom 5.4.2011 teil, mit der Folge, dass dieser seine vier Unterrichtsstunden an diesem Tag nicht erteilte. Daraufhin leitete die Beklagte am 15.6.2011 gegen den Kläger wegen der Streikteilnahme ein Disziplinarverfahren ein und hörte den Kläger abschließend an. Nachdem die Beklagte auch die Frauenvertreterin und den Personalrat beteiligt hatte, erließ sie am 27.8.2012 eine Disziplinarverfügung in Form einer Geldbuße gegen den Kläger wegen der Teilnahme an der Streikaktion. Gegen die Höhe dieser Geldbuße wandte sich der Kläger mit der am 22.9.2012 erhobenen Klage.

Da die Sachverhalte im Wesentlichen vergleichbar sind und die Urteilsbegründungen bei den für diese Arbeit relevanten Teilen zu Art. 9 Abs. 3 GG, Art. 33 Abs. 4 und 5 GG, Art. 11 EMRK sowie zur EGMR-Rechtsprechung jeweils nur auf die Urteilsbegründung des OVG Lüneburg[454] verweisen, wird im Folgenden nur noch auf das Urteil des erstgenannten Falls eingegangen. Diese Ausführungen gelten sinngemäß auch für den zweiten und dritten Fall. Zwar wandte sich der Kläger im dritten Fall nicht gegen die Disziplinarverfügung insgesamt, sondern nur gegen die Höhe der gegen ihn ausgesprochenen Geldbuße, die gerichtliche Prüfung umfasst jedoch trotzdem notwendigerweise die Frage, ob der Kläger ein – für die Wirksamkeit der Disziplinarverfügung notwendiges – Dienstvergehen begangen hat, sodass der unterschiedliche Antrag des Klägers für diese Untersuchung außer Acht gelassen werden kann.

453 VG Berlin 18.12.2012, BeckRS 2013, 53635.

454 OVG Lüneburg 12.6.2012, BeckRS 2012, 51817; s. ausführlich dazu unter F.VII.

2. Urteil

Da das VG Berlin zu einem Großteil das Urteil des OVG Lüneburg zitiert, kann an dieser Stelle auf die zu dem Urteil des OVG Lüneburg gemachten Ausführungen verwiesen werden.[455] Im Ergebnis vertritt damit auch das VG Berlin, dass die Teilnahme eines Beamten am Streik weder verfassungsrechtlich noch europa- und völkerrechtlich durch Art. 11 EMRK unter Berücksichtigung der Rechtsprechung des EGMR gerechtfertigt sei.

3. Urteilsbegründung

Nach Auffassung des VG Berlin hat der Kläger durch die Streikteilnahme, aufgrund derer er seiner nach dem Stundenplan bestehenden Unterrichtsverpflichtung am 5.4.2011 von zwei Unterrichtsstunden nicht nachgekommen ist, gegen seine Pflicht zu vollem persönlichem Einsatz in seinem Beruf (§ 34 S. 1 BeamtStG) sowie gegen die Verpflichtung, dem Dienst nicht ohne Genehmigung fernzubleiben (§ 59 Abs. 1 S. 1 LBG Berlin), verstoßen und damit ein Dienstvergehen begangen.

Dieses Verhalten sei auch nicht gerechtfertigt, da der Kläger sich nicht auf ein Streikrecht aus Art. 9 Abs. 3 GG berufen könne. Als Begründung für das fehlende Streikrecht für Beamte zitiert das VG Berlin die Argumentation des OVG Lüneburg zu dieser Frage aus dem bereits oben dargestellten Urteil vom 12.6.2012,[456] sodass an dieser Stelle auf die dazu gemachten Ausführungen verwiesen werden kann.[457] Im Ergebnis vertritt damit auch das VG Berlin die Ansicht, dass nicht entschieden werden muss, ob aus Art. 11 EMRK unter Berücksichtigung der Rechtsprechung des EGMR ein Streikrecht für Beamte abgeleitet werden kann und – bejahendenfalls – ob ein Streikverbot noch mit Art. 11 EMRK vereinbar ist.[458] Das Gericht hält sich nämlich – selbst wenn das in der Bundesrepublik Deutschland geltende Streikverbot für Beamte gegen Art. 11 EMRK verstoßen würde – jedenfalls für nicht befugt, dass geltende Streikverbot für Beamte aufzuheben oder zumindest abzuändern. Nach Auffassung des Gerichts steht einer völkerrechtsfreundlichen Auslegung des Grundgesetzes nämlich der Kernbestand des Art. 33 Abs. 5 GG entgegen. Zudem sei es an die Vorgaben des BVerfG zum Streikverbot für Beamte gebunden. Das Streikverbot für Beamte kann auch nach

---

455 S. zum Urteil des OVG Lüneburg unter F.VII.

456 OVG Lüneburg 12.6.2012, BeckRS 2012, 51817; s. ausführlich dazu unter F.VII.

457 Zur Begründung des OVG Lüneburg s. F.VII.2.b) – F.VII.2.e).

458 Daher hat das VG Berlin die Stellungnahme des OVG Lüneburg zu diesen Fragen in seiner Urteilsbegründung nicht übernommen.

Ansicht des VG Bremen daher nur vom Verfassungsgesetzgeber geändert werden, nicht aber von den Fachgerichten selbst.

Im Anschluss daran stellt das Gericht noch fest, dass der Kläger schuldhaft gehandelt habe und die vom Beklagten ausgesprochene Geldbuße auch in der Höhe angemessen sei. Die streitgegenständliche Disziplinarverfügung ist nach Auffassung des Gerichts somit rechtmäßig.

4. Fazit

Mit der überwiegenden Übernahme der Argumentation des OVG Lüneburg folgt das VG Berlin zweifelsfrei der Auffassung des OVG Lüneburg. Zur Einordnung des Urteils des VG Berlin kann daher auf das Fazit zur Entscheidung des OVG Lüneburg verwiesen werden.[459] Neue Ansätze oder weitere interessante Argumentationslinien hat diese Entscheidung leider nicht hervorgebracht.

X. Urteil des BVerwG vom 27.2.2014

Aufgrund der Revision der Klägerin gegen das Urteil des OVG Münster[460] musste sich auch das BVerwG unter Berücksichtigung der neuen EGMR-Rechtsprechung mit der Frage nach der Rechtmäßigkeit des Streikverbots für Beamte beschäftigen.[461]

1. Sachverhalt

Da es sich um eine Revision handelt, kann hier auf die Sachverhaltsdarstellung bei der Besprechung des erstinstanzlichen Urteils des VG Düsseldorf[462] verwiesen werden.[463]

2. Urteil

Nach Ansicht des BVerwG gilt das beamtenrechtliche Streikverbot als hergebrachter Grundsatz nach Art. 33 Abs. 5 GG verfassungsunmittelbar für alle Beamten unabhängig von ihrem Aufgabenbereich. Ein umfassendes Recht auf Tarifverhandlungen und kollektive Kampfmaßnahmen sei mit den tragenden Strukturprinzipien der durch Art. 33 Abs. 4 und 5 GG gewährleisteten Institution

---

459 Fazit zum Urteil des OVG Lüneburg s. F.VII.3.

460 OVG Münster 7.3.2012, NVwZ 2012, 890; s. ausführlich dazu unter F.IV.

461 BVerwG 27.2.2014, NZA 2014, 616.

462 VG Düsseldorf 15.12.2010, ArbuR 2011, 74.

463 S. zum Sachverhalt F.III.1.

des Berufsbeamtentums unvereinbar. Zwar gewährleiste Art. 11 EMRK in seiner bindenden Auslegung durch den EGMR allen Angehörigen des öffentlichen Dienstes, die nicht in den Streitkräften, der Polizei und der genuinen Hoheitsverwaltung tätig sind, sowie ihren Gewerkschaften ein Recht auf Kollektivverhandlungen und darauf bezogene kollektive Kampfmaßnahmen. Allerdings seien das statusbezogene Streikverbot nach Art. 33 Abs. 5 GG und die funktionsbezogenen Gewährleistungen nach Art. 11 EMRK in Bezug auf Beamte, die außerhalb der genuinen Hoheitsverwaltung eingesetzt sind, inhaltlich miteinander unvereinbar. Es sei Aufgabe des Gesetzgebers, diese Kollisionslage aufzulösen und im Wege der praktischen Konkordanz einen Ausgleich herbeizuführen.

3. Urteilsbegründung

a) Schuldhafte Dienstpflichtverletzung

Nach Ansicht des BVerwG hat die Klägerin gegen ihre Pflicht zum vollen beruflichen Einsatz und zur Befolgung dienstlicher Anordnungen verstoßen, indem sie aufgrund der Teilnahme an den Warnstreiks vorsätzlich unerlaubt dem Dienst ferngeblieben ist und aus diesem Grund den Unterricht versäumte.

b) Keine Rechtfertigung der Pflichtverletzung nach Art. 9 Abs. 3 GG und Art. 11 EMRK

Die Teilnahme der Klägerin an den Warnstreiks ist nach Auffassung des Gerichts auch nicht nach Art. 9 Abs. 3 GG oder nach Art. 11 EMRK gerechtfertigt gewesen. So seien Beamte nicht berechtigt, sich an kollektiven Kampfmaßnahmen zu beteiligen oder diese zu unterstützen. Insoweit enthalte Art. 33 Abs. 5 GG ein umfassendes Verbot für alle Beamten, das deren Koalitionsfreiheit nach Art. 9 Abs. 3 GG beschränke und auch ohne ausdrückliche gesetzliche Verbotsregelung beachtet werden müsse.

Das Gericht räumt zwar ein, dass demgegenüber der EGMR in zwei Entscheidungen[464] annehme, dass die Gewährleistungen der Koalitionsfreiheit nach Art. 11 EMRK denjenigen Angehörigen des öffentlichen Dienstes ein Recht auf Tarifverhandlungen und kollektive Kampfmaßnahmen einräumen würden, die nach ihrem Aufgabenbereich nicht an der Ausübung genuin hoheitlicher Befugnisse beteiligt sind. Allerdings seien die Anforderungen des Art. 33 Abs. 5 GG mit

464 EGMR 12.11.2008, NZA 2010, 1425 – *Demir und Baykara/Türkei*; s. ausführlich dazu unter F.I.; EGMR 21.4.2009, NZA 2010, 1423 – *Enerji Yapi-Yol Sen/Türkei*; s. ausführlich dazu unter F.II.

denen des Art. 11 EMRK inhaltlich unvereinbar und es sei Aufgabe des Bundesgesetzgebers einen Ausgleich zwischen diesen herzustellen. Bis dies jedoch nicht geschehen sei, beanspruche das Streikverbot nach Art. 33 Abs. 5 GG Geltung.

aa) Inhalt des Art. 33 Abs. 5 GG

Nach Art. 33 Abs. 5 GG sei das Recht des öffentlichen Dienstes nämlich unter Berücksichtigung der hergebrachten Grundsätze des Berufsbeamtentums zu regeln und fortzuentwickeln. Damit stelle das Grundgesetz die von ihm vorgefundene Institution des Berufsbeamtentums unter verfassungsrechtlichen Schutz. Zudem sei der Gesetzgeber im Rahmen der verfassungsrechtlichen Grenzen zur inhaltlichen Konkretisierung der hergebrachten Grundsätze des Berufsbeamtentums berechtigt und verpflichtet, wenn diese bloß einen ausfüllungsbedürftigen Rahmen vorgeben würden. Habe ein hergebrachter Grundsatz hingegen einen hinreichend bestimmten Inhalt, würden daraus unmittelbar Rechte und Pflichten für das Beamtenverhältnis folgen, ohne dass es dafür einer gesetzlichen Regelung bedürfe.

Die hergebrachten Grundsätze des Berufsbeamtentums stünden in einem inhaltlichen Zusammenhang und würden in ihrer Gesamtheit das besondere, für das Beamtenverhältnis charakteristische Regelungsgefüge aus Rechten und Pflichten ergeben. Aus den hergebrachten Grundsätzen des Lebenszeitprinzips, des Leistungsprinzips und der Hauptberuflichkeit folge, dass der Beamte grundsätzlich verpflichtet sei, dem Dienstherrn lebenslang seine volle Arbeitskraft zur Verfügung zu stellen, die übertragenen dienstlichen Aufgaben mit vollem beruflichem Einsatz sowie uneigennützig zu erfüllen, sich dabei ausschließlich an Gesetz und Recht zu orientieren und sich gegenüber dem Dienstherrn loyal zu verhalten, wohingegen der Dienstherr zur lebenslangen angemessenen Alimentation des Beamten und seiner Familie verpflichtet sei.

Neben der Aufforderung, das Beamtenrecht zu regeln, enthalte Art. 33 Abs. 5 GG auch den Auftrag an den Gesetzgeber, das Beamtenrecht fortzuentwickeln. Damit habe der Gesetzgeber die Möglichkeit, die hergebrachten Grundsätze „in die Zeit zu stellen“, indem er den vorgegebenen Rahmen ausfülle oder ihren Geltungsbereich einschränke. Allerdings verbiete Art. 33 Abs. 5 GG tief greifende strukturelle Eingriffe, welche das Wesen der Institutionsgarantie Berufsbeamtentum verändern. Daran habe auch die Aufnahme des Fortentwicklungsgebots in den Wortlaut des Art. 33 Abs. 5 GG durch das Gesetz zur Änderung des Grundgesetzes vom 28.8.2006[465] nichts geändert.

---

465 BGBl. 2006 I, S. 2034.

Nach Ansicht des Gerichts stellt es ein durch Art. 33 Abs. 5 GG vorgegebenes prägendes Strukturprinzip der Institution des Berufsbeamtentums dar, dass das Gefüge aufeinander bezogener und sich ergänzender Rechte und Pflichten einseitig von den Dienstherrn inhaltlich konkretisiert wird. Dieser Grundsatz der hoheitlichen Gestaltung des Beamtenverhältnisses habe in einer Vielzahl von Vorschriften der Beamtengesetze Ausdruck gefunden (etwa § 2 Abs. 1 und 2 BBesG, §§ 87 ff. BBG und § 44 BeamtStG). Allerdings seien Gesetz- und Verordnungsgeber bei der Festlegung der Besoldung und der weiteren Arbeitsbedingungen an die Vorgaben insbesondere des Art. 33 Abs. 5 GG gebunden. Es liege somit in der Verantwortung von Gesetz- und Verordnungsgeber, insbesondere die verfassungsrechtlichen Grenzen ihres Regelungsauftrags zu beachten und auf diese Weise das beamtenrechtliche Regelungsgefüge in einem austarierten Zustand zu halten.

Es lässt sich nach Auffassung des Gerichts mit der Rechtsnatur des Beamtenverhältnisses als hoheitlich ausgestaltetes Dienst- und Treueverhältnis daher nicht vereinbaren, wenn die Konkretisierung des beamtenrechtlichen Regelungsgefüges zur Disposition der Tarifparteien gestellt und somit zwischen den Dienstherrn und den Gewerkschaften der Beamten ausgehandelt und vereinbart werden würde. Die Institution des Berufsbeamtentums würde nämlich tief greifend verändert werden, wenn Fragen der Besoldung, der Arbeitszeiten oder der Altersgrenzen für die Einstellung und den Eintritt in den Ruhestand durch Tarifverträge geregelt werden würden und die Gewerkschaften der Beamten ihren Forderungen während der Tarifverhandlungen durch kollektive Kampfmaßnahmen Nachdruck verleihen könnten, da die tarifliche Gestaltung des Beamtenrechts Tarifautonomie und damit einen Verzicht der Dienstherrn auf ihre hoheitliche Regelungsbefugnisse voraussetze.

Demzufolge ist das Streikverbot nach Ansicht des BVerwG als notwendige Ergänzung sowohl in den grundlegenden, durch Art. 33 Abs. 5 GG vorgegebenen Beamtenpflichten zum vollen beruflichen Einsatz, zur Befolgung dienstlicher Anordnungen und zur Loyalität als auch in dem Strukturprinzip der hoheitlichen Gestaltung des Beamtenverhältnisses verankert. Daneben sei das Streikverbot für Beamte aber auch selbst als hergebrachter Grundsatz im Sinne von Art. 33 Abs. 5 GG anerkannt, da es während eines längeren Zeitraums, vor allem während der Geltung der Weimarer Reichsverfassung, als verbindlich anerkannt gewesen sei[466] und das Bild des Berufsbeamtentums maßgeblich geprägt habe.

Das Streikverbot gehe dem Grundrecht der Koalitionsfreiheit nach Art. 9 Abs. 3 GG vor und gelte für alle Beamten gleichermaßen, ohne dass es an den

466 Zur historischen Entwicklung des Streikverbots für Beamte s. E.

Einsatz- oder Aufgabenbereich der Beamten anknüpfe. Es hänge somit allein vom Beamtenstatus ab. Daran ändere auch nichts, dass die Dienstherrn außerhalb der Bereiche der genuin hoheitlichen Verwaltung, die nach Art. 33 Abs. 4 GG grundsätzlich Beamten vorbehalten seien, von Verfassungs wegen nicht gehindert seien, zur Erfüllung ihrer Aufgaben entweder Beamte oder Tarifbeschäftigte einzusetzen.

bb) Inhalt des Art. 11 EMRK

Demgegenüber sei nach der Rechtsprechung des EGMR von Art. 11 Abs. 1 EMRK unter anderem das Recht des Einzelnen, Gewerkschaften zu bilden und deren Aktivitäten zur Förderung der Arbeitsbedingungen zu unterstützen, sowie das Recht dieser Gewerkschaften, im Namen ihrer Mitglieder Kollektivverhandlungen mit dem Arbeitgeber über die Arbeitsbedingungen zu führen, umfasst. Dieses Recht gelte grundsätzlich auch für die Angehörigen des öffentlichen Dienstes, da die Gewährleistungen des Art. 11 EMRK unabhängig davon gelten würden, ob die Beziehungen zu den Staatsbediensteten dem öffentlichen Recht oder dem Privatrecht zuzuordnen seien. Einschränkungen der von Art. 11 EMRK gewährleisteten Koalitionsfreiheit seien nur zulässig, wenn sie von den Schranken des Art. 11 Abs. 2 S. 1 und 2 EMRK gedeckt sind. Nach Satz 1 müssten Einschränkungen gesetzlich vorgesehen und in einer demokratischen Gesellschaft unter anderem für die nationale oder öffentliche Sicherheit, zur Aufrechterhaltung der Ordnung oder zum Schutz der Rechte und Freiheiten anderer notwendig sein. Nach Satz 2 stünde Art. 11 EMRK rechtmäßigen Einschränkungen der Ausübung dieser Rechte für Angehörige der Streitkräfte, der Polizei oder der Staatsverwaltung nicht entgegen. Während die erstgenannten Gruppen eindeutig abgrenzbar seien, ist der Begriff „Angehörige der Staatsverwaltung" nach Ansicht des BVerwG nicht aus sich heraus verständlich.

Das Gericht stellt darüber hinaus fest, dass der EGMR den Schutzbereich der individuellen und kollektiven Koalitionsfreiheit nach Art. 11 Abs. 1 EMRK ausdrücklich in Übereinstimmung mit völkerrechtlichen Vereinbarungen wie dem ILO-Übereinkommen Nr. 98 und Art. 6 Nr. 1 ESC sowie mit Art. 28 EU-GrCharta und der Praxis der großen Mehrheit der europäischen Staaten bestimmt habe und damit die Spruchpraxis des Sachverständigenausschusses der ILO und des Europäischen Ausschusses für Soziale Rechte übernommen hätte.

Anschließend führt das Gericht aus, dass der EGMR das durch Art. 11 Abs. 1 EMRK geschützte Recht der Angehörigen des öffentlichen Dienstes und ihrer Gewerkschaften auf Kollektivverhandlungen in seinem Urteil in der Rechtssache

Enerji Yapi-Yol Sen[467] um das Streikrecht ergänzt habe. Dabei beziehe sich der EGMR in seiner Urteilsbegründung erneut auf die Europäische Sozialcharta, die das Streikrecht als ein Mittel zur wirksamen Ausübung des Rechts auf Kollektivverhandlungen gewährleisten würde. Zudem argumentiere der EGMR damit, dass das Streikrecht von den Kontrollorganen der ILO als untrennbarer Teil der Vereinigungsfreiheit anerkannt werde.

Neben der Erweiterung des Schutzbereichs nehme der EGMR in dem Urteil zum Fall *Enerji Yapi-Yol Sen* auch zu den Einschränkungen der Koalitionsfreiheit Stellung. So hebt das BVerwG hervor, dass es nach Auffassung des EGMR mit Art. 11 Abs. 2 S. 2 EMRK vereinbar sein könne, Streiks von Angehörigen des öffentlichen Dienstes zu verbieten, welche im Namen des Staates Hoheitsgewalt ausüben. Ein Streikverbot könne dem EGMR zufolge zwar für bestimmte Gruppen von Angehörigen des öffentlichen Dienstes, nicht aber für den gesamten öffentlichen Dienst oder für Angestellte staatlicher Wirtschafts- und Industrieunternehmen ausgesprochen werden. Der EGMR verlange aber, dass die Vorschriften über das Streikrecht die erfassten Gruppen so eindeutig und begrenzt wie möglich bestimmen.

Aus diesen Äußerungen des EGMR ergebe sich, dass der EGMR den unklaren Begriff „Angehörige der Staatsverwaltung“ im Sinne von Art. 11 Abs. 2 S. 2 EMRK nicht statusbezogen, sondern funktional verstehen würde. Das Streikrecht könne nach Auffassung des EGMR somit generell für diejenigen Staatsbediensteten ausgeschlossen werden, die an der Ausübung von Hoheitsgewalt im Namen des Staates beteiligt sind.

Mit dieser Auslegung des Begriffs der Staatsverwaltung im Sinne von Art. 11 Abs. 2 S. 2 EMRK führe der EGMR seine in dem Urteil zur Rechtssache *Pellegrin*[468] erstmals entwickelte und seitdem angewandte Rechtsprechung fort, wonach es für die Zuerkennung und Einschränkung von Konventionsrechten der Angehörigen des öffentlichen Dienstes entscheidend auf deren Aufgabenbereich ankommen würde. Damit wolle der EGMR gewährleisten, dass Personen, die sich in einer im Wesentlichen gleichen Situation befinden, in Bezug auf die Ausübung der Konventionsrechte in allen Konventionsstaaten gleich behandelt werden. Staatsbedienstete mit gleichen Aufgaben sollen nach dem Willen des EGMR in allen Konventionsstaaten gleich behandelt werden, ihnen sollen somit die gleichen Rechte nach der EMRK zustehen.

---

467 EGMR 21.4.2009, NZA 2010, 1423 – *Enerji Yapi-Yol Sen/Türkei*; s. ausführlich unter F.II.

468 EGMR 8.12.1999, NVwZ 2000, 661 – *Pellegrin/Frankreich*.

Zudem betont das BVerwG, dass der EGMR in dem Urteil zur Rechtssache *Demir und Baykara*[469] für die Notwendigkeit einer Einschränkung der Koalitionsfreiheit nach Art. 11 Abs. 2 S. 1 EMRK eine Verhältnismäßigkeitsprüfung verlangt habe. So dürfe dem EGMR zufolge die Koalitionsfreiheit in ihrem Wesensgehalt nicht angetastet werden. Vielmehr müssten ihre Einschränkungen durch ein dringendes gesellschaftliches Bedürfnis gerechtfertigt sein, wobei die Konventionsstaaten hierfür darlegungspflichtig seien. Daraus lässt sich nach Ansicht des BVerwG folgern, dass der EGMR den Konventionsstaaten nur einen geringen Spielraum für die Annahme eines solchen dringenden Bedürfnisses im Sinne von Art. 11 Abs. 2 S. 1 EMRK einräumt.

Insgesamt versteht das BVerwG die Äußerungen des EGMR zu Art. 11 Abs. 2 EMRK dahin gehend, dass Einschränkungen der Koalitionsfreiheit von Staatsbediensteten nur zulässig sind, wenn dies aus Gründen der Funktionsfähigkeit der staatlichen Institutionen dringend geboten ist. Generell, das heißt unabhängig von einem konkreten Anlass, könne eine solche Voraussetzung nur für solche Bediensteten angenommen werden, die in Streitkräften, Polizei und Staatsverwaltung im Sinne von Art. 11 Abs. 2 S. 2 EMRK, das heißt in der Hoheitsgewalt ausübenden Verwaltung, eingesetzt sind.

Nach Ansicht des BVerwG sind diese Äußerungen des EGMR zum Bedeutungsgehalt von Art. 11 Abs. 1 und 2 EMRK für das Verständnis dieser Regelungen auch maßgeblich, da dem EGMR die Rolle eines authentischen Interpreten der EMRK zukommt. Seine Rechtsprechung habe daher über den entschiedenen Fall hinaus Leitungs- und Orientierungsfunktion. Zudem hätten die Konventionsstaaten erklärt, dass ein wichtiger Beitrag zur Erleichterung der Arbeit des EGMR darin bestehen würde, dessen Rechtsgrundsätze zur Auslegung der EMRK zu befolgen und nicht erst eine Verurteilung durch den EGMR abzuwarten.

cc) Unvereinbarkeit von Art. 33 Abs. 5 GG und Art. 11 EMRK

Nachdem das BVerwG damit den Inhalt von Art. 33 Abs. 5 GG sowie von Art. 11 EMRK bestimmt hat, kommt es zu dem Ergebnis, dass das dargestellte umfassende Verbot kollektiver Kampfmaßnahmen nach Art. 33 Abs. 5 GG und die nach Art. 11 Abs. 2 EMRK zulässigen Einschränkungen der konventionsrechtlichen Koalitionsfreiheit inhaltlich unvereinbar seien.

So sei das verfassungsrechtliche Streikverbot statusbezogen und gelte somit für alle Beamten unabhängig von ihrem Aufgabenbereich. Die Arbeitsbedingungen

469 EGMR 12.11.2008, NZA 2010, 1425 – *Demir und Baykara/Türkei*; s. ausführlich dazu unter F.I.

von Beamten würden normativ festgelegt, sodass für Kollektivverhandlungen zwischen Dienstherrn und Gewerkschaften mit dem Ziel der tarifvertraglichen Vereinbarung der Arbeitsbedingungen kein Raum sei. Kollektive Kampfmaßnahmen zur Veränderung der Arbeitsbedingungen seien generell unzulässig. Dagegen würden die Arbeitsbedingungen der Angestellten des öffentlichen Dienstes zwischen den Tarifparteien ausgehandelt und vereinbart werden. Kollektive Kampfmaßnahmen seien hier als Druckmittel während der Verhandlungen nach Maßgabe des deutschen Arbeitskampfrechts zulässig.

Demgegenüber lasse Art. 11 Abs. 2 EMRK ein generelles Verbot von Kollektivverhandlungen und darauf bezogenen Kampfmaßnahmen, welches an den Status anknüpft, in der öffentlichen Verwaltung gerade nicht zu. Ein solches Verbot könne nur funktional, das heißt durch den Aufgabenbereich, gerechtfertigt werden. Den Angehörigen des öffentlichen Dienstes und ihren Gewerkschaften könne das Recht auf Kollektivverhandlungen und darauf bezogene Kampfmaßnahmen generell nur verwehrt werden, wenn sie an der Ausübung von hoheitlichen Befugnissen zumindest beteiligt sind. In den anderen Bereichen der öffentlichen Verwaltung würden diese Gewährleistungen der konventionsrechtlichen Koalitionsfreiheit auch für die dort beschäftigten Beamten – anders als es Art. 33 Abs. 5 GG vorsehe – nicht umfassend ausgeschlossen werden können.

Dieses Ergebnis gelte ungeachtet dessen, dass aufgrund der hoheitlichen Regelung der Arbeitsbedingungen in der deutschen Rechtsordnung keine tariffähige Situation für Beamte bestehe. Die EMRK stelle nämlich ein autonomes völkerrechtliches Regelwerk dar, dessen Bedeutung für die Rechtsordnung der Konventionsstaaten nicht in Abrede gestellt werden könne, wenn das nationale Recht Besonderheiten aufweist, welche im Widerspruch zur EMRK stehen.

Nach Ansicht des BVerwG ist die Teilnahme der Klägerin als nicht hoheitlich tätige verbeamtete Lehrerin an den Warnstreiks daher durch Art. 11 EMRK gedeckt, verstößt aber gegen das Verbot nach Art. 33 Abs. 5 GG. Die Berechtigung der Klägerin nach Art. 11 EMRK sei allerdings nicht geeignet, ihre beamtenrechtliche Pflichtenstellung zu verändern. Vielmehr würden die Gewährleistungen des Art. 11 EMRK in Anbetracht des entgegenstehenden verfassungsrechtlichen Verbots einer Umsetzung durch den Gesetzgeber bedürfen, um Rechtswirkung für den einzelnen Beamten zu entfalten.

dd) Auflösung der Konfliktlage

Das BVerwG räumt zwar ein, dass die EMRK innerhalb der deutschen Rechtsordnung nur im Rang eines Bundesgesetzes stehe. Nach Ansicht des Gerichts bedeutet dies aber nicht, dass sich inhaltlich entgegenstehendes Verfassungsrecht im Kollisionsfall bereits aufgrund des höheren Ranges durchsetzt. Zum einen sei die Bundesrepublik Deutschland völkervertragsrechtlich nämlich verpflichtet, der EMRK (in ihrer Auslegung durch den EGMR) innerstaatliche Geltung zu verschaffen, also das deutsche Recht grundsätzlich konventionskonform zu gestalten, und zum anderen folge diese Verpflichtung aus dem Verfassungsgrundsatz der Völkerrechtsfreundlichkeit des Grundgesetzes.

Somit müsse die Bundesrepublik Deutschland sicherstellen, dass ihre Rechtsordnung insgesamt nach Möglichkeit mit der EMRK übereinstimmt. Um dies zu gewährleisten, dient die EMRK nach Auffassung des BVerwG als Auslegungshilfe für die Bestimmung von Inhalt und Reichweite der Grundrechte und rechtsstaatlichen Grundsätze, wenn dies nicht eine Minderung des Grundrechtsschutzes nach dem Grundgesetz zur Folge hat. Zudem seien die Verwaltung und insbesondere die Gerichte aufgrund des Gebots der konventionskonformen Auslegung verpflichtet, im Rahmen ihrer Befugnisse das gesamte innerstaatliche Recht in Einklang mit der EMRK auszulegen, soweit eine solche Auslegung nach den anerkannten Methoden der Gesetzesauslegung und Verfassungsinterpretation vertretbar erscheint. Genau wie die verfassungskonforme Auslegung finde dabei auch die konventionskonforme Auslegung ihre Grenze in dem eindeutigen Wortlaut der Norm sowie in dem erkennbaren Willen des Gesetzgebers. Die Auslegung darf Wortlaut und gesetzgeberischem Willen nach Ansicht des BVerwG somit nicht widersprechen. Darüber hinaus muss dem BVerwG zufolge berücksichtigt werden, welche Folgen die Geltung eines konventionsrechtlichen Rechtsgrundsatzes für das Regelungsgefüge eines nationalen Teilrechtssystems hat.

Die Pflicht, der EMRK innerstaatliche Geltung zu verschaffen, erledigt sich nach Auffassung des Gerichts allerdings nicht, wenn eine vollständige Anpassung des nationalen Rechts an einen konventionsrechtlichen Rechtsgrundsatz im Wege der konventionskonformen Auslegung des innerstaatlichen Rechts nicht möglich ist. Der Rechtsgrundsatz würde stattdessen erst dann zurücktreten, wenn nur auf diese Weise ein Verstoß gegen tragende Verfassungsgrundsätze abzuwenden sei.

Unter Zugrundelegung dieser Maßstäbe erachtet das BVerwG das statusbezogene beamtenrechtliche Streikverbot nach wie vor für geltendes Recht. Erst eine Auflösung der dargestellten Kollisionslage durch den dazu allein berufenen Gesetzgeber würde daran etwas ändern. Die Verpflichtung, die Vorgaben des Art. 11 EMRK zur Koalitionsfreiheit der Angehörigen des öffentlichen Dienstes in die deutsche Rechtsordnung zu integrieren, kann nach Ansicht des Gerichts nämlich nicht durch eine konventionskonforme Auslegung des Art. 33 Abs. 5 GG erfüllt werden. So würden die hergebrachten Grundsätze des Berufsbeamtentums nämlich mit demjenigen Inhalt gelten, der sich im traditionsbildenden Zeitraum herausgebildet hat. Dieser Traditionsbestand dürfe nicht im Wege der Auslegung geändert werden. Nur der Gesetzgeber würde den Geltungsanspruch eines hergebrachten Grundsatzes in Wahrnehmung seines Auftrags zur Regelung und Fortentwicklung des Beamtenrechts in Grenzen einschränken können. Daher ist eine Auflösung der Kollisionslage im Wege richterlicher Rechtsfortbildung nach Ansicht des BVerwG nicht möglich. Vielmehr sei es Sache des Bundesgesetzgebers (vgl. Art. 74 Abs. 1 Nr. 27 GG), darüber zu entscheiden, ob und inwieweit die verfassungsunmittelbare Geltung des statusbezogenen Verbots kollektiver Kampfmaßnahmen für Beamte im Hinblick auf die Gewährleistungen des Art. 11 EMRK eingeschränkt werden soll.

Dabei muss das Streikverbot nach Ansicht des Gerichts für diejenigen Beamten von vornherein nicht relativiert werden, die in den von Art. 33 Abs. 4 GG erfassten Bereichen der öffentlichen Verwaltung tätig sind. In diesen Bereichen der genuin hoheitlichen Verwaltung müsse der Dienstherr zur Erfüllung seiner Aufgaben nämlich regelmäßig Beamte einsetzen, was seine Rechtfertigung darin finden würde, dass der Beamtenstatus aufgrund der besonderen Rechte- und Pflichtenstellung besondere Gewähr für eine qualifizierte, loyale und gesetzestreue Aufgabenerfüllung biete. Daher liegt dem BVerwG zufolge die Annahme nahe, dass die Verwaltung, in der hoheitsrechtliche Befugnisse im Sinne des Art. 33 Abs. 4 GG ausgeübt werden, der Staatsverwaltung im Sinne des Art. 11 Abs. 2 S. 2 EMRK entspricht, für deren Angehörige die durch Art. 11 Abs. 1 EMRK gewährleisteten Rechte auf Kollektivverhandlungen und diese begleitenden kollektiven Kampfmaßnahmen eingeschränkt werden können. Für in der genuin hoheitlichen Verwaltung tätige Beamte wäre ein Streikverbot somit nach wie vor mit der EMRK vereinbar.

Zur genuin hoheitlichen Verwaltung in diesem Sinne dürften nach Ansicht des BVerwG dabei neben den Streitkräften und der Polizei sonstige Ordnungskräfte, Rechtspflege, Steuerverwaltung, Diplomatie sowie Verwaltungsstellen auf Bundes-, Landes- und Kommunalebene gehören, welche mit der Ausarbeitung von Rechtsakten, deren Durchführung und mit hoheitlichen Aufsichtsfunktionen betraut sind. Wohl nicht dazu zählen würden hingegen etwa die staatlichen Bildungs- und Wissenschaftseinrichtungen und sonstige Einrichtungen der Daseinsvorsorge unabhängig von ihrer Rechtsform. Die genaue Abgrenzung der Bereiche obliegt nach Ansicht des Gerichts aber dem Gesetzgeber.

Einer Relativierung bedürfe das Streikverbot grundsätzlich hingegen für diejenigen Beamten, die in Bereichen tätig sind, welche nicht zur genuin hoheitlichen Verwaltung im Sinne von Art. 33 Abs. 4 GG, Art. 11 Abs. 2 EMRK gehören. Das diese Beamten betreffende Streikverbot sei mit der EMRK nämlich nicht mehr vereinbar. Allerdings obliege es in diesen Bereichen der verfassungsrechtlich nicht gebundenen Entscheidung der Dienstherrn, ob sie zur Aufgabenerfüllung Beamte oder Tarifbeschäftigte einsetzen. Diese Freiheit macht es nach Ansicht des BVerwG für die Dienstherrn möglich, die Kollisionslage zwischen dem Verbot des Art. 33 Abs. 5 GG und den Gewährleistungen des Art. 11 EMRK für die in diesen Bereichen beschäftigten Beamten auf Dauer dadurch aufzulösen, dass sie für diese Verwaltungsbereiche, beispielsweise im öffentlichen Schulwesen, künftig nur noch (streikberechtigte) Tarifbeschäftigte einstellen. Möglich ist es nach Ansicht des Gerichts zudem außerhalb des Bereichs des Art. 33 Abs. 4 GG an ein Wahlrecht der Bewerber zu denken, ob sie als Beamte oder als Tarifbeschäftigte eingesetzt werden wollen. Damit verbunden wäre ein Wahlrecht, ob man sich lieber für ein Streikrecht entscheidet, dafür aber auf die Privilegien des Beamtenstatus verzichtet, oder ob man sich lieber dem Streikverbot unterwirft, dafür aber die beamtenrechtlichen Privilegien für sich beanspruchen kann. Ein solches Wahlrecht, also die Entscheidung für oder gegen den Beamtenstatus, könnte nach Ansicht des BVerwG gegebenenfalls auch bereits ernannten Beamten angeboten werden.

Die oben dargestellte Lösung einer veränderten Einstellungspraxis würde die Kollisionslage jedoch nur für die Zukunft auflösen. Dieses Problem erkennt auch das Gericht und räumt ein, dass die nicht hoheitlich tätigen Beamten die von Art. 11 EMRK gewährleisteten Rechte auf Tarifverhandlungen und kollektive Kampfmaßnahmen derzeit nicht durchsetzen können. Zum einen bestünde aufgrund der einseitig hoheitlichen Festlegung der Arbeitsbedingungen keine tariffähige Situation, sodass kollektive Kampfmaßnahmen nach deutschem Arbeitskampfrecht bereits aus diesem Grund nicht in Betracht kämen. Zum anderen würde sich das statusbezogene Verbot kollektiver Kampfmaßnahmen nach Art. 33 Abs. 5 GG auch auf die Unterstützung derartiger Maßnahmen der Tarifbeschäftigten erstrecken.

Deshalb muss der Gesetzgeber dem BVerwG zufolge für die Beamten außerhalb der genuin hoheitlichen Verwaltung nach dem Grundsatz der praktischen Konkordanz einen Ausgleich der sich gegenseitig ausschließenden Rechtspositionen aus Art. 33 Abs. 5 GG und Art. 11 EMRK herbeiführen. Erforderlich sei jedenfalls eine erhebliche Erweiterung der Beteiligungsrechte der Gewerkschaft in Richtung eines Verhandlungsmodells. Die derzeit eingeräumten Beteiligungsmodelle nach § 118 BBG, § 53 BeamtStG würden hierfür nicht genügen. Denkbar wäre nach Auffassung des BVerwG auch ein Verhandlungs- und Schlichtungsmodell unter paritätischer Beteiligung der Gewerkschaften.

Allerdings würde die Erweiterung der Beteiligungsrechte nichts daran ändern, dass kollektive Kampfmaßnahmen von Beamten als Druckmittel zur Durchsetzung konkreter Arbeitsbedingungen „echte“ Tarifverhandlungen über die Gestaltung der Arbeitsbedingungen der Beamten und damit eine Abkehr von der hoheitlichen Regelung des Beamtenverhältnisses voraussetzen. Eine solche Öffnung des Beamtenrechts für eine tarifautonome Gestaltung kommt nach Ansicht des Gerichts für den Bereich der innerdienstlichen, sozialen und personellen Angelegenheiten der Beamten in Betracht, wenn und soweit diese auf der Dienststellenebene durch Dienstvereinbarungen mit dem Personalrat geregelt werden können.

Eine darüber hinausgehende Tarifautonomie würde den durch Art. 33 Abs. 4 und 5 GG vorgegebenen Charakter des Beamtenverhältnisses als öffentlich-rechtliches Dienst- und Treueverhältnis in Frage stellen, da die Gefahr drohe, dass der prägende, durch Art. 33 Abs. 5 GG vorgegebene Inhalt grundlegender Beamtenpflichten (wie etwa der Pflicht zum vollen beruflichen Einsatz oder zur Loyalität) angetastet werden würde, wenn diese Pflichten tarifvertraglich konkretisiert werden könnten. Bei einem Wegfall oder einer Abschwächung dieser Pflichten entfalle die Rechtfertigung für die lebenslange Alimentation und für die Altersgrenzen bei Einstellung und Eintritt in den Ruhestand, welche eine angemessene, die lebenslange Altersversorgung der Beamten rechtfertigende Dauer der Dienstleistungsverpflichtung sicherstellen würden.

Eine Sonderstellung nimmt nach Ansicht des Gerichts allerdings die Besoldung der Beamten ein. Deren Entwicklung stehe von Anfang an in einem engen, durch den Alimentationsgrundsatz nach Art. 33 Abs. 5 GG vermittelten Zusammenhang mit der Entwicklung der Gehälter der Tarifbeschäftigten und somit mit den Tarifabschlüssen für den öffentlichen Dienst. So bemesse sich die nach Art. 33 Abs. 5 GG gebotene Amtsangemessenheit der Alimentation vor allem aufgrund eines Vergleichs mit den Nettoeinkommen der Tarifbeschäftigten des öffentlichen Dienstes. Zu einer verfassungswidrigen Abkoppelung der Beamtenbesoldung von der allgemeinen Einkommensentwicklung käme es wohl dann, wenn der Gesetzgeber die Besoldungsentwicklung an Parameter knüpfen würde, die die Tarifabschlüsse für den öffentlichen Dienst nicht mehr in den Blick nähmen. Diese Besonderheit macht es nach Auffassung des Gerichts möglich, die Beamtenbesoldung in die Tarifverhandlungen für den öffentlichen Dienst einzubeziehen, ohne das Gleichgewicht des beamtenrechtlichen Regelungsgefüges zu gefährden. Als Konsequenz daraus würden die Gewerkschaften der Beamten an den Tarifverhandlungen teilnehmen und sich die nicht in der genuin hoheitlichen Verwaltung tätigen Beamten insoweit an kollektiven Kampfmaßnahmen beteiligen können.

Offen bleiben kann nach Ansicht des BVerwG, ob die engen Grenzen einer tarifvertraglichen Gestaltung des Beamtenrechts für die Beamten außerhalb der genuin hoheitlichen Verwaltung auf Dauer auch dann aufrechterhalten werden können, wenn sich die Dienstherrn weiterhin für den Einsatz von Beamten an Stelle von oder zusammen mit Tarifbeschäftigten entscheiden. Aufgrund der neuen Rechtsprechung des EGMR zu Art. 11 EMRK besteht nach Ansicht des Gerichts nämlich jedenfalls gesetzgeberischer Handlungsbedarf.

c) *Keine Rechtfertigung nach Art. 28 EU-GrCharta*

Nachdem das BVerwG dargelegt hat, warum die Streikteilnahmen der Klägerin weder nach Art. 9 Abs. 3 GG noch nach Art. 11 EMRK gerechtfertigt sei, schließt es auch eine Rechtfertigung ihrer Streikteilnahmen nach Art. 28 EU-GrCharta, welcher ein Recht auf Kollektivverhandlungen und kollektive Arbeitskampfmaßnahmen einschließlich des Streiks gewährleistet, aus. Diese Ansicht begründet das Gericht damit, dass dieser Artikel nicht anwendbar sei.

So gelte die Charta nach Art. 51 Abs. 1 S. 1 EU-GrCharta für die Mitgliedstaaten nämlich ausschließlich bei der Durchführung des Rechts der EU. Ferner dehne sie nach Art. 51 Abs. 2 EU-GrCharta den Geltungsbereich des Unionsrechts nicht über die Zuständigkeiten der EU aus. Die Charta würde daher weder neue Zuständigkeiten noch neue Aufgaben der EU begründen. Folglich sei das Recht der Mitgliedstaaten nur dann an den Grundrechten der Charta zu messen, wenn es in den Geltungsbereich des Unionsrechts falle. Letzteres ist laut dem BVerwG insbesondere dann der Fall, wenn nationales Recht erlassen wird, um eine unionsrechtliche Umsetzungspflicht zu erfüllen. Da das kollektive Arbeitsrecht aber nicht nach inhaltlichen Vorgaben des Unionsrechts zu gestalten sei, würde bei Regelungen, die diesen Rechtsbereich betreffen, keine Bindung an Art. 28 EU-GrCharta bestehen. Hinzu komme, dass Art. 28 EU-GrCharta ausdrücklich auf die einzelstaatlichen Rechtsvorschriften und Gepflogenheiten Bezug nehme. Es kommt daher dem Gericht zufolge ohnehin nicht darauf an, ob und inwieweit es eine Rechtsetzungskompetenz der EU ermöglicht, auch Regelungen des kollektiven Arbeitsrechts zu erlassen.

d) *Ergebnis*

Da somit die Streikteilnahmen der Klägerin nicht gerechtfertigt und insbesondere die Gewährleistungen des Art. 11 EMRK nicht geeignet waren, das verfassungsrechtliche Streikverbot ohne ein Tätigwerden des Gesetzgebers außer Kraft zu setzen, war die Disziplinarverfügung vom 10.5.2010 nach Ansicht des BVerwG dem Grunde nach rechtmäßig.

4. Fazit

Auf den ersten Blick erscheint das Urteil des BVerwG wie ein Meilenstein in der Rechtsprechungsgeschichte zum Beamtenstreikrecht. Während das Streikverbot für Beamte in der höchstrichterlichen Rechtsprechung bisher – wie gezeigt worden ist[470] – zweifelsfrei anerkannt war, fällt das BVerwG dieser ständigen höchstrichterlichen Rechtsprechung nun in den Rücken und spricht der bis dato geltenden Rechtsansicht ihre Vereinbarkeit mit der EMRK und der Rechtsprechung des EGMR ab.

Mit dieser Auffassung wendet sich das BVerwG zunächst ganz klar gegen die vorinstanzlich vertretene Ansicht des OVG Münster,[471] welches das in der Bundesrepublik Deutschland geltende Streikverbot für Beamte für mit der EMRK vereinbar hält. Bemerkenswert ist hierbei insbesondere, dass das BVerwG die vom OVG Münster geäußerten Bedenken hinsichtlich einer fehlerhaften Übersetzung des EGMR-Urteils nicht einmal aufgreift. Dieses Schweigen lässt sich nur so verstehen, dass sich das Gericht von diesen Ausführungen distanzieren möchte, weil es diesen Argumentationsansatz – genau wie das OVG Lüneburg[472] – für nicht überzeugend hält.

Ebenfalls geht das BVerwG in seinem Urteil nicht auf den Ansatz des VG Düsseldorf[473] ein, welches zwar einen Verstoß des Streikverbots gegen die EMRK bejaht, aber dennoch das Streikverbot für Beamte in der Bundesrepublik Deutschland weiterhin für gültig und lediglich den Erlass einer Disziplinarverfügung für unmöglich hält. Indem das Gericht sich mit dieser Argumentation nicht auseinandersetzt, verdeutlicht es, dass es auch diese Argumentation für nicht einmal ansatzweise überzeugend und somit erst gar nicht für erörterungswert erachtet. Somit distanziert sich das BVerwG auch von dem Lösungsansatz des VG Düsseldorf.

Mit dem klaren Bekenntnis zur Konventionswidrigkeit des Streikverbots für Beamte geht die BVerwG-Entscheidung auch über die Ansichten des VG Osnabrück[474] und des OVG Lüneburg[475] hinaus, welche in dem Streikverbot für Beamte allenfalls „wohl" einen Verstoß gegen die EMRK sehen, sich aber nicht ausdrücklich dazu bekennen.[476] Vielmehr stellt sich das BVerwG mit seiner Rechtsansicht

470 S. dazu bereits unter E.V.

471 OVG Münster 7.3.2012, NVwZ 2012, 890; s. ausführlich dazu unter F.IV.

472 OVG Lüneburg 12.6.2012, BeckRS 2012, 51817; s. ausführlich dazu unter F.VII.

473 VG Düsseldorf 15.12.2010, ArbuR 2011, 74; s. ausführlich dazu unter F.III.

474 VG Osnabrück 19.8.2011, NVwZ-RR 2012, 323; s. dazu ausführlich F.VI.

475 OVG Lüneburg 12.6.2012, BeckRS 2012, 51817; s. ausführlich dazu unter F.VII.

476 Das OVG Lüneburg lässt die Frage der Konventionswidrigkeit sogar explizit dahinstehen.

auf eine Linie mit dem VG Kassel,[477] welches ebenfalls ausdrücklich das in der Bundesrepublik Deutschland geltende Streikverbot für Beamte für unvereinbar mit der EMRK hält.

Als neue Aspekte thematisiert das BVerwG in seiner Entscheidung zum einen die Möglichkeit einer tarifautonomen Gestaltung des Beamtenrechts für den Bereich der innerdienstlichen, sozialen und personellen Angelegenheiten und zum anderen die Möglichkeit den Gewerkschaften der Beamten ein Recht auf Teilnahme an den Tarifverhandlungen für den öffentlichen Dienst einzuräumen; jedenfalls soweit die Beamtenbesoldung aufgrund deren Zusammenhangs mit der Entwicklung der Gehälter der Tarifbeschäftigten betroffen ist. Mit diesen Möglichkeiten geht nach Ansicht des BVerwG für die nicht hoheitlich tätigen Beamten dann sogar die Möglichkeit einher, sich insoweit an kollektiven Kampfmaßnahmen zu beteiligen. Mit dieser Folgerung geht das BVerwG zwar nicht ganz so weit, wie das VG Kassel, welches eine Streikteilnahme von nicht hoheitlich tätigen Beamten schon immer dann für rechtmäßig erachtet, wenn das Streikziel der Beamten in unmittelbarem Zusammenhang mit ihren eigenen Arbeitsbedingungen steht. An der Folgerung wird dennoch sehr deutlich, dass das BVerwG mit der bisher bestehenden Rechtsauffassung zum Streikverbot (zumindest teilweise) brechen möchte.

Bei allen bemerkenswerten Schritten, die das BVerwG macht, überwiegt am Ende aber doch die Enttäuschung. Im Gegensatz zum VG Kassel geht das BVerwG nämlich nicht auch den letzten Schritt und spricht den Beamten ausdrücklich ein Streikrecht zu. Damit verpasst das BVerwG die Chance klar Stellung zu beziehen und das Beamtenstreikrecht anzuerkennen. Stattdessen schiebt es die Verantwortung für die Einführung eines Streikrechts für Beamte auf den Gesetzgeber und hält somit den vom Gericht selbst erkannten konventionswidrigen Zustand aufrecht. Während andere Gerichte auch deshalb keine Änderungen am Beamtenstreikverbot vornahmen, weil sie sich nach § 31 BVerfGG an die Auslegung der Verfassung durch das BVerfG gebunden fühlten, und damit zu verstehen gaben, dass sie zwar gerne Änderungen vornehmen würden, es aber nicht könnten, geht das BVerwG auf die Bindung an die Auslegung des BVerfG nicht ein. Dadurch wird deutlich, dass das BVerwG gar nicht von der Auslegung des BVerfG abweichen und den Beamten über eine andere Auslegung der Verfassung ein Streikrecht zusprechen möchte. Würde das BVerwG dies wollen, sich aber von Gesetzes wegen daran gehindert sehen, wäre diese für das Gericht „störende“

477 VG Kassel 27.7.2011, ZBR 2011, 386; VG Kassel 27.7.2011, ArbuR 2012, 36; s. dazu ausführlich F.V.

Bindung nämlich im Urteil erwähnt worden. Würde das BVerwG sich hingegen nicht für gebunden halten und wäre es nicht mit der Auslegung des BVerfG einverstanden, hätte es die Regelungen eigenständig anders ausgelegt. Da beides jedoch nicht geschehen ist, muss die Nichtäußerung des BVerwG dahin gehend verstanden werden, dass es die Auslegung des BVerfG für korrekt hält und es sich aufgrund der aktuellen Rechtsnormen daran gehindert sieht, den Beamten – selbst bei Nichtbestehen einer Bindung des BVerwG an die Entscheidung des BVerfG gemäß § 31 BVerfGG – ein Streikrecht zuzusprechen. Da das Streikverbot für Beamte nach Ansicht des BVerwG demnach mittels Auslegung nicht abgeändert werden kann, bleibt für das Gericht zur Herstellung eines konventionskonformen Zustands nur die Möglichkeit auf den Gesetzgeber zu verweisen, welcher ein Beamtenstreikrecht einführen müsse.

Neben dieser – zumindest zweifelhaften – Abschiebung der Verantwortung auf den Gesetzgeber, ist dem BVerwG vorzuwerfen, dass es sich nicht dazu äußert, bis wann der Gesetzgeber tätig geworden sein muss, um den konventionswidrigen Zustand aufgelöst zu haben. Dieser Vorwurf wiegt besonders schwer, da der Gesetzgeber generell nur ein sehr geringes Interesse an der Ausgestaltung des Arbeitskampfrechts zeigt und somit in naher Zukunft von diesem keine Regelungen des Beamtenstreikrechts zu erwarten sind. Hier hätte der Zuspruch eines funktionsbezogenen Beamtenstreikrechts eine deutlich beschleunigende Wirkung gebracht.

Das gilt umso mehr, da überdies fraglich ist, ob der Gesetzgeber wenigstens in ferner Zukunft eine Regelung zum Beamtenstreikrecht erlassen wird. Indem das BVerwG nämlich davon spricht, dass die Kollisionslage zwischen dem Verbot des Art. 33 Abs. 5 GG und den Gewährleistungen des Art. 11 EMRK für die in den nicht genuin hoheitlichen Bereichen beschäftigten Beamten auf Dauer dadurch aufgelöst werden könne, dass die Dienstherrn in diesen Verwaltungsbereichen künftig nur noch Tarifbeschäftigte einstellen, droht die Gefahr, dass der Gesetzgeber – statt das Beamtenstreikrecht endlich zu regeln – nur darauf hofft, dass die jeweiligen Dienstherrn ihre Einstellungspraxis in Zukunft dahin gehend ändern, dass Beamte nur noch in genuin hoheitlichen Bereichen eingesetzt werden. Eine solche Einstellungspraxis würde für die neu eingestellten Beamten nämlich zu einem konventionskonformen Dienstverhältnis führen.

Den Personen, die bereits verbeamtet und nicht im Bereich der genuin hoheitlichen Verwaltung tätig sind, würden mit dieser „Lösung" jedoch weiterhin ihre Konventionsrechte vorenthalten werden. Um einen konventionskonformen Rechtszustand zu erreichen, müsste der Gesetzgeber für diese Beamtengruppe stattdessen erhebliche rechtliche Modifizierungen vornehmen. Dieser nicht zu unterschätzende rechtsgestalterische Aufwand könnte dazu führen, dass der Gesetzgeber das Problem lieber „aussitzen" wird und lediglich die Einstellungspraxis der Dienstherrn ändern lässt, um den Vorgaben der EMRK und des EGMR gerecht zu werden. Zumindest dem vom BVerwG vorgegebenen Auftrag, den Bereich der genuin hoheitlichen Verwaltung (für den das Streikverbot fortbestehen kann) von den sonstigen Tätigkeitsbereichen der Beamten (in denen fortan kein Streikverbot mehr bestehen darf) abzugrenzen, kann sich der Gesetzgeber aber selbst dann nicht entziehen.

Kritisch ist auch anzumerken, dass das BVerwG den einfachen Bundesgesetzgeber zur Auflösung der Kollisionslage zwischen nationalem und Konventionsrecht für berechtigt und verpflichtet hält, da dies im Widerspruch zu den sonstigen Ausführungen des Gerichts steht.[478] So hat das BVerwG festgestellt, dass das Streikverbot als inhaltlich hinreichend bestimmter hergebrachter Grundsatz des Berufsbeamtentums unmittelbar gelte und der Gesetzgeber hinsichtlich solcher hergebrachten Grundsätze nur einen geringen Spielraum zur Regelung und Fortentwicklung habe. Dabei seien tief greifende Eingriffe, die das Wesen der Institutionsgarantie des Berufsbeamtentums verändern würden, dem Gesetzgeber nicht gestattet. Eine Regelung des Beamtenverhältnisses durch Tarifvertrag, was dem BVerwG zufolge die Konsequenz der Einführung eines Streikrechts wäre, würde den prägenden Charakter des Berufsbeamtentums laut dem BVerwG aber tief greifend verändern. Konsequenterweise dürfte das BVerwG dem einfachen Bundesgesetzgeber daher die Kompetenz zur Konfliktlösung mithin zur Aufhebung des Streikverbots nicht zusprechen.

Zwar könnte man erwägen, die auf die nicht-hoheitlich tätigen Beamten begrenzte Einführung des Rechts auf Tarifverhandlungen und Streik nicht als Aufhebung des Streikverbots, sondern lediglich als (dann zulässige) Einschränkung des generellen Streikverbots zu verstehen. Ob in Anbetracht der Vielzahl der nicht-hoheitlich tätigen Beamten jedoch wirklich nur von einer Einschränkung gesprochen werden kann, ist zweifelhaft. Außerdem hat das BVerwG selbst im Hinblick auf die nicht-hoheitlich tätigen Beamten festgestellt, dass eine über den Bereich der innerdienstlichen, sozialen und personellen Angelegenheiten hinausgehende Tarifautonomie den durch Art. 33 Abs. 4 und 5 GG vorgegebenen Charakter des Beamtenverhältnisses als öffentlich-rechtliches Dienst- und Treueverhältnis infrage stellen würde und damit die prägenden und grundlegenden Beamtenpflichten angetastet werden würden. Folglich sieht das BVerwG auch darin einen tief greifenden Eingriff, der die Zuständigkeit des einfachen Bundesgesetzgebers ausschließt. Daher wäre das BVerwG besser beraten, dem verfas-

478 So auch *Schaks*, NVwZ 2014, 736, 743 f.

sungsänderndem statt dem einfachen Gesetzgeber den Auftrag zur Konfliktlösung zwischen Art. 11 EMRK und Art. 33 Abs. 4 und 5 GG zu erteilen.

Insgesamt lässt sich festhalten, dass die Entscheidung des BVerwG zwar bemerkenswert, aber keine Revolution ist. Berücksichtigt man allerdings, dass rechtliche Änderungen in aller Regel in kleinen Schritten vollzogen werden, könnte diese Entscheidung den Anfang eines Meinungswandels in Bezug auf das Streikverbot für Beamte einläuten. Hierfür spricht auch, dass gegen dieses Urteil Verfassungsbeschwerde eingelegt[479] und daher das letzte Wort in Bezug auf das Streikverbot für Beamte noch nicht gesprochen wurde.

XI. Ergebnis

Im Ergebnis lassen sich trotz der mannigfaltigen Rechtsprechung drei wesentliche Grundpositionen herausfiltern. Eine dieser Grundpositionen wird etwa vom VG Kassel[480] vertreten, welches das bisher in der Bundesrepublik Deutschland bestehende Streikverbot aufgrund eines Verstoßes gegen die EMRK für widerrechtlich und daher auch für nicht mehr gültig hält. Dieser Grundposition steht die Ansicht gegenüber, welche etwa das OVG Münster[481] vertritt, wonach das in der Bundesrepublik Deutschland vorherrschende Streikverbot für Beamte nicht gegen die EMRK verstößt und somit auch weiterhin Gültigkeit beansprucht. Als vermittelnde Ansicht ist hingegen etwa die Auffassung des BVerwG[482] anzusehen, welche das Streikverbot zwar weiterhin für gültig, aber dennoch für mit der EMRK unvereinbar hält. Den Anhängern dieser Ansicht ist dabei gemein, dass sie alle die Unvereinbarkeit des Streikverbots mit der EMRK anerkennen, sich aufgrund eines damit einhergehenden tief greifenden Eingriffs in die Verfassung aber gehindert sehen, das Streikverbot durch Urteil aufzuheben. Für diesen Schritt halten die Vertreter dieser Ansicht vielmehr entweder das BVerfG, welches seine Rechtsprechung bezüglich des Streikverbots ändern soll, oder den Gesetzgeber, der ausdrückliche Regelungen zum Streikrecht erlassen soll, für zuständig.

Auffällig ist, dass der überwiegende Teil der Gerichte in dem in der Bundesrepublik Deutschland geltenden Streikverbot für Beamte einen Verstoß gegen die EMRK sieht. Die unterschiedlichen Ergebnisse der Gerichte resultieren vielmehr daraus, dass manche Gerichte – obwohl sie die deutsche Rechtslage für mit der

479 Anhängig unter dem Az. 2 BVR 1068/14.

480 VG Kassel 27.7.2011, ZBR 2011, 386; VG Kassel 27.7.2011, ArbuR 2012, 36; s. ausführlich dazu unter F.V.

481 OVG Münster 7.3.2012, NVwZ 2012, 890; s. ausführlich dazu unter F.IV.

482 BVerwG 27.2.2014, NZA 2014, 616; s. ausführlich dazu unter F.X.

EMRK unvereinbar halten – ihre Rechtsprechung bezüglich des Streikverbots für Beamte nicht geändert haben, weil sie sich entweder nach § 31 Abs. 1 BVerfGG an die Entscheidungen des BVerfG zu dieser Frage gebunden fühlen oder sie lediglich den Gesetzgeber für befugt halten, ein Streikrecht für Beamte einzuführen. Berücksichtigt man den überwiegenden Konsens im Hinblick auf die Konventionswidrigkeit, ist der eigentliche Verstoß des Streikverbots gegen die EMRK somit nicht der Scheidepunkt zwischen den Urteilen. Dieser liegt vielmehr in der Frage, ob ein Streikrecht für Beamte ohne vorherige Änderung der Rechtsprechung des BVerfG oder ohne vorheriges Tätigwerden des Gesetzgebers in die Verfassung reininterpretiert werden kann. Zumindest das Argument, dass die Gerichte nach § 31 Abs. 1 BVerfGG an die Entscheidung des BVerfG gebunden seien, ist dabei – jedenfalls auf den ersten Blick – zweifelhaft, denn auch die Bindung nach § 31 Abs. 1 BVerfGG unterliegt der konventionsfreundlichen Auslegung und somit wäre eine Anpassung an die Vorgaben der EMRK bzw. des EGMR weiterhin denkbar.[483] In Wahrheit soll diese Begründung dem Kläger vielmehr die Botschaft überbringen, dass er Verfassungsbeschwerde einlegen oder vor den EGMR ziehen soll.[484] Hier hat die Gerichte somit weniger die Rechtslage als die Angst vor Veränderung gebremst. Nicht sofort widerlegen lässt sich hingegen der – etwa auch vom BVerwG vorgebrachte – Einwand, dass aufgrund eines tief greifenden Eingriffs in die Verfassung ein vorheriges Tätigwerden des Gesetzgebers notwendig ist, damit das jeweilige Gericht den Beamten ein Streikrecht zuerkennen kann. Bei dieser ersten Einschätzung der beiden Argumentationsstränge soll es aber nicht bleiben. Vielmehr müssen diese aufgrund ihrer Entscheidungserheblichkeit im späteren Verlauf der Arbeit besonders gründlich auf ihre Überzeugungskraft hin überprüft werden.

Vorrangig ist allerdings der Frage nachzugehen, ob die Mehrheit der Gerichte das Streikverbot für Beamte zu Recht für mit der aktuellen Rechtslage unvereinbar hält. Erst wenn diese Annahme zutrifft, ist nämlich zu fragen, ob die Gerichte befähigt sind, den Beamten ein Streikrecht zuzusprechen, ohne dass der Gesetzgeber diesbezüglich ausdrückliche Regelungen erlassen hat. Im Anschluss an den zunächst folgenden Überblick über den Meinungsstand in der Literatur zum Beamtenstreikverbot[485] wird daher untersucht werden, inwiefern das Streikverbot für Beamte mit dem aktuellen nationalen und internationalen Recht vereinbar ist.[486]

---

483 S. zur Möglichkeit der konventionskonformen Auslegung des § 31 BVerfGG noch ausführlich unter H.II.1.a)cc)(1)(b)(dd).

484 So auch *Wißmann*, ZJS 2011, 395, 398.

485 S. dazu sogleich unter G.

486 S. zur rechtlichen Bewertung des Beamtenstreikverbots unter H.

G. Überblick über den Meinungsstand im Schrifttum

Genau wie in der Rechtsprechung[487] wird auch im Schrifttum ganz überwiegend die Auffassung vertreten, dass den Beamten ein Streik untersagt ist.[488] Begründet wird diese Ansicht mit vielen verschiedenen Argumenten.[489] Im Wesentlichen stützt sich die überwiegende Meinung aber auf verfassungsrechtliche Grundsätze und Gebote.[490] So wird das Beamtenstreikverbot häufig damit begründet, dass es ein hergebrachter Grundsatz des Berufsbeamtentums[491] und ein Beamtenstreik daher durch Art. 33 Abs. 5 GG untersagt sei.[492] Oftmals wird den Beamten ein Streikrecht auch unter Hinweis auf die dem Beamten obliegende Treuepflicht versagt.[493] Ergänzt wird diese Argumentation gelegentlich durch den Hinweis, dass das Wesen des Beamtenverhältnisses Kampfmaßnahmen ausschließen würde.[494] Ferner wird das Beamtenstreikverbot damit begründet, dass der Beamte als „Treuhänder des Volkes" aufgrund des öffentlich-rechtlichen Dienst- und Treueverhältnisses sowie hergebrachter Grundsätze des Berufsbeamtentums (Art. 33 Abs. 4 und 5 GG) zur strikten und uneigennützigen Wahrnehmung des Gemeinwohls verpflichtet sei und eine Verfolgung und Durchsetzung von Eigen- und Gruppen-

---

487 S. dazu bereits unter E. und F.

488 Statt vieler BeckOK-ArbR/*Waas*, Art. 9 GG, Rn. 113; ErfK/*Linsenmaier*, Art. 9 GG, Rn. 190; *Kissel*, § 45, Rn. 9 ff.; Maunz/Dürig/*Badura*, Art. 33 GG, Rn. 58; NK-ArbR/*Hanau*, Art. 9 GG, Rn. 167; a. A. ArbkR/*Hensche*, § 18a, Rn. 15 ff.; *Däubler*, S. 98 ff.

489 Eine umfassende Übersicht über die Argumente findet sich bei *Däubler*, S. 26 ff. und *Kissel*, § 45, Rn. 9 ff.

490 ArbkR/*Hensche*, § 18a, Rn. 24.

491 Zu den hergebrachten Grundsätzen des Berufsbeamtentums s. bereits unter C.

492 *Bank*, ZBR 1963, 227, 228; Brox/Rüthers/*Schlüter*, Rn. 520; *Distel*, Protokoll des 7. ordentlichen Kongresses der Deutschen Postgewerkschaft, S. 242, 255; *Fischbach*, DVBl. 1951, 99, 101; *Gamillscheg*, S. 1108 ff.; *Isensee*, S. 53 ff.; *Jarass/Pieroth*, Art. 9 GG, Rn. 60 u. Art. 33 GG, Rn. 59; Löwisch/*Löwisch/Rieble*, S. 13; v. Mangoldt/Klein/Starck/*Kemper*, Art. 9 GG, Rn. 197; *Otto*, § 9, Rn. 3; *Reuß*, DB 1969, 1798.

493 So etwa *Battis*, § 4 BBG, Rn. 5; *Heyland*, S. 44; *Hohenester*, S. 83; *Jüsgen*, DÖV 1951, 474, 475; *Koellreutter*, S. 57; v. Mangoldt/Klein/Starck/*Jachmann*, Art. 33 GG, Rn. 44, 46; *Rüthers*, S. 139; *Siebrecht*, S. 41 f.; *Thieme*, S. 50; *Wacke*, S. 90; s. zur Treuepflicht der Beamten bereits unter C.II.1.

494 Vgl. etwa *Bochalli*, S. 74; *Distel*, Protokoll des 7. ordentlichen Kongresses der Deutschen Postgewerkschaft, S. 242, 255; *Rüthers*, S. 139 f.

interessen damit unvereinbar wäre.[495] Des Weiteren wird das Beamtenstreikverbot damit begründet, dass es zum Erhalt der Funktionsfähigkeit des Staates bzw. der Verwaltung und zum damit verbundenen Schutz des Gemeinwohls erforderlich sei.[496] Oftmals wird den Beamten ein Streikrecht auch mit dem Argument verwehrt, dass sich Beamtenstreiks gegen den Gesetzgeber richten würden und diese somit unzulässig[497] und als politische Streiks sogar verfassungswidrig seien.[498] Auch wird gegen einen Beamtenstreik vorgebracht, dass bei diesem keine paritätischen Verhandlungs- und Kampfbedingungen bestünden.[499] Darüber hinaus wird gegen ein Streikrecht für Beamte auch das Demokratiegebot sowie die Rechts- und Sozialstaatlichkeit angeführt (Art. 20 Abs. 1 und 3 GG).[500]

Für die Gegner des Beamtenstreikverbots sind alle diese Argumente nicht überzeugend.[501] Zudem wird von ihnen die neue Rechtsprechung des EGMR zur Gewährleistung des Streikrechts aus Art. 11 EMRK[502] gegen das Beamtenstreikverbot angeführt. So wird argumentiert, dass Art. 11 EMRK nach Ansicht des EGMR den Beamten ein Streikrecht garantiere und Art. 33 Abs. 4 und 5 GG aufgrund der Völkerrechtsfreundlichkeit des Grundgesetzes dahin gehend ausgelegt werden müsse, dass auch Beamten ein Streikrecht zusteht.[503] Nur hoheitlich tätigen Beamten dürfe weiterhin ein Streik verboten werden.[504] Nach Auffassung

495 Brox/Rüthers/*Schlüter*, Rn. 506.

496 *Bank*, ZBR 1963, 227, 228; *Hohenester*, S. 83; *Krüger*, S. 519 f.; *Rüthers*, S. 140; *Scheffer*, S. 145; *Thieme*, S. 75; *Wertenbruch*, ZBR 1963, 200, 204 f.; sachlich übereinstimmend, indem er in der Kampffreiheit die Selbstaufgabe des Staates sieht *Neumann*, S. 89.

497 Brox/Rüthers/*Schlüter*, Rn. 514, 521; *Däubler*, S. 143; *Kissel*, § 45, Rn. 40; Mangoldt/Klein/Starck/*Jachmann*, Art. 33 GG, Rn. 44; Maunz/Dürig/*Badura*, Art. 33 GG, Rn. 58; *Scherer*, S. 70 f.

498 So etwa *Finger*, ZBR 1964, 65, 67; *Wedler*, S. 47; *Westpfahl*, ZBR 1970, 4, 8; vgl. auch Brox/Rüthers/*Schlüter*, Rn. 514; s. zur Unzulässigkeit politischer Streiks bereits unter D.II.

499 ArbkR/*Hensche*, § 18a, Rn. 64; Brox/Rüthers/*Schlüter*, Rn. 502; s. zur Kampfparität bereits unter D.IV.

500 *Isensee*, S. 120, 128; *v. Münch*, ZBR 1970, 371, 375 f.; *Schnapp*, S. 36.

501 Ausführlich dazu etwa ArbkR/*Hensche*, § 18a, Rn. 15 ff.; *Däubler*, S. 98 ff.

502 EGMR 12.11.2008, NZA 2010, 1425 – *Demir und Baykara/Türkei*; EGMR 21.4.2009, NZA 2010, 1423 – *Enerji Yapi-Yol Sen/Türkei*; s. dazu ausführlich bereits unter F.I. sowie unter F.II.

503 *Gooren*, ZBR 2011, 400, 405; *Lörcher*, ArbuR 2009, 229, 242; *Polakiewicz/Kessler*, NVwZ 2012, 841, 843; *Werres*, DÖV 2011, 873, 880; vgl. auch *Nußberger*, RdA 2012, 270, 273.

504 *Gooren*, ZBR 2011, 400, 406; *Polakiewicz/Kessler*, NVwZ 2012, 841, 842; *Werres*, DÖV 2011, 873, 879.

mancher Autoren sind dabei bereits die Fachgerichte befugt, eine solche Auslegung vorzunehmen, da diese wegen der entgegenstehenden Rechtsprechung des EGMR nicht gemäß § 31 Abs. 1 BVerfGG an die Rechtsprechung des BVerfG zum Beamtenstreikverbot gebunden seien.[505] Andere Stimmen sprechen sich demgegenüber dafür aus, dass den Beamten nur im Wege einer Verfassungsänderung[506] oder im Wege einer Neuinterpretation des Art. 33 Abs. 5 GG durch das BVerfG[507] ein Streikrecht zugesprochen werden könne. Teilweise wird das Beamtenstreikverbot aber auch für mit der Rechtsprechung des EGMR vereinbar gehalten. So wird vereinzelt für einen „Rezeptionskorridor" plädiert, der den Verfassungsgerichten erlaube, nationale Besonderheiten zu berücksichtigen.[508] Auch wird argumentiert, dass das in der Bundesrepublik Deutschland geltende Streikverbot für Beamte nach Art. 11 Abs. 2 EMRK gerechtfertigt sei.[509]

Auch im Schrifttum wird hinsichtlich des Beamtenstreikverbots somit keine einheitliche Meinung vertreten. Überwiegend wird das Beamtenstreikverbot jedoch für rechtmäßig erachtet. Inwiefern diese Auffassung mit dem aktuellen nationalen und internationalen Recht vereinbar ist, wird im Folgenden untersucht.

---

505 *Buchholtz*, S. 331; *Gooren*, ZBR 2011, 400, 405; *Hoffmann*, NdsVBl. 2012, 151, 153 ff.; *Polakiewicz/Kessler*, NVwZ 2012, 841, 844.

506 *Bitsch*, ZTR 2012, 78, 81; *Di Fabio*, S. 59; *Schubert*, AöR 2012, 92, 115 f.; *Seifert*, KritV 2009, 357, 377; offen lassend, ob konventionskonforme Auslegung oder Verfassungsänderung *Niedobitek*, ZBR 2010, 361, 368.

507 *Battis*, ZBR 2011, 397, 399; *Ickenroth*, S. 256.

508 *Battis*, ZBR 2011, 397, 399 f.

509 *Bitsch*, ZTR 2012, 78, 81 f.; *Lindner*, DÖV 2011, 307 f.

H. Rechtliche Bewertung des Streikverbots für Beamte

Wie bereits gezeigt worden ist, wird den Beamten in der heutigen Zeit nach wie vor ganz überwiegend kein Streikrecht zugesprochen.[510] Mit Blick auf die ablehnende Haltung des EGMR zur Frage nach der Zulässigkeit eines allgemeinen Streikverbots für Angehörige des öffentlichen Dienstes im Fall *Enerji Yapi-Yol Sen*[511] ist allerdings fraglich, ob sich das in der Bundesrepublik Deutschland in ständiger Rechtsprechung bestätigte Streikverbot für Beamte in der bisher bekannten Form weiterhin halten lassen wird. Sowohl innerhalb der Rechtsprechung als auch innerhalb des Schrifttums werden zu dieser Frage – wie bereits dargestellt worden ist – verschiedene Ansichten vertreten.[512]

Es besteht somit Klärungsbedarf, ob und inwieweit – insbesondere auch aufgrund der Entscheidung des EGMR im Fall *Enerji Yapi-Yol Sen* – das in der Bundesrepublik Deutschland geltende allgemeine Streikverbot für Beamte noch rechtskonform ist. Dieser Frage soll daher im Folgenden nachgegangen werden. Dabei wird zunächst die Zulässigkeit des Streikverbots für Beamte im Hinblick auf das nationale Recht untersucht, da das Streikrecht sich national entwickelt hat[513] und nach wie vor stark von nationalen Vorgaben geprägt wird.[514] Anschließend wird die Vereinbarkeit des Streikverbots für Beamte mit dem Völker- und Europarecht geprüft. Sollten sich nationale und internationale Vorgaben widersprechen, wird zudem ein Vorschlag entwickelt, wie dieser Konflikt aufgelöst werden kann.

I. Vereinbarkeit des Streikverbots für Beamte mit nationalem Recht

Um der Frage nach der Vereinbarkeit des Streikverbots für Beamte mit dem nationalen Recht nachzugehen, wird zunächst die Vereinbarkeit des Streikverbots

510 Statt vieler *Battis*, § 4 BBG, Rn. 5; BeckOK-ArbR/*Waas*, Art. 9 GG, Rn. 113; ErfK/*Linsenmaier*, Art. 9 GG, Rn. 190; *Kissel*, § 45, Rn. 9 ff.; Maunz/Dürig/*Badura*, Art. 33 GG, Rn. 58; NK-ArbR/*Hanau*, Art. 9 GG, Rn. 167; s. dazu auch bereits unter F. und G.

511 EGMR 21.4.2009, NZA 2010, 1423 – *Enerji Yapi-Yol Sen/Türkei.*

512 S. dazu bereits F. und G.

513 S. zur Historie des Streikrechts bereits unter E.

514 Vgl. insoweit etwa die Rechtmäßigkeitsvoraussetzungen eines Streiks unter D.

mit dem Verfassungsrecht und anschließend dessen Vereinbarkeit mit den einfachen Gesetzen untersucht.

1. Vereinbarkeit des Streikverbots für Beamte mit Verfassungsrecht

In Art. 9 Abs. 3 GG ist das Grundrecht geregelt, zur Wahrung und Förderung der Arbeits- und Wirtschaftsbedingungen Vereinigungen zu bilden. Seit jeher ist anerkannt, dass damit neben der Freiheit, sich zu Koalitionen zusammenzuschließen auch das Recht zur Betätigung der Koalitionen und damit das Streikrecht verfassungsrechtlich geschützt ist.[515] Grundsätzlich gilt die Koalitionsfreiheit nach Art. 9 Abs. 3 GG für „jedermann und für alle Berufe" und damit auch für Beamte. Den Beamten müsste daher eigentlich ein Streikrecht gewährt werden. Trotz dieser verfassungsrechtlichen Vorgabe verweigert die ganz herrschende Meinung den Beamten jedoch das Streikrecht.[516] Als Begründung für dieses Ergebnis werden diverse Argumente vorgebracht, die im Folgenden auf ihre Stichhaltigkeit hin untersucht werden.

a) These vom Grundrechtsverzicht

Früher wurde etwa die Ansicht vertreten, dass der einzelne Beamte mit seinem Eintritt in das Beamtenverhältnis auf gewisse Grundrechte – unter anderem auch auf das Streikrecht – verzichten würde.[517] Heutzutage wird diese Ansicht aber nicht mehr vertreten. Gegen die These vom Grundrechtsverzicht wird nämlich zu Recht angeführt, dass der Verzichtswille des Beamten empirisch nicht nachweisbar ist.[518]

b) Repräsentationstheorie

Nach einer anderen Ansicht wird den Beamten das Streikrecht auf Basis der Repräsentationstheorie verwehrt. Die Vertreter der Repräsentationstheorie wenden gegen ein Streikrecht ein, dass der Beamte Repräsentant der Staatsidee sei und er wegen dieser – nur metaphysisch zu verstehenden – Bindung nicht streiken dürfe.[519] Ein Streik wäre nämlich sinnwidrig und unlogisch, da der Beamte als Repräsentant der Staatsidee gegen sich selbst streiken würde.[520] Allerdings wird auch diese Theorie in der

515 *Bitsch*, ZTR 2012, 78, 79.
516 Statt vieler BeckOK-ArbR/*Waas*, Art. 9 GG, Rn. 113; ErfK/*Linsenmaier*, Art. 9 GG, Rn. 190; *Kissel*, § 45, Rn. 9 ff.; Maunz/Dürig/*Badura*, Art. 33 GG, Rn. 58; NK-ArbR/*Hanau*, Art. 9 GG, Rn. 167; a. A. ArbkR/*Hensche*, § 18a, Rn. 15 ff.; *Däubler*, S. 98 ff.
517 *Dürig*, AöR 81, 117, 152; *Hohenester*, S. 84; *Schnapp*, S. 33.
518 *Däubler*, S. 99; *Schnapp*, S. 33 m. w. N.
519 *Däubler*, S. 131; *Heyland*, S. 44; *Schnapp*, S. 34.
520 *Heyland*, S. 44.

heutigen Zeit nicht mehr vertreten, um das Streikverbot der Beamten zu begründen. Der Beamte ist nämlich weder mit dem Staat identisch noch ein Stück des Staates selbst.[521] Zudem würde, selbst wenn man annimmt, dass die Beamten eine über den Normen des Grundgesetzes schwebende Staatsidee zu repräsentieren haben, die Repräsentationsfunktion durch eine Arbeitsniederlegung nur ausgesetzt werden.[522] Warum dies unzulässig sein soll, ist mit der Repräsentation selbst nicht zu erklären.[523]

c) Staatsstrukturbestimmungen als Grundrechtsschranken

In eine mit der Repräsentationstheorie vergleichbare Richtung gehen die Argumente der Autoren, die die Staatsstrukturbestimmungen des Grundgesetzes, das heißt das Demokratiegebot sowie die Rechts- und Sozialstaatlichkeit, gegen ein Streikrecht der Beamten anführen.[524] So vertritt etwa *Isensee*, dass der Beamtenstreik den demokratischen Legitimationsstrom unterbrechen würde, weil die Entscheidung über die Nichtausübung der Verwaltungsfunktion nicht mehr vom allgemeinen Willen des Volkes getragen sei.[525] Hinzu komme, dass der Beamtenstreik die Rechtsverwirklichung der Bürger und damit die rechtsstaatliche Ordnung des Gemeinwesens paralysieren und folglich gegen das Rechtsstaatsprinzip verstoßen würde.[526] *V. Münch* führt gegen ein Beamtenstreikrecht hingegen an, dass der öffentliche Dienst Leistungen erbringe, die in der Regel nicht ersetzbar oder austauschbar seien, sodass ein Streik nicht nur die Allgemeinheit belasten, sondern insbesondere die sozial schwachen Schichten, die auf diese Leistungen angewiesen seien, hart treffen würde.[527]

Auch diese Argumentationsansätze können jedoch nicht überzeugen. So wird durch das Demokratiegebot nur ein bestimmter Kern von demokratischen Prinzipien garantiert. Es muss aber nicht jedes Verhalten von Organwaltern lückenlos und unmittelbar an den demokratischen „Legitimationsstrang" angebunden sein.[528] Auch das Sozialstaatsprinzip beinhaltet keine konkreten, judizierbaren und realisierbaren Verhaltenspflichten des Staates gegenüber Einzelnen, sodass auch damit kein Streikverbot für Beamte begründet werden kann.[529] Nichts anderes ergibt sich für das Rechtsstaatsprinzip. So lässt es sich zwar in eine Reihe weiterer Grund-

---

521 *Schnapp*, S. 35.
522 *Däubler*, S. 132.
523 *Däubler*, S. 132.
524 *Schnapp*, S. 36.
525 *Isensee*, S. 120.
526 *Isensee*, S. 128.
527 *V. Münch*, ZBR 1970, 371, 375 f.
528 *Schnapp*, S. 37.
529 *Bettermann*, S. 18; *Schnapp*, S. 37.

sätze, wie etwa die Gewaltenteilung oder die Gesetzmäßigkeit, aufspalten, allerdings enthält auch diese Staatsformbestimmung keine konkrete Einzelpflicht.[530] Insgesamt sind die Staatsformbestimmungen somit nicht geeignet, um ein Streikverbot für Beamte zu begründen, da sie keine konkreten Einzelpflichten enthalten und die Beamten darüber hinaus nie Adressaten dieser Regelungen sind.[531]

d) Art. 33 Abs. 4 und 5 GG als Schranke für das Streikrecht der Beamten

In der heutigen Zeit wird stattdessen überwiegend auf die verfassungsrechtlichen Bestimmungen zum Berufsbeamtentum abgestellt, um das Streikverbot für Beamte zu begründen. Auf Basis dieses Grundgedankens werden sodann verschiedene Argumentationsansätze vertreten.

aa) Streikverbot als hergebrachter Grundsatz des Berufsbeamtentums

Häufig wird das Beamtenstreikverbot damit begründet, dass das Verbot ein hergebrachter Grundsatz des Berufsbeamtentums[532] und ein Beamtenstreik daher durch Art. 33 Abs. 5 GG untersagt sei.[533] Wie bereits dargestellt worden ist, vertreten auch die Verwaltungsgerichte in ihren aktuellen Entscheidungen eine solche Auffassung.[534] Dieser Argumentationsansatz überzeugt jedoch aus zwei Gründen nicht: Zum einen ist das Streikverbot kein „Grundsatz" des Berufsbeamtentums

530 *Schnapp*, S. 37 f.

531 *Schnapp*, S. 38.

532 Zu den hergebrachten Grundsätzen des Berufsbeamtentums s. bereits unter C.

533 So etwa die Formulierung in BVerfG 11.6.1958, NJW 1958, 1228, 1230; BVerfG 30.3.1977, NJW 1977, 1869; BVerwG 19.9.1977, NJW 1978, 178; BVerwG 3.12.1980, JZ 1981, 220, 221; BGH 31.1.1978, NJW 1978, 816, 817; *Bank*, ZBR 1963, 227, 228; Brox/Rüthers/*Schlüter*, Rn. 520; *Distel*, Protokoll des 7. ordentlichen Kongresses der Deutschen Postgewerkschaft, S. 242, 255; *Fischbach*, DVBl. 1951, 99, 101; *Gamillscheg*, S. 1108 ff.; *Isensee*, S. 53 ff.; *Jarass/Pieroth*, Art. 9 GG, Rn. 60 u. Art. 33 GG, Rn. 59; Löwisch/*Löwisch/Rieble*, S. 13; v. Mangoldt/Klein/Starck/*Kemper*, Art. 9 GG, Rn. 197; *Otto*, § 9, Rn. 3; *Reuß*, DB 1969, 1798.

534 So etwa das BVerwG 27.2.2014, NZA 2014, 616; BVerwG 26.2.2015, NZA 2015, 505; OVG Münster 7.3.2012, NVwZ 2012, 890; OVG Lüneburg 12.6.2012, NVwZ 2012, 1272; OVG Lüneburg 12.6.2012, BeckRS 2012, 51817; VG Düsseldorf 15.12.2010, ArbuR 2011, 74; VG Osnabrück 19.8.2011, NVwZ-RR 2012, 323; VG Osnabrück 19.8.2011, ArbuR 2011, 375; VG Bremen 3.7.2012, BeckRS 2012, 60146; VG Berlin 18.12.2012, BeckRS 2013, 53632; VG Berlin 18.12.2012, BeckRS 2013, 53633; VG Berlin 18.12.2012, BeckRS 2013, 53635; a. A. VG Kassel 27.7.2011, ZBR 2011, 386; VG Kassel 27.7.2011, ArbuR 2012, 36; s. zu den Urteilen ausführlich unter F.

und zum anderen bestehen keine hinreichenden historischen Wurzeln für das Streikverbot, um es als hergebrachten Grundsatz anzusehen.

(1) Kein „Grundsatz" des Berufsbeamtentums

Damit ein Beamtenstreik wegen des Streikverbots als hergebrachten Grundsatz des Berufsbeamtentums untersagt sein kann, müsste das Verbot die Qualität eines solchen Grundsatzes haben. Generell sind unter den hergebrachten Grundsätzen des Berufsbeamtentums Strukturprinzipien zu verstehen, die das Bild des Berufsbeamtentums maßgebend prägen, nicht dagegen schon jede überlieferte Einzelregelung.[535] Einzelregelungen können zwar als Konkretisierung auf überkommene Grundsätze zurückzuführen sein, doch prägen sie aufgrund ihrer Spezialität das Erscheinungsbild und die Funktion des Berufsbeamtentums nicht als „funktionswesentliche Grundstruktur".[536] Diese Differenzierung wird umso deutlicher, wenn man sich die von der Rechtsprechung anerkannten hergebrachten Grundsätze des Berufsbeamtentums vor Augen hält, wie beispielsweise die Hauptberuflichkeit,[537] das Alimentationsprinzip,[538] die Uneigennützigkeit der Amtsführung oder die Pflicht zum Einsatz der vollen Arbeitskraft.[539] All diese anerkannten Grundsätze enthalten Strukturprinzipien, die das Wesen des Berufsbeamtentums kennzeichnen, dem Gesetzgeber jedoch einen Ermessensspielraum zur Konkretisierung lassen.[540] So ist der Gesetzgeber etwa aufgrund des Alimentationsprinzips nicht verpflichtet, den Beamten eine bestimmte Vergütungshöhe zu gewähren, sondern das Alimentationsprinzip gibt nur einen Rahmen vor, innerhalb dessen der Gesetzgeber die Beamtenbesoldung regeln kann.[541] Das Beamtenstreikverbot untersagt den Beamten hingegen ausnahmslos eine Streikteilnahme und bietet damit für den Gesetzgeber keine Gestaltungsmöglichkeiten. Dem Beamtenstreikverbot fehlt daher der für

535 BVerfG 14.12.1982, NJW 1984, 915; BVerfG 19.9.2007, NVwZ 2007, 1396, 1398; s. zu den hergebrachten Grundsätzen des Berufsbeamtentums außerdem unter C.

536 BVerfG 19.9.2007, NVwZ 2007, 1396, 1398; ArbkR/*Hensche*, § 18a, Rn. 28; *Däubler*, S. 105 f.

537 BVerfG 27.4.1959, NJW 1959, 1171, 1172; BVerfG 25.11.1980, NJW 1981, 971, 975; BVerfG 15.10.1985, NVwZ 1986, 735, 737; BVerfG 19.9.2007, NVwZ 2007, 1396, 1398.

538 BVerfG 11.6.1958, NJW 1958, 1228; BVerfG 13.3.1977, NJW 1977, 1869; BVerfG 24.11.1998, JuS 2000, 182, 183; BVerfG 7.11.2002, NVwZ 2003, 720, 721.

539 BVerfG 19.9.2007, NVwZ 2007, 1396, 1398.

540 ArbkR/*Hensche*, § 18a, Rn. 28.

541 S. zum Alimentationsprinzip ausführlich bereits unter C.I.2.a).

die Grundsätze des Berufsbeamtentums typische rahmengebende Charakter. Aus diesem Grund ist das Streikverbot lediglich eine spezielle Einzelregelung und kein Grundsatz des Berufsbeamtentums.[542] Das Streikverbot kann allenfalls aus anderen „funktionswesentlichen Grundstrukturen", wie etwa der Treuepflicht,[543] abgeleitet werden.[544]

(2) Keine hinreichenden historischen Wurzeln

Ungeachtet des eben beschriebenen Kritikpunktes stehen darüber hinaus die fehlenden historischen Wurzeln der Annahme des Streikverbots als einen hergebrachten Grundsatz des Berufsbeamtentums entgegen. Wie bereits weiter oben dargestellt worden ist, kann für die Bestimmung der hergebrachten Grundsätze des Berufsbeamtentums grundsätzlich nämlich nur die Rechtslage ab der Weimarer Republik berücksichtigt werden.[545] Damit muss die Haltung des Kaiserreichs zum Streikrecht und zur Treuepflicht des Beamten gegenüber dem Monarchen zur Bestimmung der Traditionslinie für das Beamtenverhältnis im demokratischen Staat unberücksichtigt bleiben.[546]

Betrachtet man die Rechtslage zur Zeit der Weimarer Republik, fällt auf, dass ein Streikverbot für Beamte anfangs nicht geplant und ein ausdrückliches Streikverbot für Beamte bloß in der Notverordnung des Reichspräsidenten vom 1.2.1922 geregelt war, welche bereits am 9.2.1922 wieder aufgehoben wurde und somit nur acht Tage in Kraft war. Zwar bewirkte der Erlass der Notverordnung, dass das Streikverbot für Beamte von der herrschenden Meinung fortan nicht mehr hinterfragt wurde. Allerdings ist trotzdem nicht nachvollziehbar, wie dieses nur kurzfristig ausdrücklich bestehende Streikverbot dazu führen soll, das Streikverbot als hergebrachten Grundsatz des Berufsbeamtentums anzuerkennen.[547] Auch wenn das Vorgehen der Exekutive in der Rechtsprechung und in der herrschenden Juristenmeinung Anerkennung fand, reicht dies nämlich nicht aus, um dem Streikverbot eine breitere demokratische Legitimation zu verschaffen.[548]

Zudem ist zu berücksichtigen, dass das Verbot des Beamtenstreiks unter der Weimarer Reichsverfassung eine andere Qualität hatte als heute. So fiel das

542 So im Ergebnis auch *Däubler*, S. 107.
543 Dazu sogleich unter H.I.1.d)bb); zur Treuepflicht allgemein bereits unter C.II.1.
544 ArbkR/*Hensche*, § 18a, Rn. 28.
545 S. dazu E.VI.
546 So auch ArbkR/*Hensche*, § 18a, Rn. 29.
547 S. ausführlich zur historischen Entwicklung des Streikverbots unter E.
548 ArbkR/*Hensche*, § 18a, Rn. 39.

Streikverbot für Beamte damals vor allem deshalb auf fruchtbaren Boden, da ein verfassungsrechtlich verbürgtes Streikrecht, welches allgemein und für alle Beschäftigten galt, verneint wurde.[549] Somit unterschied sich die Situation der Beamten nicht wesentlich von der der Arbeiter und Angestellten, da auch für sie der Streik bloß ein rechtlich geduldetes, in die Bahnen der arbeitsrechtlichen Kündigung gezwängtes Instrument war.[550] Heutzutage umfasst die Koalitionsfreiheit nach Art. 9 Abs. 3 GG jedoch auch das Streikrecht.[551] Zudem hat die Rechtsprechung in den letzten Jahren diverse Restriktionen in Bezug auf das Streikrecht aufgehoben oder zumindest gelockert und auch in lebenswichtigen Bereichen sind Streiks – vorbehaltlich von Notdiensten – nicht mehr infrage gestellt.[552] Berücksichtigt man diese gewandelten verfassungsrechtlichen Rahmenbedingungen, kommt dem Streikverbot für Beamte nun die Qualität eines Eingriffs in ein verfassungsrechtlich garantiertes Recht zu. Da es das verfassungsrechtlich garantierte Recht auf Streik in seiner heutigen Form unter der Weimarer Reichsverfassung somit nicht gegeben hat, kann die mit dem Streikverbot heutzutage verbundene Vorenthaltung eines demokratischen Rechts nicht mit der Regierungspraxis und der herrschenden Meinung der Juristen zur Zeit der Weimarer Republik begründet werden. Eine zur Konstituierung hergebrachter Grundsätze des Berufsbeamtentums vorausgesetzte bewährte Tradition lässt sich daher nicht auf die Entwicklungen zur Zeit der Weimarer Republik stützen.[553]

Auch die Rechtslage nach Ende der Weimarer Republik ist für die Begründung einer für die Demokratie geltenden Traditionslinie nicht ergiebig. So kommt die Rechtslage zwischen den Jahren 1933 und 1945 dafür schon wegen der damals vorliegenden anderen Staatsform (Diktatur) nicht in Betracht und die Rechtslage nach 1945 scheidet bereits aufgrund ihrer Gegenwartsnähe und ihres Zusammenfallens mit der Neuordnung der Bundesrepublik Deutschland als Traditionslinie für das Beamtenstreikverbot aus.[554] Hinzu kommt, dass die ersten Jahre nach 1945 von einer breiten Übereinstimmung für die grundrechtliche Verankerung des allgemeinen Streikrechts und dessen Erstreckung auf die Beamten geprägt waren.[555] Nur aufgrund einer kontroversen Diskussion

---

549 ArbkR/*Hensche*, § 18a, Rn. 39.
550 ArbkR/*Hensche*, § 18a, Rn. 39.
551 BeckOK-GG/*Cornils*, Art. 9 GG, Rn. 67.
552 ArbkR/*Hensche*, § 18a, Rn. 40.
553 ArbkR/*Hensche*, § 18a, Rn. 40.
554 ArbkR/*Hensche*, § 18a, Rn. 41.
555 S. dazu ausführlich E.V.

im Parlamentarischen Rat über das Streikrecht der Beamten wurde keine ausdrückliche Streikgarantie im Grundgesetz aufgenommen und die Lösung dieser ungeklärten Frage stattdessen dem zukünftigen Gesetzgeber überlassen. Ein Streikverbot für Beamte wurde von dem Gesetzgeber jedoch nie erlassen. Somit ist das Streikverbot für Beamte nie parlamentarisch bestätigt worden. Die demokratische Legitimation des Streikverbots für Beamte ist damit genauso zweifelhaft wie die für den hergebrachten Grundsatz angeführte Tradition, die sich lediglich auf eine für acht Tage geltende Notverordnung stützt.[556] Mithin kann das Streikverbot für Beamte auch aufgrund der fehlenden historischen Wurzeln nicht als hergebrachter Grundsatz des Berufsbeamtentums angesehen werden.

bb) Streik verstößt gegen Treuepflicht

Am häufigsten wird den Beamten ein Streikrecht unter Hinweis auf die dem Beamten obliegende Treuepflicht versagt, da die Treuepflicht unbedingte Einsatz- und Folgebereitschaft gebieten und „Treuwidrigkeiten" wie etwa dem Streik entgegenstehen würde.[557] Ergänzt wird diese Argumentation gelegentlich durch den Hinweis, dass das Wesen des Beamtenverhältnisses Kampfmaßnahmen ausschließen würde.[558] Allerdings sind auch diese Argumente nicht überzeugend, denn die Treuepflicht gilt zwar als hergebrachter Grundsatz des Berufsbeamtentums (Art. 33 Abs. 5 GG) und ist außerdem begrifflich in der Umschreibung des öffentlich-rechtlichen Dienst- und Treueverhältnisses (Art. 33 Abs. 4 GG) enthalten,[559] sie hindert die Beamten jedoch nicht, Streikmaßnahmen zu ergreifen.

Während der Beamte nämlich in der Monarchie zur Treue gegenüber dem Herrscher und im nationalsozialistischen Staat zur Treue gegenüber dem Führer verpflichtet gewesen war, sind dem heutigen Grundgesetz persönliche Treue und Unterwerfung grundsätzlich fremd.[560] Stattdessen ist der Beamte unter dem Grundgesetz allein zur Loyalität gegenüber der Verfassung und gegenüber dem

---

556 ArbkR/*Hensche*, § 18a, Rn. 42.

557 So etwa *Battis*, § 4 BBG, Rn. 5; *Heyland*, S. 44; *Hohenester*, S. 83; *Jüsgen*, DÖV 1951, 474, 475; *Koellreutter*, S. 57; v. Mangoldt/Klein/Starck/*Jachmann*, Art. 33 GG, Rn. 44, 46; *Rüthers*, S. 139; *Siebrecht*, S. 41 f.; *Thieme*, S. 50; *Wacke*, S. 90.

558 Vgl. etwa *Bochalli*, S. 74; *Distel*, Protokoll des 7. ordentlichen Kongresses der Deutschen Postgewerkschaft, S. 242, 255; *Rüthers*, S. 139 f.

559 ArbkR/*Hensche*, § 18a, Rn. 43.

560 ArbkR/*Hensche*, § 18a, Rn. 44 f.

demokratischen Gesetzgeber verpflichtet.[561] Zwar erinnern einige Formulierungen der gesetzlichen Vorschriften, wie etwa die Pflicht zu „vollem persönlichem Einsatz" (§ 61 Abs. 1 S. 1 BBG), die Pflicht zur Bereitstellung der „vollen" bzw. der „gesamten Arbeitskraft"[562] oder auch die Gehorsamspflicht gegenüber rechtswidrigen, selbst verfassungswidrigen Weisungen (§ 63 Abs. 2 S. 3 BBG, § 36 Abs. 2 S. 3 BeamtStG),[563] sogar heute noch in gewissem Maße eher an eine persönliche Unterwerfung des Beamten als an ein Rechtsverhältnis mit einem mündigen Bürger.[564] Doch trotz dieser teils missverständlichen Formulierungen bleibt der Beamte auch im Dienstverhältnis mündiger Bürger und wird nicht zum blinden Befehlsempfänger. So hat der Beamte hinsichtlich seiner dienstlichen Tätigkeit, insbesondere im Hinblick auf die Arbeits- und Entgeltbedingungen, nämlich eigene Interessen, welche bereits seine Berufswahl bestimmt haben und auch seine tägliche Berufsausübung begleiten.[565] Das Bestehen dieser eigenen Interessen wird auch von der Rechtsordnung anerkannt, indem sie dem Beamten Beschwerde-, Kontroll- und Mitwirkungsrechte im Rahmen der Personalvertretung oder die Möglichkeit der gerichtlichen Durchsetzung bestehender Rechte einschließlich der vom BVerfG eröffneten Verfassungsbeschwerde zugesteht.[566] Das öffentlich-rechtliche Dienstverhältnis verlangt von dem Beamten somit nicht, dass er zum willens- und interessenlosen Funktionär eines Apparates wird, welcher Herkunft, Lebensperspektiven, soziale Bindungen, Berufsstolz und materielle Erwartungen zu vergessen hat.[567] Die beamtenrechtliche Treuepflicht verlangt vielmehr nur, die Interessen des Dienstherrn zu fördern, ohne die eigenen aufzugeben.[568] Damit unterscheidet sich die beamtenrechtliche Treuepflicht prinzipiell nicht von der von den Parteien eines Arbeitsverhältnisses eingegangenen Pflicht zur gegenseitigen Rücksichtnahme.[569] Da mit der praktisch identischen, für „normale" Arbeitnehmer geltenden Treuepflicht weder kollektive Interessenverfolgungen

561 Statt aller *Blanke*, ArbuR 1989, 1, 8.

562 BVerfG 30.3.1977, NJW 1977, 1869; BVerfG 19.9.2007, NVwZ 2007, 1396, 1398.

563 Das gilt allerdings nicht, wenn das aufgetragene Verhalten die Würde des Menschen verletzt oder strafbar oder ordnungswidrig ist und die Strafbarkeit oder Ordnungswidrigkeit für die Beamten erkennbar ist (§ 63 Abs. 2 S. 4 BBG, § 36 Abs. 2 S. 4 BeamtStG).

564 ArbkR/*Hensche*, § 18a, Rn. 44.

565 ArbkR/*Hensche*, § 18a, Rn. 46.

566 BVerfG 11.6.1958, NJW 1958, 1228; ArbkR/*Hensche*, § 18a, Rn. 46.

567 ArbkR/*Hensche*, § 18a, Rn. 46.

568 Vgl. BVerfG 21.6.1977, NJW 1977, 1525, 1526; BVerfG 20.10.1992, NJW 1993, 1457, 1458; BVerfG 3.3.2004, NJW 2004, 999, 1001.

569 *Däubler*, S. 119 ff. m. w. N.

noch der Streik kollidieren, muss dies auch für Beamte gelten. Deutlich wird dies nicht zuletzt auch daran, dass die gewerkschaftliche Interessendurchsetzung auch den Angestellten des öffentlichen Dienstes offen steht, selbst denjenigen, die Seite an Seite mit den verbeamteten Kollegen dieselben Aufgaben erfüllen wie diese und die somit bei der Wahrnehmung der ihnen anvertrauten öffentlichen Belange dieselbe Umsicht und Rücksichtnahme walten zu lassen haben, wie die Beamten.[570] Mithin ist es nicht überzeugend das Streikverbot für Beamte auf die beamtenrechtliche Treuepflicht zu stützen.

cc) Pflicht zu strikter und uneigennütziger Wahrnehmung des Gemeinwohls

Ein ebenfalls recht weitverbreitetes und dem Abstellen auf die Treuepflicht ähnliches Argument für das Streikverbot der Beamten ist, dass der Beamte als „Treuhänder des Volkes" aufgrund des öffentlich-rechtlichen Dienst- und Treueverhältnisses sowie hergebrachter Grundsätze des Berufsbeamtentums (Art. 33 Abs. 4 und 5 GG) zur strikten und uneigennützigen Wahrnehmung des Gemeinwohls verpflichtet sei und eine Verfolgung und Durchsetzung von Eigen- und Gruppeninteressen damit unvereinbar wäre.[571] Zwar ist dieser Argumentation zuzugestehen, dass die Verpflichtung zur uneigennützigen, am Allgemeininteresse orientierten Amtsführung besteht und sogar gesetzlich vielfach festgeschrieben ist (vgl. §§ 33 Abs. 1 S. 2, 34 Abs. 1 S. 2 BeamtStG, §§ 60 Abs. 1 S. 2, 61 Abs. 1 S. 2 BBG). Jedoch schließt dies nicht die Verfolgung gemeinsamer Interessen durch Streik aus.[572] Bestes Beispiel dafür ist die gebräuchliche auf die Amtsführung abhebende Umschreibung, der Beamte habe „bei der Erfüllung der ihm anvertrauten Aufgaben seine eigenen Interessen zurückzustellen",[573] denn die Geltendmachung eigener Interessen einschließlich der Arbeitsniederlegung betrifft gerade nicht die Amtsführung, sondern die Ausgestaltung des Beschäftigungsverhältnisses zum Dienstherrn.[574] Das Gebot der uneigennützigen Amtsführung wäre erst betroffen, wenn der Beamte seine Dienststellung zur Förderung eigener Interessen instrumentalisieren würde.[575]

Auch die Rechtsordnung erkennt an, dass der Beamte mit seiner Ernennung nicht seine eigenen Interessen, Perspektiven und Erwartungen in Bezug auf seine

570 ArbkR/*Hensche*, § 18a, Rn. 45.

571 BVerfG 19.9.2007, NVwZ 2007, 1396, 1398; BVerwG 3.12.1980, JZ 1981, 220, 221; BVerwG 10.5.1984, NZA 1984, 401; Brox/Rüthers/*Schlüter*, Rn. 506.

572 So auch ArbkR/*Hensche*, § 18a, Rn. 47.

573 BVerfG 19.9.2007, NVwZ 2007, 1396.

574 ArbkR/*Hensche*, § 18a, Rn. 48.

575 Vgl. etwa BVerwG 14.12.1995, NJW 1996, 2319, 2320; ArbkR/*Hensche*, § 18a, Rn. 48.

Arbeit und deren Bedingungen aufgeben soll, indem ihm eine Personalvertretung zur Verfügung gestellt wird und ihm die Möglichkeit vor Gericht zu ziehen eröffnet ist.[576] Damit wird klar, dass der Beamte, der sich zur Verfolgung seiner Interessen an den Personalrat wendet oder seine Interessen vor Gericht geltend macht, seine Dienstpflichten nicht hinter eigennütziger Interessenverfolgung zurücktreten lässt.[577] Nichts anderes muss für die gewerkschaftliche Interessenvertretung gelten, denn auch die Arbeitsniederlegung gibt ihr keinen anderen Inhalt, als den der Geltendmachung eigener Interessen.[578] Daher kann das Streikverbot für Beamte auch nicht mit der Pflicht zur strikten und uneigennützigen Wahrnehmung des Gemeinwohls begründet werden.

dd) Funktionsfähigkeit der Verwaltung

Von einigen Autoren wird auch vertreten, dass ein Beamtenstreik die Interessen der Allgemeinheit in besonders hohem Maße gefährden würde, da der hoheitlich handelnde Staat aufgrund des Streiks funktionsunfähig werde. Zum Erhalt der Funktionsfähigkeit des Staates bzw. der Verwaltung und zum damit verbundenen Schutz des Gemeinwohls sei daher ein Streikverbot für Beamte erforderlich.[579] In eine ähnliche Richtung geht die These *Schindlers*, wonach ein Staat, der den Kampf gegen sich selbst zulasse, sich selbst aufgebe.[580]

Ebenfalls auf die Funktionsfähigkeit der Verwaltung stellt eine weitere das Streikverbot für Beamte befürwortende Argumentation ab: Indem Art. 33 Abs. 4 GG die Übertragung hoheitlicher Befugnisse als ständige Aufgabe an solche Angehörige des öffentlichen Dienstes vorsehe, die in einem öffentlich-rechtlichen Dienst- und Treueverhältnis stehen, werde die Funktionsfähigkeit der Verwaltung zu einem Verfassungsgut, welches durch Arbeitsniederlegungen der Beamten nicht beeinträchtigt werden dürfe.[581] Die Funktionsfähigkeit der Verwaltung wird hier somit selbst zum geschützten Verfassungsgut erhoben und dürfe als solche nicht durch Beamtenstreiks beeinträchtigt werden. Ein solches aus Art. 33 Abs. 4 GG abgeleitetes Streikverbot hat jedoch den Schwachpunkt, dass es nicht an den

---

576 Vgl. insoweit auch die Ausführungen unter H.I.1.d)bb).

577 ArbkR/*Hensche*, § 18a, Rn. 49.

578 ArbkR/*Hensche*, § 18a, Rn. 50.

579 *Bank*, ZBR 1963, 227, 228; *Hohenester*, S. 83; *Krüger*, S. 519 f.; *Rüthers*, S. 140; *Scheffer*, S. 145; *Thieme*, S. 75; *Wertenbruch*, ZBR 1963, 200, 204 f.; sachlich übereinstimmend, indem er in der Kampffreiheit die Selbstaufgabe des Staates sieht *Neumann*, S. 89.

580 *Schindler*, FS-Fleiner, S. 400, 420.

581 Vgl. Brox/Rüthers/*Schlüter*, Rn. 518; Maunz/Dürig/*Badura*, Art. 33 GG, Rn. 58.

Beamtenstatus, sondern an die Übertragung hoheitlicher Befugnisse anknüpft, das Streikverbot also nicht status- sondern funktionsbezogen begründet wird.[582] So wären nicht hoheitlich tätige Beamte von dem Streikverbot nicht erfasst, wohingegen Angestellte mit hoheitlicher Funktion konsequenterweise dem Streikverbot unterliegen müssten.[583] Ein solches funktionsbezogenes Streikverbot wäre zwar im Einklang mit der EMRK,[584] rechtfertigt aber nicht das in der Bundesrepublik Deutschland bisher geltende statusbezogene Streikverbot für Beamte. Zu einer Rechtfertigung des bestehenden Streikverbots für Beamte käme nur, wer die „hoheitlichen Befugnisse" im Sinne des Art. 33 Abs. 4 GG mit der öffentlichen Verwaltung gleichsetzt und dank dieses „größeren Verwaltungsbegriffs" auch das Angebot „öffentlicher Leistungen … als Ausübung staatlicher Hoheit" begreift.[585] Ein solch weites Verständnis wird von der überwiegenden Meinung jedoch abgelehnt.[586]

Deshalb wird stattdessen oftmals losgelöst von den unterschiedlichen Funktionen staatlicher Tätigkeit auf die Stetigkeit und die ununterbrochene, „unbedingte" Dienstbereitschaft abgestellt.[587] Die Kontinuität der Verwaltung ist nach dieser Ansicht ein wesentliches Element der Funktionsfähigkeit und als solche verfassungsrechtlich geschützt.[588] Allerdings kann auch dieser Ansatz nicht überzeugen. So kann ein stetiges Verwaltungshandeln nicht durch ein Streikverbot für Beamte sichergestellt werden, wenn gleichzeitig Arbeiter und Angestellte nach einhelliger Meinung streiken dürfen, gleich in welchem Zweig der Verwaltung sie eingesetzt sind.[589] Die Arbeitsniederlegung der im öffentlichen Dienst beschäftigten Arbeitnehmer ist nämlich in gleicher Weise geeignet, die Kontinuität staatlichen Verwaltungshandelns infrage zu stellen, wie die Arbeitsniederlegung von Beamten.[590]

---

582 ArbkR/*Hensche*, § 18a, Rn. 53.

583 ArbkR/*Hensche*, § 18a, Rn. 53; zum Begriff der hoheitlichen Tätigkeit s. noch ausführlich unter H.II.1.a)aa)(2)(b)(bb).

584 S. hierzu EGMR 21.4.2009, NZA 2010, 1423 – *Enerji Yapi-Yol Sen/Türkei*; bereits dargestellt unter F.II. Zudem wird unter H.II.1.a)aa)(2)(b)(bb) gezeigt, dass ein funktionsbezogenes Streikverbot mit der EMRK vereinbar ist.

585 So etwa *Leisner*, Anwendbarkeit des beamtenrechtlichen Funktionsvorbehalts, S. 121, 126, 139 ff.

586 BVerfG 2.3.1993, NJW 1993, 1379; ArbkR/*Hensche*, § 18a, Rn. 53, Fn. 135; BeckOK-GG/*Hense*, Art. 33 GG, Rn. 29; *Jarass/Pieroth*, Art. 33 GG, Rn. 41.

587 ArbkR/*Hensche*, § 18a, Rn. 54.

588 Brox/Rüthers/*Schlüter*, Rn. 518; vgl. auch *Krüger*, S. 256.

589 ArbkR/*Hensche*, § 18a, Rn. 55.

590 ArbkR/*Hensche*, § 18a, Rn. 55.

Auch spricht die Verwaltungs- und Regierungspraxis gegen das Argument der Funktionsnotwendigkeit der Verwaltung als Begründung für ein Streikverbot für Beamte.[591] So werden immer mehr staatliche Funktionen privatisiert. Diese Privatisierung betrifft inzwischen auch klassische Felder der Eingriffs- und Hoheitsverwaltung wie etwa die Flugsicherung oder die Sicherheitskontrollen auf Flughäfen. Selbst der sensible Bereich des Regierungshandelns, wie etwa die Anfertigung von Gesetzentwürfen, ist vor der Kommerzialisierung und werkvertraglicher Auslagerung an Rechtsanwaltskanzleien nicht sicher.[592] Damit sind alle diese Sektoren der Störanfälligkeit der privatwirtschaftlichen Leistungserbringung ausgesetzt, zu deren Vermeidung gerade die Stetigkeit der öffentlichen Verwaltung verlangt wird.[593] Der Staat verzichtet somit in immer mehr Bereichen bewusst auf diese Stetigkeit der Verwaltung. Es wäre daher widersprüchlich den Beamten zur Gewährleistung der Stetigkeit der Verwaltung ein Streikverbot aufzuerlegen, wenn der Staat zeitgleich durch sein Handeln zu erkennen gibt, dass er auf diese Stetigkeit keinen besonderen Wert legt. Einzig für den Bereich der hoheitlichen Tätigkeiten lässt sich dieses Argument nicht anführen, da diese Bereiche von der fortschreitenden Privatisierung ausgenommen sind und der Staat in diesen Bereichen daher tatsächlich noch ein Interesse an der Stetigkeit der Verwaltung hat.

Allerdings lässt sich gegen die Notwendigkeit des Streikverbots für Beamte zur Erhaltung der Funktionsfähigkeit der Verwaltung jedenfalls anführen, dass die Funktionsfähigkeit der Verwaltung – genau wie die Funktionsfähigkeit anderer lebenswichtiger Bereiche – durch Notdienstregelungen sichergestellt werden kann.[594] Nur in den absolut hoheitlichen Bereichen, wie etwa im Bereich des Militärs oder der Polizei, ist der Verweis auf die Einrichtung von Notdiensten nicht überzeugend. So wäre es nämlich unvorstellbar, dass wegen eines Polizeistreiks die innere Sicherheit herabgesetzt sei und im schlimmsten Fall Kriminelle diese Situation zu ihren Gunsten ausnutzen könnten oder die Bundesrepublik Deutschland sich gegen feindliche militärische Angriffe nicht verteidigen könnte, weil sich die Soldaten im Streik befinden. Da Notdienstregelungen somit in den absolut hoheitlichen Bereichen unpraktikabel sind, ist zumindest für diese Bereiche ein Streikverbot sinnvoll, um deren Funktionsfähigkeit aufrechterhalten zu können. Da das Streikverbot dann jedoch wieder nur für bestimmte Tätigkeiten der Beamten geltend würde, kann mit der Funktionsfähigkeit der Verwaltung allenfalls

591 So auch ArbkR/*Hensche*, § 18a, Rn. 55; *Kissel*, § 45, Rn. 25 f., 34.

592 ArbkR/*Hensche*, § 18a, Rn. 55, Fn. 139.

593 ArbkR/*Hensche*, § 18a, Rn. 55.

594 *Kissel*, § 45, Rn. 20.

ein funktionsbezogenes Streikverbot begründet werden. Für alle übrigen Bereiche kann die Funktionsfähigkeit der Verwaltung nämlich durch die Schaffung von Notdiensten hinreichend gewährleistet werden – unabhängig davon ob diese Tätigkeiten von Beamten oder Angestellten des öffentlichen Dienstes ausgeübt werden.

Alles in allem ist es somit nicht überzeugend, das in der Bundesrepublik Deutschland geltende statusbezogene Streikverbot mit der Funktionsfähigkeit der Verwaltung zu begründen.

ee) Streikrecht ist Widerspruch zum öffentlich-rechtlichen Beamtenverhältnis

Einige Autoren vertreten stattdessen den Standpunkt, dass ein Streikrecht zum öffentlich-rechtlichen und damit hoheitlichen Wesen des Beamtenverhältnisses im Widerspruch stehen würde.[595] Allein aufgrund der öffentlich-rechtlichen Natur des Beamtenverhältnisses ist eine Streikbeteiligung nach ihrer Auffassung daher ausgeschlossen.[596] Diese Argumentation ist allerdings nicht überzeugend. So ist die grundsätzlich jedem zustehende Koalitionsfreiheit – und damit auch das mit ihr verbundene Streikrecht – die verfassungsrechtliche Antwort auf die individuelle Unterlegenheit des einzelnen Arbeitnehmers. Diese verfassungsrechtlich garantierte Freiheit allein wegen der systematischen Einordnung der Beamtenverhältnisse zu beschneiden wäre ein so weitreichender Eingriff, der sich nicht allein mit der Qualifizierung des Beschäftigungsverhältnisses als privat- oder öffentlich-rechtlich rechtfertigen lässt.[597] Das gilt umso mehr, da die soziale Unterlegenheit der Arbeitnehmer – seien sie nun Beamte oder nicht – sich nicht in Luft auflöst, nur weil das Beschäftigungsverhältnis in überkommender juristischer Systematik dem öffentlichen Recht zugeordnet wird.[598] Mithin kann das Streikverbot für Beamte nicht allein mit der öffentlich-rechtlichen Natur des Beamtenverhältnisses begründet werden.

e) Streikverbot aufgrund arbeitsrechtlicher Kriterien aus der Verfassung

Neben den bereits genannten Argumenten wird das Streikverbot für Beamte auch mit Thesen begründet, die sich an spezifisch arbeitsrechtlichen Kriterien orientieren, welche aus der Verfassung abgeleitet werden.

---

595 *Bochalli*, S. 74; *Dietz*, JuS 1968, 1, 4; *Reuß*, DVBl. 1968, 57 f.; *Rüthers*, S. 140.
596 Brox/Rüthers/*Schlüter*, Rn. 517; *Reuß*, DVBl. 1968, 57 f.
597 ArbkR/*Hensche*, § 18a, Rn. 52.
598 ArbkR/*Hensche*, § 18a, Rn. 52.

aa) Streikrecht unverträglich mit gesetzlicher Festlegung der Arbeits- und Entgeltbedingungen

So wird häufig angeführt, dass die Arbeits- und Entgeltbedingungen der Beamten in ihrem wesentlichen Inhalt gesetzlich festgelegt werden und sie somit der vertraglichen Vereinbarung entzogen seien.[599] Damit würden sich Beamtenstreiks zur Durchsetzung besserer oder Verteidigung bestehender Bedingungen gegen den Gesetzgeber richten und somit unzulässig[600] und als politische Streiks sogar verfassungswidrig sein.[601] Gegner dieser Argumentation führen allerdings zu Recht an, dass der Beamtenstreik kein politischer, sondern ein koalitionsrechtlicher Streik nach Art. 9 Abs. 3 GG ist, da die Art des Streiks nicht durch den Adressaten, sondern durch dessen Ziel bestimmt wird und das Ziel die Veränderung von Arbeitsbedingungen ist.[602] Dagegen wird wiederum vorgebracht, dass die Änderung der Arbeitsbedingungen von Beamten nur durch die Änderung von Gesetzen erreicht werden könne und der Beamtenstreik damit Ziele erreichen wolle, die außerhalb des Arbeitsverhältnisses liegen würden. Ein Beamtenstreik würde somit einen Eingriff in die Entscheidungsfreiheit der Legislative und einen Angriff auf die parlamentarische Demokratie darstellen.[603] Diese Argumentation ist jedoch nicht überzeugend. Zwar ist zuzugeben, dass ein Beamtenstreik die Änderung von Gesetzen anstrebt, jedoch ist die angestrebte Gesetzesänderung nur Mittel zum Zweck, um bessere Arbeitsbedingungen für die Beamten zu erhalten. Eine vergleichbare Situation besteht bei den Arbeitnehmern, die auch für Veränderungen ihrer Arbeitsbedingungen streiken, diese aber nur mittels des Abschlusses eines Tarifvertrags erreichen können. In beiden Fällen erfordert die Veränderung der Arbeitsbedingungen somit einen „Zwischenschritt". Bei den Arbeitnehmern liegt dieser in dem Abschluss eines Tarifvertrags und bei den Beamten in einer Gesetzesänderung. Zwar ist dieser „Zwischenschritt" bei den Arbeitnehmern und bei den Beamten folglich nicht identisch, jedoch spielt dieser Unterschied für die Einordnung des jeweiligen Streiks als koalitionsrechtlichen oder politischen Streik keine Rolle. Nach Art. 9 Abs. 3 GG ist

---

599 ArbkR/*Hensche*, § 18a, Rn. 56.

600 BVerfG 11.6.1958, NJW 1958, 1228, 1230; BVerfG 30.3.1977, NJW 1977, 1869; BVerwG 10.5.1984, NZA 1984, 401; Brox/Rüthers/*Schlüter*, Rn. 514, 521; *Däubler*, S. 143; *Kissel*, § 45, Rn. 40; Mangoldt/Klein/Starck/*Jachmann*, Art. 33 GG, Rn. 44; *Scherer*, S. 70 f.

601 So etwa *Finger*, ZBR 1964, 65, 67; *Wedler*, S. 47; *Westpfahl*, ZBR 1970, 4, 8; vgl. auch Brox/Rüthers/*Schlüter*, Rn. 514; s. zur Unzulässigkeit politischer Streiks bereits unter D.II.

602 *Kissel*, § 45, Rn. 22.

603 *Schubert*, AöR 2012, 92, 96.

nämlich jeder Streik verfassungsrechtlich geschützt, der „zur Wahrung und Förderung der Arbeits- und Wirtschaftsbedingungen“ durchgeführt wird. Da sowohl der Arbeitnehmer- als auch der Beamtenstreik – wie bereits in diesem Abschnitt dargestellt worden ist – auf die Veränderung von Arbeitsbedingungen abzielen, werden beide Streiks zur Wahrung und Förderung der Arbeits- und Wirtschaftsbedingungen durchgeführt. Folglich unterfallen beide Streiks dem Schutz des Art. 9 Abs. 3 GG und der Beamtenstreik lässt sich somit nicht als verfassungswidriger politischer Streik klassifizieren. Als solcher wäre der Beamtenstreik erst einzustufen, wenn er nicht unmittelbar auf die Gestaltung von Arbeitsbedingungen gerichtet wäre. Da dies jedoch nicht der Fall ist, ist es nicht überzeugend, den Beamtenstreik als politisch und folglich als verfassungswidrig anzusehen.

Darüber hinaus wird gegen einen Beamtenstreik häufig angeführt, dass ein Streik nur rechtmäßig sei, wenn er zur Durchsetzung tariflich regelbarer Ziele geführt wird.[604] Da das Beamtenverhältnis jedoch öffentlich-rechtlich ausgestaltet ist und die Arbeitsbedingungen einseitig durch Gesetz geregelt werden, sei es nicht möglich durch Tarifverträge das Beamtenverhältnis oder zumindest einzelne Teile davon zu regeln.[605] Somit könnte ein Beamtenstreik nie zur Durchsetzung tariflich regelbarer Ziele geführt werden und würde stets rechtswidrig sein. Auf Basis dieser Argumentation ist es überzeugend, ein Streikverbot für Beamte anzunehmen. Zwar ist zuzugestehen, dass das BVerfG die Tarifbezogenheit des Streiks nie ausdrücklich eingefordert, sondern lediglich erwähnt hat, dass *auch* Arbeitskampfmaßnahmen, die auf den Abschluss von Tarifverträgen gerichtet sind, durch Art. 9 Abs. 3 GG geschützt seien[606] und das BAG in jüngerer Zeit zumindest Zweifel geäußert hat, ob die Tarifbezogenheit des Streiks im Hinblick auf Art. 6 Nr. 4 ESC bestand haben kann.[607] Nichtsdestotrotz ist dem geltenden Beamtenrecht das Institut der Tarifautonomie nach wie vor fremd und somit fehlt ihm nach wie vor die rechtliche Voraussetzung, auf der die Anerkennung des arbeitsrechtlichen Streiks aufbaut.[608] Damit ist es überzeugend, dem Beamtenstreik die einseitige hoheitliche Regelung der Arbeitsbedingungen durch Gesetz entgegenzuhalten.[609]

---

604 St. Rspr. s. etwa BAG 24.4.2007, NZA 2007, 987, 994; s. zu dieser Voraussetzung bereits unter D.II.

605 *Kissel*, § 45, Rn. 8.

606 BVerfG 26.6.1991, NZA 1991, 809; BVerfG 4.7.1995, NJW 1996, 185, 186; BVerfG 10.9.2004, NZA 2004, 1338, 1339; s. dazu bereits unter D.II.

607 BAG 10.12.2002, NZA 2003, 734, 740; BAG 19.6.2007, NZA 2007, 1055, 1059; s. dazu bereits unter D.II.

608 *Isensee*, S. 35.

609 So etwa auch Brox/Rüthers/*Schlüter*, Rn. 501; a. A. ArbkR/*Hensche*, § 18a, Rn. 56 ff.

bb) Streikrecht für Beamte führt zu paritätsstörendem Übergewicht der Gewerkschaften

Die Notwendigkeit eines Streikverbots für Beamte wird zudem damit begründet, dass die mit dem Sonderstatus des Beamten einhergehenden rechtlichen Privilegien, wie etwa der Alimentationsanspruch oder die Unkündbarkeit, dazu führen würden, dass bei Beamtenstreiks von paritätischen Verhandlungs- und Kampfbedingungen nicht mehr die Rede sein könne.[610] Diese Argumentation ist überzeugend, denn der Beamte muss – anders als der Dienstherr – im Streikfall keine Opfer bringen.

So entfällt etwa die Pflicht des Dienstherrn zur Gehaltszahlung im Falle eines Beamtenstreiks nicht, da das Beamtengehalt nach der dem Bundesbesoldungsgesetz zugrunde liegenden Alimentationstheorie kein Entgelt für geleistete Arbeit ist, sondern den amtsangemessenen Unterhalt sichern soll.[611] Zwar kann der Beamte seine Dienstbezüge verlieren, wenn er schuldhaft dem Dienst fernbleibt (§ 9 S. 1 BBesG), allerdings wollte der Gesetzgeber mit dieser Regelung nur die rechtswidrige Arbeitsniederlegung erfassen. Somit wäre die Vorschrift nicht anwendbar, wenn sich der Beamte an einem rechtmäßigen Streik beteiligen würde.[612] Daher könnte der Beamte streiken, ohne auf seine Alimentation verzichten zu müssen, der Dienstherr müsste diese hingegen fortlaufend bezahlen, würde aber keine Arbeitsleistung im Gegenzug erhalten.

Auch den Verlust des Arbeitsplatzes müsste der Beamte nicht fürchten, da ihn im Falle des Streiks kein Arbeitsplatzrisiko trifft. Während der Arbeitgeber grundsätzlich einem Streik begegnen kann, indem er Ersatzkräfte gewinnt oder Arbeitsplätze durch Rationalisierungsmaßnahmen überflüssig macht und daraufhin die insoweit betroffenen Arbeitsverhältnisse durch Kündigung beendet, steht diese Möglichkeit dem öffentlichen Dienstherrn gegenüber Beamten nicht offen, da das Beamtenrecht keine Kündigung zulässt.[613]

Darüber hinaus trifft den Beamten auch kein Aussperrungsrisiko, da dem öffentlichen Dienstherrn gegenüber seinen Beamten nach allgemeiner Ansicht kein Aussperrungsrecht zusteht.[614] Dem Dienstherrn steht somit keine Möglichkeit zur Verfügung, sich gegen Beamtenstreiks zu wehren.

---

610 ArbkR/*Hensche*, § 18a, Rn. 64; Brox/Rüthers/*Schlüter*, Rn. 502; s. zur Kampfparität bereits unter D.IV.

611 Brox/Rüthers/*Schlüter*, Rn. 502.

612 Brox/Rüthers/*Schlüter*, Rn. 502.

613 Brox/Rüthers/*Schlüter*, Rn. 504; *Schwerdtner*, S. 95.

614 Brox/Rüthers/*Schlüter*, Rn. 503; *Däubler*, S. 28.

Diese Aspekte führen insgesamt zu einer ungleichen Risikoverteilung, welche mit dem Grundsatz der Kampfparität unvereinbar ist, da keine materielle Chancengleichheit beim Aushandeln der Arbeits- und Wirtschaftsbedingungen besteht.[615] Somit ist es ebenfalls überzeugend den Beamtenstreik wegen eines paritätsstörenden Übergewichts der Gewerkschaften als unzulässig anzusehen.

cc) Neutralitätspflicht des Staates bei Beamtenstreik verletzt

Gegen ein Streikrecht für Beamte wird des Weiteren vorgebracht, dass der Staat bei allen Arbeitskämpfen an das Prinzip der Neutralität[616] gebunden sei, er jedoch nicht mehr neutral sein könne, wenn er selbst betroffen ist.[617] Dieses Argument überzeugt jedoch nicht, denn der Staat ist bei Arbeitskämpfen, welche sich gegen ihn selbst richten, selbstverständlich nicht an das Prinzip der Neutralität gebunden.[618]

f) Zwischenergebnis

Abschließend lässt sich somit festhalten, dass das Streikverbot für Beamte verfassungskonform ist. Allerdings sind bei Weitem nicht alle Begründungen für das Streikverbot überzeugend. Vielmehr sind einzig die Feststellung, dass ein Beamtenstreik nie zur Durchsetzung tariflich regelbarer Ziele geführt werden kann, und das Auftreten eines paritätsstörenden Übergewichts im Falle eines Beamtenstreiks überzeugende Argumente für das Streikverbot für Beamte.

2. Vereinbarkeit des Streikverbots für Beamte mit einfachen Gesetzen

Nachdem gezeigt worden ist, dass zumindest verfassungsrechtlich keine Bedenken gegen das Streikverbot für Beamte bestehen,[619] soll nun untersucht werden, ob einfachgesetzliche Vorschriften ein Streikverbot für Beamte postulieren oder

---

615 Brox/Rüthers/*Schlüter*, Rn. 504; *Finger*, ZBR 1964, 65, 67; *Reuß*, DB 1969, 1798, 1799; a. A. ArbkR/*Hensche*, § 18a, Rn. 64 ff.

616 Mit dem Neutralitätsprinzip ist gemeint, dass sich der Staat neutral gegenüber den Koalitionsparteien verhalten muss. Die Koalitionsfreiheit (Art. 9 Abs. 3 GG) verbietet in ihrer Abwehrfunktion dem Staat nämlich aktiv Partei für eine der beiden Koalitionsparteien zu ergreifen (*Löwisch/Rieble*, Grundlagen, Rn. 469; NK-ArbR/*Hanau*, Art. 9 GG, Rn. 170).

617 *Forsthoff/Hueck*, S. 18.

618 So auch *Nikisch*, S. 143; vgl. auch *Hohenester*, S. 83.

619 Zur Vereinbarkeit des Beamtenstreikverbots mit Verfassungsrecht s. bereits unter H.I.1.

diesem entgegenstehen.[620] Auf einfachgesetzlicher Ebene kommen dabei sowohl bundesrechtliche als auch landesrechtliche Vorschriften in Betracht. Hier sollen zunächst die bundesrechtlichen und anschließend die landesrechtlichen Vorschriften untersucht werden.

a) Bundesgesetze

Im Rahmen der einfachgesetzlichen Betrachtung des Beamtenstreikverbots lässt sich zunächst festhalten, dass kein explizites bundesgesetzliches Verbot des Beamtenstreiks existiert. Dass ein solches Verbot fehlt, ist verwunderlich, denn bei der Erstellung des Grundgesetzes wurde die Entscheidung, ob ein Beamtenstreik verboten werden soll, dem zukünftigen Gesetzgeber überlassen, sodass eigentlich zu erwarten gewesen wäre, dass dieser das Beamtenstreikverbot ausdrücklich regelt. Lediglich im Regierungsentwurf des BBG wurde in § 57 ursprünglich ein explizites Streikverbot für Beamte vorgesehen. Diese Vorschrift wurde jedoch wieder gestrichen.[621]

Während es somit an einem ausdrücklichen bundesgesetzlichen Verbot des Beamtenstreiks fehlt, existieren jedoch diverse bundesgesetzliche Vorschriften im Beamtenrecht, die in der Literatur herangezogen werden, um das Streikverbot für Beamte zu untermauern.

aa) Gesetzliche Festlegung der Arbeitsbedingungen (§ 2 BBesG, § 3 BeamtVG)

So werden für ein Streikverbot für Beamte etwa der § 2 BBesG und der § 3 BeamtVG angeführt, nach denen die Arbeitsbedingungen der Beamten gesetzlich festgelegt werden müssen, was mit einem Streikrecht für Beamte nicht vereinbar sei.[622] Diese Unvereinbarkeit wird damit begründet, dass ein Beamtenstreik somit die Änderung von Gesetzen zum Ziel haben würde und er folglich ein verfassungswidriger politischer Streik sei. Zudem könne ein Streik nur rechtmäßig sein, wenn er zur Durchsetzung tariflich regelbarer Ziele geführt werde. Aufgrund der gesetzlichen Ausgestaltung des Beamtenverhältnisses würden die Arbeitsbedingungen jedoch nicht durch Tarifverträge geregelt werden können und daher

620 Da die einfachgesetzlichen Vorschriften die verfassungsrechtlichen Vorgaben aufgrund ihres niedrigeren Ranges in der Normenhierarchie nicht brechen können, wäre ein Abweichen von den verfassungsrechtlichen Vorgaben jedoch ohne Konsequenzen für die Rechtmäßigkeit des Beamtenstreikverbots.

621 Zur historischen Entwicklung s. ausführlich E.V.

622 Brox/Rüthers/*Schlüter*, Rn. 501.

könne ein Streik auch nie zur Durchsetzung tariflich regelbarer Ziele geführt werden. Diese Argumentationen decken sich mit den bereits oben dargestellten verfassungsrechtlichen Begründungsansätzen zur Notwendigkeit des Streikverbots für Beamte, sodass an dieser Stelle auf die oben gemachten Ausführungen verwiesen werden kann.[623] Im Ergebnis ist eines der überzeugenden Argumente für das Streikverbot für Beamte, dass ein Beamtenstreik nie zur Durchsetzung tariflich regelbarer Ziele geführt werden kann.

bb) Verlust der Beamtenbezüge nur bei schuldhaftem Fernbleiben (§ 9 BBesG)

Auch die Unentziehbarkeit der Beamtenbezüge wird für ein Streikverbot für Beamte angeführt. Es wird argumentiert, dass den Beamten im Falle eines Streiks ihr Gehalt weitergezahlt werden müsse. Dem Dienstherrn würde somit ein entscheidendes Arbeitskampfmittel fehlen, was ein paritätsstörendes Übergewicht der Gewerkschaften zur Folge hätte.[624] Befürworter eines Streikrechts für Beamte führen zwar an, dass der Beamte seine Dienstbezüge verlieren könne, wenn er schuldhaft dem Dienst fernbleibt (§ 9 S. 1 BBesG), allerdings wollte der Gesetzgeber mit dieser Regelung nur die rechtswidrige Arbeitsniederlegung erfassen. Somit wäre die Vorschrift nicht anwendbar, wenn sich der Beamte an einem rechtmäßigen Streik beteiligen würde.[625] Bei der Teilnahme an einem rechtmäßigem Streik – was der Beamtenstreik dann wäre – würde die Pflicht zur Gehaltsfortzahlung somit bestehen bleiben. Zur Vermeidung eines paritätsstörenden Übergewichts ist das Streikverbot für Beamte somit – wie bereits auf verfassungsrechtlicher Ebene festgestellt worden ist – zwingend erforderlich.[626]

cc) Lebenszeitberufung der Beamten (§ 4 Abs. 1 BeamtStG, § 6 Abs. 1 BBG)

Ebenfalls wird für ein Streikverbot die regelmäßige Lebenszeitberufung der Beamten (§ 4 Abs. 1 BeamtStG, § 6 Abs. 1 BBG) angeführt.[627] Ziel dieser Regelung sei es, eine qualifizierte und kontinuierliche Wahrnehmung der den Beamten zugewiesenen öffentlichen Aufgaben zu gewährleisten. Ferner solle der Beamte aufgrund des Lebenszeitprinzips jederzeit dienstbereit und verfügbar und somit stets für die ihm übertragenen Aufgaben einsetzbar sein. Da diese Ziele im Falle

623 Vgl. dazu unter H.I.1.e)aa).

624 Vgl. insoweit bereits die Ausführungen unter H.I.1.e)bb).

625 Brox/Rüthers/*Schlüter*, Rn. 502.

626 S. zum Einwand des paritätsstörenden Übergewichts bereits ausführlich H.I.1.e)bb).

627 So etwa Brox/Rüthers/*Schlüter*, Rn. 505.

eines Streiks jedoch nicht erreicht werden können, würde ein Streikrecht für Beamte im Widerspruch zur gesetzlichen Ausgestaltung der Tätigkeit der Beamten als Haupt- und Lebensberuf stehen.[628]

Wie bereits auf verfassungsrechtlicher Ebene festgestellt worden ist, ist das Lebenszeitprinzip allerdings nur bedingt zur Rechtfertigung des Streikverbots geeignet.[629] Die hinter dem Lebenszeitprinzip stehende Idee, die Funktionsfähigkeit der Verwaltung jederzeit gewährleisten zu können, kann nämlich allenfalls ein funktionsbezogenes Streikverbot für Beamte rechtfertigen.[630] Für das in der Bundesrepublik Deutschland geltende statusbezogene Streikverbot für Beamte kann daher bloß die mit dem Lebenszeitprinzip einhergehende Unkündbarkeit des Beamten ins Feld geführt werden. Diese führt – wie ebenfalls bereits auf verfassungsrechtlicher Ebene festgestellt – im Streikfalle nämlich zu einem paritätsstörenden Übergewicht der Gewerkschaften.[631]

dd) Pflicht zu vollem persönlichem Einsatz und zur uneigennützigen Amtswaltung (§ 34 BeamtStG, § 61 BBG)

Außerdem wird häufig vorgetragen, dass ein Streikrecht nicht mit der Pflicht des Beamten zu vollem persönlichem Einsatz und mit der Pflicht zur uneigennützigen Amtswaltung vereinbar sei (§ 34 BeamtStG, § 61 BBG).[632]

Der Pflicht zur uneigennützigen Amtswaltung würde ein Beamtenstreikrecht dabei deshalb entgegenstehen, weil ein Streik lediglich darauf abzielen würde, die persönlichen Arbeits- und Wirtschaftsbedingungen zu verbessern. Ein Beamtenstreik würde somit nicht aus uneigennützigen Beweggründen heraus begonnen werden, sondern nur aus eigennützigen Motiven.[633]

Aus dem gleichen Grund würde ein Beamtenstreikrecht auch der Pflicht zu vollem persönlichem Einsatz widersprechen, denn mit dieser Pflicht sei unter anderem auch gemeint, dass von dem Beamten ein gesteigerter Einsatz unter Zurückstellung seiner anderen Interessen gefordert wird.[634] Mit der lediglich aus eigensüchtigen Motiven erfolgenden Streikteilnahme würde der Beamte jedoch seine eigenen Interessen nicht ausreichend zurückstellen und somit läge

628 Brox/Rüthers/*Schlüter*, Rn. 505.
629 S. dazu bereits H.I.1.d)dd).
630 S. dazu bereits H.I.1.d)dd).
631 S. unter H.I.1.e)bb).
632 Vgl. etwa BVerwG 19.9.1977, NJW 1978, 178, 179; BVerwG 3.12.1980, JZ 1981, 220, 221.
633 Brox/Rüthers/*Schlüter*, Rn. 507.
634 PdK-BeamtStG/*Metzler-Müller*, § 34 BeamtStG, 2.

in jeder Streikteilnahme ein Verstoß gegen die Pflicht zu vollem persönlichem Einsatz.

Der Vorwurf, dass der Beamte im Falle einer Streikteilnahme seine eigenen Interessen nicht pflichtgemäß zurückstellen würde, überzeugt jedoch nicht. Der Beamte hat nämlich lediglich „bei der Erfüllung der ihm anvertrauten Aufgaben seine eigenen Interessen zurückzustellen".[635] Die Geltendmachung eigener Interessen im Rahmen der Arbeitsniederlegung betrifft jedoch gerade nicht die Erfüllung der ihm anvertrauten Aufgaben, sondern die Ausgestaltung seines Beschäftigungsverhältnisses zum Dienstherrn.[636] Somit können die hier genannten Pflichten ein Streikverbot nicht begründen. Das Gebot der uneigennützigen Amtsführung und die Pflicht zu vollem persönlichem Einsatz wären nämlich erst betroffen, wenn der Beamte seine Dienststellung zur Förderung eigener Interessen instrumentalisieren würde.[637]

ee) Anspruch auf lebenslange, amtsangemessene Besoldung (§ 3 BBesG)

Als weiteres Argument für die Notwendigkeit eines Streikverbots für Beamte wird häufig vorgebracht, dass der Beamte Anspruch auf lebenslange, amtsangemessene Besoldung hat (§ 3 BBesG). Vertreter dieser Argumentation stützen sich dabei auf drei allgemein anerkannte Prinzipien der Beamtenbesoldung.[638]

Als Erstes führen sie an, dass die angemessene Besoldung und Versorgung des Beamten durch Gesetz festzulegen sei. Daher würde es den Koalitionen an einem Gestaltungsspielraum fehlen, der durch Tarifverträge – notfalls nach einem Streik – ausgefüllt werden könne. Als Zweites wird von ihnen angeführt, dass die durch Gesetz festzulegende amtsangemessene Besoldung in ihrem Umfang nicht beliebig variabel sei. Die Höhe sei nämlich nicht nach den wirtschaftlichen Möglichkeiten der öffentlichen Hand, sondern mithilfe objektiver von der Rechtsprechung entwickelter Kriterien zu bestimmen.[639] Auch dies würde dazu führen, dass den Koalitionen kein tarifvertraglicher Gestaltungsspielraum zustünde. Diese beiden Argumente sind plausibel, denn die fehlende tarifliche Regelbarkeit des Beamtenverhältnisses ist – wie bereits auf verfassungsrechtlicher Ebene festgestellt worden ist – ein überzeugender Grund, den Beamten ein Streikrecht zu versagen.[640]

635 BVerfG 19.9.2007, NVwZ 2007, 1396.
636 So auch ArbkR/*Hensche*, § 18a, Rn. 48.
637 Vgl. BVerwG 14.12.1995, NJW 1996, 2319, 2320; ArbkR/*Hensche*, § 18a, Rn. 48; s. hierzu und zu weiteren Argumenten auch H.I.1.d)cc).
638 Brox/Rüthers/*Schlüter*, Rn. 508 ff.
639 BVerfG 30.3.1977, NJW 1977, 1869.
640 S. dazu bereits H.I.1.e)aa).

Nicht überzeugen kann jedoch die von den Vertretern dieser Argumentation vorgebrachte dritte These, nach der auch deshalb keine Notwendigkeit für ein Streikrecht bestünde, weil das Recht des Beamten auf eine amtsangemessene Besoldung ein grundrechtliches Recht sei, gegen dessen Verletzung der Beamte mit einer Verfassungsbeschwerde vorgehen könne. Bei dieser These wird nämlich verkannt, dass die Möglichkeit, Verfassungsbeschwerde zu erheben, das Streikrecht nicht ersetzen kann. Zwar bietet die Erhebung einer Verfassungsbeschwerde dem Beamten nämlich den Vorteil, dass diese für ihn nahezu keine persönlichen Risiken birgt, jedoch geht mit der Anrufung des Verfassungsgerichts der Nachteil einher, dass die Durchsetzung der Rechte im Wege der Verfassungsbeschwerde eine sehr lange Zeit in Anspruch nimmt. Diese Langwierigkeit liegt zum einen an den ohnehin lange dauernden Verfahren vor dem Verfassungsgericht, zum anderen aber auch daran, dass das Verfassungsgericht dem Beamten nicht unmittelbar selbst eine höhere Besoldung zusprechen kann. Im Anschluss an das langwierige Gerichtsverfahren muss vielmehr erst noch der Gesetzgeber tätig werden und das entsprechende Besoldungsgesetz anpassen. Berücksichtigt man, dass der Beamte jedoch ein erhebliches Interesse an einer schnellen Anpassung seiner Besoldung aufgrund deren Bedeutung für die tägliche Lebensführung hat, wird deutlich, dass die Erhebung einer Verfassungsbeschwerde wegen ihrer „Schwerfälligkeit“ keine Alternative zum Streikrecht darstellen kann. Den Beamten kann das Streikrecht daher nicht mit der Begründung verwehrt werden, dass ihnen bereits die Möglichkeit offen steht, zur Anpassung der Besoldung Verfassungsbeschwerde zu erheben.

Da nur mittels des Streikrechts eine zeitnahe Anpassung der Besoldung erreicht werden kann, werden die Beamten auch nicht ungerecht gegenüber den Arbeitnehmern bevorzugt, wenn nur ihnen, neben der Möglichkeit zum Streik, auch noch die Möglichkeit, Verfassungsbeschwerde zu erheben, offen steht.[641] Im Ergebnis kann den Beamten das Streikrecht daher weder mit der Begründung verwehrt werden, dass sie zur Anpassung ihrer Besoldung bereits die Möglichkeit haben, Verfassungsbeschwerde zu erheben, noch damit, dass die Beamten durch ein „zusätzliches“ Streikrecht gegenüber den normalen Arbeitnehmern ungerecht bevorzugt würden.

Unabhängig von der Beurteilung der dritten These kann das Streikverbot für Beamte aber jedenfalls aufgrund der anderen beiden überzeugenden Argumente mit dem Anspruch auf lebenslange, amtsangemessene Besoldung plausibel begründet werden.[642]

---

641 A. A. Brox/Rüthers/*Schlüter*, Rn. 511.

642 Vgl. dazu auch die Ausführungen zur gesetzlichen Festlegung der Arbeits- und Entgeltbedingungen unter H.I.1.e)aa).

b) *Landesgesetze*

Ähnlich wie auf Bundes- verhält es sich auch auf Länderebene. Auch dort wurden Beamtengesetze erlassen, die (bis auf eine Ausnahme) die Frage nach einem Beamtenstreikrecht nicht beantworten. An dieser Stelle ist daher lediglich § 50 des rheinland-pfälzischen Landesbeamtengesetzes zu erwähnen, der eine Arbeitsniederlegung der Beamten für unzulässig erklärt. Im Gegensatz zu den bundesgesetzlichen Regelungen existiert damit auf Landesebene zumindest in einem Bundesland ein ausdrückliches Streikverbot für Beamte.

c) *Zwischenergebnis*

Abschließend lässt sich festhalten, dass der Beamtenstreik auch einfachgesetzlich (abgesehen von der Regelung in Rheinland-Pfalz) nicht ausdrücklich verboten ist. Darüber hinaus ist festzustellen, dass die einzelgesetzliche Ausgestaltung des Beamtenrechts maßgeblich auf den verfassungsrechtlichen Vorgaben basiert. Die bereits aus der Verfassung hergeleiteten Prinzipien werden meist einfachgesetzlich nur noch einmal ausformuliert und daher können die einfachen Gesetze keine neuen Grundlagen für ein Streikverbot liefern. Dieses Ergebnis ist auch konsequent, denn die einfachen Gesetze wären ohne deren Ableitung aus der Verfassung nicht in der Lage, die Ausübung der Koalitionsfreiheit zu verbieten.

3. Ergebnis

Wie gezeigt worden ist, wird versucht das Streikverbot für Beamte mit einer Vielzahl von Argumenten zu begründen, wobei jedoch nur die wenigsten überzeugen können.[643] Zu den positiven Ausnahmen zählen die Argumente, die sich auf arbeitsrechtliche Kriterien beziehen, wie die Feststellung, dass ein Beamtenstreik nie zur Durchsetzung tariflich regelbarer Ziele geführt werden könne, oder dass im Falle eines Beamtenstreiks stets ein paritätsstörendes Übergewicht bestehen würde.[644] Im Kern überzeugend ist grundsätzlich auch die Argumentation, dass ein Streikverbot notwendig sei, um die Verwaltung funktionsfähig zu halten.[645] Allerdings lässt sich mit diesem Argument bloß ein funktionsbezogenes, nicht aber ein – in der Bundesrepublik Deutschland derzeit geltendes – statusbezogenes Streikverbot begründen.

643 S. zu den einzelnen Argumenten unter H.I.1. und H.I.2.

644 S. zu diesen Argumenten unter H.I.1.e)aa) und H.I.1.e)bb).

645 S. zur Argumentation mit der Funktionsfähigkeit der Verwaltung unter H.I.1.d)dd).

Die Auswertung der verschiedenen Argumentationen brachte darüber hinaus zum Vorschein, dass gerade die in jüngerer Vergangenheit verfassten Literaturbeiträge sich häufig damit begnügen, das Streikverbot für Beamte einfach nur festzustellen oder maximal kurz klauselartig eine der vielen Begründungen für das Streikverbot zu nennen, statt es gründlich herzuleiten.[646] Gerade vor dem Hintergrund der Vielzahl an kaum überzeugenden Argumenten, wäre eine gründliche Herleitung des Streikverbots jedoch wünschenswert und hätte vermutlich zur Folge, dass viele Autoren einem Streikverbot für Beamte nicht mehr so unkritisch gegenüberstehen würden, wie es in letzter Zeit der Fall ist. Da aber nichtsdestotrotz einige überzeugende Argumente für ein Streikverbot für Beamte existieren, ist das Streikverbot jedenfalls nach deutschem Recht zulässig.

II. Vereinbarkeit des Streikverbots für Beamte mit Völker- und Europarecht

Nachdem gezeigt wurde, dass das Streikverbot für Beamte mit dem deutschen Recht vereinbar ist,[647] wird im Folgenden der Frage nachgegangen, ob das Streikverbot auch mit dem Völker- und Europarecht vereinbar ist. Mit Blick auf das EGMR-Urteil im Fall *Enerji Yapi-Yol Sen* und die daran anknüpfenden Urteile der deutschen Gerichte[648] ist diese Frage besonders klärungsbedürftig.

1. Völkerrecht

Zunächst ist die Vereinbarkeit des Streikverbots für Beamte mit dem Völkerrecht zu untersuchen.

a) Verstoß des Streikverbots gegen Art. 11 EMRK

In Anbetracht der Tatsache, dass der EGMR den Schutz der Gewerkschaftsfreiheit (Art. 11 EMRK) auch auf die zentralen gewerkschaftlichen Aufgabengebiete wie Kollektivverhandlungen und Streik erstreckt hat und dass der EGMR sich primär auf Basis des Art. 11 EMRK ausdrücklich gegen ein statusbezogenes Streikverbot ausgesprochen hat,[649] ist zunächst die Vereinbarkeit des Streikverbots für Beamte mit dieser Norm zu prüfen.

646 Diesen Eindruck hat auch *Hebeler*, ZBR 2012, 325, 326.

647 S. hierzu bereits H.I.

648 Zu all diesen Urteilen ausführlich s. F.

649 S. dazu die Entscheidungen EGMR 12.11.2008, NZA 2010, 1425 – *Demir und Baykara/Türkei* und EGMR 21.4.2009, NZA 2010, 1423 – *Enerji Yapi-Yol Sen/Türkei.*

aa) Ungerechtfertigter Eingriff in Art. 11 EMRK

Zunächst ist der Frage nachzugehen, ob das Streikverbot für Beamte ungerechtfertigt in Art. 11 EMRK eingreift.

(1) Eingriff in Art. 11 EMRK

Ein Streikverbot für Beamte wäre dann ein Eingriff in Art. 11 EMRK, wenn Art. 11 EMRK den Beamten ein Streikrecht garantiert. Grundsätzlich hat nach Art. 11 Abs. 1 EMRK jede Person das Recht, sich frei und friedlich mit anderen zu versammeln und sich frei mit anderen zusammenzuschließen. Garantiert ist auch das Recht, zum Schutz seiner Interessen Gewerkschaften zu gründen und Gewerkschaften beizutreten. Weder in dem ursprünglichen Text noch in den Zusatzprotokollen wird jedoch ein Streikrecht ausdrücklich anerkannt. Explizit ergibt sich aus Art. 11 EMRK somit kein Streikrecht für Beamte.

Mangels ausdrücklicher Regelung war lange Zeit vielmehr unklar, ob Art. 11 Abs. 1 EMRK auch das Streikrecht schützt.[650] Der EGMR, welchem das Letztinterpretationsrecht der EMRK zusteht, hat anfangs nämlich gezögert, das Streikrecht für garantiert zu erklären.[651] Insgesamt lässt sich die bisherige Rechtsprechung des EGMR zum Streikrecht sogar als restriktiv und zurückhaltend bezeichnen.[652] Die Rechtsprechung des EGMR zeigt damit Parallelen zu der Rechtsprechung deutscher Gerichte, welche gegenüber dem Streikrecht ebenfalls eine zögernde und widerstrebende Haltung angenommen hatten.[653]

Ein Wandel in der Haltung des EGMR zum Streikrecht erfolgte erst in den Urteilen zu den Fällen *Demir und Baykara*[654] und *Enerji Yapi-Yol Sen*.[655] In ersterem kam der EGMR zu dem Ergebnis, dass Angehörige des öffentlichen Dienstes nicht vom Anwendungsbereich des Art. 11 Abs. 1 EMRK ausgeschlossen werden können.[656] Damit stehen nach Ansicht des EGMR auch Angehörigen des öffentlichen Dienstes – und somit auch den Beamten – die Rechte aus Art. 11 EMRK zu.

Darüber hinaus stellte der EGMR fest, dass die EMRK ein „lebendes Instrument" sei, das im Lichte der heutigen Bedingungen und in Übereinstimmung mit

---

650 *Lindner*, DÖV 2011, 305, 307.

651 Vgl. *Niedobitek*, ZBR 2010, 361, 367.

652 Vgl. *Lindner*, DÖV 2011, 305, 307.

653 Zur Haltung deutscher Gerichte s. bereits unter E.V.

654 EGMR 12.11.2008, NZA 2010, 1425 – *Demir und Baykara/Türkei*; s. dazu ausführlich F.I.

655 EGMR 21.4.2009, NZA 2010, 1423 – *Enerji Yapi-Yol Sen/Türkei*; s. ausführlich unter F.II.

656 Vgl. EGMR 12.11.2008, NZA 2010, 1425, 1429 – *Demir und Baykara/Türkei*.

den Entwicklungen des Völkerrechts interpretiert werden müsse.[657] Unter Berücksichtigung der Fortentwicklung des internationalen und staatlichen Arbeitsrechts und der Praxis der Konventionsstaaten kam der EGMR dabei zu dem Schluss, dass das Recht, Tarifverhandlungen mit dem Arbeitgeber zu führen, grundsätzlich ein wesentliches Element der in Art. 11 EMRK garantierten Koalitionsfreiheit geworden sei.[658] Damit gab der EGMR seine vorherige Rechtsprechung auf, nach der das Recht, Tarifverträge auszuhandeln und abzuschließen, kein wesentliches Element von Art. 11 EMRK war.[659]

Mit diesem Rechtsprechungswandel legte der EGMR den Grundstein für die Anerkennung des Streikrechts,[660] welche wenig später mit Urteil vom 21. April 2009 im Fall *Enerji Yapi-Yol Sen* erfolgte.[661] Zwar wies der EGMR dort lediglich auf die Spruchpraxis der ILO-Überwachungsgremien hin, nach der das Streikrecht eine untrennbare Folge des gewerkschaftlichen Koalitionsrechts sei und stellte dies nicht explizit in seinem Urteil fest.[662] Berücksichtigt man jedoch die Aussage des EGMR im Fall *Demir und Baykara*, nach der die EMRK in Übereinstimmung mit den Entwicklungen des Völkerrechts interpretiert werden müsse,[663] kann der Hinweis des EGMR auf die Spruchpraxis der ILO-Überwachungsgremien nur so verstanden werden, dass auch der Gerichtshof fortan das Streikrecht als untrennbare Folge der von Art. 11 EMRK garantierten Koalitionsfreiheit ansieht. Dafür spricht auch, dass der EGMR erklärte, dass das Streikrecht zwar keinen absoluten Charakter habe, ein Streikverbot jedoch nur bestimmte Beamtengruppen, nicht jedoch pauschal alle Beamten erfassen dürfe.[664] Diese Aussage ist nämlich nur schlüssig, wenn Art. 11 EMRK nach Ansicht des EGMR auch das Streikrecht garantiert.

In den Urteilen zu den Fällen *Demir und Baykara* und *Enerji Yapi-Yol Sen* hat der EGMR somit erstmalig klargestellt, dass auch Angehörigen des öffentlichen Dienstes – und folglich auch Beamten – das in Art. 11 EMRK garantierte Recht auf Kollektivverhandlungen zusteht und dieses Recht auch das Streikrecht umfasst. Da die Beamten in der Bundesrepublik Deutschland aufgrund des Streikverbots

---

657 EGMR 12.11.2008, NZA 2010, 1425, 1427 – *Demir und Baykara/Türkei.*

658 EGMR 12.11.2008, NZA 2010, 1425, 1431 – *Demir und Baykara/Türkei.*

659 Vgl. EGMR 12.11.2008, NZA 2010, 1425, 1431 – *Demir und Baykara/Türkei.*

660 *Niedobitek*, ZBR 2010, 361, 368.

661 EGMR 21.4.2009, NZA 2010, 1423 – *Enerji Yapi-Yol Sen/Türkei*; s. ausführlich unter F.II.

662 EGMR 21.4.2009, NZA 2010, 1423, 1424 – *Enerji Yapi-Yol Sen/Türkei.*

663 EGMR 12.11.2008, NZA 2010, 1425, 1427 – *Demir und Baykara/Türkei.*

664 EGMR 21.4.2009, NZA 2010, 1423, 1424 f. – *Enerji Yapi-Yol Sen/Türkei.*

für Beamte an der Ausübung ihres Streikrechts gehindert sind, greift die deutsche Rechtslage folglich in Art. 11 EMRK ein.[665]

Dieser Eingriff lässt sich auch nicht durch eine von *Schubert* vorgenommene einschränkende Auslegung des Schutzbereichs von Art. 11 Abs. 1 EMRK vermeiden.[666] Nach ihrer Auffassung ist ein Streikrecht von Art. 11 Abs. 1 EMRK nicht geschützt, wenn die effektive Geltendmachung der Beschäftigteninteressen auch ohne Streik möglich ist. Da die Beamten aufgrund ihrer umfassenden Beamtenrechte (beispielsweise des Alimentationsprinzips, des Entlassungsverbots und des einklagbaren Rechts des Beamten auf angemessene Vergütung) nach *Schuberts* Ansicht nicht zwingend auf ein Streikrecht zur Durchsetzung ihrer Interessen angewiesen sind, müsse der Schutzbereich des Art. 11 Abs. 1 EMRK in der Hinsicht beschränkt werden, dass er für die Beamten kein Streikrecht garantiert.[667] Diese Beschränkung hätte zur Folge, dass das Streikverbot für Beamte nicht in Art. 11 Abs. 1 EMRK eingreifen würde. Allerdings spricht gegen diese von *Schubert* vorgenommene einschränkende Auslegung des Schutzbereichs von Art. 11 Abs. 1 EMRK, dass der EGMR bisher immer dazu tendierte, den Schutzbereich der Menschenrechte weit auszulegen. Mithin stünde eine derart restriktive Auslegung im direkten Widerspruch zur Rechtsprechung des EGMR.[668] Aus diesem Grund ist die von *Schubert* vertretene Auffassung nicht überzeugend und wird sich nicht durchsetzen. Letzteres räumt *Schubert* sogar selbst ein.[669]

An dieser Stelle sei noch erwähnt, dass aber auch *Schubert* zu einem Verstoß der deutschen Rechtslage gegen Art. 11 Abs. 1 EMRK kommt. Nach *Schubert* muss nämlich ein ausreichendes Verfahren für die Berufsverbände der Beamten sichergestellt sein, um deren Mitgliederinteressen ausreichend Gehör verschaffen zu können, damit dem in Art. 11 Abs. 1 EMRK garantierten Recht auf Kollektivverhandlungen Genüge getan wird.[670] Da eine effiziente Beteiligung an der Gestaltung der Arbeitsbedingungen jenseits der formellen Gesetze in den Ländern und Gemeinden jedoch nicht sichergestellt sei und die Arbeitsbedingungen der Beamten aber auch durch Verordnung, Satzung oder Erlass konkretisiert werden, erfasse die Beteiligung der Verbände nicht alle Arbeitsbedingungen der Beamte und somit sei die Geltendmachung der Mitgliederinteressen nicht in vollem

---

665 So auch *Ickenroth*, S. 170; *Niedobitek*, ZBR 2010, 361, 368; a. A. *Bitsch*, ZTR 2012, 78; *Lindner*, DÖV 2011, 305, 307 ff.

666 *Schubert*, AöR 2012, 92, 107.

667 *Schubert*, AöR 2012, 92, 108 f.

668 So auch *Ickenroth*, S. 169 f.

669 *Schubert*, AöR 2012, 92, 111.

670 *Schubert*, AöR 2012, 92, 109.

Umfang gewährleistet. Aus dieser fehlenden Gewährleistung folge, dass das bestehende Beteiligungsverfahren den Anforderungen des Art. 11 EMRK nicht genügen würde.[671] Ob wirklich ein solcher von *Schubert* proklamierter Eingriff in Art. 11 EMRK wegen eines nicht ausreichenden Verfahrens zur Beteiligung der Berufsverbände der Beamten besteht und ob dieser Eingriff möglicherweise gerechtfertigt ist, soll hier allerdings nicht näher beleuchtet werden, da dies zum einen zu weit vom eigentlichen Untersuchungsgegenstand dieser Arbeit – dem Streikverbot für Beamte – wegführen würde und zum anderen – wie in diesem Abschnitt bereits festgestellt worden ist – jedenfalls schon durch das Streikverbot für Beamte in Art. 11 EMRK eingegriffen wird.

(2) Streikverbot nicht durch Eingriffsvorbehalte in Art. 11 Abs. 2 EMRK gerechtfertigt

Nachdem gezeigt wurde, dass das in der Bundesrepublik Deutschland geltende Beamtenstreikverbot in Art. 11 Abs. 1 EMRK eingreift,[672] ist nun zu fragen, ob dieser Eingriff möglicherweise gerechtfertigt ist. In Betracht käme eine Rechtfertigung durch einen der Eingriffsvorbehalte in Art. 11 Abs. 2 EMRK. Mit einer solchen Rechtfertigung argumentieren insbesondere die Vertreter, die das in der Bundesrepublik Deutschland geltende Streikverbot für Beamte für mit Art. 11 EMRK vereinbar halten.[673]

(a) Rechtfertigung durch Eingriffsvorbehalt nach Art. 11 Abs. 2 S. 1 EMRK

So soll sich bereits aus Art. 11 Abs. 2 S. 1 EMRK ein für das Streikverbot hinreichender Eingriffsvorbehalt ergeben. Nach dieser Regelung sind Einschränkungen des von Art. 11 Abs. 1 EMRK garantierten Streikrecht zulässig, wenn die Einschränkungen gesetzlich vorgesehen und in einer demokratischen Gesellschaft notwendig sind, unter anderem für die nationale oder öffentliche Sicherheit oder zur Aufrechterhaltung der Ordnung.

(aa) Argumentation

Die Befürworter einer solchen Rechtfertigung argumentieren, dass ein Beamtenstreik sich unmittelbar gegen den demokratisch legitimierten Gesetzgeber richten würde und der Streik darauf gerichtet wäre, den Gesetzgeber unter Zufügung wirtschaftlicher Nachteile zur Verabschiedung gesetzlicher Neuregelungen zu

---

671 *Schubert*, AöR 2012, 92, 110.

672 S. dazu bereits H.II.1.a)aa)(1).

673 So etwa *Bitsch*, ZTR 2012, 78; *Lindner*, DÖV 2011, 305, 307 ff.

zwingen, da die Arbeitsbedingungen der Beamten sich gerade nicht nach einem Arbeits- oder Tarifvertrag bestimmen, sondern sich unmittelbar aus dem Beamtenrecht ergeben.[674] Ein solcher unmittelbarer Druck auf den Gesetzgeber, mit dem Partikularinteressen durchgesetzt werden sollen, sei mit den Grundsätzen der parlamentarischen Demokratie unvereinbar und gefährdet nach Auffassung der Befürworter einer solchen Rechtfertigung jedenfalls die öffentliche Ordnung.[675] Die Einschränkung des Streikrechts würde „in einer demokratischen Gesellschaft" somit der „Aufrechterhaltung der Ordnung" dienen und daher sei die Einschränkung des Streikrechts in der Gestalt des statusbezogenen Streikverbots für Beamte zulässig.

(bb) Stellungnahme

Gegen diese Argumentation spricht allerdings, dass sich das für eine Rechtfertigung über den Eingriffsvorbehalt aus Art. 11 Abs. 2 S. 1 EMRK erforderliche notwendige gesellschaftliche Bedürfnis nicht erkennen lässt.[676] Zwar ist den Vertretern der oben genannten Ansicht zuzugestehen, dass ein Streik, der auf die Änderung von Gesetzen abzielt (ein sogenannter politischer Streik), grundsätzlich in die Entscheidungsfreiheit der Legislative eingreift und daher mit den Grundsätzen der parlamentarischen Demokratie unvereinbar ist.[677] Jedoch zielt der Beamtenstreik nicht auf die Änderung von Gesetzen, sondern auf die Änderung von Arbeitsbedingungen. Die angestrebte Gesetzesänderung ist lediglich Mittel zum Zweck, um bessere Arbeitsbedingungen für die Beamten zu erhalten. Folglich handelt es sich bei einem Beamtenstreik nicht um einen politischen, sondern um einen koalitionsrechtlichen Streik, welcher nach Art. 9 Abs. 3 GG verfassungsrechtlich geschützt ist.[678] Als verfassungsrechtlich geschützter Streik kann der Beamtenstreik die öffentliche Ordnung nicht gefährden und somit besteht kein notwendiges gesellschaftliches Bedürfnis, einen solchen Streik zu verbieten.

Denkbar wäre allenfalls, dass es zur Aufrechterhaltung und Sicherung der demokratischen Gesellschaft notwendig ist, dass der Staat zumindest mit einem Teil seiner Beschäftigten im öffentlichen Dienst in jeder Lebens- und Notsituation

---

674 *Bitsch*, ZTR 2012, 78, 81.

675 *Bitsch*, ZTR 2012, 78, 81.

676 So auch OVG Lüneburg 12.6.2012, BeckRS 2012, 51817; *Schubert*, AöR 2012, 92, 112.

677 Aus diesem Grund sind politische Streiks in der Bundesrepublik Deutschland auch unzulässig; zum politischen Streik s. bereits unter D.II.

678 S. zur Begründung, warum ein Beamtenstreik kein politischer Streik ist, bereits ausführlich unter H.I.1.e)aa).

handlungsfähig bleibt.[679] Der Erhalt der Funktionsfähigkeit des Staates könnte somit ein zwingendes gesellschaftliches Bedürfnis darstellen, welches ein Streikverbot für Beamte zu rechtfertigen vermag. Allerdings ist es für den Erhalt der Funktionsfähigkeit des Staates ausreichend, nur bestimmten hoheitlich tätigen Beamten den Streik zu verbieten. Ein generelles Streikverbot für alle deutschen Beamten ist für die nationale oder öffentliche Sicherheit oder zur Aufrechterhaltung der Ordnung in Deutschland nicht notwendig. Ein Streikverbot, das alle Beamten erfasst, kann somit mangels zwingendem gesellschaftlichen Bedürfnis nicht durch Art. 11 Abs. 2 S. 1 EMRK gerechtfertigt werden.

(b) Rechtfertigung durch Eingriffsvorbehalt nach Art. 11 Abs. 2 S. 2 EMRK

Ebenfalls denkbar wäre es, eine Rechtfertigung des Streikverbots für Beamte nach Art. 11 Abs. 2 S. 2 EMRK anzunehmen. Nach dieser Regelung kann das Streikrecht für Angehörige der Streitkräfte, der Polizei oder der Staatsverwaltung beschränkt werden. Die Beamten könnten hier zur „Staatsverwaltung" gehören und somit in den Anwendungsbereich des Eingriffsvorbehalts fallen. Allerdings ist bisher nicht geklärt, welche Personen dem Bereich der „Staatsverwaltung" zuzurechnen sind und somit, ob überhaupt alle Beamten unter diesen Eingriffsvorbehalt subsumiert werden können.[680] Auch der EGMR hat den Begriff der Staatsverwaltung bislang nicht definiert. Das Gericht hat bisher lediglich festgestellt, dass ein auf Art. 11 Abs. 2 S. 2 EMRK gestütztes Streikverbot jedenfalls nicht für sämtliche Angehörige des öffentlichen Dienstes statuiert werden dürfe.[681] Daraus lässt sich folgern, dass jedenfalls nicht *alle* Angehörigen des öffentlichen Dienstes zur Staatsverwaltung gehören. Wäre dies nämlich der Fall, könnte ein Streikverbot für alle Angehörigen des öffentlichen Dienstes durch Art. 11 Abs. 2 S. 2 EMRK gerechtfertigt werden. Aufgrund der Aussage des EGMR ist jedoch noch nicht ausgeschlossen, dass alle Beamten unter den Begriff der Staatsverwaltung subsumiert werden können.

Anders wäre es allerdings dann, wenn man die Entscheidung des EGMR im Fall *Enerji Yapi-Yol* so versteht, dass der EGMR sich nicht gegen ein pauschales Streikverbot für alle Angehörigen des öffentlichen Dienstes, sondern vielmehr gegen ein pauschales Streikverbot für alle Beamten ausgesprochen hat.[682] Ein

---

679 So auch OVG Münster 7.3.2012, NVwZ 2012, 890, 898.

680 Vgl. *Bitsch*, ZTR 2012, 78, 81.

681 EGMR 21.4.2009, NZA 2010, 1423 – *Enerji Yapi-Yol Sen/Türkei*; OVG Münster 7.3.2012, NVwZ 2012, 890, 897; wohl auch OVG Lüneburg 12.6.2012, BeckRS 2012, 51817; *Lindner*, DÖV 2011, 305, 307 ff.; *Polakiewicz/Kessler*, NVwZ 2012, 841, 842.

682 So sieht es etwa *Niedobitek*, ZBR 2010, 361, 368.

solches Verständnis würde nämlich implizieren, dass ein Streikverbot für Beamte nicht durch Art. 11 Abs. 2 S. 2 EMRK gerechtfertigt werden kann, was wiederum bedeuten würde, dass nicht alle Beamten zur Staatsverwaltung gehören können. Wäre dies nämlich der Fall, könnte ein Streikverbot für Beamte durch Art. 11 Abs. 2 S. 2 EMRK gerechtfertigt werden. Versteht man das Urteil des EGMR in dieser restriktiven Weise, könnten somit nicht alle Beamten unter den Begriff der Staatsverwaltung subsumiert werden. Eine Rechtfertigung des Streikverbots für Beamte kommt durch Art. 11 Abs. 2 S. 2 EMRK somit nur dann in Betracht, wenn die Entscheidung des EGMR so verstanden werden muss, dass das Gericht lediglich ein Streikverbot für alle Angehörigen des öffentlichen Dienstes für mit Art. 11 EMRK unvereinbar hält.

(aa) Argumentation

Für ein solches weites Verständnis der EGMR-Entscheidung plädieren die Vertreter, die eine Rechtfertigung des Streikverbots für Beamte durch Art. 11 Abs. 2 S. 2 EMRK bejahen. Sie verstehen den vom EGMR im auf Französisch verfassten Originalurteil verwendeten Begriff „fonctionnaire" nämlich weit und übersetzen ihn mit „Angehörige des öffentlichen Dienstes", statt diesen Begriff eng zu verstehen und mit „Beamte" zu übersetzen.[683]

Die Vertreter der weiten Übersetzung räumen zwar ein, dass in herkömmlichen Deutsch-Französisch Wörterbüchern und Online-Übersetzungsportalen der Begriff „fonctionnaire" häufig mit „Beamter" übersetzt werde, allerdings würde es sich hierbei nicht um rechtstechnische Übersetzungen handeln.[684] Bei diesen umgangssprachlichen Übersetzungen werde nämlich nicht zwischen Staatsbediensteten (Beamte, Angestellte und Arbeiter) und Beamten im öffentlich-rechtlichen Dienstverhältnis im Rechtssinne unterschieden. In einschlägigen Rechtswörterbüchern werde der Begriff „fonctionnaire" hingegen mit zwei Bedeutungen übersetzt, nämlich zum einen im engeren Sinne mit Beamter – beamtenrechtlich aber „agent titulaire" – und zum anderen im weiteren Sinne mit Amtsträger, Inhaber eines öffentlichen Amtes, Angehöriger des öffentlichen Dienstes.[685] Diese Unterscheidung würde auch der unterschiedlichen Diktion des

683 So etwa OVG Münster 7.3.2012, NVwZ 2012, 890, 897; wohl auch OVG Lüneburg 12.6.2012, BeckRS 2012, 51817; *Lindner*, DÖV 2011, 305, 307 ff.; *Polakiewicz/Kessler*, NVwZ 2012, 841, 842; für eine Übersetzung mit „Beamte" etwa *Niedobitek*, ZBR 2010, 361, 368.

684 OVG Münster 7.3.2012, NVwZ 2012, 890, 897.

685 OVG Münster 7.3.2012, NVwZ 2012, 890, 897; zur Übersetzung s. *Doucet*, S. 419; vgl. auch *Paepcke*, S. 262.

EGMR entsprechen.[686] So hatte der EGMR im Fall *Pellegrin*[687] zwischen den verschiedenen Bediensteten im öffentlichen Dienst zu unterscheiden, nämlich den Angestellten des öffentlichen Dienstes und den Beamten.[688] Dort habe der EGMR die Beamten mit „agents titulaires" bezeichnet, sodass der EGMR nach Auffassung der Vertreter, die für ein weites Verständnis plädieren, in dem Verfahren *Enerji Yapi-Yol Sen*[689] den Begriff „fonctionnaire" – wie in der Übersetzung des Urteils von *Meyer-Ladewig/Petzold*[690] – im Sinne der „Angehörigen des öffentlichen Dienstes" verwendet hat.[691] Für eine solche Übersetzung spreche zudem, dass der EGMR bei der Urteilserstellung den weiten Begriff vor Augen hatte, da es in dem zu entscheidenden Fall gerade nicht um die spezifische französische Rechtslage (sondern um die in der Türkei) ging.[692] Folglich sei der Begriff „fonctionnaire" mit „Angehörige des öffentlichen Dienstes" zu übersetzen und der EGMR würde nur ein generelles Streikverbot für alle Angehörigen des öffentlichen Dienstes für mit Art. 11 Abs. 1 EMRK unvereinbar halten.

Mit dieser Vorgabe des EGMR sei ein Streikverbot für Beamte auch noch vereinbar, denn indem in der Bundesrepublik Deutschland nur die Beamten nicht streiken dürfen, würde nicht dem öffentlichen Dienst als Gesamtheit, sondern nur einer Teilgruppe der Angehörigen des öffentlichen Dienstes der Streik verboten. Neben den Beamten zählt mit den Angestellten des öffentlichen Dienstes, die in privatrechtlichen Arbeitsverhältnissen beschäftigt werden, nämlich eine weitere zahlenmäßig beachtliche Personengruppe zu den Angehörigen des öffentlichen Dienstes. Dieser Gruppe steht nach deutschem Recht ein Streikrecht zu, sodass ein wesentlicher Teil der Angehörigen des öffentlichen Dienstes in Übereinstimmung mit Art. 11 Abs. 1 EMRK streiken dürfe.[693] Da der EGMR in seinem Urteil – im Einklang mit Art. 11 Abs. 2 S. 2 EMRK – den Konventionsstaaten die Möglichkeit zugestanden hat, „Angehörige der Streitkräfte, der Polizei oder der

---

686 OVG Münster 7.3.2012, NVwZ 2012, 890, 897.

687 EGMR 8.12.1999, NVwZ 2000, 661 – *Pellegrin/Frankreich.*

688 Im französischen Originaltext: „Dans la présente affaire, les parties ont tiré argument de la distinction qui existe en France, comme dans d'autres Etats contractants, entre les deux catégories d'agents au service de l'Etat, à savoir les agents contractuels et les agents titulaires".

689 EGMR 21.4.2009, NZA 2010, 1423 – *Enerji Yapi-Yol Sen/Türkei*; s. ausführlich unter F.II.

690 EGMR 21.4.2009, NZA 2010, 1423 – *Enerji Yapi-Yol Sen/Türkei.*

691 OVG Münster 7.3.2012, NVwZ 2012, 890, 897; im Ergebnis auch *Lindner*, DÖV 2011, 305, 307.

692 *Lindner*, DÖV 2011, 305, 307, Fn. 22.

693 *Lindner*, DÖV 2011, 305, 308.

Staatsverwaltung" von dem grundsätzlich durch Art. 11 Abs. 1 EMRK verbürgten Streikrecht auszunehmen, würde ein Streikverbot für Beamte nicht gegen Art. 11 Abs. 1 EMRK verstoßen.[694] Die Einschränkung des Streikrechts sei stattdessen nach Art. 11 Abs. 2 S. 2 EMRK gerechtfertigt.

Einzige Voraussetzung für die Wirksamkeit dieser Einschränkung sei, dass die vom Streikrecht ausgenommenen Gruppen nach sachlich gerechtfertigten Kriterien hinreichend abgrenzbar seien. Eine solche eindeutige und klare Abgrenzbarkeit der Beamten von den übrigen Beschäftigten des öffentlichen Dienstes sei aufgrund des formalen Kriteriums der Berufung in das Beamtenverhältnis jedoch ohne weiteres möglich.[695] Neben diese formale Abgrenzung zwischen den Beamten und den sonstigen Angehörigen des öffentlichen Dienstes trete zudem eine materielle Abgrenzbarkeit: Die Beamten stünden zu ihrem Dienstherrn in einem besonderen Treueverhältnis, welches mit besonderen Rechten und Pflichten einhergeht.[696] Damit habe die Bundesrepublik Deutschland eine formal abgrenzbare und materiell mit einer besonderen Rechte- und Pflichtenstellung ausgestattete Personalkategorie geschaffen, sodass das in der Bundesrepublik Deutschland geltende Streikverbot für Beamte auch aufgrund der hinreichenden Abgrenzbarkeit nicht gegen Art. 11 EMRK verstoßen würde. Die Einschränkung des Streikrechts könne für Beamte somit durch Art. 11 Abs. 2 S. 2 EMRK gerechtfertigt werden.

Kritisch hinterfragt *Bitsch* zwar, ob nach deutschem Recht der Kreis der Beamten möglicherweise zu weit gezogen wird, um noch unter die Rechtfertigung nach Art. 11 Abs. 2 S. 2 EMRK zu fallen.[697] Immerhin könne danach das Streikrecht nämlich nur für Angehörige der Streitkräfte, der Polizei oder der Staatsverwaltung beschränkt werden, ob aber alle Beamten zur Staatsverwaltung gezählt werden können, sei fraglich. Würden nicht alle Beamten von dem Eingriffsvorbehalt aus Art. 11 Abs. 2 S. 2 EMRK erfasst, hätte dies zur Folge, dass einzelnen Beamtengruppen – etwa Lehrern – möglicherweise ein Streikrecht zuzugestehen wäre. Allerdings existiert für *Bitsch* kein taugliches Kriterium, auf dessen Basis entschieden werden könne, welchen Beamten ein Streikrecht zustehen soll und welchen nicht, mit anderen Worten, welche Beamtengruppen Teil der Staatsverwaltung sind und welche nicht.[698] *Bitsch* führt dazu aus, dass auch der EGMR bislang nicht abschließend entschieden habe, wer zu der Gruppe der „Staatsverwaltung" zu rechnen sei und wer nicht. Für die Frage, ob ein Streikrecht besteht oder nicht,

---

694 *Lindner*, DÖV 2011, 305, 308.
695 *Bitsch*, ZTR 2012, 78, 82.
696 *Lindner*, DÖV 2011, 305, 308.
697 *Bitsch*, ZTR 2012, 78, 82.
698 *Bitsch*, ZTR 2012, 78, 82 ff.

muss seiner Meinung nach daher weiterhin nur auf den beamtenrechtlichen Status abgestellt werden.[699] Inwieweit der einzelne Beamte der Staatsverwaltung im Sinne des Art. 11 Abs. 2 S. 2 EMRK zugerechnet werden kann, was unter anderem in der Literatur daran festgemacht wird, ob der Beamte im Rahmen der „Eingriffsverwaltung“ tätig ist, eine besondere Bedeutung für das „Funktionieren des Staates und der Aufrechterhaltung der Ordnung“ hat oder „hoheitliche“ Aufgaben erfüllt, spielt für die Frage nach dem Bestehen eines Streikrechts für *Bitsch* keine Rolle.[700] Hinzu kommt für *Bitsch*, dass der EGMR lediglich verlangt habe, dass das Streikverbot nicht auf alle Angehörigen des öffentlichen Dienstes erstreckt werden dürfe.[701] Da in der Bundesrepublik Deutschland ein Streikverbot für alle Beschäftigten des öffentlichen Dienstes nicht besteht, entspricht das deutsche Recht somit auch nach *Bitsch* den Vorgaben aus Art. 11 EMRK.[702]

(bb) Stellungnahme

Auf den ersten Blick ist es überzeugend, dass Streikverbot für Beamte durch Art. 11 Abs. 2 S. 2 EMRK für gerechtfertigt zu halten. So ist die Übersetzung des Begriffs „fonctionnaire“ mit „Angehörige des öffentlichen Dienstes“ nicht zu beanstanden und die daraus gezogene Schlussfolgerung, dass der EGMR damit lediglich ein Streikverbot für alle Angehörigen des öffentlichen Dienstes für mit Art. 11 EMRK unvereinbar hält, überzeugend. Ebenfalls überzeugend ist, dass das in der Bundesrepublik Deutschland geltende Streikverbot für Beamte nicht mit einem Streikverbot für alle Angehörigen des öffentlichen Dienstes gleichzusetzen ist, und dass das Streikverbot für Beamte daher nicht schon von vornherein gegen Art. 11 EMRK verstößt.

Ihren Schwachpunkt hat die Argumentation jedoch darin, dass aus diesen Vorüberlegungen unmittelbar der Schluss gezogen wird, dass das Streikverbot für Beamte sodann aufgrund von Art. 11 Abs. 2 S. 2 EMRK gerechtfertigt ist. Wenn man sich nämlich vergegenwärtigt, dass von dem Eingriffsvorbehalt nach Art. 11 Abs. 2 S. 2 EMRK ausdrücklich nur Angehörige der Streitkräfte, der Polizei oder der Staatsverwaltung erfasst werden, kann ein generelles Streikverbot für Beamte nur auf diesen Eingriffsvorbehalt gestützt werden, wenn alle Beamten zu diesen Personengruppen gehören. Da offensichtlich ist, dass nicht alle Beamten zu den Streitkräften und der Polizei gehören, ist somit fraglich, ob alle Beamten, die nicht

699 *Bitsch*, ZTR 2012, 78, 84.
700 *Bitsch*, ZTR 2012, 78, 82.
701 *Bitsch*, ZTR 2012, 78, 82.
702 *Bitsch*, ZTR 2012, 78, 82.

zu einer dieser beiden Personengruppen zählen, Angehörige der Staatsverwaltung sind. Diese Frage wird häufig aber gar nicht aufgeworfen, sondern es wird einfach angenommen, dass das Streikverbot für Beamte nach Art. 11 Abs. 2 S. 2 EMRK gerechtfertigt sei. Einzig *Bitsch* hinterfragt, ob alle deutschen Beamten als Angehörige der Staatsverwaltung im Sinne des Art. 11 Abs. 2 S. 2 EMRK angesehen werden können. Indem *Bitsch* allerdings zu dem Ergebnis kommt, dass es unerheblich sei, ob der einzelne Beamte der Staatsverwaltung im Sinne des Art. 11 Abs. 2 S. 2 EMRK zugerechnet werden könne, weil kein taugliches Kriterium existieren würde, um zu unterscheiden, welche Beamten Teil der Staatsverwaltung sind und welche nicht, verkennt er, dass eine solche Zuordnung durchaus möglich ist. Mit Blick auf die Rechtsprechung des EGMR und die Systematik des Art. 11 Abs. 2 S. 2 EMRK lässt sich nämlich ermitteln, welche Beamten zu den Angehörigen der Staatsverwaltung im Sinne des Art. 11 Abs. 2 S. 2 EMRK zählen und für welche Beamten somit ein Streikverbot gerechtfertigt wäre.

So lässt sich aus der im Fall *Enerji Yapi-Yol Sen* vom EGMR gemachten Aussage, dass es mit der EMRK vereinbar sei, Streiks von Angehörigen des öffentlichen Dienstes zu verbieten, die im Namen des Staates Hoheitsgewalt ausüben,[703] folgern, dass jedenfalls solchen Beamten ein Streikverbot auferlegt werden darf, die hoheitlich tätig sind. Auf Basis dieser Aussage würden somit alle Beamten zur Staatsverwaltung im Sinne des Art. 11 Abs. 2 S. 2 EMRK zählen, die hoheitlich tätig sind. Vor dem Hintergrund, dass die Angehörigen der Staatsverwaltung in Art. 11 Abs. 2 S. 2 EMRK jedoch neben den Angehörigen der Streitkräfte und der Polizei aufgezählt werden, wird man allerdings nicht jede beliebige hoheitliche Tätigkeit für ausreichend erachten können, um die Beamten als Angehörige der Staatsverwaltung im Sinne des Art. 11 Abs. 2 S. 2 EMRK einzuordnen. Da die Angehörigen der Streitkräfte und der Polizei nämlich mit überdurchschnittlichen hoheitlichen Kompetenzen ausgestattet sind, wird man als Angehörige der Staatsverwaltung nur solche Beamten ansehen können, die ebenfalls im Rahmen ihrer hoheitlichen Tätigkeit mit überdurchschnittlichen hoheitlichen Kompetenzen ausgestattet sind. Nur so lässt sich ein Gleichklang zwischen den Streitkräften, der Polizei und der Staatsverwaltung erzielen.[704] Vor dem Hintergrund dieser Überlegung wird man die Aussage des EGMR, nach der es mit der EMRK vereinbar sei, Streiks von hoheitlich tätigen Angehörigen des öffentlichen Dienstes zu verbieten, dahin gehend verstehen

---

703 EGMR 21.4.2009, NZA 2010, 1423 – *Enerji Yapi-Yol Sen/Türkei*; s. dazu ausführlich F.II.

704 *Buchholtz*, S. 449.

müssen, dass zu den hoheitlich tätigen Angehörigen des öffentlichen Dienstes nur solche Angehörigen des öffentlichen Dienstes gehören, die *schwerpunktmäßig* hoheitlich tätig sind. Mit einer hoheitlichen Tätigkeit können nämlich nur dann überdurchschnittliche hoheitliche Kompetenzen verbunden sein, wenn die Tätigkeit als solche schwerpunktmäßig hoheitlich ist. Folglich wird man nur die Beamten als Teil der Staatsverwaltung im Sinne des Art. 11 Abs. 2 S. 2 EMRK ansehen können, die schwerpunktmäßig hoheitlich tätig sind. Mithin ist ein Streikverbot nur für all jene Beamte nach Art. 11 Abs. 2 S. 2 EMRK gerechtfertigt, die schwerpunktmäßig hoheitlich tätig sind.[705]

Damit das in der Bundesrepublik Deutschland geltende Streikverbot für Beamte durch Art. 11 Abs. 2 S. 2 EMRK gerechtfertigt wäre, müssten somit alle Beamten der Bundesrepublik Deutschland im konventionsrechtlichen Sinne schwerpunktmäßig hoheitlich tätig sein. Eine solche schwerpunktmäßig hoheitliche Tätigkeit wird man immer dann bejahen können, wenn die Beamten in Bereichen der Verwaltung tätig sind, in denen hoheitsrechtliche Befugnisse im Sinne des Art. 33 Abs. 4 GG ausgeübt werden.[706] Da das BVerfG zur Bestimmung der Bereiche, in denen hoheitsrechtliche Befugnisse im Sinne des Art. 33 Abs. 4 GG ausgeübt werden, nämlich ebenfalls danach fragt, ob dort schwerpunktmäßig hoheitliche Tätigkeiten ausgeübt werden,[707] und die in diesen Bereichen ausgeübten Tätigkeiten sich ebenfalls dadurch auszeichnen, dass mit ihnen überdurchschnittliche hoheitliche Kompetenzen einhergehen, spricht viel für einen Gleichlauf zwischen nationalem und konventionsrechtlichem Verständnis im Hinblick auf das Vorliegen einer schwerpunktmäßig hoheitlichen Tätigkeit. Mit anderen Worten sind die deutschen Beamten somit immer dann im konventionsrechtlichen Sinne schwerpunktmäßig hoheitlich tätig, wenn sie dies auch nach nationalem Recht sind, was wiederum immer dann der Fall ist, wenn sie in Bereichen tätig sind, in denen hoheitsrechtliche Befugnisse im Sinne des Art. 33 Abs. 4 GG ausgeübt werden. Somit wäre das in der Bundesrepublik Deutschland geltende Streikverbot für Beamte durch Art. 11 Abs. 2 S 2. EMRK gerechtfertigt, wenn alle deutschen Beamten schwerpunktmäßig hoheitlich tätig sind bzw. alle Beamten nur in Bereichen tätig sind, in denen hoheitsrechtliche Befugnisse im Sinne des Art. 33

705 So mit ausführlicher Begründung im Ergebnis auch *Buchholtz*, S. 447 ff.

706 Vgl. BVerwG 27.2.2014, NZA 2014, 616, 619 f.

707 Das BVerfG zählt zu den von Art. 33 Abs. 4 GG erfassten Tätigkeiten nämlich alle Tätigkeiten, die zumindest schwerpunktmäßig hoheitsrechtliche Teilbefugnisse umfassen; vgl. *Buchholtz*, S. 451.

Abs. 4 GG ausgeübt werden.[708] Die Beamten sind jedoch nicht nur in solchen Bereichen tätig, denn zumindest für verbeamtete Lehrer wird eine schwerpunktmäßig hoheitliche Tätigkeit verneint,[709] sodass nicht alle Beamten in der Bundesrepublik Deutschland schwerpunktmäßig hoheitlich tätig sind. Daher lassen sich in der Bundesrepublik Deutschland jedenfalls nicht alle Beamten als Angehörige der Staatsverwaltung im Sinne des Art. 11 Abs. 2 S. 2 EMRK einordnen. Folglich kann das in der Bundesrepublik Deutschland geltende statusbezogene Streikverbot für Beamte auch nicht nach Art. 11 Abs. 2 S. 2 EMRK gerechtfertigt werden.

Die aus der Rechtsprechung des EGMR und der Systematik des Art. 11 Abs. 2 S. 2 EMRK ableitbare Tatsache, dass ein grundsätzlich zu gewährendes Streikrecht nach Art. 11 Abs. 2 S. 2 EMRK nur für solche Angehörigen des öffentlichen Dienstes eingeschränkt werden darf, die schwerpunktmäßig hoheitlich tätig sind, spricht vielmehr dafür, dass nur ein funktionsbezogenes und kein statusbezogenes Streikverbot durch diesen Eingriffsvorbehalt gerechtfertigt werden kann. Die von *Bitsch* vorgebrachte These, dass weiterhin der Beamtenstatus das einzige Differenzierungsmerkmal für das Bestehen oder Nichtbestehen eines Streikrechts sein muss, ist folglich nicht überzeugend.

(3) Zwischenergebnis

Der mit dem Streikverbot für Beamte verbundene Eingriff in Art. 11 EMRK kann somit weder nach Art. 11 Abs. 2 S. 1 EMRK noch nach Art. 11 Abs. 2 S. 2 EMRK gerechtfertigt werden. Mithin verstößt das in der Bundesrepublik Deutschland geltende statusbezogene Streikverbot für Beamte gegen Art. 11 Abs. 1 EMRK. Mit Art. 11 Abs. 1 EMRK wäre nur ein funktionsbezogenes Streikverbot für Beamte vereinbar, welches lediglich die hoheitlich tätigen Beamten erfasst. Das vom

---

708 Hoheitsrechtliche Befugnisse im Sinne des Art. 33 Abs. 4 GG werden vor allem in der klassischen Eingriffsverwaltung (etwa bei der Polizei) ausgeübt. Aber auch im Bereich der Leistungsverwaltung können hoheitsrechtliche Befugnisse ausgeübt werden, insbesondere dort, wo staatliche Leistungen zur Existenzsicherung von Menschen und Unternehmen aufgrund hoheitlicher Maßnahmen vergeben werden (beispielsweise bei der Subventionsvergabe oder bei der Ausführung von sozialrechtlichen Vorschriften). Entscheidendes Kriterium ist, ob in grundrechtlich geschützte Freiheitsrechte der Bürger eingegriffen wird. Daher werden keine hoheitsrechtlichen Befugnisse bei Dienstleistungsaufgaben ohne Entscheidungs- und Sicherungsgehalt oder mechanischen Hilfeleistungen, einfachen Büroarbeiten, Schreib- und Telefondiensten ausgeübt (s. zu alledem *Battis*, § 5 BBG, Rn. 6 ff.; BeckOK-BRB/*Werres*, § 5 BBG, Rn. 5 ff.).

709 BVerfG 19.9.2007, NVwZ 2007, 1396, 1399; BVerwG 27.2.2014, NZA 2014, 616, 619 f.; VG Düsseldorf 15.12.2010, ArbuR 2011, 74, 75; VG Kassel 27.7.2011, ZBR 2011, 386, 388; VG Kassel 27.7.2011, ArbuR 2012, 36, 37.

EGMR im Fall *Enerji Yapi-Yol Sen* gewählte funktionsbezogene Kriterium der „hoheitlichen Tätigkeit" ist dabei aufgrund der Systematik des Art. 11 Abs. 2 S. 2 EMRK so zu verstehen, dass die Beamten nur dann hoheitlich tätig sind, wenn ihre Tätigkeit schwerpunktmäßig hoheitlich ist.

bb) Auswirkung auf deutsches Recht

Nachdem gezeigt wurde, dass durch das Streikverbot für Beamte in Art. 11 EMRK eingegriffen wird[710] und ein solcher Eingriff auch nicht durch die Eingriffsvorbehalte des Art. 11 Abs. 2 EMRK gerechtfertigt ist,[711] stellt sich nun die Frage, ob, und wenn ja, welche Auswirkungen der Verstoß gegen die EMRK auf das deutsche Recht hat. Um diese Frage beantworten zu können, muss zunächst die Bedeutung der EMRK und der Urteile des EGMR für das Rechtssystem der Bundesrepublik Deutschland geklärt werden.

(1) EMRK im Rechtssystem der Bundesrepublik Deutschland

Die EMRK ist aufgrund ihrer Ratifikation innerstaatlich geltendes Recht und hat den Rang eines einfachen Bundesgesetzes.[712] Damit wären grundsätzlich alle Bestimmungen des Grundgesetzes vorrangig vor der EMRK. Zudem würde diese Einstufung bedeuten, dass jedes auch nur implizit in Widerspruch stehende spätere Bundesgesetz die Konventionsrechte verdrängen könnte (*lex posterior derogat legi priori*).[713] Diese uneingeschränkte Nachrangigkeit der EMRK würde das gesetzte Ziel der EMRK, wonach sich die Gesetzeslage in den Konventionsstaaten an den Menschenrechten orientieren und danach ausrichten soll, allerdings unterlaufen.[714] Auch mit der sich aus der Präambel und Art. 1 Abs. 2, 24, 25 und 26 GG ergebenden Tatsache, dass das Grundgesetz eine völkerrechtsfreundliche Verfassung ist und die Bundesrepublik Deutschland deshalb auf das Völkerrecht verpflichtet und gehalten ist, dessen Durchsetzung zu sichern, wäre eine solche grundsätzliche Nachrangigkeit der EMRK nicht zu vereinbaren.[715]

Um daher einen erhöhten Schutz der Konventionsrechte in der Bundesrepublik Deutschland zu erreichen, geht das BVerfG zwar von der innerstaatlichen Geltung der EMRK als einfaches Bundesgesetz aus, greift aber bei der Auslegung von Bun-

---

710 S. dazu bereits unter H.II.1.a)aa)(1).
711 S. dazu bereits unter H.II.1.a)aa)(2).
712 Vgl. Art. 59 Abs. 2 S. 1 GG; *Schubert*, AöR 2012, 92, 113 m. w. N.
713 *Hoffmann*, NdsVBl. 2012, 151, 152.
714 *Hoffmann*, NdsVBl. 2012, 151, 152.
715 Vgl. *Weiß*, EuZA 2010, 457, 462 f.

desgesetzen zum Mittel der konventionsfreundlichen Auslegung.[716] Ferner zieht das BVerfG die EMRK auch bei der Auslegung des Grundgesetzes heran, obwohl sie im Rang unter ihm steht.[717] Eine solche völkerrechtsfreundliche Auslegung des nationalen Verfassungsrechts kommt primär bei der Grundrechtsausübung in Betracht und kann nur vorgenommen werden, wenn sie nicht zur Beschränkung der Grundrechtsausübung führt und durch sie kein Verstoß gegen tragende Grundsätze der Verfassung ausgelöst wird.[718] Zudem wird die konventionsfreundliche Auslegung begrenzt, wenn diese nach den anerkannten Methoden der Gesetzesauslegung und Verfassungsinterpretation nicht mehr vertretbar erscheint.[719]

Im Ergebnis führen diese Grundsätze dazu, dass regelmäßig diejenige Auslegung des deutschen Rechts zur Anwendung kommt, die den völkerrechtlichen Vorgaben entspricht.[720] Damit ist die EMRK sowohl bei der Auslegung der Verfassung als auch bei der Auslegung von Gesetzen zu berücksichtigen.

(2) Berücksichtigung von EGMR-Entscheidungen

Allerdings kann es – genau wie bei den Grundrechten des Grundgesetzes – bei den Rechten der EMRK dazu kommen, dass ihr bloßer Text für einen konkreten Einzelfall wenig Aufschluss über deren Bedeutung gibt. In solchen Fällen müssen die Rechte der EMRK ausgelegt werden. Für diese stellenweise erforderliche Auslegung der EMRK ist nach Art. 32 Abs. 1 EMRK der EGMR zuständig. Durch dessen Rechtsprechung werden die Vorschriften der Konvention konkretisiert.[721] Die Rechtsprechung des EGMR kann somit als Auslegungshilfe zu den Konventionsbestimmungen herangezogen werden, um diese in ihrem vollen Gehalt erfassen zu können.[722] Dieses Ergebnis entspricht auch dem Selbstverständnis des EGMR, welcher die EMRK als „lebendes Instrument“ betrachtet und seine Aufgabe darin sieht, für eine ständige Fortbildung der Menschenrechtsgewährleistungen durch „Richterrecht“ zu sorgen.[723] So nimmt der EGMR immer wieder die ihm vorgelegten Einzelfälle zum Anlass, allgemeine Kriterien für die Anwendung der infrage stehenden Konventionsbestimmungen zu entwickeln.[724]

---

716 *Hoffmann*, NdsVBl. 2012, 151, 152.
717 BVerfG 4.5.2011, NJW 2011, 1931, 1935; *Schubert*, AöR 2012, 92, 113.
718 BVerfG 14.10.2004, NJW 2004, 3407, 3408; BVerfG 4.5.2011, NJW 2011, 1931, 1936.
719 BVerfG 4.5.2011, NJW 2011, 1931, 1936.
720 *Hoffmann*, NdsVBl. 2012, 151, 152; *Seifert*, KritV 2009, 357, 372.
721 *Gooren*, ZBR 2011, 400, 402; *Heckötter*, S. 78; ausführlich *Weiß*, EuZA 2010, 457, 464 ff.
722 Vgl. *Gooren*, ZBR 2011, 400, 402; *Hoffmann*, NdsVBl. 2012, 151, 152.
723 *Gooren*, ZBR 2011, 400, 402.
724 *Polakiewicz/Kessler*, NVwZ 2012, 841, 843.

Die endgültigen Urteile des EGMR erwachsen allerdings nur für die am jeweiligen Rechtsstreit beteiligten Parteien in Rechtskraft (Art. 46 Abs. 1 EMRK). Die Urteile entfalten also nur *inter partes*-Wirkung. Nichtsdestotrotz können die gegenüber anderen Staaten ergangenen Urteile „Orientierungswirkung" für die Bundesrepublik Deutschland und die übrigen nicht am Rechtsstreit beteiligten Staaten entfalten.[725] Diese Folge beruht darauf, dass durch die Rechtsprechung des EGMR die Vorschriften der Konvention konkretisiert werden und die Vertragsstaaten nach Art. 1 EMRK dazu verpflichtet sind, ihre innerstaatliche Rechtsordnung so auszugestalten, dass sie mit der Konvention übereinstimmt.[726] Dass die Urteile des EGMR eine solche Orientierungswirkung entfalten, haben die Vertragsstaaten auch jüngst im April 2012 in der Erklärung von Brighton bestätigt, indem sie darauf verwiesen haben, dass ein wichtiger Beitrag zur Erleichterung der Arbeit des EGMR darin besteht, die vom Gerichtshof in seiner Rechtsprechung herausgearbeiteten Rechtsgrundsätze „mit vorauseilendem Gehorsam" zu befolgen und nicht erst eine Verurteilung des Gerichtshofs abzuwarten.[727]

Dementsprechend zieht das BVerfG nicht nur den Konventionstext, sondern auch die Rechtsprechung des EGMR auf der Ebene des Verfassungsrechts als Auslegungshilfe für die Bestimmung von Inhalt und Reichweite von Grundrechten und rechtsstaatlichen Grundsätzen des Grundgesetzes heran, sofern dies den Grundrechtsschutz nach dem Grundgesetz nicht einschränkt oder mindert.[728] Auch die Verwaltungsbehörden und die übrigen Gerichte müssen nach Ansicht des BVerfG bei der Anwendung deutschen Rechts den Konventionstext und die Rechtsprechung des EGMR berücksichtigen. Das BVerfG räumt zwar ein, dass sich Verwaltungsbehörden und Gerichte unter Berufung auf eine Entscheidung des EGMR nicht von der rechtsstaatlichen Kompetenzordnung und der Bindung an Gesetz und Recht (Art. 20 Abs. 3 GG) lösen könnten, jedoch gehöre zur Bindung an Recht und Gesetz die Berücksichtigung der Gewährleistungen der EMRK und der Entscheidungen des EGMR im Rahmen methodisch vertretbarer Auslegung.[729] Die vom BVerfG postulierte Pflicht zur Berücksichtigung der Gewährleistungen der EMRK und der Entscheidungen des EGMR erfordert daher zumindest, dass die entsprechenden Texte und Judikate des EGMR zur Kenntnis genommen werden und in den Willensbildungsprozess des zu einer Entscheidung

725 *Gooren*, ZBR 2011, 400, 402.

726 *Gooren*, ZBR 2011, 400, 402.

727 *Nußberger*, RdA 2012, 270, 273; vgl. dazu auch die Dokumentation der Brighton-Erklärung vom 20.4.2012 in EuGRZ 2012, 264, 265.

728 BVerfG 14.10.2004, NJW 2004, 3407, 3408.

729 BVerfG 14.10.2004, NJW 2004, 3407, 3410.

berufenen Gerichts, der zuständigen Behörde oder des Gesetzgebers einfließen.[730] Die Nichteinhaltung völkerrechtlicher Vorgaben kommt nur dort in Betracht, wo die Berücksichtigung verfassungsrechtliche Vorgaben verletzen würde.[731] Damit entbindet die Pflicht zur Berücksichtigung der Entscheidungen des EGMR nicht von der Einhaltung der Grenzen richterlicher Auslegung, deren äußere Grenze grundsätzlich der Wortlaut markiert.[732]

Einer Berücksichtigung der EGMR-Rechtsprechung können darüber hinaus auch kollidierende Grundrechte Dritter entgegenstehen, insbesondere in mehrpoligen Grundrechtsverhältnissen, in denen das „Mehr“ an Freiheit für den einen Grundrechtsträger zugleich ein „Weniger“ für den anderen bedeutet.[733] In solchen Fällen verbietet sich eine „schematische Vollstreckung“ einer EGMR-Entscheidung.[734] Die staatlichen Organe müssen bei der Berücksichtigung von Entscheidungen des EGMR vielmehr stets die Auswirkungen auf die nationale Rechtsordnung in ihre Rechtsanwendung einbeziehen, insbesondere dann, wenn es sich um ein in seinen Rechtsfolgen ausbalanciertes Teilsystem des innerstaatlichen Rechts handelt, das verschiedene Grundrechtspositionen miteinander zum Ausgleich bringen will.[735]

Nicht zur Disposition gestellt werden darf zudem der durch die „Ewigkeitsklausel“ des Art. 79 Abs. 3 GG geschützte Kernbereich der Verfassungsidentität.[736]

Im Ergebnis können daher sowohl die fehlende Auseinandersetzung mit einer Entscheidung des EGMR als auch deren gegen vorrangiges Recht verstoßende „schematische Vollstreckung“ gegen Grundrechte in Verbindung mit dem Rechtsstaatsprinzip verstoßen.[737]

(3) Zwischenergebnis

Abschließend lässt sich somit festhalten, dass die innerstaatliche Rechtsordnung grundsätzlich in Übereinstimmung mit den konventionsrechtlichen Vorgaben gehalten werden soll.[738] Sowohl das einfache als auch das Verfassungsrecht sind im Einklang mit der EMRK und der dazu ergangenen Rechtsprechung des EGMR konventionskonform auszulegen. Ist eine konventionskonforme Auslegung des

730 Vgl. BVerfG 14.10.2004, NJW 2004, 3407, 3410.
731 BVerfG 14.10.2004, NJW 2004, 3407, 3411.
732 *Hoffmann*, NdsVBl. 2012, 151, 152.
733 Vgl. BVerfG 4.5.2011, NJW 2011, 1931; *Hoffmann*, NdsVBl. 2012, 151, 152.
734 Vgl. BVerfG 14.10.2004, NJW 2004, 3407.
735 *Weiß*, EuZA 2010, 457, 466.
736 *Hoffmann*, NdsVBl. 2012, 151, 152.
737 BVerfG 14.10.2004, NJW 2004, 3407.
738 So auch *Hoffmann*, NdsVBl. 2012, 151, 152.

einfachen Rechts nicht möglich, wird es in aller Regel gegen das einschlägige Menschenrecht aus der EMRK in Verbindung mit dem korrespondierenden Grundrecht und dem Rechtsstaatsprinzip verstoßen und somit nichtig sein, da die Artikel des Grundgesetzes in aller Regel aufgrund ihrer oftmals offenen Formulierung einer konventionskonformen Auslegung zugänglich sein dürften.[739] Dabei ist es nicht zwingend erforderlich, den Schutzbereich und die Schranken des jeweiligen Grundrechts parallel zum einschlägigen Menschenrecht aus der EMRK auszulegen, sondern es kommt bloß auf das Ergebnis an, welches im Einklang mit den Konventionsvorgaben stehen muss.[740] Ist eine konventionskonforme Auslegung der Grundrechte aufgrund einer der oben beschriebenen Ausnahmen ausnahmsweise unmöglich, können die Vorgaben der EMRK nicht berücksichtigt werden.[741]

Für den speziellen Fall des Beamtenstreikverbots bedeutet dies, dass die Entscheidungen des EGMR in den Fällen *Demir und Baykara*[742] und *Enerji Yapi-Yol Sen*[743] aufgrund ihrer *inter partes*-Wirkung unmittelbar nur für die Türkei verbindlich sind. Die besagten Entscheidungen des EGMR entfalten als verbindliche Interpretation der EMRK darüber hinaus aber auch Orientierungswirkung für die Bundesrepublik Deutschland.[744] Alle deutschen Gerichte und Behörden haben somit die vom EGMR vorgenommene Neuausrichtung der Koalitionsfreiheit aus Art. 11 EMRK zu berücksichtigen.[745] Damit stehen die deutschen Gerichte und Behörden allerdings einer Kollisionslage zwischen nationalen und völkerrechtlichen Vorgaben in Bezug auf das Streikverbot für Beamte gegenüber. Einerseits ist das Streikverbot für Beamte nach nationalem Recht nämlich rechtmäßig,[746] andererseits verstößt es seit der neuen Rechtsprechung des EGMR jedoch gegen Art. 11 EMRK.[747]

cc) Umgang mit der Kollisionslage

Da aufgrund der vom EGMR vorgenommenen Neuausrichtung der Koalitionsfreiheit aus Art. 11 EMRK nun eine Kollisionslage zwischen der konventionsrecht-

739 *Hoffmann*, NdsVBl. 2012, 151, 152; vgl. auch *Schaffarzik*, DÖV 2005, 860, 863; ähnlich *Schilling*, S. 148.
740 *Hoffmann*, NdsVBl. 2012, 151, 153.
741 Vgl. *Cremer*, EuGRZ 2004, 683, 699; *Hoffmann*, NdsVBl. 2012, 151, 153.
742 EGMR 12.11.2008, NZA 2010, 1425 – *Demir und Baykara/Türkei.*
743 EGMR 21.4.2009, NZA 2010, 1423 – *Enerji Yapi-Yol Sen/Türkei.*
744 *Weiß*, EuZA 2010, 457, 467.
745 *Gooren*, ZBR 2011, 400, 402.
746 S. dazu bereits H.I.
747 S. dazu bereits H.II.1.a)aa).

lichen und der nationalen Rechtslage im Hinblick auf das in der Bundesrepublik Deutschland geltende Streikverbot für Beamte besteht, ist zu fragen, wie diese Kollisionslage gelöst werden kann.

Als eingriffsschwächste Maßnahme ist zur Lösung der Kollisionslage als erstes die Einführung eines funktionsbezogenen Streikrechts für Beamte mittels konventionskonformer Auslegung des nationalen Rechts in Betracht zu ziehen, sofern dies methodisch vertretbar ist und nicht gegen tragende Verfassungsgrundsätze verstößt.[748] In Bezug auf das Streikverbot für Beamte wird es hierbei vorrangig um die konventionskonforme Auslegung des Art. 33 Abs. 5 GG gehen. Sollte die konventionskonforme Auslegung des nationalen Rechts nicht möglich sein, ist der Gesetzgeber gehalten, einen mit Art. 11 EMRK zu vereinbarenden Rechtszustand herzustellen, unter Umständen sogar mittels Verfassungsänderung.[749]

Nicht möglich ist es, eine Verletzung eines in der EMRK enthaltenen Menschenrechts unmittelbar vor dem BVerfG mit einer Verfassungsbeschwerde zu rügen, da die EMRK innerhalb der deutschen Rechtsordnung nur den Rang eines Bundesgesetzes innehat.

(1) Konventionskonforme Auslegung deutschen Rechts durch die Fachgerichte

Als eingriffsschwächste Maßnahme kommt zur Lösung der Kollisionslage zunächst die Einführung eines funktionsbezogenen Streikrechts für Beamte mittels konventionskonformer Auslegung des deutschen Rechts in Betracht. Diesbezüglich ist allerdings einzuräumen, dass Kollisionen zwischen nationalem Verfassungsrecht und Konventionsrecht über den Weg der konventionskonformen Auslegung besonders schwer zu lösen sind, da einerseits aus verfassungsrechtlicher Sicht Grundpostulate um der verfassungsrechtlichen Identität willen nicht aufgegeben werden dürfen, aus völkerrechtlicher Sicht dagegen die Unbeachtlichkeit entgegenstehenden Verfassungsrechts unabdingbare Voraussetzung für die Wirksamkeit der Regelungen ist.[750] Dieser grundsätzlich bestehende Gegensatz ist in Bezug auf das in der Bundesrepublik Deutschland geltende Streikverbot für Beamte jedoch nicht unüberwindbar, denn weder enthält das Grundgesetz ein ausdrückliches Streikverbot für Beamte, noch verbietet die EMRK ausdrücklich ein Streikverbot; der Wortlaut macht Kompromisse daher grundsätzlich möglich.[751]

---

748 *Gooren*, ZBR 2011, 400, 402.
749 *Gooren*, ZBR 2011, 400, 403 m. w. N.
750 *Nußberger*, RdA 2012, 270, 273.
751 *Nußberger*, RdA 2012, 270, 273.

(a) Voraussetzungen der konventionskonformen Auslegung

Damit eine konventionskonforme Auslegung des deutschen Rechts möglich ist, muss das anwendbare Gesetzesrecht zunächst auslegungsfähig sein. Darüber hinaus darf die Einführung eines funktionsbezogenen Streikrechts für Beamte nicht gegen tragende Grundsätze der Verfassung verstoßen.[752]

(aa) Auslegungsfähigkeit des anwendbaren Gesetzesrechts

Damit das anwendbare Gesetzesrecht auslegungsfähig ist, darf der Wortlaut der jeweiligen Norm den Vorschriften der EMRK und der Rechtsprechung des EGMR nicht ausdrücklich entgegenstehen.[753] Da sich weder aus dem Wortlaut des Art. 33 Abs. 4 GG noch aus dem Wortlaut des Art. 33 Abs. 5 GG ein explizites Streikverbot für Beamte entnehmen lässt und auch die geltenden Beamtengesetze des Bundes kein generelles Streikverbot für Beamte vorsehen, steht der Wortlaut der deutschen Gesetze den Vorschriften der EMRK und der Rechtsprechung des EGMR nicht entgegen, sodass das deutsche Recht grundsätzlich auslegungsfähig ist.[754]

(bb) Kein Verstoß gegen tragende Grundsätze der Verfassung

Darüber hinaus darf die Einführung eines funktionsbezogenen Streikrechts für Beamte nicht gegen tragende Grundsätze der Verfassung verstoßen.

i. Kein Verstoß gegen Streikverbot als Grundsatz

In Betracht käme zunächst, das Streikverbot für Beamte selbst als tragenden Grundsatz der Verfassung anzusehen, gegen den durch die Einführung eines Beamtenstreikrechts verstoßen werden könnte. Dazu müsste das bisher geltende Streikverbot allerdings als so fundamentales Prinzip klassifiziert werden, dass es als „Grundsatz" angesehen werden kann.[755] Im Hinblick auf das Berufsbeamtentum zählen zu den tragenden Grundsätzen der Verfassung insbesondere solche Grundstrukturen, die für das Wesen des Berufsbeamtentums kennzeichnend sind, wie beispielsweise das Alimentationsprinzip oder die Ausgestaltung des Beamtenverhältnisses als Treueverhältnis.[756] Das Streikverbot für Beamte ist für sich genommen jedoch

752 Vgl. dazu bereits H.II.1.a)bb); s. auch *Polakiewicz/Kessler*, NVwZ 2012, 841, 844.
753 *Polakiewicz/Kessler*, NVwZ 2012, 841, 844.
754 Vgl. *Gooren*, ZBR 2011, 400, 404; *Nußberger*, RdA 2012, 270, 273; *Polakiewicz/Kessler*, NVwZ 2012, 841, 844.
755 *Gooren*, ZBR 2011, 400, 403.
756 *Gooren*, ZBR 2011, 400, 403.

kein solcher tragender Grundsatz.[757] Allerdings wird das Streikverbot für Beamte oftmals als Ausprägung des Treueverhältnisses zum Dienstherrn verstanden[758] und ist damit zumindest eine konkrete Ausformung eines Verfassungsgrundsatzes. Hier könnte man auf die Idee kommen, das Streikverbot für Beamte aufgrund dessen Ableitung von einem Verfassungsgrundsatz selbst als Verfassungsgrundsatz einzuordnen. Dieser Gedanke ist jedoch nicht überzeugend, da dem Streikverbot für Beamte als lediglich abgeleitetem Grundsatz eine – einem Verfassungsgrundsatz entsprechende – fundamentale Bedeutung fehlt.[759]

Für das Fehlen einer solchen fundamentalen Bedeutung spricht nämlich, dass sich im Rahmen der Beratungen des Parlamentarischen Rats der Vorschlag zur expliziten Aufnahme eines Streikverbots für Beamte in die Verfassung nicht durchgesetzt hat.[760] Hätte der Verfassungsgeber dem Streikverbot eine so fundamentale Bedeutung eingeräumt, dass er das Streikverbot für Beamte als tragenden Grundsatz der Verfassung erachtet, hätte er diesen Grundsatz ausdrücklich in der Verfassung festhalten wollen und sich nicht bewusst gegen die Aufnahme des Streikverbots für Beamte in die Verfassung entschieden.[761] Somit stellt das Streikverbot für Beamte keinen tragenden Grundsatz der Verfassung dar. Die Einführung eines Beamtenstreikrechts würde daher nicht gegen das Streikverbot für Beamte als tragenden Grundsatz der Verfassung verstoßen, da das Streikverbot für Beamte weder selbst noch als Ausprägung der Treuepflicht als tragender Grundsatz klassifiziert werden kann.

Aber selbst für den Fall, dass das Streikverbot für Beamte als tragender Grundsatz der Verfassung angesehen wird, würde nicht zwingend durch die Einführung eines Beamtenstreikrechts gegen diesen Grundsatz verstoßen werden. Der zwischen der Rechtsprechung des EGMR und der Rechtsprechung des BVerfG bestehende Konflikt kann nämlich durch eine konventionskonforme Auslegung der Reichweite des Streikverbots, die den menschenrechtlichen Mindeststandards Rechnung trägt, gelöst werden.[762] Denn Art. 33 Abs. 5 GG kann konventionskonform so ausgelegt werden, dass das Streikverbot nur noch die Beamten erfasst, welche hoheitliche Befugnisse im Sinne des Art. 11 Abs. 2 S. 2 EMRK ausüben.[763]

757 S. dazu bereits H.I.1.d)aa)(1).
758 S. dazu bereits H.I.1.d)bb).
759 Vgl. *Gooren*, ZBR 2011, 400, 403.
760 S. dazu bereits E.V.
761 Vgl. *Gooren*, ZBR 2011, 400, 404.
762 *Polakiewicz/Kessler*, NVwZ 2012, 841, 844.
763 *Polakiewicz/Kessler*, NVwZ 2012, 841, 844; zum Begriff der hoheitlichen Tätigkeit s. bereits unter H.II.1.a)aa)(2)(b)(bb).

Diese Auslegung hätte zur Folge, dass ein Streikverbot nur noch für hoheitlich tätige Beamte gelten würde.[764] Da damit das Streikverbot für Beamte als tragender Grundsatz weiterhin gelten würde, wären die verfassungsrechtlichen Vorgaben somit gewahrt. Darüber hinaus wären aber auch die Vorgaben des Art. 11 EMRK gewahrt, da das insoweit modifizierte Streikverbot für Beamte nur noch die hoheitlich tätigen Beamten erfassen würde und ein solches Streikverbot nach Art. 11 Abs. 2 S. 2 EMRK gerechtfertigt wäre.

ii. Kein Verstoß gegen Art. 33 Abs. 4 GG

Ebenfalls muss eine (zumindest teilweise) Zulassung des Beamtenstreiks auch mit der in Art. 33 Abs. 4 GG statuierten Pflicht zur „öffentlich-rechtlichen" Regelung der Beamtenverhältnisse vereinbar sein.[765] Mit dieser Vorschrift wird verfassungsrechtlich eine hoheitliche Ausgestaltung zumindest hinsichtlich der zentralen Beschäftigungsbedingungen für Beamte vorgeschrieben.[766] Diese Vorgabe bildet auch einen tragenden Grundsatz der Verfassung.[767] Zwar ist deshalb nicht per se ausgeschlossen, die Beschäftigungsbedingungen der Beamten bis zu einer gewissen Grenze einer tarifautonomen Gestaltung zugänglich zu machen. So können etwa Regelungen zu innerdienstlichen, sozialen und personellen Angelegenheiten der Beamten tarifautonom gestaltet werden.[768] Solche Regelungen können nämlich auch durch Dienstvereinbarung mit dem Personalrat getroffen werden, was in den Grenzen des Demokratiegebotes (Art. 20 Abs. 2 GG) mit Verfassungsrecht vereinbar ist.[769] Ist somit eine personalvertretungsrechtliche Teilhabe im innerdienstlichen Bereich zulässig, muss dies erst recht für eine tarifautonome Gestaltung gelten, da diese aufgrund von Art. 9 Abs. 3 GG verfassungsrechtlich stärker geschützt ist als die Personalvertretung.[770]

Nicht möglich ist es jedoch, die Regelung des gesamten Rechte- und Pflichtengefüges des Beamtenverhältnisses, insbesondere des beamtenrechtlichen Kerns (etwa die Besoldung), dem tarifvertraglichen Aushandlungsprozess zu unterwerfen.[771] Daraus würde nämlich folgen, dass das Beamtenverhältnis jedenfalls in

---

764 *Polakiewicz/Kessler*, NVwZ 2012, 841, 844.
765 *Gooren*, ZBR 2011, 400, 404.
766 *Gooren*, ZBR 2011, 400, 404.
767 Vgl. *Seifert*, KritV 2009, 357, 373.
768 *Seifert*, KritV 2009, 357, 374.
769 Vgl. BVerfG 24.5.1995, NVwZ 1996, 574; BVerfG 20.7.2001, AP LPVG Brandenburg § 72 Nr. 1; BVerfG 5.12.2002, NVwZ 2003, 974, 975.
770 *Seifert*, KritV 2009, 357, 374.
771 *Seifert*, KritV 2009, 357, 374.

wesentlichen Teilen seine öffentlich-rechtliche Natur verlieren würde, was gegen Art. 33 Abs. 4 GG und die hergebrachten Grundsätze des Berufsbeamtentums verstoßen würde.[772] Eine solch umfassende Öffnung des Tarifvertragswesens für Beamte kann somit nicht durch eine konventionskonforme Auslegung, sondern lediglich durch eine Verfassungsänderung erreicht werden.[773]

Aus der Tatsache, dass somit nur ein Teil des gesamten Rechte- und Pflichtengefüges des Beamtenverhältnisses der tarifautonomen Gestaltung zugänglich ist, lässt sich aber noch nicht zwingend schlussfolgern, dass Beamten deshalb auch kein Streikrecht zugestanden werden kann.[774] Zwar ist es nach herrschender Ansicht erforderlich, dass rechtmäßige Arbeitskämpfe als Ziel stets tarifvertragliche Regelungen verfolgen müssen.[775] Diese Voraussetzung soll jedoch allem voran dazu dienen, die widerstreitende Grundrechtsausübung durch die Arbeitnehmer und Arbeitgeber im Sinne einer praktischen Konkordanz gleichgewichtig zu ermöglichen.[776] Gegenüber dem Staat als Arbeitgeber der Beamten lässt sich dieser Gedanke allerdings nicht überzeugend vorbringen, denn der Staat ist Grundrechtsverpflichteter und er kann nicht auch gleichzeitig Grundrechtsberechtigter sein.[777]

Auch ist darauf hinzuweisen, dass die von der herrschenden Meinung vertretene Ansicht hinsichtlich des Tarifbezugs von Arbeitskämpfen vom BVerfG noch nicht bestätigt wurde.[778] Das BVerfG sprach vielmehr bisher lediglich davon, dass zu den durch Art. 9 Abs. 3 GG geschützten Mitteln *auch* Arbeitskampfmaßnahmen, die auf den Abschluss von Tarifverträgen gerichtet sind, zählen.[779] Die Arbeitskampfmaßnahmen würden nach Ansicht des BVerfG „jedenfalls insoweit von der Koalitionsfreiheit erfasst, als sie allgemein erforderlich sind, um eine funktionierende Tarifautonomie sicherzustellen".[780] Damit ist zumindest nicht ausgeschlossen, dass auch Arbeitskampfmaßnahmen, die nicht auf den Abschluss von Tarifverträgen zielen, von Art. 9 Abs. 3 GG geschützt werden.

---

772 *Seifert*, KritV 2009, 357, 374.
773 *Gooren*, ZBR 2011, 400, 404; *Seifert*, KritV 2009, 357, 374.
774 *Gooren*, ZBR 2011, 400, 404.
775 Statt vieler ErfK/*Linsenmaier*, Art. 9 GG, Rn. 114; s. hierzu auch bereits ausführlich unter D.II.
776 *Gooren*, ZBR 2011, 400, 404.
777 *Gooren*, ZBR 2011, 400, 404.
778 BVerfG 26.6.1991, NZA 1991, 809.
779 BVerfG 26.6.1991, NZA 1991, 809; BVerfG 10.9.2004, NZA 2004, 1338, 1339; s. insoweit schon unter D.II.
780 BVerfG 26.6.1991, NZA 1991, 809, 810.

Der Verzicht auf das Erfordernis, dass ein rechtmäßiger Streik als Ziel stets tarifvertragliche Regelungen haben muss, wird vermutlich auch vom EGMR gestützt werden. Zwar hat der EGMR sich im Fall *Enerji Yapi-Yol Sen*[781] nicht mit den Anforderungen an einen rechtmäßigen Streik auseinandergesetzt, dennoch ist es wahrscheinlich, dass der EGMR die aktuelle Rechtslage in der Bundesrepublik Deutschland beanstanden würde.[782] Wie sich aus der Entscheidung im Fall *Demir und Baykara* nämlich ergibt, berücksichtigt der EGMR bei der Auslegung der EMRK sowohl andere internationale Vereinbarungen, wie etwa die ESC[783] oder die Übereinkommen der ILO[784] einschließlich deren Auslegung durch die zuständigen Institutionen, als auch die nationale Rechtspraxis der europäischen Staaten.[785] Die in der Bundesrepublik Deutschland herrschende Meinung, dass nur ein auf tarifvertragliche Regelungen abzielender Arbeitskampf rechtmäßig sein könne, wird in anderen Rechtsordnungen in dieser Starrheit jedoch nicht vertreten.[786] Hinzu kommt, dass nach der Spruchpraxis des zuständigen Kontrollausschusses das in der Bundesrepublik Deutschland geltende Verbot aller nicht tarifbezogenen Streiks gegen Art. 6 Nr. 4 ESC verstößt.[787]

Zur Ermöglichung eines Streikrechts für Beamte sprechen somit gute Gründe dafür, die Rechtmäßigkeitsanforderungen an Streikziele jedenfalls in Bezug auf Beamte, da sie dem Tarifrecht nicht unterfallen, zu modifizieren.[788] Um den von Art. 9 Abs. 3 GG vorgegebenen Rahmen („zur Wahrung und Förderung der Arbeits- und Wirtschaftsbedingungen") zu wahren, werden rein politische Streiks weiterhin unzulässig bleiben müssen. Beamtenstreiks müssen künftig aber bereits dann als rechtmäßig erachtet werden, wenn sie unmittelbar auf die Gestaltung von Arbeitsbedingungen abzielen.[789]

---

781 EGMR 21.4.2009, NZA 2010, 1423 – *Enerji Yapi-Yol Sen/Türkei.*

782 So auch *Gooren*, ZBR 2011, 400, 404.

783 S. zur Vereinbarkeit des Beamtenstreikverbots mit der ESC noch unter H.II.1.c).

784 S. zur Vereinbarkeit des Beamtenstreikverbots mit der ILO noch unter H.II.1.b).

785 Vgl. EGMR 12.11.2008, NZA 2010, 1425 – *Demir und Baykara/Türkei*; s. auch bereits unter F.I.3.b).

786 Vgl. *Rebhahn*, NZA 2001, 763, 769; *Zachert*, NZA 2001, 1041, 1045.

787 Schlussfolgerungen XIX-3 (2010) des Europäischen Ausschusses für Soziale Rechte, ArbuR 2011, 107, 111; Bericht des Regierungsausschusses der Europäischen Sozialcharta (XIII-4) an das Ministerkomitee des Europarats, ArbuR 1998, 154, 155.

788 So auch *Gooren*, ZBR 2011, 400, 404.

789 So auch VG Kassel 27.7.2011, ZBR 2011, 386, 389; VG Kassel 27.7.2011, ArbuR 2012, 36, 37; *Gooren*, ZBR 2011, 400, 404; s. zur Verneinung des Beamtenstreiks als politischen Streik bereits H.I.1.e)aa).

Es ist somit zwar richtig, dass die Zulassung eines Beamtenstreikrechts dazu führt, dass den Beamten ermöglicht wird, die Regelung des Dienstrechts durch die Legislative zu beeinflussen, jedoch wird damit die Form der hoheitlichen Ausgestaltung nicht infrage gestellt.[790] Die einseitige Regelungskompetenz des Staates für das Beamtenrecht bleibt nämlich bestehen.[791] Das gilt ohnehin für all diejenigen Beamten, für die aufgrund ihrer „hoheitlichen Tätigkeit" ein Streikverbot weiterhin bestehen bleiben kann.

Insgesamt wird somit auch die in Art. 33 Abs. 4 GG enthaltene institutionelle Garantie oder der dortige Funktionsvorbehalt nicht ausgehöhlt, sodass durch die Einführung eines teilweisen Beamtenstreikrechts auch gegen diesen tragenden Verfassungsgrundsatz nicht verstoßen werden würde.[792]

iii. Kein Verstoß gegen den Grundsatz der Kampfparität als tragenden Grundsatz der Verfassung

Denkbar wäre es auch, dass die Einführung eines funktionsbezogenen Beamtenstreikrechts mittels konventionskonformer Auslegung daran scheitert, dass dessen Einführung gegen den Grundsatz der Kampfparität[793] verstoßen würde. Immerhin wird ein solcher Verstoß auf nationaler Ebene gegen ein Beamtenstreikrecht angeführt.[794] Allerdings würde ein Verstoß gegen den Grundsatz der Kampfparität nur dann der Einführung eines funktionsbezogenen Beamtenstreikrechts mittels konventionskonformer Auslegung entgegenstehen, wenn es sich bei dem Paritätsgrundsatz um einen tragenden Grundsatz der Verfassung handelt. Letzteres wäre dann der Fall, wenn sich der Paritätsgrundsatz als fundamentales Prinzip der Verfassung klassifizieren lassen würde.[795] Eine solche herausgehobene Bedeutung kann der Paritätsgrundsatz für sich jedoch nicht in Anspruch nehmen. Zwar gewährleistet der Grundsatz der Kampfparität, dass sich im Falle des Arbeitskampfes immer zwei gleichberechtigte Kampfparteien gegenüberstehen und stellt damit einen wichtigen Grundsatz des von Art. 9 Abs. 3 GG verfassungsrechtlich garantierten Streikrechts dar. Allerdings reicht dieser Umstand nicht aus, um ihn als *fundamentales* Prinzip der Verfassung anzusehen. Zum einen würde sonst nämlich jedes aus der Verfassung ableitbare Recht ein fundamentales Prinzip der Verfassung darstellen und zum anderen ist der Gesetzgeber bei der Aus-

790 *Gooren*, ZBR 2011, 400, 404.
791 *Gooren*, ZBR 2011, 400, 404.
792 So auch *Gooren*, ZBR 2011, 400, 404.
793 Zum Grundsatz der Kampfparität s. bereits unter D.IV.
794 S. dazu bereits H.I.1.e)bb).
795 Vgl. *Gooren*, ZBR 2011, 400, 403.

gestaltung des verfassungsrechtlich garantierten Streikrechts grundsätzlich frei,[796] was der Einordnung des von der Rechtsprechung zur Ausgestaltung des Streikrechts entwickelten Paritätsgrundsatzes als fundamentales Prinzip der Verfassung widersprechen würde. Da es sich folglich bei dem Paritätsgrundsatz um keinen tragenden Grundsatz der Verfassung handelt, steht ein (möglicher) Verstoß gegen den Grundsatz der Kampfparität der Einführung eines funktionsbezogenen Beamtenstreikrechts mittels konventionskonformer Auslegung nicht entgegen.

(cc) Zwischenergebnis

Im Ergebnis lässt sich somit festhalten, dass ein funktionsbezogenes Streikrecht für Beamte grundsätzlich mittels konventionskonformer Auslegung der Verfassung eingeführt werden kann.[797] Der von der Rechtsprechung erhobene Einwand, dass nur der Gesetzgeber ein funktionsbezogenes Streikrecht für Beamte einführen könne,[798] ist damit nicht überzeugend. Eine Auflösung des Konflikts mittels konventionskonformer Auslegung wird auch im Interesse des BVerfG liegen, da es stets versucht, offene Konflikte mit den europäischen Gerichtshöfen zu vermeiden und der bestehende Konflikt auf diese Weise unmittelbar beseitigt werden kann.

(b) Berechtigung zur konventionskonformen Auslegung

Wie gezeigt worden ist, ist es grundsätzlich möglich mittels konventionskonformer Auslegung ein funktionsbezogenes Streikrecht für Beamte einzuführen.[799] Allerdings ist fraglich, inwieweit diese konventionskonforme Auslegung bereits von den Fachgerichten und nicht erst vom BVerfG vorgenommen werden kann. Die Fachgerichte befinden sich nämlich in einer Dilemma-Situation, da sie mit einer jeweils gefestigten, aber in ihren Aussagen zumindest teilweise widersprechenden Rechtsprechung vom BVerfG und EGMR konfrontiert sind.[800] Aufgrund der *Görgülü*-Entscheidung[801] des BVerfG sind die Gerichte nämlich einerseits zur

---

796 BVerfG 4.7.1995, NJW 1996, 185; *Jarass/Pieroth*, Art. 9 GG, Rn. 48.

797 So auch VG Kassel 27.7.2011, ArbuR 2012, 36, 37; *Gooren*, ZBR 2011, 400, 405; *Polakiewicz/Kessler*, NVwZ 2012, 841, 844; a. A. *Brinktrine*, ZG 2013, 227, 237; *Seifert*, KritV 2009, 357, 375.

798 So etwa BVerwG 27.2.2014, NZA 2014, 616, 621; OVG Münster 7.3.2012, NVwZ 2012, 890, 898; OVG Lüneburg 12.6.2012, BeckRS 2012, 51817; s. zur Rechtsprechung bereits ausführlich unter F.

799 S. dazu bereits unter H.II.1.a)cc)(1)(a).

800 *Nußberger*, RdA 2012, 270, 273; *Polakiewicz/Kessler*, NVwZ 2012, 841, 844.

801 BVerfG 14.10.2004, NJW 2004, 3407.

Berücksichtigung der Rechtsprechung des EGMR verpflichtet, andererseits sind sie aber auch an die Bindungswirkung der von der Rechtsprechung des EGMR abweichenden Entscheidung des BVerfG[802] nach § 31 BVerfGG gebunden.[803] Wollen die Gerichte den Anforderungen der EMRK gerecht werden und die Rechtsprechung des EGMR zum Streikrecht von Beamten bei der Anwendung des deutschen Rechts hinreichend berücksichtigen, kommen sie nicht umhin, der Rechtsprechung des BVerfG nicht mehr zu folgen.[804] Damit würden sie womöglich allerdings gegen § 31 BVerfGG verstoßen.

Die Auflösung des Dilemmas über den Weg der Vorlage der Frage nach der Rechtmäßigkeit eines funktionsbezogenen Streikrechts für Beamte an das BVerfG im Wege einer Normenkontrolle gemäß Art. 100 Abs. 1 GG ist jedenfalls keine Option für die Gerichte, da Gegenstand einer Normenkontrolle nur Gesetze sein können. Auch ein Normverifikationsverfahren kommt zur Klärung der Frage nicht in Betracht, da dieses nur allgemeine Regeln des Völkerrechts im Sinne des Art. 25 GG, also Völkergewohnheitsrecht, erfasst (Art. 100 Abs. 2 GG), die EMRK jedoch zum Großteil kein Völkergewohnheitsrecht, sondern Völkervertragsrecht ist.[805]

Somit stehen die Gerichte einzig vor der Möglichkeit, entweder der Rechtsprechung des BVerfG oder der Rechtsprechung des EGMR zu folgen.

Folgen sie der Rechtsprechung des EGMR, würden sich die Gerichte der einfachgesetzlich angeordneten Bindungswirkung der Entscheidungen des BVerfG widersetzen. Damit würden die Gerichte allerdings nicht nur gegen die Bindungsanordnung aus § 31 BVerfGG verstoßen, sondern wegen der Gesetzesbindung der rechtsprechenden Gewalt (Art. 20 Abs. 3 GG) auch einen Verfassungsverstoß begehen.[806] Ein solcher Verstoß könnte im Rahmen einer auf Art. 2 Abs. 1 GG gestützten Verfassungsbeschwerde gerügt und vom BVerfG durch die Aufhebung der Gerichtsentscheidung sanktioniert werden.[807] Eine solche Verfassungsbeschwerde könnte das BVerfG allerdings zum Anlass nehmen, sich dazu zu äußern, ob es seine Rechtsprechung zum generellen Streikverbot für Beamte vor dem Hintergrund der neuen Rechtsprechung des EGMR ändern möchte.[808]

---

802 BVerfG 11.6.1958, NJW 1958, 1228, 1230; BVerfG 30.3.1977, NJW 1977, 1869; BVerfG 19.9.2007, NVwZ 2007, 1396, 1398.

803 *Nußberger*, RdA 2012, 270, 273.

804 *Polakiewicz/Kessler*, NVwZ 2012, 841, 844.

805 *Polakiewicz/Kessler*, NVwZ 2012, 841, 844.

806 *Heckötter*, S. 224; *Hillgruber/Goos*, Rn. 13.

807 *Hillgruber/Goos*, Rn. 13; Maunz/Schmidt-Bleibtreu/Klein/Bethge/*Bethge*, § 31 BVerfGG, Rn. 20.

808 *Polakiewicz/Kessler*, NVwZ 2012, 841, 844.

Folgen die Gerichte hingegen der Rechtsprechung des BVerfG, kann dies einen Verstoß gegen die EMRK darstellen, welcher – gestützt auf das jeweils thematische Grundrecht (hier Art. 9 Abs. 3 GG) in Verbindung mit dem Rechtsstaatsprinzip (Art. 20 Abs. 3 GG) – eine Verfassungsbeschwerde vor dem BVerfG ermöglichen würde, in der gerügt werden kann, dass deutsche staatliche Organe eine Entscheidung des EGMR missachtet oder nicht (hinreichend) berücksichtigt haben.[809]

Es scheint, als wäre ein Verfassungsverstoß der Gerichte – ganz gleich, für welche Variante sie sich entscheiden – somit unvermeidbar. Führt man sich den Zweck des § 31 BVerfGG – die Sicherung des Vorrangs des Grundgesetzes[810] – vor Augen, ist dies ein irrwitziger Zustand. Statt der erstrebten bundeseinheitlichen Anwendung des Grundgesetzes, das durch § 31 BVerfGG umfassende Wirkung erhalten und damit unter anderem den effektiven Schutz der Grundrechte gewährleisten soll, wird durch die von § 31 BVerfGG vorgegebene Bindungswirkung nun ein Verfassungsverstoß ausgelöst, welcher durch diese Norm eigentlich verhindert werden soll.[811]

Der hinter § 31 BVerfGG stehende Gedanke, dass kein Gericht die von den Verfassungsrichtern festgestellte Reichweite des Gewährleistungsgehalts einer Verfassungsbestimmung infrage stellen kann,[812] ist grundsätzlich zu befürworten. Allerdings bedarf es des Schutzes von § 31 BVerfGG in der hier vorliegenden Konstellation nicht. Will ein Gericht nämlich von einer bestehenden Auslegung einer Verfassungsbestimmung zugunsten völkerrechtlicher Vorgaben abweichen, die dem BVerfG zum Zeitpunkt seiner Entscheidung noch nicht bekannt waren, stellt dies die Verfassung gerade nicht infrage.[813] Stattdessen würde das Fachgericht mit seiner Auslegung nur unternehmen, was nach seinem Verständnis das BVerfG ohnehin tun müsste.[814] Dass das Gericht dabei eine spätere Entscheidung des BVerfG falsch prognostizieren könnte, kann zu keiner anderen Bewertung führen, da eine solche Gefahr immer dann besteht, wenn sich Gerichte erstmals mit einer neuen Rechtslage, die verfassungsrechtliche Implikationen hat, auseinandersetzen.[815] Deshalb kann es dem jeweiligen Fachgericht nicht zugemutet werden, einen nach eigener Einschätzung völkerrechts- und damit in aller Regel

809 *Polakiewicz/Kessler*, NVwZ 2012, 841, 844.
810 Maunz/Schmidt-Bleibtreu/Klein/Bethge/*Bethge*, § 31 BVerfGG, Rn. 3.
811 Vgl. *Hoffmann*, NdsVBl. 2012, 151, 153 f.
812 Vgl. *Hoffmann*, NdsVBl. 2012, 151, 154.
813 *Hoffmann*, NdsVBl. 2012, 151, 154.
814 *Hoffmann*, NdsVBl. 2012, 151, 154.
815 *Hoffmann*, NdsVBl. 2012, 151, 154.

auch verfassungswidrigen Zustand zulasten des Grundrechtsträgers zu akzeptieren und durch Urteil zu perpetuieren.[816]

Um in dieser Dilemma-Situation den jeweiligen Fachgerichten die Pflicht zu ersparen, dem BVerfG aufgrund von § 31 BVerfGG blind folgen und weiterhin am statusbezogenen Streikverbot für Beamte festhalten zu müssen, werden in der Literatur mehrere Lösungsansätze diskutiert. Ob einer dieser Lösungsvorschläge Abhilfe schaffen kann, soll im nächsten Schritt untersucht werden.

(aa) Sachliche Unabhängigkeit des Richters

Da der Richter in seiner Entscheidung nach Art. 97 Abs. 1 GG unabhängig ist, könnte sich daraus schließen lassen, dass der Instanzrichter frei entscheiden und dem Urteil folgen kann, welches ihm am überzeugendsten erscheint.[817] Jedoch statuiert Art. 97 Abs. 1 GG nicht nur die Unabhängigkeit des Richters, sondern er ist hiernach auch dem Gesetz unterworfen. Somit können dem Richter zwar keine Vorgaben durch Einzelanweisungen und Verwaltungsvorschriften gemacht oder sonstige Einflussnahmen durch die Exekutive vorgenommen werden, soweit die Bindungswirkung jedoch durch Rechtsnorm vorgeschrieben wird – wie dies ausdrücklich in § 31 BVerfGG und in Art. 46 Abs. 1 EMRK in Verbindung mit dem Zustimmungsgesetz zur EMRK in Verbindung mit dem Grundsatz der Völkerrechtsfreundlichkeit der Fall ist – ist der Richter allerdings an die Entscheidungen anderer Gerichte gebunden.[818] Somit lässt sich die „Frage des letzten Wortes" nicht über die sachliche Unabhängigkeit des Richters klären.[819]

(bb) Fürsorgepflicht des Richters

Denkbar wäre es ebenfalls, eine Pflicht der Fachgerichte zur vorrangigen Befolgung der Rechtsprechung des EGMR vor der Rechtsprechung des BVerfG aus der im Rechtsstaatsprinzip verankerten prozessualen Fürsorgepflicht herzuleiten.[820] Nach dieser Pflicht ist der Richter allgemein zur Rücksichtnahme gegenüber den Verfahrensbeteiligten in ihrer konkreten Situation verpflichtet,[821] weshalb er alles unterlassen sollte, was die Beteiligten objektiv nutzlos schädigt.[822] Folgt der Richter nicht dem Urteil des EGMR, zwingt er die Betei-

---

816 So überzeugend *Hoffmann*, NdsVBl. 2012, 151, 154.
817 *Heckötter*, S. 228.
818 *Bergmann*, EuR 2006, 101, 111; *Heckötter*, S. 229.
819 *Bergmann*, EuR 2006, 101, 111; *Heckötter*, S. 229.
820 *Bergmann*, EuR 2006, 101, 112; vgl. auch *Jaeger*, EuGRZ 2005, 193 f.
821 BVerfG 26.4.1988, NJW 1988, 2787.
822 *Bergmann*, EuR 2006, 101, 112; *Heckötter*, S. 229.

ligten gegebenenfalls unter hohen Aufwendungen durch alle Instanzen – bis der EGMR am Ende aller Wahrscheinlichkeit nach seine Rechtsprechung bestätigen und die Bundesrepublik Deutschland zur Beseitigung der Konventionsverletzungen und zur Entschädigungszahlung sowie zur Übernahme der Verfahrenskosten verurteilen würde.[823] Ein solches Verhalten hätte eine objektiv unsinnige Belastung aller Beteiligten und eine nutzlose Verschwendung der wertvollen „Ressource Rechtsstaat" zur Folge.[824]

Allerdings kann die praktische Sicht der Dinge den Richter nicht dazu ermächtigen, sich über geltendes Recht hinwegzusetzen.[825] Die Fürsorgepflicht des Richters kann nämlich nur in den Grenzen des geltenden Rechts ihre Wirkung entfalten, an welches der Richter gemäß Art. 97 Abs. 1 GG gebunden ist.[826] Da der EGMR jedoch noch nicht explizit entschieden hat, dass das in der Bundesrepublik Deutschland geltende Streikverbot für Beamte konventionswidrig ist, kann der Richter nicht aufgrund seiner Fürsorgepflicht der Rechtsprechung des EGMR den Vorrang gegenüber der Rechtsprechung des BVerfG einräumen.[827]

(cc) Faktisches Verhalten des BVerfG

Teilweise wird eine vorrangige Bindung der Gerichte an EGMR-Urteile auch aus dem faktischen Verhalten des BVerfG hergeleitet. So habe das BVerfG im *Görgülü*-Beschluss zwar nur unscharfe Vorgaben gemacht, wie EGMR-Urteile von den jeweiligen Gerichten zu berücksichtigen seien,[828] aufgrund des Verfahrensverlaufes sei aber deutlich geworden, dass eine sich einer EGMR-Entscheidung widersetzende Entscheidung – in dem Fall *Görgülü* handelte es sich um zwei Beschlüsse des OLG Naumburg[829] – verfassungswidrig sei.[830] Im Ergebnis habe das BVerfG die Vorgaben des EGMR[831] im Fall *Görgülü* nämlich mittels des Erlasses von insgesamt vier Beschlüssen[832] innerhalb von gerade einmal sechs Monaten

823 *Heckötter*, S. 229.
824 *Bergmann*, EuR 2006, 101, 112.
825 *Heckötter*, S. 229.
826 *Heckötter*, S. 229 f.
827 Vgl. *Heckötter*, S. 230.
828 Vgl. BVerfG 14.10.2004, NJW 2004, 3407; s. dazu auch bereits H.II.1.a)bb)(2).
829 OLG Naumburg 30.6.2004, EuGRZ 2004, 749; OLG Naumburg 20.12.2004, NJOZ 2005, 2988.
830 *Bergmann*, EuR 2006, 101, 113.
831 EGMR 26.2.2004, NJW 2004, 3397 – *Görgülü/Deutschland*.
832 BVerfG 14.10.2004, NJW 2004, 3407; BVerfG 28.12.2004, NJW 2005, 1105; BVerfG 1.2.2005, FamRZ 2005, 429; BVerfG 5.4.2005, NJW 2005, 1765.

in der Praxis gegenüber dem widerspenstigen OLG Naumburg durchgesetzt.[833] Besonders hervorzuheben ist dabei, dass das BVerfG im Wege einer einstweiligen Anordnung kurzerhand sogar selbst den Vorgaben des EGMR nachkam, indem es eine Umgangsregelung in Kraft setzte.[834]

Darüber hinaus wird für eine vorrangige Bindung der Gerichte an EGMR-Urteile angeführt, dass das BVerfG die Rechtsprechung des EGMR selbst als Auslegungshilfe heranziehen und ihre besondere Bedeutung anerkennen würde.[835] Somit würde das BVerfG durch sein faktisches Verhalten insgesamt klarstellen, dass den Urteilen des EGMR gefolgt werden müsse.[836]

Allerdings übersehen die Vertreter dieses Lösungsansatzes, dass im Fall *Görgülü* vor der Entscheidung des EGMR lediglich ein nicht bindender[837] Nicht-Annahmebeschluss des BVerfG ergangen ist. Daher lag gerade keine „Kollision der Bindungsanordnung" vor, zu welcher das BVerfG im Nachhinein hätte Stellung nehmen können.[838] Stattdessen betreffen die Aussagen des BVerfG im Fall *Görgülü* nur das grundsätzliche Verhältnis zwischen deutschem Recht und Entscheidungen des EGMR, nicht aber die besondere Situation, dass eine bindende, das Grundgesetz in seinem Inhalt konkretisierende Entscheidung des BVerfG bereits existiert.[839] Daher lässt sich dem faktischen Verhalten des BVerfG nicht entnehmen, dass das Gericht im Konfliktfall seine eigene Rechtsprechung hintanstellen möchte.[840]

(dd) Lockerung der Bindungswirkung der Urteile des BVerfG

Einer anderen Auffassung nach soll ein Gericht durch eine Entscheidung des BVerfG insoweit nicht mehr gebunden sein, wie diese nicht mit einem Urteil des

---

833 *Bergmann*, EuR 2006, 101, 113.

834 BVerfG 28.12.2004, NJW 2005, 1105.

835 *Heckötter*, S. 230.

836 *Bergmann*, EuR 2006, 101, 113 f.

837 Von der Bindungswirkung des § 31 Abs. 1 BVerfGG werden nur Sachentscheidungen, also keine Prozessentscheidungen und keine Ablehnung der Annahme einer Verfassungsbeschwerde erfasst. Soweit in Nichtannahmebeschlüssen Aussagen zu den verfassungsmäßigen Anforderungen an die Auslegung und Anwendung einfachgesetzlicher Normen zu finden sind, so geschieht dies bloß in der Hoffnung, dass die Fachgerichte sich diesen zwar nicht aufgrund rechtlicher Bindung anschließen werden, sondern weil sie von den Entscheidungsgründen überzeugt sind oder zumindest nicht riskieren wollen, dass ihre Entscheidungen bei nächster Gelegenheit aufgehoben werden. S. dazu *Lechner/Zuck*, § 31 BVerfGG, Rn. 28; *Lenz/Hansel*, § 31 BVerfGG, Rn. 23.

838 *Heckötter*, S. 230.

839 *Heckötter*, S. 230.

840 So überzeugend *Heckötter*, S. 230.

EGMR vereinbar ist.[841] Einen vergleichbaren Ansatz vertritt *Schaffarzik*, nach dem die Bindungswirkung der Entscheidungen des BVerfG unter dem Vorbehalt der Entscheidung eines Gerichts steht, welchem die Kompetenz zur Überprüfung der Entscheidungen des BVerfG besonders zugewiesen ist.[842] Da nach Art. 35 Abs. 1 EMRK vor Anrufung des EGMR grundsätzlich das Verfassungsbeschwerdeverfahren durchlaufen werden muss, sei für *Schaffarzik* einzig logische Konsequenz der Tatsache, dass damit auch die Entscheidung über die Verfassungsbeschwerde der Kontrolle des EGMR untersteht, dass der Rechtsprechung des EGMR Vorrang gebührt.[843] Auch diese Ansicht führt im Ergebnis somit zu einer Lockerung der Bindungswirkung der Urteile des BVerfG.[844]

Die Vertreter dieser Ansicht begründen eine solche Lockerung der Bindungswirkung in erster Linie mit dem Grundsatz der völkerrechtskonformen bzw. völkerrechtsfreundlichen Auslegung.[845] Danach müsse § 31 BVerfGG im Lichte der EMRK und insbesondere ihrer Art. 42, 44 und 46, wonach die einer Individualbeschwerde stattgebenden Urteile des EGMR endgültig und zu befolgen sind, ausgelegt und reduziert werden, mit der Konsequenz, dass im Konfliktfall die Bindungswirkung von verfassungsgerichtlichen Entscheidungen „zurücktritt".[846] Stünde § 31 Abs. 1 BVerfGG der Befolgung eines Urteils des EGMR nämlich entgegen, würde Art. 46 Abs. 1 EMRK, nach dem die Vertragsstaaten verpflichtet sind, das endgültige Urteil des EGMR stets zu befolgen, gar keine Wirkung entfalten können.[847] Der § 31 BVerfGG müsse deswegen völkerrechtsfreundlich so ausgelegt werden, dass er nicht gilt, wenn er der Befolgung eines Urteils des EGMR entgegensteht, welches nach Art. 46 EMRK zu befolgen ist.[848] Somit würde sich der Vorrang der Bindung an die Urteile des EGMR vor derjenigen an die Urteile des BVerfG aus der Verfassung selbst ergeben.[849]

Für diesen Lösungsansatz spricht, dass auf diesem Weg eine Verschleppung der Durchsetzung der Rechtsprechung des EGMR verhindert werden kann, da die deutschen Gerichte zur Befolgung der Rechtsprechung des EGMR nicht mehr

---

841 Vgl. KG Berlin 29.10.2004, NJW 2005, 605, 607; *Heckötter*, S. 231; *Hoffmann*, NdsVBl. 2012, 151, 154.
842 *Schaffarzik*, DÖV 2005, 860, 867.
843 *Schaffarzik*, DÖV 2005, 860, 867; vgl. dazu auch *Limbach*, EuGRZ 2000, 417, 418.
844 *Heckötter*, S. 231.
845 *Heckötter*, S. 231.
846 So *Cremer*, EuGRZ 2004, 683, 697; vgl. auch *Hoffmann*, NdsVBl. 2012, 151, 154.
847 *Meyer-Ladewig*, Art. 46 EMRK, Rn. 22.
848 *Meyer-Ladewig*, Art. 46 EMRK, Rn. 22.
849 *Heckötter*, S. 231.

zunächst eine Rechtsprechungsänderung des BVerfG abwarten müssten.[850] Eine solche Verzögerung wäre kaum mit der Völkerrechtsfreundlichkeit des Grundgesetzes vereinbar.

Gegen diesen Lösungsansatz wird jedoch vorgebracht, dass das deutsche Recht nur dann völkerrechtskonform ausgelegt werden kann, wenn Spielraum für eine entsprechende Auslegung besteht. Ein solcher Auslegungsspielraum würde aufgrund des Wortlauts des § 31 Abs. 1 BVerfGG aber gerade nicht bestehen.[851] Nach dessen Wortlaut seien die Entscheidungen des BVerfG nämlich ausdrücklich verbindlich, woraus vielfach der Schluss gezogen wird, dass bis zu einer Änderung der Rechtsprechung des BVerfG die früheren Aussagen des BVerfG bindend seien.[852] Gegen ein solch enges Verständnis des Wortlauts lässt sich allerdings einwenden, dass das Prozesshindernis der entgegenstehenden Rechts- und Gesetzeskraft von Entscheidungen des BVerfG nach ständiger Rechtsprechung des BVerfG dann entfällt, wenn später rechtserhebliche Änderungen der Sach- und Rechtslage eintreten.[853] In Bezug auf die Entscheidungen des EGMR führte das BVerfG zu dieser Beschränkung der Bindungswirkung sogar aus, dass die Entscheidungen des EGMR als feststellende Judikate zwar keine unmittelbare Änderung der Rechtslage herbeiführen würden, sie für die Auslegung des Grundgesetzes jedoch rechtserhebliche Bedeutung erlangen könnten.[854] Diese rechtserhebliche Bedeutung würde dem BVerfG zufolge dazu führen, dass die Entscheidungen des EGMR einer rechtserheblichen Änderung gleichstehen können, da das BVerfG wegen des Grundsatzes der Völkerrechtsfreundlichkeit der Verfassung versuchen würde, Konventionsverstöße durch eine konventionskonforme Auslegung des Grundgesetzes zu vermeiden.[855] Nach Ansicht des BVerfG können Entscheidungen des EGMR somit rechtserhebliche Änderungen darstellen, die das Prozesshindernis der entgegenstehenden Rechts- und Gesetzeskraft von Entscheidungen des BVerfG entfallen lassen. Folglich sieht das BVerfG durchaus einen Auslegungsspielraum, um die Bindungswirkung zu beschränken. Zwar ist zuzugestehen, dass sich diese Ausführungen des BVerfG nur auf die Durchbrechung der Rechtskraft bestehender bundesverfassungsgerichtlicher Entscheidungen bezogen haben, wenn aber sogar die Rechtskraft einer konkreten Entscheidung ausnahmsweise

---

850 *Heckötter*, S. 231.

851 *Heckötter*, S. 231 f.; *Schmalz*, S. 37 f.

852 *Gersdorf*, AfP 2005, 221, 226; *Heckötter*, S. 232; *Schmalz*, S. 37 f.

853 BVerfG 4.5.2011, NJW 2011, 1931, 1934; Maunz/Schmidt-Bleibtreu/Klein/Bethge/*Bethge*, § 31 BVerfGG, Rn. 68.

854 BVerfG 4.5.2011, NJW 2011, 1931, 1934.

855 Vgl. BVerfG 4.5.2011, NJW 2011, 1931, 1934.

durchbrochen werden kann, muss dies für die allgemeine Bindungswirkung des § 31 Abs. 1 BVerfGG in gleicher Weise gelten.[856] Mithin steht der enge Wortlaut des § 31 Abs. 1 BVerfGG bereits aus diesem Grund einer völkerrechtsfreundlichen Auslegung dahin gehend, dass im Konfliktfall die Bindungswirkung von verfassungsgerichtlichen Entscheidungen „zurücktritt", nicht entgegen.

Für die Übertragung der Äußerungen des BVerfG auf die allgemeine Bindungswirkung des § 31 Abs. 1 BVerfGG spricht darüber hinaus, dass das BVerfG in seiner Äußerung explizit auf die entgegenstehende Gesetzeskraft seiner Entscheidungen und somit auf § 31 Abs. 2 BVerfGG Bezug genommen hat, der letztlich für bestimmte Entscheidungsformen bloß eine Erweiterung des Adressatenkreises aus § 31 Abs. 1 BVerfGG anordnet.[857] Indem den Entscheidungen des BVerfG nach § 31 Abs. 2 BVerfGG in bestimmten Fällen Gesetzeskraft zugesprochen wird, werden in diesen Fällen nämlich auch die Bürger zu Adressaten der Urteile des BVerfG.[858] Da die in § 31 Abs. 2 BVerfGG angeordnete Gesetzeskraft sich nicht an das BVerfG selbst richtet, weil es von seinen eigenen Präjudizien abweichen kann,[859] ist die nach § 31 Abs. 2 BVerfGG bestehende Gesetzeskraft der Entscheidungen des BVerfG vielmehr unterhalb der bundesverfassungsgerichtlichen Ebene und damit aufgrund des engen Zusammenhangs mit der Bindung aller öffentlichen Stellen insbesondere für die Fachgerichtsbarkeit relevant.[860] Weil die nach § 31 Abs. 2 BVerfGG entgegenstehende Gesetzeskraft somit im Falle der Änderung der Sach- und Rechtslage nach den Äußerungen des BVerfG von den Fachgerichten durchbrochen werden darf und es sich bei dem § 31 Abs. 2 BVerfGG letztlich nur um „§ 31 Abs. 1 BVerfGG mit erweitertem Adressatenkreis" handelt, müssen sich die Aussagen des BVerfG zur Beschränkung der Bindungswirkung im Falle der Änderung der Sach- und Rechtslage auch auf den § 31 Abs. 1 BVerfGG übertragen lassen. Diese Übertragbarkeit der Aussagen führt dazu, dass die Fachgerichte im Fall der Änderung der Sach- und Rechtslage auch nicht nach § 31 Abs. 1 BVerfGG an die Entscheidungen des BVerfG gebunden sind. Da nach Ansicht des BVerfG die Urteile des EGMR Änderungen der Rechtslage gleichstehen können, kann ein Urteil des EGMR somit ausnahmsweise durchaus von den Fachgerichten zum Anlass genommen werden, die Bindungswirkung des § 31

---

856 So überzeugend *Hoffmann*, NdsVBl. 2012, 151, 154.

857 *Schlaich/Korioth*, Rn. 496; vgl. auch Maunz/Schmidt-Bleibtreu/Klein/Bethge/*Bethge*, § 31 BVerfGG, Rn. 122.

858 *Hoffmann*, NdsVBl. 2012, 151, 154; *Rohleder*, S. 293 m. w. N.

859 *Benda/Klein*, Rn. 1474 m. w. N.; *Hoffmann*, NdsVBl. 2012, 151, 154; a. A. aber nicht überzeugend *Lechner/Zuck*, § 31 BVerfGG, Rn. 29.

860 *Hoffmann*, NdsVBl. 2012, 151, 154.

Abs. 1 BVerfGG zu durchbrechen. Der enge Wortlaut des § 31 Abs. 1 BVerfGG steht somit einer völkerrechtsfreundlichen Auslegung dahin gehend, dass die Fachgerichte im Konfliktfall aufgrund ihrer Pflicht, die Urteile des EGMR zu berücksichtigen, zur Abkehr von einer früheren Rechtsprechung des BVerfG ermächtigt sind, nicht entgegen.[861]

Gegen die Möglichkeit der konventionskonformen Auslegung wird – neben dem angeblich zu engen Wortlaut – allerdings zudem vorgebracht, dass die Bindungswirkung aus § 31 Abs. 1 BVerfGG verfassungsrechtlich fundiert und damit keine beliebig abänderbare Entscheidung des einfachen Gesetzgebers sei.[862] Die Bindungswirkung ergebe sich nämlich aus der verfassungsrechtlich festgelegten Funktion des BVerfG, nach der es als „maßgeblicher Interpret und Hüter der Verfassung“[863] über ein Letztentscheidungsrecht bezüglich der Auslegung der Verfassung verfügt.[864] Aufgrund der offenen Formulierung der Grundrechte wäre ihr Inhalt ohne die diese seit nunmehr über 60 Jahren konkretisierende Rechtsprechung des BVerfG unklar.[865] In Anbetracht dieser engen Verbindung zwischen dem Inhalt des Grundgesetzes und der Rechtsprechung des BVerfG sei eine Trennung zwischen dem geschriebenen Recht und seiner Konkretisierung durch die Richter des BVerfG kaum möglich.[866] Allerdings ist dieses Argument nicht überzeugend, denn wenn die EMRK in der Auslegung durch den EGMR aufgrund der Völkerrechtsfreundlichkeit Auslegungshilfe für die Grundrechte sein kann, ist implizit auch die Möglichkeit des Wandels einer vorhandenen authentischen Interpretation anzuerkennen.[867] Ein anderes Verständnis hätte zur Folge, dass die Rechtsprechung des EGMR nie berücksichtigt werden könnte, da jedes Grundrecht vom BVerfG bereits ausgelegt wurde.[868] Dass die Rechtsprechung des EGMR aber berücksichtigt werden muss, ergibt sich gerade aus der Völkerrechtsfreundlichkeit des Grundgesetzes.[869]

Ein weiteres Argument gegen die Möglichkeit einer konventionskonformen Auslegung des § 31 Abs. 1 BVerfGG ist, dass die vom BVerfG vorgenommene

861 Vgl. *Hoffmann*, NdsVBl. 2012, 151, 154.

862 Vgl. *Benda*, AnwBl. 2005, 602, 607; *Heckötter*, S. 232.

863 BVerfG 10.6.1975, NJW 1975, 1355, 1356.

864 *Benda*, AnwBl. 2005, 602, 607; *Heckötter*, S. 232; vgl. auch *Hoffmann*, NdsVBl. 2012, 151, 154.

865 *Heckötter*, S. 232.

866 *Heckötter*, S. 232.

867 *Hoffmann*, NdsVBl. 2012, 151, 154.

868 *Hoffmann*, NdsVBl. 2012, 151, 154.

869 *Hoffmann*, NdsVBl. 2012, 151, 154.

Auslegung des Grundgesetzes Vertrauensschutz im Sinne des Art. 20 Abs. 3 GG genießen würde, was ein plötzliches Abweichen und Einschwenken auf die EGMR-Linie durch die Fachgerichte verhindern würde.[870] Indem nach Ansicht des BVerfG das Prozesshindernis entgegenstehender Rechts- und Gesetzeskraft allerdings stets entfällt, wenn später rechtserhebliche Änderungen der Sach- und Rechtslage eintreten,[871] schränkt das BVerfG automatisch auch den Vertrauensschutz in Bezug auf seine vorherigen Entscheidungen ein. Da zur Änderung der Rechtslage auch Urteile des EGMR führen können, ist ein plötzliches Abweichen und Einschwenken auf die EGMR-Linie durch die Fachgerichte auch mit dem grundsätzlich gewährten Vertrauensschutz vereinbar.

§ 31 Abs. 1 BVerfGG ist somit grundsätzlich völkerrechtsfreundlich dahin gehend auslegbar, dass die Fachgerichte im Konfliktfall aufgrund ihrer Pflicht, die Urteile des EGMR zu berücksichtigen, zur Abkehr von einer früheren Rechtsprechung des BVerfG berechtigt sind.

In den Fällen, in denen die Grenze der Berücksichtigungspflicht der EGMR-Entscheidungen jedoch überschritten wird (etwa wenn deutsches Recht aufgrund des eindeutigen Wortlauts nicht auslegungsfähig ist oder die Berücksichtigung zu einem Verstoß gegen tragende Grundsätze der Verfassung führt), verlangt die Verfassung kein Vorgehen anhand der EMRK. Somit gibt es in diesen Fällen auch keinen Grund für eine Aufhebung oder Lockerung der Bindung nach § 31 Abs. 1 BVerfGG.[872] Wäre das deutsche Recht daher etwa aufgrund des eindeutigen Wortlauts nicht auslegungsfähig oder würde die Berücksichtigung der EGMR-Rechtsprechung zu einem Verstoß gegen tragende Grundsätze der Verfassung führen, blieben die Fachgerichte gemäß § 31 Abs. 1 BVerfGG an die Rechtsprechung des BVerfG gebunden. Diese Bindung würde auch dann bestehen, wenn das BVerfG in Kenntnis einer abweichenden EGMR-Entscheidung dieser zuwiderhandeln würde.[873] Da auch das BVerfG diese Entscheidung in seinem neuen Urteil grundsätzlich berücksichtigen müsste,[874] lässt sich deren Nichtberücksichtigung nämlich nur so verstehen, dass nach Ansicht des BVerfG eine der Grenzen der Berücksichtigungspflicht überschritten ist. Durch die Nichtberücksichtigung hätte das BVerfG somit klargestellt, dass für eine konventionskonforme Auslegung

870 *Heckötter*, S. 232.

871 BVerfG 4.5.2011, NJW 2011, 1931, 1934; Maunz/Schmidt-Bleibtreu/Klein/Bethge/*Bethge*, § 31 BVerfGG, Rn. 68.

872 *Hoffmann*, NdsVBl. 2012, 151, 154.

873 So zu Recht *Hoffmann*, NdsVBl. 2012, 151, 154.

874 S. dazu ausführlich bereits H.II.1.a)bb)(2).

im innerstaatlichen Recht aus verfassungsrechtlichen Gründen kein Raum ist.[875] Diese Feststellung würde durch § 31 Abs. 1 BVerfGG dann auch für die Fachgerichte bindend werden.[876] Würde sich das BVerfG somit „sehenden Auges" gegen eine EGMR-Entscheidung wenden, wären die Fachgerichte an diese Einschätzung gem. § 31 Abs. 1 BVerfGG gebunden und könnten der abweichenden EGMR-Entscheidung nicht mehr zur Geltung verhelfen. Da in Bezug auf das Streikverbot jedoch – wie bereits gezeigt worden ist – weder das deutsche Recht nicht auslegungsfähig ist noch die Berücksichtigung der EGMR-Urteile in den Fällen *Demir und Baykara*[877] und *Enerji Yapi-Yol Sen*[878] zu einem Verstoß gegen tragende Grundsätze der Verfassung führen würde,[879] und auch das BVerfG sich bisher nicht gegen diese EGMR-Urteile gestellt hat, sind die Fachgerichte aufgrund der konventionskonformen Auslegung des § 31 Abs. 1 BVerfGG nicht an die Rechtsprechung des BVerfG zum Streikverbot für Beamte gebunden. Mithin sind die Fachgerichte im Konfliktfall aufgrund ihrer Pflicht, die Urteile des EGMR zu berücksichtigen, zur Abkehr von einer früheren Rechtsprechung des BVerfG berechtigt.

(ee) Analoge Anwendung von Art. 100 Abs. 1 GG

Denkbar wäre neben einer Lockerung der Bindungswirkung der Urteile des BVerfG auch eine analoge Anwendung von Art. 100 Abs. 1 GG, was den Gerichten ermöglichen würde, dem BVerfG die Frage vorzulegen, ob es auch unter Berücksichtigung der EGMR-Urteile in den Fällen *Demir und Baykara*[880] und *Enerji Yapi-Yol Sen*[881] an seiner Auslegung des Art. 33 Abs. 4 und 5 GG festhalten möchte.[882] Diese Lösung hätte den Vorteil, dass man zum einen nicht jedem Gericht die Möglichkeit zugestehen müsste, von der Rechtsprechung des BVerfG insoweit abweichen zu können, wie es der EGMR verlangt, und zum anderen müsste man zur Klärung der Frage nicht bis zur Entscheidung des BVerfG am Ende der Rechtswegerschöpfung warten, was zwischenzeitliche Konventionsverstöße vermeiden würde.[883]

---

875 *Hoffmann*, NdsVBl. 2012, 151, 154.
876 Vgl. auch *Hoffmann*, NdsVBl. 2012, 151, 154.
877 EGMR 12.11.2008, NZA 2010, 1425 – *Demir und Baykara/Türkei.*
878 EGMR 21.4.2009, NZA 2010, 1423 – *Enerji Yapi-Yol Sen/Türkei.*
879 S. dazu bereits H.II.1.a)cc)(1)(a).
880 EGMR 12.11.2008, NZA 2010, 1425 – *Demir und Baykara/Türkei.*
881 EGMR 21.4.2009, NZA 2010, 1423 – *Enerji Yapi-Yol Sen/Türkei.*
882 Vgl. *Polakiewicz/Kessler*, NVwZ 2012, 841, 844.
883 *Heckötter*, S. 234.

Um Art. 100 Abs. 1 GG analog anwenden zu können, müssten allerdings die Voraussetzungen einer Analogie – eine planwidrige Regelungslücke und eine hinreichende Vergleichbarkeit des geregelten und des nicht geregelten Sachverhalts – vorliegen.[884] Zudem dürfte die Bindungswirkung früherer verfassungsgerichtlicher Entscheidungen nach § 31 Abs. 1 BVerfGG der Zulässigkeit erneuter Vorlagen nicht entgegenstehen.[885]

i. Planwidrige Regelungslücke

Zunächst müsste eine Regelungslücke bestehen. Eine gesetzliche Regelung einer Vorlagemöglichkeit bei der es um die Überprüfung der Auslegung des Grundgesetzes durch das BVerfG auf deren Verfassungsmäßigkeit geht, besteht bisher nicht. Art. 100 Abs. 1 GG sieht nämlich nur die Möglichkeit einer Vorlage an das BVerfG vor, wenn ein Gericht ein entscheidungserhebliches Gesetz für verfassungswidrig hält, nicht aber wenn ein Gericht die „Verfassungswidrigkeit einer Auslegung" überprüfen möchte.[886] Damit liegt eine Regelungslücke vor.

Diese Regelungslücke müsste auch planwidrig sein. Da das Problem, dass die Auslegung paralleler Gewährleistungen in Grundgesetz und EMRK divergieren, nicht geregelt worden ist und dieses Problem auch erst in jüngerer Zeit mit der Anerkennung der unmittelbaren Bindungswirkung der Entscheidungen des EGMR an Bedeutung gewonnen hat, wird man auch von der Planwidrigkeit der Regelungslücke ausgehen können.[887]

ii. Vergleichbarkeit des geregelten und des nicht geregelten Sachverhalts

Größere Schwierigkeiten könnte allerdings die Frage bereiten, ob auch eine vergleichbare Interessenlage besteht, wenn es darum geht, ob ein Gesetz verfassungswidrig ist und wenn sich die Frage stellt, ob eine Auslegung des Grundgesetzes nicht länger verfassungsmäßig ist.[888]

Für eine Vergleichbarkeit dieser beiden Fragen lässt sich zunächst anführen, dass in beiden Fällen das Ziel eine einheitliche Rechtsanwendung ist.[889] Immerhin handelt es sich in dem erstgenannten Fall um die Frage, ob das Gesetz noch gültig ist und weiter angewandt werden darf, und im zweiten Fall um die Frage, ob eine

884 Zu den Voraussetzungen einer Rechtsanalogie *Larenz/Canaris*, S. 202 ff.
885 *Heckötter*, S. 234.
886 *Heckötter*, S. 234.
887 *Heckötter*, S. 234.
888 *Heckötter*, S. 234.
889 *Heckötter*, S. 234.

bestimmte Auslegung des Grundgesetzes noch zugrunde gelegt werden darf. Zwar ist einzuräumen, dass die Bindungswirkung, die nach § 31 Abs. 1 BVerfGG von einer bestimmten Auslegung des Grundgesetzes durch das BVerfG ausgeht, keine Gesetzeskraft hat, wie sich im Rückschluss aus § 31 Abs. 2 BVerfGG ergibt, sodass durchaus ein Unterschied zwischen der Normverwerfung durch das BVerfG und seiner bloßen Interpretation des Grundgesetzes besteht.[890] Jedoch hat eine bestimmte, verbindliche Auslegung des Grundgesetzes auch Auswirkungen auf die Wirksamkeit von Normen. Eine geänderte Auslegung des Grundgesetzes kann nämlich auch die Antwort auf die Frage nach der Wirksamkeit einer unter Umständen gegen ein Grundrecht verstoßenden Rechtsnorm verändern.[891] Somit dürfte eine Vergleichbarkeit der Interessenlagen bestehen.[892]

iii. Kein Entgegenstehen der Bindungswirkung nach § 31 Abs. 1 BVerfGG

Zudem dürfte die Bindungswirkung früherer verfassungsgerichtlicher Entscheidungen nach § 31 Abs. 1 BVerfGG der Zulässigkeit erneuter Vorlagen nicht entgegenstehen.[893] Das ist jedoch nicht der Fall, denn zum einen ist das BVerfG an seine vorhergehenden Entscheidungen und die dort entwickelten Grundsätze nicht gebunden und zum anderen können wesentliche Veränderungen zu einer erneuten Vorlage nach Art. 100 Abs. 1 GG berechtigen.[894] Allerdings gelten besondere Begründungsanforderungen für eine erneute Richtervorlage. Da das vorlegende Gericht im Falle einer erneuten Vorlage einen Spruch begehrt, der im Gegensatz zu der früheren Entscheidung des BVerfG steht, muss es im Einzelnen die Gründe dafür darlegen, dass die Rechtskraft der früheren Entscheidung eine erneute Sachprüfung nicht hindert.[895] Hält der EGMR nun eine Entscheidung des BVerfG für unvereinbar mit der EMRK, könnte dies eine wesentliche Änderung der Verhältnisse darstellen, welche es rechtfertigen würde, dass das BVerfG prüft, ob und falls ja, wie, es seine Rechtsprechung ändern muss.[896] Unter diesen Voraussetzungen stünde die Bindungswirkung früherer verfassungsgerichtlicher Entscheidungen nach § 31 Abs. 1 BVerfGG der Zulässigkeit einer erneuten Vorlage somit nicht entgegen.

---

890 *Heckötter*, S. 234.

891 *Heckötter*, S. 234.

892 So überzeugend *Heckötter*, S. 234.

893 *Heckötter*, S. 234.

894 BVerfG 12.6.1990, DB 1990, 1498; *Heckötter*, S. 234.

895 BVerfG 29.6.2004, NJW 2004, 3620, 3621.

896 So auch *Heckötter*, S. 235; *Mann*, NJW 2004, 3220, 3221; *Schmalz*, S. 37.

iv. Zwischenergebnis

Da die Voraussetzungen für eine analoge Anwendung des Art. 100 Abs. 1 GG gegeben sind und auch die Bindungswirkung des § 31 Abs. 1 BVerfGG einer analogen Anwendung nicht entgegensteht, könnten die Fachgerichte grundsätzlich analog Art. 100 Abs. 1 GG dem BVerfG die Frage vorlegen, ob es auch unter Berücksichtigung der EGMR-Urteile in den Fällen *Demir und Baykara*[897] und *Enerji Yapi-Yol Sen*[898] an seiner Auslegung des Art. 33 Abs. 4 und 5 GG festhalten möchte.

(ff) Zwischenergebnis

Im Ergebnis könnte man die Fachgerichte in Bezug auf das strittige Streitverbot für Beamte somit entweder nicht mehr für nach § 31 Abs. 1 BVerfGG an die Rechtsprechung des BVerfG zu Art. 33 Abs. 4 und 5 GG gebunden erachten oder man ermöglicht ihnen eine Vorlage des Rechtsproblems analog Art. 100 Abs. 1 GG.

Die Vorlagelösung hätte allerdings das Problem, dass dadurch zum einen dem BVerfG, welches ohnehin bereits stark belastet ist, weitere Arbeit aufgebürdet wird, was zu einer Verschleppung aller dort anhängigen Verfahren führen könnte.[899] Zum anderen würde sich auch das Verfahren, von welchem die Auslegungsfrage herrührt, erheblich in die Länge ziehen, da erst das Ergebnis der Vorlagefrage abgewartet werden müsste, bevor der zuständige Richter den Rechtsstreit entscheiden kann.[900] Zwar wiegen diese Nachteile nicht ganz so schwer, wie sie auf den ersten Blick scheinen, denn trotz der Verlängerung des Verfahrens wird durch die Vorlage ein (wenn auch unter Umständen nur vorläufiger) Verstoß gegen die EMRK verhindert.[901] Auch der Nachteil einer erhöhten Arbeitsbelastung des BVerfG verliert an Gewicht, wenn man bedenkt, dass es sich bloß um eine Verschiebung der ohnehin anfallenden Arbeitslast handelt.[902] Um vor dem EGMR Recht zu bekommen und damit eine Bestätigung von dessen Rechtsprechung zu erhalten, wird der vor deutschen Gerichten Unterlegene nämlich den innerstaatlichen Rechtsweg beschreiten und somit auch das BVerfG anrufen müssen, welches spätestens dann Gelegenheit bekommt, seine Rechtsprechung

---

897 EGMR 12.11.2008, NZA 2010, 1425 – *Demir und Baykara/Türkei.*

898 EGMR 21.4.2009, NZA 2010, 1423 – *Enerji Yapi-Yol Sen/Türkei.*

899 *Heckötter*, S. 235.

900 *Heckötter*, S. 235.

901 *Heckötter*, S. 235.

902 *Heckötter*, S. 235.

zu ändern.[903] Die Vorlage der Rechtsfrage analog Art. 100 Abs. 1 GG verschiebt diese Situation lediglich auf einen früheren Zeitpunkt. Folglich sind die Nachteile der Vorlagelösung größtenteils kompensiert.

Allerdings bietet die Vorlagelösung keinen Vorteil gegenüber der Lösung über eine gelockerte Bindungswirkung. So wird ein Verstoß gegen die EMRK auch über die Lockerung der Bindungswirkung und die damit verbundene direkte Befugnis der Fachgerichte zur konventionskonformen Auslegung vermieden. Zudem entsteht bei einer Lockerung der Bindungswirkung erst gar keine erhöhte Arbeitsbelastung auf Seiten des BVerfG, da die Gerichte das BVerfG nicht mit Vorlagefragen in Anspruch nehmen. Einzuräumen ist zwar, dass der im Gerichtsverfahren Unterlegene gegebenenfalls den gesamten Rechtsweg durchläuft und gegen die Gerichtsurteile Verfassungsbeschwerde erhebt. Dieses Szenario wird allerdings nur in dem seltenen Fall eintreten, in dem der Unterlegene sehr stark davon überzeugt ist, dass das Fachgericht fehlerhaft entschieden hat. Bei der Vorlagelösung würde das BVerfG hingegen ständig mit Vorlagefragen konfrontiert werden. Über die Annahme dieser Vorlagefragen könnte das BVerfG – anders als bei einer Verfassungsbeschwerde – auch nicht frei entscheiden, sondern müsste die vorgelegten Fragen annehmen, was zu einer erhöhten Arbeitsbelastung führen würde.[904] Diesen Kritikpunkt kann man auch nicht durch den Hinweis darauf ausräumen, dass möglicherweise nicht jedes Gericht dem BVerfG strittige Fragen vorlegen wird. Würde ein Gericht seiner Vorlagepflicht analog Art. 100 Abs. 1 GG nämlich nicht nachkommen, würde eine Verfassungsbeschwerde wegen Entzugs des gesetzlichen Richters möglich sein.[905] Das BVerfG würde bei der Vorlagelösung folglich – anders als über den Weg der gelockerten Bindungswirkung – stets mit diesen Rechtsfragen konfrontiert und somit – verglichen mit der Lösung über eine gelockerte Bindungswirkung – mit Mehrarbeit belastet werden.

Aber nicht nur die Vermeidung von Mehrarbeit für das BVerfG spricht für die Lösung über eine gelockerte Bindungswirkung. Ein weiteres Argument für diese Lösung ist nämlich, dass die Fachgerichte über diesen Weg unmittelbar die neue Rechtsprechung des EGMR berücksichtigen können, was eine wesentlich schnellere Rechtsanpassung und ein wesentlich schnelleres Verfahren für die betroffenen Bürger ermöglicht. In Anbetracht dieser Vorteile ist die Lösung, nach der die Fachgerichte aufgrund der konventionskonformen Auslegung des § 31 Abs. 1 BVerfGG insoweit nicht mehr an die Entscheidungen des BVerfG gebunden

903 *Heckötter*, S. 235.

904 *Heckötter*, S. 235.

905 *Heckötter*, S. 235.

sind, wie diese nicht mit neuen Urteilen des EGMR vereinbar sind, vorzugswürdig. Der Vorlagelösung bedarf es daher nicht.

Im Ergebnis sind die Fachgerichte somit zur Einführung eines funktionsbezogenen Streikrechts für Beamte mittels konventionskonformer Auslegung des deutschen Rechts befugt.

(c) Erfordernis einer gesetzlichen Regelung aufgrund der Wesentlichkeitstheorie

Gegen die Einführung eines funktionsbezogenen Streikrechts für Beamte über eine konventionskonforme Auslegung könnte allerdings sprechen, dass ein solches Streikrecht aufgrund dessen Grundrechtsrelevanz nach der Wesentlichkeitstheorie nur mittels einer gesetzlichen Regelung eingeführt werden darf. Nach der Wesentlichkeitstheorie muss der Gesetzgeber nämlich in grundlegenden normativen Bereichen alle wesentlichen Entscheidungen selbst treffen.[906]

Allerdings ist bereits zweifelhaft, inwiefern die Wesentlichkeitstheorie auf das Verhältnis Legislative – Judikative überhaupt anwendbar ist, denn das BVerfG hatte in seiner Aussperrungsentscheidung vom 26.6.1991 die Anwendung der „Wesentlichkeitstheorie" auf das Verhältnis Legislative – Judikative noch mit der Begründung abgelehnt, diese gelte „nur für das Verhältnis zwischen Staat und Bürger", nicht aber zwischen gleichgeordneten Grundrechtsträgern.[907] Wenig später erklärte das BVerfG jedoch unter ausdrücklicher Berufung auf die Wesentlichkeitstheorie den vom BAG zugelassenen Einsatz von Beamten auf bestreikten Arbeitnehmerdienstposten ohne gesetzliche Regelung für mit dem Grundgesetz unvereinbar.[908]

Selbst wenn man – im Einklang mit der letztgenannten Entscheidung des BVerfG – die Wesentlichkeitstheorie auch im Verhältnis Legislative – Judikative für anwendbar hält, wird die Einführung eines funktionsbezogenen Streikrechts für Beamte trotz dessen Grundrechtsrelevanz jedoch mit der Wesentlichkeitstheorie vereinbar sein. Das BVerfG hat nämlich sogar das Streikverbot für Beamte in seiner bisherigen absoluten Form als verfassungsgemäß erachtet, obwohl es für diesen noch grundrechtsintensiveren Eingriff ebenfalls an einer einfachgesetzlichen Grundlage mangelt.[909] Wenn die Gerichte somit aufgrund der Wesentlichkeitstheorie nicht daran gehindert sind ein Streikverbot einzuführen, muss Gleiches auch für die Ein-

906 Vgl. etwa BVerfG 8.8.1978, NJW 1979, 359, 360 m. w. N.
907 BVerfG 26.6.1991, NZA 1991, 809, 810.
908 BVerfG 2.3.1993, NJW 1993, 1379.
909 BVerfG 19.9.2007, NVwZ 2007, 1396, 1398 m. w. N.; *Gooren*, ZBR 2011, 400, 405.

führung eines funktionsbezogenen Streikrechts gelten. Die Wesentlichkeitstheorie hindert die Gerichte folglich nicht daran, ein funktionsbezogenes Streikrecht im Wege der konventionskonformen Auslegung einzuführen.

(d) Erfordernis einer gesetzlichen Regelung aufgrund von Art. 11 Abs. 2 S. 1 EMRK

Somit können die Gerichte ein Streikrecht für Beamte auch ohne gesetzliche Regelung einführen. Allerdings könnte dieses Streikrecht möglicherweise nur unbeschränkt, also für alle Beamtengruppen, eingeführt werden können. Nach Art. 11 Abs. 2 S. 1 EMRK sind Einschränkungen des Streikrechts nämlich nur zulässig, wenn sie gesetzlich vorgesehen sind. Daraus ließe sich folgern, dass es dem nationalen Gesetzgeber obliegen würde, durch formelles Gesetz konkret diejenigen Beamtengruppen zu bestimmen, für die das funktionsbezogene Streikverbot in Zukunft gelten soll.[910] Bis der Gesetzgeber eine solche Regelung erlassen hat, würde demnach allen Beamten ein Streikrecht zuzugestehen sein. Die Gerichte wären demzufolge nur zur Einführung eines allgemeinen Streikrechts für Beamte im Rahmen der konventionskonformen Auslegung befugt.

Allerdings legt der EGMR den Begriff „gesetzlich vorgesehen" weit aus und lässt als gesetzliche Eingriffsgrundlage selbst „Richterrecht" ausreichen.[911] Daher ist es ausreichend, dass die funktionsbezogenen Grenzen des Streikrechts für Beamte künftig allein von der Judikative konkretisiert werden.[912]

(e) Zwischenergebnis

Somit ist die Einführung eines funktionsbezogenen Streikrechts für Beamte mittels einer konventionskonformen Auslegung für jedes Fachgericht möglich.[913] Die Fachgerichte sind insbesondere nicht aufgrund von § 31 Abs. 1 BVerfGG an die vorhergehenden Entscheidungen des BVerfG zur Frage eines Streikverbots für Beamte gebunden. Auch einer vorherigen Vorlage analog Art. 100 Abs. 1 GG bedarf es nicht.

(2) Konventionskonforme Auslegung deutschen Rechts durch das BVerfG

Neben den Fachgerichten ist es allerdings auch dem BVerfG möglich, seine Auslegung des Art. 33 Abs. 4 und 5 GG an die Rechtsprechung des EGMR anzupassen

910 So auch *Gooren*, ZBR 2011, 400, 405.

911 EGMR 10.11.2005, NVwZ 2006, 1389, 1390 f. m. w. N. – *Leyla Sahin/Türkei*.

912 So überzeugend *Gooren*, ZBR 2011, 400, 405.

913 So im Ergebnis bereits umgesetzt durch VG Kassel 27.7.2011, ZBR 2011, 386; VG Kassel 27.7.2011, ArbuR 2012, 36; s. ausführlich dazu unter F.V.

und den Beamten ein funktionsbezogenes Streikrecht in der Gestalt zuzusprechen, dass nur hoheitlich tätige Beamte noch einem Streikverbot unterliegen.[914] Dass das BVerfG noch einen Schritt weiter geht und auf Basis der Fortentwicklungsklausel aus Art. 33 Abs. 5 GG das Streikverbot für Beamte in seiner Gänze aufhebt, ist hingegen unwahrscheinlich.[915] Dagegen spricht nämlich, dass – entsprechend des Wortlauts des Art. 33 Abs. 5 GG – die 2006 im Zuge der Föderalismusreform eingefügte Fortentwicklungsklausel nur für das einfache Beamtenrecht, nicht aber für die hergebrachten Grundsätze des Beamtentums gilt,[916] auf die das BVerfG das Streikverbot für Beamte stützt.[917] Ebenfalls denkbar, aber aufgrund der Völkerrechtsfreundlichkeit der Verfassung sehr unwahrscheinlich, wäre, dass das BVerfG seine bisherige völkerrechtsfreundliche Rechtsprechung einschränkt und trotz der Vorgaben des EGMR bewusst an dem statusbezogenen Streikverbot für Beamte festhält.[918] Unabhängig davon, welche dieser Ansichten das BVerfG präferiert, ist es dem BVerfG somit jedenfalls möglich, die deutsche Rechtslage an die konventionsrechtlichen Vorgaben anzupassen.

Die Möglichkeit, die Kollisionslage zwischen der konventionsrechtlichen und der nationalen Rechtslage vom BVerfG selbst lösen zu lassen, hat jedoch stets eine Verschleppung der Durchsetzung der Rechtsprechung des EGMR zur Folge, da die deutschen Gerichte zur Befolgung der Rechtsprechung des EGMR zunächst die Rechtsprechungsänderung des BVerfG abwarten müssten.[919] Indem die konventionskonforme Auslegung bereits von den Fachgerichten vorgenommen wird, kann dieser Nachteil vermieden werden.[920] Mithin ist die vorzugswürdige Lösungsvariante zur Auflösung der Kollisionslage, die konventionskonforme Auslegung bereits von den Fachgerichten vornehmen zu lassen und nicht erst auf eine Rechtsprechungsänderung des BVerfG zu warten.

(3) Möglichkeiten der Gesetzgebung

Das Spannungsverhältnisses zwischen Art. 11 EMRK und Art. 33 Abs. 4 und 5 GG kann allerdings nicht nur über eine konventionskonforme Auslegung der

---

914 Vgl. *Brinktrine*, ZG 2013, 227, 237; *Werres*, DÖV 2011, 873, 879 f.

915 *Brinktrine*, ZG 2013, 227, 237; a. A. *Battis*, ZBR 2011, 397, 399 der dies durchaus in Betracht zieht.

916 BVerfG 19.9.2007, NVwZ 2007, 1396, 1401.

917 BVerfG 11.6.1958, NJW 1958, 1228, 1230; BVerfG 30.3.1977, NJW 1977, 1869.

918 Vgl. auch *Brinktrine*, ZG 2013, 227, 237.

919 Vgl. *Heckötter*, S. 231.

920 So auch *Heckötter*, S. 231; zur Möglichkeit der konventionskonformen Auslegung durch die Fachgerichte s. bereits H.II.1.a)cc)(1).

aktuellen Gesetze gelöst werden. Denkbar sind auch diverse Handlungsoptionen der Gesetzgebung.

(a) Einführung eines funktionsbezogenen Streikrechts auf einfachgesetzlicher Grundlage

So könnte der nationale Gesetzgeber etwa erwägen, die Regelungen des einfachen Beamtenrechts an Art. 11 EMRK in der aktuellen Auslegung durch den EGMR anzupassen.[921] Dazu kämen Regelungen in Betracht, die zwischen verschiedenen Beamtengruppen unterscheiden und nur noch für hoheitlich tätige Beamtengruppen ausdrücklich ein Streikverbot vorsehen.[922] Eingefügt werden könnten diese Regelungen etwa im Beamtenstatusgesetz, im Bundesbeamtengesetz und in den Landesbeamtengesetzen.[923]

Gegen eine solche Maßnahme des nationalen Gesetzgebers spricht zum einen jedoch, dass die Realisierung einer solchen Lösung aus politischen Gründen derzeit nicht gewollt sein wird.[924] Zum anderen würde eine solche gesetzliche Regelung der derzeit herrschenden Auslegung des Art. 33 Abs. 4 und 5 GG widersprechen und somit im Ergebnis verfassungswidrig sein.[925] Ohne eine Änderung der Verfassung oder eine Änderung der Auslegung des Art. 33 Abs. 4 und 5 GG durch das BVerfG wird der Gesetzgeber daher kein funktionsbezogenes Streikrecht auf einfachgesetzlicher Grundlage einführen.

(b) Stärkung von Beteiligungs- und Mitbestimmungsrechten im Beamtenverhältnis

Darüber hinaus wäre es denkbar, dass der nationale Gesetzgeber als Kompensation für das fehlende Streikrecht und als ein Mittel zur Fortentwicklung des Beamtenrechts (mit der zugleich der aktuellen Rechtsprechung des EGMR Rechnung getragen werden soll) auf einfachgesetzlicher Ebene Instrumente verankert, mit denen der Abschluss von Vereinbarungen zwischen Dienstherrn und den Spitzenorganisationen der Gewerkschaften und Berufsverbände zur Regelung der Beamtenverhältnisse gefördert werden soll.[926] Allerdings würde dieser Vorschlag den Kern des Problems, nämlich den Widerspruch zwischen dem funktions-

---

921 *Brinktrine*, ZG 2013, 227, 235.
922 *Brinktrine*, ZG 2013, 227, 235.
923 *Brinktrine*, ZG 2013, 227, 235.
924 *Brinktrine*, ZG 2013, 227, 235.
925 *Brinktrine*, ZG 2013, 227, 235.
926 *Böhm*, ZBR 2013, 181 ff.; *Brinktrine*, ZG 2013, 227, 235.

bezogenen Streikrecht für Beamte nach Art. 11 Abs. 1 EMRK und dem statusbezogenen Streikrecht für Beamte nach Art. 33 Abs. 4 und 5 GG, nicht beheben.[927]

(c) Verfassungsänderung

Zur Lösung des Konflikts durch den Gesetzgeber käme des Weiteren eine Verfassungsänderung in Betracht. So wird in der Literatur teilweise gefordert der neuen Auslegung des Art. 11 EMRK durch eine Änderung von Art. 33 Abs. 4 oder 5 GG Rechnung zu tragen.[928] So könnte etwa im Einklang mit der Schrankenregelung des Art. 11 Abs. 2 S. 2 EMRK und unter Rückgriff auf Art. 45 Abs. 4 AEUV klargestellt werden, dass von einem Streikverbot für Beamte etwa nur noch die Streitkräfte, die Polizei und sonstige Ordnungskräfte, die Rechtspflege und die Ministerialbeamten betroffen sind, sofern sie überwiegend auch hoheitliche Gewalt konkret ausüben.[929]

Der gegen eine solche Verfassungsänderung vorgebrachte Einwand, dass der für bestimmte Beamtengruppen dann mögliche Streik auf ein unzulässiges Streikziel gerichtet wäre,[930] überzeugt dabei nicht, denn bei einer konventionskonformen Auslegung dürfte es als legitimes Streikziel ausreichen, dass der Streik unmittelbar auf die Gestaltung von Arbeitsbedingungen abzielt.[931]

In Anbetracht der Tatsache, dass für eine Verfassungsänderung die Zustimmung von zwei Dritteln der Mitglieder des Bundestages und zwei Dritteln der Stimmen des Bundesrates benötigt wird (Art. 79 Abs. 2 GG), ist es jedoch sehr unwahrscheinlich, dass die Idee einer Verfassungsänderung eine realistische Chance auf Umsetzung besitzt.[932]

(d) Zwischenergebnis

Die Gesetzgebung hat somit lediglich im Wege einer Verfassungsänderung die Möglichkeit das Spannungsverhältnis zwischen Art. 11 EMRK und Art. 33 Abs. 4 und 5 GG aufzulösen. Allerdings ist eine Verfassungsänderung in Anbetracht der erforderlichen Quoren kaum zu erwarten, sodass das Spannungsverhältnis nicht durch die Gesetzgebung gelöst wird.

---

927 *Brinktrine*, ZG 2013, 227, 235.

928 *Hebeler*, ZBR 2012, 325, 329 f.; sogar von einer Pflicht zur Verfassungsänderung spricht *Schubert*, AöR 2012, 92, 114 ff.

929 Vgl. *Brinktrine*, ZG 2013, 227, 236; *Gooren*, ZBR 2011, 400, 405.

930 S. dazu bereits ausführlich H.II.1.a)cc)(1)(a)(bb)ii.

931 S. dazu bereits ausführlich H.II.1.a)cc)(1)(a)(bb)ii.; so etwa auch *Brinktrine*, ZG 2013, 227, 236; *Gooren*, ZBR 2011, 400, 404.

932 So auch *Brinktrine*, ZG 2013, 227, 236.

(4) Möglichkeiten der Verwaltung

Darüber hinaus ist es auch denkbar, dass die Verwaltung das Spannungsverhältnis zwischen Art. 11 EMRK und Art. 33 Abs. 4 und 5 GG löst, indem sie ihre Verwaltungspraxis im Hinblick auf die Durchsetzung des Streikverbots ändert oder ihre Praxis der Verbeamtung an die neuen Vorgaben des EGMR anpasst.

(a) Änderung der Verwaltungspraxis im Hinblick auf die Durchsetzung des Streikverbots

Bisher wird in einer Streikteilnahme von Beamten nach überwiegender Ansicht ein Dienstvergehen gesehen.[933] Daher können die Dienstvorgesetzten der streikenden Beamten grundsätzlich disziplinarische Maßnahmen ergreifen.[934] Da ein Streikverbot jedoch nur so lange Wirkung zeigt, wie an dieses Verbot auch Sanktionen geknüpft sind, könnte die Verwaltung das Streikverbot de facto aufheben, wenn sie einer Streikteilnahme keine Sanktionen mehr folgen lassen würde.

Einen ersten Schritt in diese Richtung ging das VG Düsseldorf,[935] indem es die Ansicht vertrat, dass aufgrund der EGMR-Urteile in den Fällen *Demir und Baykara*[936] und *Enerji Yapi-Yol Sen*[937] zwar weiterhin ein Streikverbot für Beamte bestehen würde, die Verhängung einer Disziplinarmaßnahme wegen einer Streikteilnahme aber unzulässig sei, wenn die streikenden Beamten nicht zu dem in Art. 11 Abs. 2 S. 2 EMRK beschriebenen Kernbereich hoheitlicher Staatsverwaltung gehören. Folgt man nämlich der Ansicht des VG Düsseldorf und verbietet der Verwaltung in solchen Fällen Disziplinarmaßnahmen zu verhängen, würde über diesen Weg de facto ein Streikrecht für Beamte eingeführt werden. Die Ansicht des VG Düsseldorf kann im Detail jedoch nicht überzeugen[938] und wurde auch vom OVG Münster[939] und vom BVerwG[940] – den Folgeinstanzen – verworfen. Grundsätzlich darf die Verwaltung somit weiterhin Disziplinarmaßnahmen gegen streikende Beamte erlassen.

Dass die Verwaltung weiterhin Disziplinarmaßnahmen gegen streikende Beamte erlassen *darf*, bedeutet aber noch nicht, dass die Einführung eines Streikrechts über die Änderung der Verwaltungspraxis ausgeschlossen ist. Ausgeschlossen wäre

---

933 Vgl. etwa OVG Münster 7.3.2012, NVwZ 2012, 890; s. dazu ausführlich F.IV.2.
934 *Brinktrine*, ZG 2013, 227, 238.
935 VG Düsseldorf 15.12.2010, ArbuR 2011, 74; s. dazu ausführlich F.III.
936 EGMR 12.11.2008, NZA 2010, 1425 – *Demir und Baykara/Türkei.*
937 EGMR 21.4.2009, NZA 2010, 1423 – *Enerji Yapi-Yol Sen/Türkei.*
938 Zu den Gründen s. bereits ausführlich unter F.III.4.
939 OVG Münster 7.3.2012, NVwZ 2012, 890.
940 BVerwG 27.2.2014, NZA 2014, 616.

die Einführung eines Streikrechts nämlich erst, wenn die Verwaltung Disziplinarmaßnahmen gegen die streikenden Beamten verhängen *muss*. Denn erst wenn die Verwaltung verpflichtet wäre, Disziplinarmaßnahmen gegen streikende Beamte zu verhängen, könnte sie ihre Verwaltungspraxis nicht dahin gehend ändern, dass sie auf die Verhängung von Disziplinarmaßnahmen gegen streikende Beamte verzichtet, um den Beamten de facto ein Streikrecht einzuräumen. Um zu entscheiden, ob die Verwaltung durch die Änderung ihrer Verwaltungspraxis den Beamten praktisch ein Streikrecht zugestehen kann, kommt es somit maßgeblich auf die Frage an, ob die Verwaltung Disziplinarmaßnahmen gegen streikende Beamte verhängen *muss*.[941]

Grundsätzlich ordnen die Disziplinargesetze des Bundes und der Länder an, dass bei Vorliegen zureichender tatsächlicher Anhaltspunkte, welche den Verdacht eines Dienstvergehens rechtfertigen, der Dienstvorgesetzte oder die Disziplinarbehörde verpflichtet ist, ein Disziplinarverfahren einzuleiten und die erforderlichen Ermittlungen durchzuführen.[942] Jedoch besteht keine zwingende Verpflichtung, gegen streikende Beamte Disziplinarverfügungen zu erlassen, da auch eine Einstellungsverfügung ergehen kann, wenn ein Dienstvergehen zwar erwiesen ist, eine Disziplinarmaßnahme aber nicht angezeigt erscheint.[943] Die Dienstvorgesetzten könnten somit unter Hinweis auf die EGMR-Rechtsprechung die Streikteilnahme von Beamten nicht mehr sanktionieren, da dies wegen der „Orientierungswirkung" der EGMR-Entscheidungen nicht angezeigt sei.[944] Damit wäre der Streik ein folgenloses Dienstvergehen und den Beamten wäre damit praktisch ein Streikrecht eingeräumt. Allerdings wird die Verwaltung mit einer solchen Maßnahme gegen ihre Bindung an Recht und Gesetz (Art. 20 Abs. 3 GG) verstoßen.[945] Die Berechtigung zur Einführung eines Streikrechts für Beamte auf Basis der EGMR-Rechtsprechung wird man somit nur der Legislative oder Judikative zugestehen können. Eine Änderung der Verwaltungspraxis im Hinblick auf die Durchsetzung des Streikverbots kommt daher nicht in Betracht, um das Spannungsverhältnis zwischen Art. 11 EMRK und Art. 33 Abs. 4 und 5 GG zu lösen.

(b) Änderung der Praxis der Verbeamtung

Denkbar wäre es jedoch, dass die Verwaltung Verbeamtungen nur noch für hoheitliche Tätigkeiten vornimmt und alle anderen Tätigkeiten von Tarifbeschäftig-

941 Vgl. *Brinktrine*, ZG 2013, 227, 238.
942 So etwa Art. 19 Abs. 1 S. 1 BayDG; *Brinktrine*, ZG 2013, 227, 238.
943 S. beispielsweise Art. 33 Abs. 1 Nr. 2 BayDG; *Brinktrine*, ZG 2013, 227, 238.
944 *Brinktrine*, ZG 2013, 227, 238.
945 So wohl auch *Brinktrine*, ZG 2013, 227, 238.

ten vornehmen lässt.[946] Vor dem Hintergrund, dass das BVerfG die – seit Jahren in großem Umfang praktizierte – Anstellung von Lehrern im Angestelltenverhältnis für mit Art. 33 Abs. 4 GG vereinbar hält, da Lehrer in der Regel keine hoheitlich geprägten Aufgaben wahrnehmen würden, die der besonderen Absicherung durch den Beamtenstatus bedürften,[947] spricht kein Grund gegen eine solche Maßnahme. Nicht zugestimmt werden kann hier insbesondere *Di Fabio*, der der Ansicht ist, dass dem Gesetzgeber durch eine solche Maßnahme ohne Not politischer Gestaltungsspielraum bei der Frage genommen werden würde, wie er den öffentlichen Dienst organisiert.[948] Aufgrund der Entscheidungen des EGMR in den Fällen *Demir und Baykara*[949] und *Enerji Yapi-Yol Sen*[950] ist es nämlich notwendig, die deutsche Rechtslage den Vorgaben der EMRK bzw. des EGMR anzupassen. Wenn dies dadurch geschehen kann, dass die Verbeamtungspraxis geändert wird, ist es somit hinzunehmen, dass der Gesetzgeber nicht mehr frei darüber entscheiden kann, welche Tätigkeiten er von Beamten ausüben lässt und welche nicht.

Allerdings gehen mit der Änderung der Verbeamtungspraxis einige praktische Probleme einher. So werden viele Berufe erst durch den Beamtenstatus attraktiv, da die öffentliche Hand nur begrenzte finanzielle Mittel zur Verfügung hat und daher in vielen Bereichen nicht mit den gezahlten Gehältern der freien Wirtschaft konkurrieren kann. Dieses Defizit konnte der Staat bisher mit dem Beamtenstatus und der damit verbundenen „Arbeitsplatzgarantie“ und der damit einhergehenden finanziellen Absicherung kompensieren. Fällt dieser Bonus nun für viele nicht hoheitliche Tätigkeiten weg, wird der Staat als Arbeitgeber an Attraktivität einbüßen. Dieser Attraktivitätsverlust führt wiederum dazu, dass sich weniger qualifizierte Bewerber für diese Tätigkeiten interessieren werden. Eine solche Entwicklung wird grundsätzlich kaum im Interesse der Bevölkerung sein, da die kompetente Erfüllung der öffentlichen Aufgaben im Allgemeininteresse liegen wird.

Hinzu kommt, dass die Änderung der Verbeamtungspraxis nur für die Zukunft einen konventionskonformen Zustand herstellen kann. Allen Beamten, die zurzeit nicht hoheitlich tätig sind, kann man den Beamtenstatus aus Vertrauensschutzgründen nicht mehr aberkennen. Auch diesen Beamten müsste man aber ein

946 So auch *Brinktrine*, ZG 2013, 227, 238; im Ergebnis auch *Di Fabio*, S. 59, der darin allerdings einen Verstoß gegen den Geist der Verfassung sieht.

947 BVerfG 19.9.2007, NVwZ 2007, 1396, 1399.

948 *Di Fabio*, S. 59.

949 EGMR 12.11.2008, NZA 2010, 1425 – *Demir und Baykara/Türkei.*

950 EGMR 21.4.2009, NZA 2010, 1423 – *Enerji Yapi-Yol Sen/Türkei.*

Streikrecht zugestehen, was durch eine bloße Änderung der Verwaltungspraxis nicht geschehen kann. Hier würde es sich anbieten, dass diese Beamten einfach faktisch von ihrem Streikrecht Gebrauch machen und die Gerichte ihnen später dieses Recht (im Falle von Klagen gegen Disziplinarverfügungen aufgrund von Streikteilnahmen) durch konventionskonforme Auslegung zugestehen.[951] Damit hätten die Beamten dann keine Disziplinarmaßnahmen aufgrund der Streikteilnahme mehr zu fürchten. Zwar wäre eine klarstellende gesetzliche Regelung, welche ausdrücklich ein Streikrecht für nicht hoheitlich tätige Beamte vorsieht, der Rechtssicherheit zuträglich und deshalb zu begrüßen, eine solche Regelung ist aber aus den weiter oben genannten Gründen nicht zu erwarten.[952] Mithin ist die Änderung der Verbeamtungspraxis zumindest für die Zukunft ein geeignetes Mittel, um das Spannungsverhältnis zwischen Art. 11 EMRK und Art. 33 Abs. 4 und 5 GG zu lösen.

(5) Möglichkeiten der Bundesregierung

Auch der Bundesregierung stehen im Zusammenhang mit der Frage nach dem Streikverbot Handlungsmöglichkeiten offen. Welche das sind, hängt dabei davon ab, welchen Ausgang ein Verfahren vor dem BVerfG nimmt. Würde der Beschwerdeführer vor dem BVerfG verlieren, hätte er die Möglichkeit den EGMR nach Art. 34 EMRK mit einer Individualbeschwerde zu befassen.[953] Gesetz dem Fall, dass die Zulässigkeitsvoraussetzungen nach Art. 35 EMRK erfüllt sind, kommt es maßgeblich darauf an, wie der EGMR mit Blick auf die Rechtsstellung eines deutschen Beamten die Schrankenregelung des Art. 11 Abs. 2 S. 2 EMRK präzisiert, was allerdings nur schwer vorherzusagen sein wird.

Denkbar wäre zum einen, dass der EGMR sich zu einer differenzierten Betrachtung des deutschen öffentlichen Dienstes entschließt und damit zu dem Ergebnis gelangt, dass der überwiegende Teil des deutschen öffentlichen Dienstes streiken darf, da er sich im Angestelltenverhältnis befindet.[954] Sodann könnte der EGMR die Beamten im Sinne des deutschen Beamtenrechts insgesamt unter den Begriff der „Staatsverwaltung“ subsumieren mit der Konsequenz, dass das grundgesetzliche Streikverbot nach Art. 33 Abs. 5 GG konventionsrechtlich unangetastet bleibt und ein Konflikt mit dem BVerfG vermieden wird.[955]

---

951 Zur Möglichkeit der konventionskonformen Auslegung durch die Fachgerichte s. H.II.1.a)cc)(1).

952 S. zu dieser Möglichkeit bereits ausführlich unter H.II.1.a)cc)(3).

953 *Brinktrine*, ZG 2013, 227, 239.

954 *Brinktrine*, ZG 2013, 227, 239.

955 *Brinktrine*, ZG 2013, 227, 239.

Wird die Schrankenregelung des Art. 11 Abs. 2 S. 2 EMRK vom EGMR aber – wie bisher – restriktiv interpretiert und subsumiert das Gericht unter den Begriff der Staatsverwaltung funktional nur die Beamten, welche an der Ausübung von Hoheitsgewalt beteiligt sind und die somit den anderen in Art. 11 Abs. 2 S. 2 EMRK genannten Gruppen (Polizei und Militär) nahekommen, wäre ein Streikverbot für alle Beamten konventionswidrig, denn zumindest die Lehrer erfüllen diese Anforderung nicht.[956]

Bei restriktiver Interpretation der Schrankenregelung des Art. 11 Abs. 2 S. 2 EMRK hängt der Erfolg des Beschwerdeführers somit davon ab, ob er zu den Beamten zählt, die nach dem Verständnis des EGMR nicht zur Staatsverwaltung gehören.[957] Handelt es sich um einen solchen nicht hoheitlich tätigen Beamten, wie etwa einen Lehrer, müsste der EGMR wegen der dann fehlenden Rechtfertigung des Streikverbots einen Verstoß gegen Art. 11 Abs. 1 EMRK bejahen und somit die Beschwerde für begründet erachten.[958]

Eine solche Entscheidung hätte dann auch *inter partes*-Wirkung mit der Folge, dass die Bundesrepublik Deutschland nach Art. 46 Abs. 1 EMRK in Verbindung mit dem nationalen Zustimmungsgesetz sowie dem Rechtsstaatsprinzip (Art. 20 Abs. 3 GG) zu ihrer Befolgung verpflichtet ist.[959] Diese Pflicht würde eine Anpassung der deutschen Rechtslage in Form einer Verfassungsänderung erforderlich machen.[960]

Um diese dann notwendige Verfassungsänderung zu verhindern, könnte die Bundesregierung allerdings innerhalb von drei Monaten nach dem Datum des Urteils der Kammer des EGMR eine Verweisung der Rechtssache nach Art. 43 Abs. 1 EMRK an die Große Kammer des EGMR beantragen. Ein solcher Antrag wäre statthaft, wenn die Rechtssache eine schwerwiegende Frage der Auslegung oder Anwendung der EMRK oder der Protokolle dazu oder eine schwerwiegende Frage von allgemeiner Bedeutung aufwirft (Art. 43 Abs. 2 EMRK). In Bezug auf das Streikverbot für Beamte und dessen enorme Bedeutung für die Bundesrepublik Deutschland wird man jedenfalls eine „schwerwiegende Frage von allgemeiner Bedeutung" annehmen können, sodass dieser Antrag statthaft wäre.[961] Sollte die Bundesregierung von dieser Option Gebrauch machen, ist nicht auszuschließen, dass der EGMR einen Konflikt scheut und seine Rechtsprechung dahin gehend

956 *Brinktrine*, ZG 2013, 227, 239; so bereits auch unter H.II.1.a)aa)(2)(b)(bb).
957 *Brinktrine*, ZG 2013, 227, 239.
958 *Brinktrine*, ZG 2013, 227, 240.
959 *Meyer-Ladewig*, Art. 46 EMRK, Rn. 22.
960 Zu den Möglichkeiten des Gesetzgebers s. ausführlich H.II.1.a)cc)(3).
961 So im Ergebnis auch *Brinktrine*, ZG 2013, 227, 240.

„fortentwickelt", dass das Gericht die strukturellen Besonderheiten des deutschen Rechts anerkennt.[962] Wäre dies der Fall, könnte die deutsche Rechtslage fortbestehen und es bedürfte keiner Verfassungsänderung. Angesichts des jedoch an sich klaren Verstoßes der deutschen Rechtslage gegen die bisherigen Entscheidungen des EGMR (auch wenn diese bisher noch keine *inter partes*-Wirkung haben), würde eine Entscheidung des EGMR *für* das bisher in der Bundesrepublik Deutschland geltende Streikverbot für Beamte jedoch mit erheblichen Zugeständnissen und Abweichungen in Hinblick auf die bisherige Rechtsprechung des EGMR einhergehen. Ob der EGMR wirklich so weit von seiner bisher gezogenen Linie abweichen wird, nur um einen Konflikt mit der Bundesrepublik Deutschland zu vermeiden, ist allerdings unwahrscheinlich. Es ist vielmehr zu erwarten, dass der EGMR gegenüber Deutschland an seiner Linie festhalten und das bisher in der Bundesrepublik Deutschland geltende statusbezogene Streikverbot für Beamte für unvereinbar mit der EMRK halten wird. Somit könnte die Bundesregierung die Verfassungsänderung durch die Stellung eines solchen Antrags sehr wahrscheinlich nur aufschieben, aber nicht vermeiden. Sollte eine Verfassungsänderung aufgrund des *inter partes*-Wirkung entfaltenden Urteils des EGMR notwendig sein, ist eine Erreichung der dazu erforderlichen Quoren deutlich wahrscheinlicher.[963]

Würde der Beschwerdeführer vor dem BVerfG hingegen erfolgreich sein, hätte das BVerfG seine Rechtsprechung hinsichtlich der Rechtmäßigkeit des statusbezogenen Streikverbots für Beamte geändert. Dann bedürfte es keiner weiteren Handlung der Bundesregierung.[964]

(6) Zwischenergebnis

Abschließend lässt sich somit festhalten, dass sich die Kollisionslage zwischen der konventionsrechtlichen und der nationalen Rechtslage über mehrere Wege lösen lässt. Die der Rechtsklarheit dienlichste Lösung wäre dabei die Einführung eines funktionsbezogenen Streikrechts für Beamte im Wege einer Verfassungsänderung. Dazu wird es aus politischen Gründen höchstwahrscheinlich allerdings nicht kommen.

Eine gute Alternative zur Lösung der Kollisionslage über eine Verfassungsänderung bietet jedoch die Änderung der Verbeamtungspraxis. Indem fortan

---

962 So sieht es *Brinktrine*, ZG 2013, 227, 240.

963 S. zur ansonsten eher unwahrscheinlichen Möglichkeit der Verfassungsänderung bereits unter H.II.1.a)cc)(3)(c).

964 S. zur Möglichkeit der konventionskonformen Auslegung deutschen Rechts durch das BVerfG bereits unter H.II.1.a)cc)(2).

Beamte nur noch für hoheitliche Tätigkeiten eingestellt werden, kann weiterhin an dem bisher geltenden Beamtenstreikverbot festgehalten werden. Durch die Änderung der Verbeamtungspraxis würde das nach wie vor statusbezogene Streikverbot faktisch nämlich einem auf hoheitlich tätige Beamte beschränkten funktionsbezogenen Streikverbot gleichkommen. Da hoheitlich tätigen Beamten auch nach der neuen Rechtsprechung des EGMR das Streikrecht untersagt werden darf, wäre das nationale Recht über diesen Weg somit grundsätzlich an die konventionsrechtlichen Vorgaben angepasst.

Diese Maßnahme würde das deutsche Recht allerdings erst für die Zukunft in Einklang mit den Vorgaben der EMRK bringen, da die Bestandsbeamten, die nicht hoheitlich tätig sind, trotz der Änderung der Verbeamtungspraxis nach wie vor dem Streikverbot unterliegen würden, was allerdings gegen Art. 11 Abs. 1 EMRK verstößt.[965] Somit kann allein durch die Änderung der Verbeamtungspraxis kein konventionskonformer Zustand hergestellt werden.

Ein konventionskonformer Zustand lässt sich aber erreichen, indem außerdem den nicht hoheitlich tätigen Bestandsbeamten von den Gerichten mittels konventionskonformer Auslegung des Art. 33 Abs. 4 und 5 GG ein Streikrecht zuerkannt wird. Unter dieser Voraussetzung können die nicht hoheitlich tätigen Bestandsbeamten nämlich von ihrem nach Art. 11 EMRK zustehenden Streikrecht Gebrauch machen, ohne dass sie aufgrund ihrer Streikteilnahme Disziplinarverfügungen fürchten müssen. Zwar wäre die Verwaltung nach wie vor verpflichtet, gegen die streikenden nicht hoheitlich tätigen Bestandsbeamten Disziplinarverfügungen zu erlassen. Gegen diese Disziplinarverfügungen könnten sich die streikenden nicht hoheitlich tätigen Bestandsbeamten aber erfolgreich gerichtlich zur Wehr setzen, da die gegen sie erlassenen Disziplinarverfügungen aufgrund des ihnen von den Gerichten mittels konventionskonformer Auslegung des Art. 33 Abs. 4 und 5 GG zugesprochenen Streikrechts rechtswidrig wären. Damit würden die nicht hoheitlich tätigen Bestandsbeamten zwar „auf dem Papier" dem Streikverbot für Beamte unterfallen, im Ergebnis könnten sie sich – mangels drohender Konsequenzen – aber an Streiks beteiligen. Über diesen Weg wird den nicht hoheitlich tätigen Bestandsbeamten somit faktisch ein Streikrecht gewährt, was wiederum dazu führt, dass die Vorgaben der EMRK auch gegenwärtig erfüllt werden. Im Sinne schneller Ergebnisse ist hierbei bereits den Fachgerichten (und nicht erst dem BVerfG) die Möglichkeit zur konventionskonformen Auslegung des Art. 33 Abs. 4 und 5 GG zuzugestehen, da die Fachgerichte nicht uneingeschränkt nach

---

965 S. zum Verstoß des statusbezogenen Streikverbots für Beamte gegen Art. 11 EMRK bereits unter H.II.1.a)aa).

§ 31 BVerfGG an die bisher zu Art. 33 Abs. 4 und 5 GG ergangene Rechtsprechung des BVerfG gebunden sind. Dass die nicht hoheitlich tätigen Bestandsbeamten sich zur Garantie ihres Streikrechts dabei zunächst gegen die Disziplinarverfügung über den Rechtsweg wehren müssen, ist zwar unschön, muss aufgrund der Trägheit des Gesetzgebers aber hingenommen werden.[966] Hier können die Gerichte durch eine einheitliche und klare Rechtsprechung den Beamten aber zumindest die Furcht vor der Rechtswegbeschreitung nehmen.

Hinzu kommt, dass diese Rechtswegbeschreitung nur in der Anfangszeit nötig sein wird. Hat sich in der Rechtsprechung die Abweisung der Disziplinarverfügung aufgrund einer Streikteilnahme von nicht hoheitlich tätigen Bestandsbeamten nämlich etabliert, führt dies wiederum dazu, dass aufgrund der gefestigten Rechtsprechung die Verwaltung die Disziplinarverfügungen nicht mehr zwingend erlassen muss, da eine Streikteilnahme von nicht hoheitlich tätigen Bestandsbeamten dann in aller Regel keinen Verdacht einer Dienstpflichtverletzung mehr begründen wird. Eine solche „Unterlassung" des Erlasses der Disziplinarverfügung wäre auch mit der Bindung an Recht und Gesetz (Art. 20 Abs. 3 GG) vereinbar, da die Verwaltung sich für die Bestimmung eines Verdachts einer Dienstpflichtverletzung nun bloß an der deutschen Rechtsprechung orientiert, statt die Rechtsprechung des EGMR in deutsches Recht hereinzuinterpretieren, was die Kompetenz der Exekutive überschreiten würde.

Mit der hier vorgeschlagenen Lösung wären zudem auch die verfassungsrechtlichen Vorgaben gewahrt, denn damit ein Streik der nicht hoheitlich tätigen Bestandsbeamten durch ein legitimes Streikziel gerechtfertigt ist, wäre es – wie bereits erörtert worden ist – ausreichend, dass der Streik unmittelbar auf die Gestaltung von Arbeitsbedingungen gerichtet ist.[967] Eine solche Ausrichtung könnte etwa dadurch gewährleistet werden, dass die Beamten sich an Streiks für den Tarifvertrag für den Öffentlichen Dienst (TVöD) beteiligen, da ihre Besoldung in aller Regel an diesen gekoppelt ist. Dass eine solche Lösung grundsätzlich möglich ist, hat auch das BVerwG anerkannt, indem es feststellt, dass die Beamtenbesoldung in die Tarifverhandlungen für den öffentlichen Dienst einbezogen werden könne, ohne dass die Balance des beamtenrechtlichen Regelungsgefüges gefährdet wird.[968] Somit könnten die Gewerkschaften der Beamten an den Tarifverhand-

966 Da die Anzahl der nicht hoheitlich tätigen Beamten wegen der Änderung der Verbeamtungspraxis mit der Zeit immer weiter abnehmen wird, wird der Gesetzgeber für diese stetig kleiner werdende Gruppe auch nicht gewillt sein, seine Trägheit im Hinblick auf die gesetzliche Ausgestaltung des Streikrechts aufzugeben.

967 S. dazu bereits ausführlich H.II.1.a)cc)(1)(a)(bb)ii.

968 BVerwG 27.2.2014, NZA 2014, 616, 622; s. zur Entscheidung bereits ausführlich F.X.

lungen teilnehmen und die nicht hoheitlich tätigen Bestandsbeamten könnten sich insoweit an kollektiven Kampfmaßnahmen beteiligen.[969]

Auch ein – auf nationaler Ebene gegen ein Streikrecht für Beamte vorgebrachtes – paritätsstörendes Übergewicht[970] tritt bei dieser Lösung nicht auf,[971] denn indem aufgrund dieser Lösung die nicht hoheitlich tätigen Bestandsbeamten ein Streikrecht erhalten, wird das Kräfteverhältnis nicht zuungunsten des Arbeitgebers bzw. des Dienstherrn verschoben. Zwar stehen den streikberechtigten Beamten privilegierte Rechte zu, jedoch ist bei der hier vorgeschlagenen Lösung (anders als im Falle eines Streikrechts für alle Beamten) die Anzahl der „privilegierten Streikberechtigten" im Vergleich zu den sonstigen streikberechtigten Angehörigen des öffentlichen Dienstes nicht so hoch, dass sie im Falle eines Streiks ein paritätsstörendes Übergewicht begründen kann. Das gilt insbesondere auch deshalb, weil sich die Anzahl der streikberechtigten Beamten aufgrund der oben beschriebenen Änderung der Verbeamtungspraxis im Laufe der Zeit stetig verringern wird. Beteiligen sich die streikberechtigten Beamten somit etwa – wie vorgeschlagen – an Streiks für den TVöD, macht ihre Anzahl im Vergleich zu den Angestellten des öffentlichen Dienstes einen mehr und mehr vernachlässigbaren Anteil aus. Die Tatsache, dass dieser immer geringer werdende Teil der Streikteilnehmer über privilegierte Rechte verfügt, wird den Streik – wenn überhaupt – nur zu geringfügig mehr Durchschlagskraft verhelfen. Dieser Anstieg an Durchschlagskraft wäre aber keinesfalls so massiv, dass er zu einem paritätsstörenden Übergewicht führt.

Da eine Verfassungsänderung aus politischen Gründen nicht zu erwarten ist, ist im Ergebnis eine Kombination aus der Änderung der Verbeamtungspraxis und einer konventionskonformen Auslegung des Art. 33 Abs. 4 und 5 GG durch die Fachgerichte somit am besten geeignet, um die Kollisionslage zu lösen. Über diesen Weg wird nämlich sowohl den konventions- als auch den verfassungsrechtlichen Anforderungen Genüge getan, ohne dass der Gesetzgeber tätig werden

969 Vgl. BVerwG 27.2.2014, NZA 2014, 616, 622.

970 S. dazu H.I.1.e)bb).

971 Selbst wenn man somit – anders als oben vertreten (s. H.II.1.a)cc)(1)(a)(bb)iii.) – in dem Paritätsgrundsatz einen tragenden Grundsatz der Verfassung sehen würde, könnten die Gerichte dennoch die für die hier vorgeschlagene Lösung erforderliche konventionskonforme Auslegung des deutschen Rechts vornehmen, da es bei der hier vorgeschlagenen Lösung zu keinem Verstoß gegen den Paritätsgrundsatz kommt.

muss.[972] Positiver „Nebeneffekt" dieser Lösung ist, dass mit ihr die oftmals als ungerecht empfundene Situation beseitigt wird, dass, selbst wenn Beamte und Angestellte des öffentlichen Dienstes die gleiche Tätigkeit ausüben, den Beamten ein Streik untersagt ist, die Angestellten des öffentlichen Dienstes jedoch streiken dürfen. Zum einen wird durch die Änderung der Verbeamtungspraxis zukünftig nämlich verhindert, dass Beamte und Angestellte des öffentlichen Dienstes die gleichen Tätigkeiten ausüben[973] und zum anderen wird durch die konventionskonforme Auslegung des Art. 33 Abs. 4 und 5 GG durch die Fachgerichte gewährleistet, dass alle Bestandsbeamten, die – genau wie die Angestellten des öffentlichen Dienstes – nicht hoheitlich tätig sind, streiken dürfen.

dd) Zwischenergebnis

Wie gezeigt worden ist, verstößt das bisher in der Bundesrepublik Deutschland geltende statusbezogene Streikverbot für Beamte gegen Art. 11 Abs. 1 EMRK.[974] Daher muss die deutsche Rechtslage durch die Einführung eines funktionsbezogenen Streikverbots für Beamte an die konventionsrechtlichen Vorgaben angepasst werden. Da die dafür beste und rechtssicherste Möglichkeit – eine Verfassungsänderung – aus politischen Gründen nicht oder allenfalls erst nach langer Zeit umsetzbar wäre, lässt sich ein funktionsbezogenes Streikverbot für Beamte am effektivsten praktisch durch die Änderung der Verbeamtungspraxis in Verbindung mit einer konventionskonformen Auslegung der deutschen Rechtslage durch die Fachge-

---

972 Hierin zeigt sich der Vorteil der Kombinationslösung gegenüber der Lösung, den nicht hoheitlich tätigen Beamten nur über eine konventionskonforme Auslegung des Art. 33 Abs. 4 und 5 GG ein Streikrecht einzuräumen. Da den Beamten im Streikfalle nämlich privilegierte Rechte zustehen (s. dazu bereits H.I.1.e)bb)) und sich die Anzahl der streikberechtigten Beamten im Falle der Beibehaltung der Verbeamtungspraxis nicht immer weiter verkleinern (sondern möglicherweise sogar noch vergrößern) würde, wird mit der bloßen konventionskonformen Auslegung des deutschen Rechts gegen den Paritätsgrundsatz verstoßen. Um den Paritätsgrundsatz zu wahren, müsste der Gesetzgeber in diesem Fall aktiv werden und den streikberechtigten Beamten ihre im Streikfalle bestehenden Sonderrechte (z. B. die Fortzahlung der Besoldung trotz Streikteilnahme) nehmen. Solche Regelungen könnten allerdings (z. B. wegen eines Verstoßes gegen das Alimentationsprinzip) verfassungswidrig sein. Zudem sträubt sich der Gesetzgeber generell, Regelungen zum Streikrecht zu erlassen. Da solche problembehafteten Regelungen zur Wahrung des Paritätsgrundsatzes bei der Kombinationslösung nicht erforderlich sind, ist diese somit vorzugswürdig.

973 Für eine Reduzierung der Beamtenschaft auf den von Art. 33 Abs. 4 GG geforderten Bereich ist etwa auch *Benndorf*, DVBl. 1981, 23.

974 S. dazu bereits H.II.1.a)aa).

richte einführen und dauerhaft durchsetzen. Eine solche Rechtsprechungsänderung würde dann sogar dazu führen, dass die Verwaltung auf den Erlass von Disziplinarverfügungen gegen streikende nicht hoheitlich tätige Beamte verzichten kann.

b) Verstoß des Streikverbots gegen die ILO

Neben einem Verstoß gegen Art. 11 Abs. 1 EMRK kommt auch ein Verstoß gegen die Übereinkommen Nr. 87, 98 und 151 der ILO in Betracht.

aa) ILO-Übereinkommen Nr. 87

Das in der Bundesrepublik Deutschland bestehende rein statusbezogene Streikverbot für Beamte könnte zunächst gegen das ILO-Übereinkommen Nr. 87 verstoßen. Ist dies der Fall, müsste in einem nächsten Schritt geprüft werden, welche Auswirkungen ein solcher Verstoß auf das deutsche Recht hat.

(1) Verstoß gegen das ILO-Übereinkommen Nr. 87

Zunächst soll daher untersucht werden, ob das in der Bundesrepublik Deutschland geltende rein statusbezogene Streikverbot für Beamte gegen das ILO-Übereinkommen Nr. 87 verstößt.

(a) Erfassung der Beamten

Dazu müsste dieses Übereinkommen für Beamte gelten. Dagegen könnte zunächst sprechen, dass das Übereinkommen nur von Arbeitnehmern spricht, Beamte nach deutschem Recht aber gerade keine Arbeitnehmer sind.[975] Diese deutsche Differenzierung könnte auch im internationalen Recht gelten, da sich das Völkerrecht möglicherweise nicht über die in der nationalen Rechtsordnung bestehenden Differenzierungen hinwegsetzen darf.[976] So sieht es jedenfalls die Bundesregierung, indem sie die Ansicht vertritt, dass die Beamten nicht in den Anwendungsbereich des ILO-Übereinkommens Nr. 87 fallen würden, da sie keine Arbeitnehmer seien.[977]

Im internationalen Vergleich findet man diese statusbezogene Unterscheidung zwischen Beamten und Arbeitnehmern allerdings nicht wieder.[978] Zwar unterliegen Staatsbedienstete auch in anderen Staaten verbreitet Sonderregelungen

---

975 Vgl. hierzu ausführlich unter B. und C.

976 So etwa *Seiter*, RdA 1986, 165, 173.

977 Vgl. dazu die Stellungnahme der Bundesregierung im Official Bulletin des International Labour Office, 1991, Serie B, Rn. 268.

978 *Schneider*, S. 98.

gegenüber anderen Arbeitnehmern, jedoch knüpfen diese Sonderregelungen mehr an die besondere Funktion der Bediensteten und nicht wie im deutschen Recht an deren besonderen Status.[979] Der Inhalt der Rechtsbegriffe des ILO-Übereinkommens Nr. 87 bestimmt sich aber weder nach deutschem Recht noch spielt es eine Rolle, welche Bedeutung die meisten anderen nationalen Rechtsordnungen den jeweiligen Rechtsbegriffen geben. Vielmehr sind die Rechtsbegriffe der ILO-Übereinkommen autonom, also unabhängig von dem Inhalt der nationalen Rechtsordnungen der Ratifikationsstaaten, auszulegen.[980] Nur so ist nämlich gewährleistet, dass nicht jede nationale Rechtsordnung durch eigenständige Begriffsbildung internationalrechtliche Vorgaben außer Kraft setzen kann.[981] Die Beamten des deutschen Rechts zählen somit dann als Arbeitnehmer im Sinne des ILO-Übereinkommens Nr. 87, wenn diese sich unter den Arbeitnehmerbegriff des ILO-Übereinkommens Nr. 87 subsumieren lassen. Daher muss im Folgenden untersucht werden, ob das ILO-Übereinkommen Nr. 87 auch die deutschen Beamten zu den Arbeitnehmern zählt.

Dazu ist zunächst festzuhalten, dass das Übereinkommen Nr. 87 von einem Arbeitnehmerbegriff ausgeht, dem eine statusbedingte Unterscheidung fremd ist.[982] Dafür spricht zunächst der Wortlaut des Art. 2 des ILO-Übereinkommens Nr. 87, wonach Rechte an alle Arbeitenden ohne jeglichen Unterschied („Workers and employers, without distinction whatsoever, shall have the right …") verliehen werden.[983] Zudem lässt sich aus der Entstehungsgeschichte entnehmen, dass auch diejenigen Beschäftigten des öffentlichen Dienstes von dem Übereinkommen erfasst werden sollen, die Funktionen ausüben, in denen sich unmittelbar die staatliche Hoheitsgewalt manifestiert.[984] Auch Art. 9 des Übereinkommens untermauert diese Ansicht, denn indem der staatlichen Gesetzgebung dort ausdrücklich zugestanden wird, die Rechte aus dem Übereinkommen für das Heer und die Polizei zu beschränken,[985] muss dies bedeuten, dass grundsätzlich auch deren Angehörige in den Anwendungsbereich des Übereinkommens fallen und somit

979 Vgl. *Krück*, Koalitionsfreiheit des Arbeitnehmers, S. 1283, 1294; *Schneider*, S. 98; *Tomandl*, ZfA 1974, 187, 201 ff.

980 *Schneider*, S. 99.

981 *Schneider*, S. 99.

982 Vgl. ILO, General Survey 1994, Abs. 200; *Riegel*, ZTR 1993, 223, 224; *Schneider*, S. 99.

983 *Schneider*, S. 99.

984 *Jenks*, S. 25; *Schneider*, S. 99.

985 Art. 9 des ILO-Übereinkommens Nr. 87 lautet: „The extent to which the guarantees provided for in this Convention shall apply to the armed forces and the police shall be determined by national laws or regulations.".

auch diese Personengruppen zu den Arbeitnehmern zählen.[986] Da die Hoheitsfunktion des Staates sich am deutlichsten beim Heer und bei der Polizei manifestiert und die Angehörigen dieser Gruppen zu den Arbeitnehmern im Sinne des Übereinkommens Nr. 87 zählen, kann die Einbindung von Beschäftigten in die staatliche Hoheitsgewalt somit generell kein Argument sein, sie aus dem Arbeitnehmerbegriff des Übereinkommens Nr. 87 herauszunehmen.[987] Folglich muss selbst die Gruppe der hoheitlich tätigen Beamten zu den Arbeitnehmern im Sinne des Übereinkommens Nr. 87 zählen. Das ILO-Übereinkommen Nr. 87 kennt somit keine statusbezogenen Ausnahmen, die es rechtfertigen würden, den Arbeitnehmerbegriff in Bezug auf die Beschäftigten des öffentlichen Dienstes zu differenzieren.[988] Darüber hinaus spricht auch die Ausübung von hoheitlichen Tätigkeiten nicht gegen eine Klassifizierung als Arbeitnehmer. Mithin zählen alle deutschen Beamten zu den Arbeitnehmern im Sinne des ILO-Übereinkommens Nr. 87.

Diese vom ILO-Übereinkommen Nr. 87 gewollte unterschiedslose Erfassung aller Angehörigen des öffentlichen Dienstes als Arbeitnehmer, kann – wie bereits in diesem Abschnitt gezeigt worden ist – nicht dadurch unterlaufen werden, dass die deutsche Rechtsordnung die Beamten aus dem Arbeitnehmerbegriff herausnimmt. Sonst würde das deutsche Recht über den Inhalt der ILO-Übereinkommen bestimmen, was mit dem Zweck der ILO-Übereinkommen unvereinbar ist.[989] Daher zählen alle deutschen Beamten zu den Arbeitnehmern im Sinne des ILO-Übereinkommens Nr. 87 und sind somit vom Anwendungsbereich dieses Übereinkommens erfasst.

(b) Gewährleistung eines Streikrechts

Damit das in der Bundesrepublik Deutschland geltende rein statusbezogene Streikverbot für Beamte gegen das ILO-Übereinkommen Nr. 87 verstößt, müsste das ILO-Übereinkommen Nr. 87 den Beamten darüber hinaus ein Streikrecht gewährleisten. Zumindest ausdrücklich gewährleistet das ILO-Übereinkommen Nr. 87 den Beamten jedoch kein Streikrecht. So heißt es in Art. 2 des ILO-Übereinkommens Nr. 87 nämlich lediglich, dass Arbeitnehmer und Arbeitgeber ohne jeden Unterschied das Recht haben, ohne vorherige Genehmigung Organisationen nach eigener Wahl zu bilden und solchen Organisationen beizutreten,

986 *Riegel*, ZTR 1993, 223, 224; *Schneider*, S. 99.
987 *Schneider*, S. 100.
988 *Schneider*, S. 100.
989 *Schneider*, S. 100.

wobei lediglich die Bedingung gilt, dass sie deren Satzungen einhalten.[990] Nichtsdestotrotz haben die Überwachungsorgane der ILO das Streikrecht aber als von diesem Übereinkommen erfasst angesehen.[991]

So hat etwa der ILO-Sachverständigenausschuss in seinem Allgemeinen Überblick aus dem Jahre 1994 seine grundsätzliche Ansicht wiederholt, dass das Streikrecht als untrennbare Folge des Koalitionsrechts durch das Übereinkommen Nr. 87 geschützt sei[992] und dies auch bis zuletzt immer wieder bekräftigt.[993] Als Begründung führt der Ausschuss zum einen die Formulierung in Art. 3 Abs. 1 des ILO-Übereinkommens Nr. 87 an, wonach die Organisationen der Arbeitnehmer und der Arbeitgeber unter anderem das Recht haben, ihre Tätigkeiten zu regeln und ihr Programm aufzustellen.[994] Zum anderen argumentiert der Ausschuss damit, dass die Organisationen der Arbeitnehmer und der Arbeitgeber gemäß Art. 10 des ILO-Übereinkommens Nr. 87 „die Förderung und den Schutz der Interessen der Arbeitnehmer oder der Arbeitgeber zum Ziel“ haben müssen.[995] Zur Förderung und Verteidigung der Arbeitnehmerinteressen sind nach Ansicht des Ausschusses dabei Druckmittel erforderlich, um die auf dieses Ziel gerichteten Forderungen durchsetzen zu können,[996] was den Ausschuss dazu bewegt hat,

---

990 Art. 2 des ILO-Übereinkommens Nr. 87 lautet: „Workers and employers, without distinction whatsoever, shall have the right to establish and, subject only to the rules of the organisation concerned, to join organisations of their own choosing without previous authorisation.“.

991 *Lörcher*, ArbuR 2009, 229, 238.

992 ILO, General Survey 1994, Abs. 151: „In the light of the above, the Committee confirms its basic position that the right to strike is an intrinsic corollary of the right to organize protected by Convention No. 87.“.

993 International Labour Office, Report of the Committee of Experts on the Application of Conventions and Recommendations 2009, S. 113: „Accordingly, the right of workers' organizations to organize their activities and to formulate their programmes without interference by the public authorities, including the exercise of the right to strike in sectors other than essential services, would be respected in accordance with Article 3.“.

994 Art. 3 Abs. 1 des ILO-Übereinkommens Nr. 87 lautet: „Workers' and employers' organisations shall have the right to draw up their constitutions and rules, to elect their representatives in full freedom, to organise their administration and activities and to formulate their programmes.“.

995 Art. 10 des ILO-Übereinkommens Nr. 87 lautet: „In this Convention the term organisation means any organisation of workers or of employers for furthering and defending the interests of workers or of employers.“.

996 Vgl. ILO, General Survey 1994, Abs. 148: „The promotion and defence of workers' interests presupposes means of action by which the latter can bring pressure to bear in order to have their demands met.“.

auch das Streikrecht von dem ILO-Übereinkommen Nr. 87 für gewährleistet zu erachten.[997]

Speziell im Hinblick auf ein Streikverbot im öffentlichen Dienst stellte der Sachverständigenausschuss fest, dass ein solches Verbot auf Beamte beschränkt sein sollte, welche Hoheitsgewalt im Namen des Staates ausüben.[998] Diese Ansicht bestätigte der Ausschuss später auch in seiner Bewertung der Situation in der Türkei.[999] In Fällen, in denen sich die Beamten nicht eindeutig einer solchen Gruppe zuordnen lassen, soll nach Ansicht des Sachverständigenausschusses nur ein so großer Teil der jeweiligen Beamtengruppe einem Streikverbot unterworfen werden können, der für die Aufrechterhaltung der öffentlichen Aufgaben unbedingt erforderlich ist, falls eine vollständige und anhaltende Arbeitsniederlegung aller Beamten der jeweiligen Gruppe ernsthafte Konsequenzen für die Öffentlichkeit hätte.[1000] Auf Basis dieser Spruchpraxis kritisiert der ILO-Sachverständigenausschuss seit Jahrzehnten die mit dem in der Bundesrepublik Deutschland geltenden statusbezogenen Streikverbot verbundenen und zu weit

---

997 Vgl. ILO, General Survey 1994, Abs. 148: „The Committee therefore considers that the ordinary meaning of the word 'programmes' includes strike action, which led it very early on to the view that the right to strike is one of the essential means available to workers and their organizations to promote their economic and social interests.".

998 ILO, General Survey 1994, Abs. 158: „As it has already noted, the Committee considers that the prohibition of the right to strike in the public service should be limited to public servants exercising authority in the name of the State.".

999 International Labour Office, Report of the Committee of Experts on the Application of Conventions and Recommendations 2009, S. 181: „The Committee once again underlines that restrictions on the right to strike in the public service should be limited to public servants who are exercising authority in the name of the State and those working in essential services in the strict sense of the term and that in such cases, compensatory guarantees should be afforded to public servants, such as mediation and conciliation procedures or, in the event of deadlock, arbitration with sufficient guarantees of impartiality and rapidity (see General Survey, op. cit., paragraphs 158, 159 and 164). The Committee requests the Government to indicate in its next report the measures taken, including the possible personnel reform in the public sector, so as to bring section 35 of Act No. 4688 into conformity with the above.".

1000 ILO, General Survey 1994, Abs. 158: „In borderline cases, one solution might be not to impose a total prohibition of strikes, but rather to provide for the maintaining by a defined and limited category of staff of a negotiated minimum service when a total and prolonged stoppage might result in serious consequences for the public.".

gehenden Einschränkungen des von dem ILO-Übereinkommen Nr. 87 garantierten Streikrechts.[1001]

Auch der ILO-Ausschuss für Vereinigungsfreiheit hebt die Bedeutung des Streikrechts als Grundrecht,[1002] als legitimes Mittel zur Verteidigung der ökonomischen und sozialen Interessen der Arbeitnehmer,[1003] als wesentliches Mittel zur Förderung und Verteidigung der ökonomischen und sozialen Interessen[1004] und schließlich – genau wie der Sachverständigenausschuss – als untrennbare Folge des Koalitionsrechts[1005] hervor.[1006] Auf diese Spruchpraxis des ILO-Ausschusses für Vereinigungsfreiheit hat auch der EGMR in seiner Entscheidung zum Fall *Demir und Baykara* verwiesen.[1007] Das Streikrecht im öffentlichen Dienst kann

---

1001 Zuerst: International Labour Office, Report of the Committee of Experts on the Application of Conventions and Recommendations 1987, S. 179 ff.; zuletzt: International Labour Office, Report of the Committee of Experts on the Application of Conventions and Recommendations 2015, S. 83 f.

1002 International Labour Office, Freedom of Association – Digest of decisions and principles of the Freedom of Association Committee of the Governing Body of the ILO, 5. (revised) Edition, Genf 2006, Abs. 520: „While the Committee has always regarded the right to strike as constituting a fundamental right of workers and of their organizations, it has regarded it as such only in so far as it is utilized as a means of defending their economic interests.".

1003 International Labour Office, Freedom of Association – Digest of decisions and principles of the Freedom of Association Committee of the Governing Body of the ILO, 5. (revised) Edition, Genf 2006, Abs. 521: „The Committee has always recognized the right to strike by workers and their organizations as a legitimate means of defending their economic and social interests.".

1004 International Labour Office, Freedom of Association – Digest of decisions and principles of the Freedom of Association Committee of the Governing Body of the ILO, 5. (revised) Edition, Genf 2006, Abs. 522: „The right to strike is one of the essential means through which workers and their organizations may promote and defend their economic and social interests.".

1005 International Labour Office, Freedom of Association – Digest of decisions and principles of the Freedom of Association Committee of the Governing Body of the ILO, 5. (revised) Edition, Genf 2006, Abs. 523: „The right to strike is an intrinsic corollary to the right to organize protected by Convention No. 87.".

1006 *Buschmann*, FS-Kempen, S. 255, 269; *Lörcher*, ArbuR 2009, 229, 238.

1007 Vgl. Rn. 39 im Originaltext zu EGMR 12.11.2008 – *Demir und Baykara/Türkei*, abrufbar unter: http://hudoc.echr.coe.int/eng?i=001-89555, wo der EGMR folgendes Werk zitiert: International Labour Office, Freedom of Association – Digest of decisions and principles of the Freedom of Association Committee of the Governing Body of the ILO, 4. (revised) Edition, Genf 1996, welches seit 2006 jedoch bereits in der 5. Auflage erschienen ist.

zwar auch nach Ansicht dieses Ausschusses eingeschränkt werden, diese Einschränkungen würden aber ebenfalls nur für solche Beamten gelten können, die Hoheitsrechte im Namen des Staates ausüben.[1008]

Speziell für die Bundesrepublik Deutschland haben darüber hinaus zwei Beschwerdeverfahren zum Streikrecht vor dem ILO-Ausschuss für Vereinigungsfreiheit besondere Bedeutung, welche vom DGB und der GEW zum Streik beamteter Lehrkräfte in Hessen im Jahr 1989 (Fall Nr. 1528)[1009] und von der ehemaligen DPG zum Beamtenstreikbrechereinsatz (Fall Nr. 1692)[1010] eingeleitet worden waren. In beiden Verfahren kommt der Ausschuss nämlich zu dem Ergebnis, dass die Rechtslage in der Bundesrepublik Deutschland nicht mit der Vereinigungsfreiheit des ILO-Übereinkommens Nr. 87 vereinbar ist.[1011]

Darüber hinaus hat auch der EuGH in den Rechtssachen *Viking* und *Laval* das Streikrecht auf Grundlage des ILO-Übereinkommens Nr. 87 anerkannt.[1012]

Im Ergebnis gewährleistet das ILO-Übereinkommen Nr. 87 nach der überzeugenden Auslegung der ILO-Kontrollgremien und nach Ansicht des EuGH somit grundsätzlich ein Streikrecht für Beamte, obwohl der Art. 2 des ILO-Übereinkommens Nr. 87 dies nicht ausdrücklich vorsieht. Nur Beamten, die hoheitlich tätig sind, kann das Streikrecht untersagt werden.

(c) Zwischenergebnis

Das ILO-Übereinkommen Nr. 87 gewährleistet den Beamten nach der überzeugenden Auslegung der ILO-Kontrollgremien somit grundsätzlich ein Streikrecht. Nur Beamten, die hoheitlich tätig sind, kann das Streikrecht untersagt werden. Da in der Bundesrepublik Deutschland jedoch ein rein statusbezogenes und kein funktionsbezogenes Streikverbot gilt und somit

---

1008 International Labour Office, Freedom of Association – Digest of decisions and principles of the Freedom of Association Committee of the Governing Body of the ILO, 5. (revised) Edition, Genf 2006, Abs. 574: „The right to strike may be restricted or prohibited only for public servants exercising authority in the name of the State.".

1009 ILO, Report No. 277, 1991, Rn. 247 ff., abrufbar unter: http://www.ilo.org/dyn/normlex/en/f?p=1000:50002:0::NO:50002:P50002_COMPLAINT_TEXT_ID:2901977.

1010 ILO, Report No. 291, 1993, Rn. 191 ff., abrufbar unter: http://www.ilo.org/dyn/normlex/en/f?p=1000:50002:0::NO:50002:P50002_COMPLAINT_TEXT_ID:2902575.

1011 ArbkR/*Lörcher*, § 10, Rn. 50.

1012 EuGH 11.12.2007, NZA 2008, 124, 127 – *Viking*; EuGH 18.12.2007, NZA 2008, 159, 165 – *Laval*.

in der Bundesrepublik Deutschland auch solche Beamte dem Streikverbot unterfallen, die nicht hoheitlich tätig sind, verstößt die deutsche Rechtslage unter Berücksichtigung der Auslegung der ILO-Kontrollgremien gegen das ILO-Übereinkommen Nr. 87.

(2) Auswirkungen dieses Ergebnisses auf die Bundesrepublik Deutschland

Da die deutsche Rechtslage unter Berücksichtigung der Auslegung der ILO-Kontrollgremien gegen das ILO-Übereinkommen Nr. 87 verstößt, ist zu fragen, welche Folgen dieses Ergebnis für die Bundesrepublik Deutschland hat.

Hierzu ist zunächst festzustellen, dass das ILO-Übereinkommen Nr. 87 durch seine Ratifizierung zum einfachen innerstaatlichen Recht gehört.[1013] Damit ist es dem deutschen Verfassungsrecht zwar untergeordnet, über die völkerrechtsfreundliche Auslegung des Grundgesetzes wirkt das ILO-Übereinkommen Nr. 87 allerdings auch auf Art. 33 Abs. 4 und 5 GG ein und ist somit grundsätzlich bei dessen Auslegung zu berücksichtigen.[1014] Mithin müsste der Art. 33 Abs. 4 und 5 GG aufgrund der – durch die Auslegung der ILO-Kontrollgremien ermittelten – Vorgaben des ILO-Übereinkommens Nr. 87 völkerrechtsfreundlich so ausgelegt werden, dass die Beamten nur noch dann einem Streikverbot unterliegen, wenn sie hoheitlich tätig sind.

Allerdings wird teilweise vertreten, dass keine Pflicht bestehen würde, die Auslegung der ILO-Kontrollgremien im innerstaatlichen Recht zu berücksichtigen.[1015] Diese Ansicht wird damit begründet, dass die Überwachungsorgane nicht zur verbindlichen Interpretation der Konventionen für die Bundesrepublik Deutschland berechtigt seien, da nach Art. 37 Abs. 1 ILO-Verfassung „alle Fragen oder Schwierigkeiten in der Auslegung … der … Übereinkommen … dem Internationalen Gerichtshof vorgelegt" werden müssen.[1016] Die authentische Interpretation sei somit vielmehr dem IGH vorbehalten.[1017] Hiergegen ist allerdings einzuwenden, dass „unterhalb" der authentischen Auslegung immer noch eine Auslegung mit vergleichbar hohem Legitimationsgehalt durch die ILO-Kontrollorgane erfolgen kann.[1018]

1013 BVerfG 20.10.1981, NJW 1982, 815, 817; ArbkR/*Lörcher*, § 10, Rn. 45.

1014 Vgl. zur völkerrechtsfreundlichen Auslegung des Grundgesetzes im Zusammenhang mit der EMRK bereits unter H.II.1.a)bb)(1); a. A. OVG Münster 7.3.2012, NVwZ 2012, 890, 899.

1015 ArbkR/*Lörcher*, § 10, Rn. 51 m. w. N.

1016 ArbkR/*Lörcher*, § 10, Rn. 51 m. w. N.

1017 ArbkR/*Lörcher*, § 10, Rn. 51.

1018 So überzeugend ArbkR/*Lörcher*, § 10, Rn. 51.

Zudem wird vereinzelt vertreten, dass das ILO-Übereinkommen Nr. 87 nicht dahin gehend ausgelegt werden könne, dass es ein Streikrecht gewährleiste.[1019] Diese Auffassung wird damit begründet, dass ein solches Auslegungsergebnis nicht durch den nach Art. 31 Abs. 2 WÜRV bei der Auslegung zu berücksichtigenden Wortlaut des ILO-Übereinkommens gestützt werde.[1020] Außerdem gebe es keine einheitliche Übung im Sinne von Art. 31 Abs. 3 WÜRV bei der Anwendung des ILO-Übereinkommens, aus welcher ein solches Verständnis hervorgehe.[1021] Ferner könne auch nach Art. 32 WÜRV, wonach für die Auslegung ergänzend die Entstehungsgeschichte herangezogen werden kann, das oben genannte Auslegungsergebnis nicht erzielt werden, da eine Streikrechtsregelung damals bewusst nicht aufgenommen worden sei und gegen diesen damaligen Willen keine erweiternde Auslegung stattfinden könne.[1022] Zuzustimmen ist den Kritikern der oben genannten Auslegung allerdings einzig darin, dass der Wortlaut das Streikrecht in der Tat nicht explizit nennt. Jedoch ist die Argumentation der ILO-Kontrollgremien dahin gehend, dass das Streikrecht zwingend mit der Koalitionsfreiheit verbunden sei, da es als Druckmittel erforderlich wäre, um das in Art. 10 des ILO-Übereinkommens Nr. 87 vorgegebene Ziel der Organisationen der Arbeitnehmer – die Interessen der Arbeitnehmer zu fördern und zu verteidigen – effektiv verfolgen zu können, zutreffend und somit das richtige Ergebnis einer objektiven Auslegung des Übereinkommens Nr. 87.[1023]

Trotz dieser somit eigentlich zutreffenden Auslegung durch die ILO-Kontrollgremien wurde die Frage, ob die im ILO-Übereinkommen Nr. 87 ausdrücklich gewährte Vereinigungsfreiheit zwingend auch das Streikrecht enthält, im Rahmen eines dreigliedrigen Treffens im Frühjahr 2015 unter Einschluss der Regierungen, Arbeitgeber und Gewerkschaften erneut erörtert.[1024] Hierbei haben sich die Arbeitgeber- und Arbeitnehmergruppe am 23.2.2015 auf eine

---

1019 ArbkR/*Lörcher*, § 10, Rn. 51 m. w. N.

1020 *Wisskirchen*, Weltfriede durch soziale Gerechtigkeit, S. 65, 72.

1021 *Wisskirchen*, Weltfriede durch soziale Gerechtigkeit, S. 65, 72.

1022 Vgl. ArbkR/*Lörcher*, § 10, Rn. 51; *Wisskirchen*, Weltfriede durch soziale Gerechtigkeit, S. 65, 72 ff.

1023 So auch ArbkR/*Lörcher*, § 10, Rn. 52.

1024 S. dazu den Abschlussbericht der Dreigliedrigen Tagung über das Übereinkommen (Nr. 87) über die Vereinigungsfreiheit und den Schutz des Vereinigungsrechtes, 1948, in Bezug auf das Streikrecht und die Modalitäten und Praktiken von Streikmaßnahmen auf nationaler Ebene, GB.323/INS/5/Appendix.II, abrufbar unter: http://www.ilo.org/wcmsp5/groups/public/---ed_norm/---relconf/documents/meetingdocument/wcms_351506.pdf.

„Gemeinsame Erklärung" geeinigt, die eine allgemeine Anerkennung des Streikrechts im Rahmen der ILO enthält.[1025] Auf Grundlage dieses Ergebnisses hat der Verwaltungsrat bei seiner Sitzung im März 2015 entschieden, „vorläufig keine Maßnahmen im Einklang mit Artikel 37 der Verfassung zu ergreifen, um die Frage der Auslegung des Übereinkommens Nr. 87 in Bezug auf das Streikrecht zu behandeln", womit es also zumindest auf absehbare Zeit zu keinem Antrag auf ein Gutachten beim IGH zu dieser Frage kommen wird.[1026]

Scheinbar ist der Konflikt um die Frage, ob das ILO-Übereinkommen Nr. 87 ein Streikrecht gewährleistet oder nicht, damit beigelegt. Doch dieser Schein trügt, denn in ihrer Einschätzung zur „Gemeinsamen Erklärung" weist die Arbeitgeberseite darauf hin, dass mit dieser Erklärung nicht anerkannt worden sei, dass das Übereinkommen Nr. 87 ein Streikrecht garantiere.[1027] Die Arbeitnehmerseite sieht in der „Gemeinsamen Erklärung" hingegen einen Durchbruch zur Anerkennung des Streikrechts.[1028]

Solange der IGH keine Stellung zu dieser Frage bezogen hat, sollten deutsche Gerichte vor dem Hintergrund des nach wie vor bestehenden inhaltlichen Konflikts auf Grundlage einer völkerrechtsfreundlichen Handhabung somit nur aus triftigen Gründen von der Auslegung des ILO-Übereinkommens Nr. 87 durch die ILO-Kontrollgremien abweichen. Der rechtsfortbildende oder lückenfüllende Richter muss nämlich einleuchtende Gründe haben, um sich von der Ansicht des Sachverständigenausschusses und anderer Kontrollinstanzen zu entfernen.[1029]

1025 Newsletter zum Europäischen Arbeitsrecht, Hugo Sinzheimer Institut, 01/2015, VI. 3), abrufbar unter: http://www.hugo-sinzheimer-institut.de/hsi-newsletter/europaeisches-arbeitsrecht/2015/newsletter-012015.html.

1026 Newsletter zum Europäischen Arbeitsrecht, Hugo Sinzheimer Institut, 01/2015, VI. 3), abrufbar unter: http://www.hugo-sinzheimer-institut.de/hsi-newsletter/europaeisches-arbeitsrecht/2015/newsletter-012015.html.

1027 „A joint Employer/Worker Statement recognising the right to industrial action as a means to resolve industrial disputes – but not a right to strike within the scope of ILO Convention 87", International Organisation of Employers (IOE), Outcomes and Next Steps Arising From 23–25 February ILO Tripartite Meeting on the Standards Supervisory System, abrufbar unter: http://www.ioe-emp.org/index.php?id=1926.

1028 „A breakthrough has been made at the International Labour Organization following two years during which employers at the International Labour Organization brought the UN body's global supervisory system to a standstill, in an attempt to eliminate decades of ILO jurisprudence supporting the right to strike", International Trade Union Confederation (ITUC), Right to Strike Re-affirmed at ILO, abrufbar unter: http://www.ituc-csi.org/right-to-strike-re-affirmed-at-ilo?lang=de.

1029 ArbkR/*Lörcher*, § 10, Rn. 53.

An diesen wird es einem Richter in Anbetracht der bisherigen Rechtsprechung allerdings fehlen, denn schon seit geraumer Zeit bildet das ILO-Übereinkommen Nr. 87 und das darin nicht explizit genannte, aber dennoch verbürgte Streikrecht einen Weltmindeststandard.[1030] Somit ist in der deutschen Rechtspraxis das ILO-Übereinkommen Nr. 87 – zu Recht – so zu berücksichtigen, dass es das Streikrecht garantiert und dieses nur unter bestimmten Voraussetzungen eingeschränkt werden darf. Daher besteht auch aufgrund des Verstoßes gegen das ILO-Übereinkommen Nr. 87 Handlungsbedarf im Hinblick auf das in der Bundesrepublik Deutschland bisher geltende statusbezogene Streikverbot für Beamte.

(3) Zwischenergebnis

Das statusbezogene Streikverbot für Beamte, das in der Bundesrepublik Deutschland existiert, ist folglich nicht mit dem ILO-Übereinkommen Nr. 87 vereinbar.[1031] Zulässig wäre es allenfalls, solchen Beamten das Streikrecht zu versagen, die hoheitlich tätig sind. Da die Vorgaben des ILO-Übereinkommens Nr. 87 im Rahmen der völkerrechtsfreundlichen Auslegung des Grundgesetzes in der Bundesrepublik Deutschland zu berücksichtigen sind, besteht somit Handlungsbedarf, um den bestehenden Verstoß gegen dieses Übereinkommen zu vermeiden.

bb) ILO-Übereinkommen Nr. 98

Denkbar wäre auch ein Verstoß des in der Bundesrepublik Deutschland geltenden statusbezogenen Streikverbots für Beamte gegen das ILO-Übereinkommen Nr. 98. Dieses Übereinkommen legt die Grundsätze des Vereinigungsrechts fest und garantiert ein Recht auf Kollektivverhandlungen.[1032] Zudem gilt es auch für Beamte, da diese zu den Arbeitnehmern im Sinne des ILO-Übereinkommens Nr. 98 zählen.[1033] Zwar können für „öffentliche Beamte" nach Art. 6 des Übereinkommens Ausnahmen vorgesehen werden,[1034] jedoch wird diese Ausnahmemöglichkeit in

1030 ArbkR/*Lörcher*, § 10, Rn. 53.

1031 S. dazu bereits ausführlich unter H.II.1.b)aa)(1).

1032 Vgl. EGMR 12.11.2008, NZA 2010, 1425, 1430 – *Demir und Baykara/Türkei.*

1033 Vgl. dazu die Argumentation zum ILO-Übereinkommen Nr. 87 unter H.II.1.b)aa)(1)(a). So sieht beispielsweise auch das ILO-Übereinkommen Nr. 98 in Art. 5 Abs. 1 die Möglichkeit vor, die Rechte aus dem Übereinkommen für das Heer und die Polizei zu beschränken und stellt in Art. 6 klar, dass nur die Stellung der öffentlichen Beamten unberührt bleibt. Das bedeutet, dass auch die Beamten grundsätzlich in den Anwendungsbereich fallen und somit zu den Arbeitnehmern zählen.

1034 Vgl. Art. 6 des ILO-Übereinkommens Nr. 98: „This Convention does not deal with the position of public servants engaged in the administration of the State …".

der umfangreichen Spruchpraxis des ILO-Sachverständigenausschusses nur auf solche Beamte bezogen, deren Tätigkeit Staatsverwaltung im eigentlichen Sinne ist.[1035] Somit steht dem Ausschuss zufolge allen anderen von der Regierung, staatlichen Unternehmen oder selbstständigen öffentlichen Einrichtungen beschäftigten Personen das Recht zu, über ihre Arbeitsbedingungen und ihre Besoldung Kollektivverhandlungen zu führen.[1036] Da der ILO-Sachverständigenausschuss das Streikrecht als untrennbare Folge des Koalitionsrechts ansieht[1037] und von der in Art. 1 Abs. 1 des ILO-Übereinkommens Nr. 98 geschützten Vereinigungsfreiheit nur für Beamte der Staatsverwaltung im eigentlichen Sinne eine Ausnahme gemacht werden darf, verstößt das statusbezogene Streikverbot für Beamte in Deutschland somit auch gegen das ILO-Übereinkommen Nr. 98.

Genau wie der Verstoß gegen das ILO-Übereinkommen Nr. 87 muss von der Bundesrepublik Deutschland zukünftig auch der Verstoß gegen das ILO-Übereinkommen Nr. 98 vermieden werden, denn das ILO-Übereinkommen Nr. 98 wurde von der Bundesrepublik Deutschland ebenfalls ratifiziert[1038] und damit gehört es auch zum einfachen innerstaatlichen Recht. Zwar ist es dem deutschen Verfassungsrecht – genau wie das ILO-Übereinkommen Nr. 87 – untergeordnet, wirkt über die völkerrechtsfreundliche Auslegung des Grundgesetzes allerdings auch auf Art. 33 Abs. 4 und 5 GG ein und ist somit grundsätzlich bei dessen Auslegung zu berücksichtigen.[1039] Um eine mit dem ILO-Übereinkommen Nr. 97 konforme nationale Rechtslage zu schaffen, müsste der Art. 33 Abs. 4 und 5 GG somit völkerrechtsfreundlich so ausgelegt werden, dass nur die Beamten der Staatsverwaltung im eigentlichen Sinne einem Streikverbot unterliegen.

cc) ILO-Übereinkommen Nr. 151

Denkbar ist auch, dass das in der Bundesrepublik Deutschland geltende Streikverbot für Beamte gegen das ILO-Übereinkommen Nr. 151 verstößt. Dieses Übereinkommen ist nämlich vor allem deshalb erarbeitet worden, um den Beamten, die von den ILO-Übereinkommen Nr. 87 und 98 ausgeschlossen werden können, in Bezug auf die Gewerkschaftsrechte einen Schutz zu bieten.[1040] Nach diesem

---

1035 EGMR 12.11.2008, NZA 2010, 1425, 1430 – *Demir und Baykara/Türkei*; *Buschmann*, FS-Kempen, S. 255, 269.

1036 EGMR 12.11.2008, NZA 2010, 1425, 1430 – *Demir und Baykara/Türkei*; *Buschmann*, FS-Kempen, S. 255, 269 f.

1037 S. dazu bereits die Ausführungen unter H.II.1.b)aa)(1)(b).

1038 *Lörcher*, ArbuR 2009, 229, 232.

1039 Vgl. dazu die Ausführungen unter H.II.1.b)aa)(2).

1040 *Lörcher*, ArbuR 2009, 229, 232.

Übereinkommen sollen im öffentlichen Dienst, soweit dessen besondere Struktur dies zulässt, grundsätzlich die gleichen Garantien gelten, die Arbeitnehmern allgemein aufgrund der Übereinkommen 87, 98 (und 135) gewährt werden.[1041] Dazu enthält das Übereinkommen Grundnormen über den Schutz des Vereinigungsrechts und über die Mitwirkung der zuständigen Verbände bei der Festsetzung der Beschäftigungsbedingungen im öffentlichen Dienst.[1042]

Allerdings ist das ILO-Übereinkommen Nr. 151 von der Bundesrepublik Deutschland nicht ratifiziert worden. Es konnte nämlich nicht ausgeschlossen werden, dass hinsichtlich der Beamten, deren Beschäftigungsbedingungen aufgrund verfassungsrechtlicher Bestimmung (Art. 33 GG) durch den Gesetzgeber geregelt werden, die Auslegung der Art. 7 und 8 dieses Übereinkommens durch die zuständigen Gremien der ILO in einer Weise erfolgen könnte, dass diese Bestimmungen mit der deutschen Rechtslage nicht vereinbar sind.[1043] Da das ILO-Übereinkommen Nr. 151 mangels Ratifizierung keine Rolle für die Rechtslage in der Bundesrepublik Deutschland spielt,[1044] kann das in der Bundesrepublik Deutschland geltende Streikverbot für Beamte folglich nicht gegen das ILO-Übereinkommen Nr. 151 verstoßen.

dd) Zwischenergebnis

Wie gezeigt worden ist, verstößt das in der Bundesrepublik Deutschland geltende statusbezogene Streikverbot für Beamte sowohl gegen das ILO-Übereinkommen Nr. 87 als auch gegen das ILO-Übereinkommen Nr. 98, mangels Ratifizierung allerdings nicht gegen das ILO-Übereinkommen Nr. 151.[1045] Um die Rechtslage in der Bundesrepublik Deutschland mit den Übereinkommen Nr. 87 und 98 in Einklang zu bringen, dürften nur solche Beamte einem Streikverbot unterworfen werden, die hoheitlich tätig sind bzw. der Staatsverwaltung im eigentlichen Sinne angehören, wobei diese Voraussetzungen deckungsgleich sind. Da auch nach Art. 11 EMRK eine solche Beschränkung erforderlich ist, würde mit der bereits aufgezeigten Lösung – der Einführung eines funktionsbezogenen Streikverbots für Beamte durch eine Änderung der Verbeamtungspraxis in Verbindung mit einer konventionskonformen Auslegung der deutschen Rechtslage durch die

1041 BT-Drucks. 10/2123, S. 8.

1042 BT-Drucks. 10/2123, S. 8.

1043 OVG Münster 7.3.2012, NVwZ 2012, 890, 899; BT-Drucks. 10/2123, S. 8.

1044 Vgl. *Lörcher*, ArbuR 2009, 229, 232.

1045 S. zum ILO-Übereinkommen Nr. 87 unter H.II.1.b)aa); zum ILO-Übereinkommen Nr. 98 unter H.II.1.b)bb) und zum ILO-Übereinkommen Nr. 151 unter H.II.1.b)cc).

Fachgerichte[1046] – die deutsche Rechtslage automatisch auch an die Vorgaben der ILO-Übereinkommen Nr. 87 und 98 angepasst werden.

c) Verstoß des Streikverbots gegen Art. 6 ESC

Ebenfalls könnte das in der Bundesrepublik Deutschland geltende statusbezogene Streikverbot für Beamte gegen Art. 6 ESC verstoßen. Über Art. 6 Nr. 4 ESC haben sich nämlich alle Vertragsstaaten – zu denen auch die Bundesrepublik Deutschland zählt[1047] – dazu verpflichtet „das Recht der Arbeitnehmer und Arbeitgeber auf kollektive Maßnahmen einschließlich des Streikrechts im Fall von Interessenkonflikten, vorbehaltlich etwaiger Verpflichtungen aus Gesamtarbeitsverträgen" anzuerkennen. Hier ist zunächst fraglich, ob dadurch bloß die Bundesrepublik Deutschland gegenüber den übrigen Vertragsstaaten verpflichtet wird oder ob Art. 6 Nr. 4 ESC dem einzelnen Arbeitnehmer ein Streikrecht mit dem Rang eines einfachen innerstaatlichen Gesetzes garantiert. Ist Letzteres der Fall, ist darüber hinaus zu fragen, ob Art. 6 Nr. 4 ESC das Streikrecht unbegrenzt gewährleistet oder ob auch Einschränkungen des Streikrechts – wie das statusbezogene Streikverbot für Beamte – noch mit Art. 6 Nr. 4 ESC vereinbar sind.

aa) Individuelle Garantie des Streikrechts als einfaches innerstaatliches Gesetz

Auf den ersten Blick könnte man denken, dass es sich bei Art. 6 Nr. 4 ESC nur um eine Verpflichtung der Bundesrepublik Deutschland gegenüber den übrigen Vertragsstaaten der ESC handelt. Das ist aber nicht der Fall, denn es wird auch ein individuelles Arbeitnehmerrecht auf den Streik garantiert, indem die Vertragsstaaten nach dem Wortlaut des Art. 6 Nr. 4 ESC ein „Recht der Arbeitnehmer" auf Streik „anerkennen".[1048] Mit dieser Wortwahl wird nämlich zum Ausdruck gebracht, dass das Recht bereits besteht und nicht erst durch einen nationalen Umsetzungsakt geschaffen werden muss.

Dass Art. 6 Nr. 4 ESC auch ein individuelles Arbeitnehmerrecht auf den Streik garantiert, ergibt sich darüber hinaus auch aus der der ESC angehängten authentischen Interpretation, die nach Art. 38 ESC Bestandteil der ESC ist.[1049] Dort heißt es nämlich, dass bezüglich Art. 6 Nr. 4 ESC Einverständnis bestehe, dass

1046 Vgl. zu den verschiedenen Lösungsansätzen zur Einführung eines funktionsbezogenen Streikverbots für Beamte bereits unter H.II.1.a)cc).

1047 Ratifikation der ESC im Jahre 1964, s. BGBl. 1964 II, S. 1261; BGBl. 1965 II, S. 1122.

1048 ArbkR/*Lörcher*, § 10, Rn. 22.

1049 So etwa auch *Isele*, S. 69.

jede Vertragspartei für sich die Ausübung des Streikrechts durch Gesetz regeln könne, vorausgesetzt, dass jede Einschränkung sich im Rahmen des Art. 31 Abs. 1 ESC bewegt. Würde Art. 6 Nr. 4 ESC bloß eine Staatenverpflichtung enthalten, wäre diese Bestimmung sinnlos, da es in diesem Fall selbstverständlich wäre, dass der nationale Gesetzgeber über die Ausübung des Streikrechts bestimmt.[1050] Geht man hingegen von der unmittelbaren innerstaatlichen Verbindlichkeit der Norm aus, so behält die Interpretationsvorschrift ihren Sinn.[1051] Dann stellt sie nämlich klar, dass die einzelnen Staaten ihre Kompetenz zur Rechtssetzung auf dem Gebiet des Arbeitskampfrechts behalten und die Sozialcharta kein Gesetzgebungsverbot aufstellt, sondern nur einen durch die Ausrichtung auf Kollektivverhandlungen und die Grenzen des Art. 31 Abs. 1 ESC näher bestimmten streikrechtlichen Mindeststandard garantieren will.[1052]

Die Auffassung, dass Art. 6 Nr. 4 ESC auch ein individuelles Arbeitnehmerrecht auf den Streik garantiert, wird ferner auch durch die Auslegung des Art. 6 Nr. 4 ESC in denjenigen europäischen Staaten, die keine ausdrückliche gesetzliche Anerkennung des Streikrechts kennen und für die die Frage der unmittelbaren Wirkung des Art. 6 Nr. 4 ESC eine gesteigerte Bedeutung hat, gestützt. So hat nämlich etwa das höchste niederländische Gericht („Hoge Raad") ein aus Art. 6 Nr. 4 ESC abgeleitetes Streikrecht anerkannt, auf das sich jeder Einzelne unmittelbar berufen könne.[1053] Dieser Auslegung ist die belgische Rechtsprechung gefolgt.[1054]

Auch die deutsche Rechtsprechung wendet die ESC zumindest praktisch wie unmittelbar verbindliches innerstaatliches Recht an. Zwar hat das BAG die Frage bisher nicht entschieden, ob die ESC wie ein Gesetz wirkt, aber es hat festgestellt, dass bei der Ausfüllung von Lücken und bei der Rechtsfortbildung vom Gericht diejenige Lösung gewählt werden muss, die auch der Gesetzgeber getroffen hätte.[1055] Da der Gesetzgeber völkerrechtliche Verpflichtungen nicht verletzen dürfe, hätte der Gesetzgeber die völkerrechtlichen Vorgaben stets eingehalten und somit müsse auch das jeweilige Gericht diese Vorgaben beachten.[1056] Da in der Bundesrepublik Deutschland das gesamte Streikrecht nicht gesetzlich geregelt ist, sind die

1050 ArbkR/*Lörcher*, § 10, Rn. 23.
1051 ArbkR/*Lörcher*, § 10, Rn. 23.
1052 ArbkR/*Lörcher*, § 10, Rn. 23.
1053 Hoge Raad 30.5.1986, Nederlandse Jurisprudentie 1986, 688; Hoge Raad 21.3.1997, Nederlandse Jurisprudentie 1997, 437; ArbkR/*Lörcher*, § 10, Rn. 24.
1054 ArbkR/*Lörcher*, § 10, Rn. 24 m. w. N.
1055 BAG 12.9.1984, NZA 1984, 393, 398.
1056 Vgl. BAG 12.9.1984, NZA 1984, 393, 398; BAG 10.12.2002, NZA 2003, 734, 739.

Gerichte bei diesbezüglichen Fragen somit immer gehalten, die völkerrechtlichen Vorgaben – und somit auch die Vorgaben der ESC – bei der Auslegung der Verfassung und der Gesetze zu berücksichtigen.[1057] Daher führt die Auffassung des BAG zumindest praktisch dazu, dass die ESC wie unmittelbar geltendes innerstaatliches Recht wirkt.[1058]

Zudem ist Art. 6 Nr. 4 ESC inhaltlich auch so präzise, dass eine Anwendung als innerstaatlich verbindliches Recht möglich ist.[1059] So ist Art. 6 Nr. 4 ESC etwa konkreter als Art. 9 Abs. 3 GG[1060] und zudem konkreter als Art. 11 EMRK, bei dem der EGMR anerkannt hat, dass er auch das individuelle Streikrecht mit umfasst.[1061]

Gegen die Auslegung, dass Art. 6 Nr. 4 ESC ein subjektives Streikrecht mit dem Rang eines einfachen innerstaatlichen Gesetzes garantiert, wird zwar angeführt, dass bei der Ausarbeitung der ESC ein Klagerecht des Einzelnen bewusst ausgeschlossen werden sollte,[1062] jedoch geht eine Auslegung anhand objektiver Kriterien der Auslegung anhand subjektiver Kriterien, wie etwa der Entstehungsgeschichte, vor (vgl. Art. 32 WÜRV). Da die objektive Auslegung – wie in diesem Abschnitt gezeigt worden ist – dafür spricht, dass Art. 6 Nr. 4 ESC ein subjektives Streikrecht mit dem Rang eines einfachen innerstaatlichen Gesetzes garantiert, kommt es auf die subjektiven Vorstellungen der Beteiligten bei der Ausarbeitung der ESC nicht an.

Somit garantiert Art. 6 Nr. 4 ESC das Streikrecht als subjektives Recht mit dem Rang eines einfachen innerstaatlichen Gesetzes.[1063] Es wirkt daher – genau wie Art. 11 EMRK und die Vorschriften der ILO-Übereinkommen Nr. 87 und 98 – über die völkerrechtsfreundliche Auslegung des Grundgesetzes auf Art. 33 Abs. 4 und 5 GG ein und ist somit grundsätzlich bei dessen Auslegung zu berücksichtigen.[1064]

1057 Vgl. ArbkR/*Lörcher*, § 10, Rn. 29.
1058 Vgl. ArbkR/*Lörcher*, § 10, Rn. 29.
1059 ArbkR/*Lörcher*, § 10, Rn. 24.
1060 *Seiter*, RdA 1986, 165, 173.
1061 S. dazu bereits ausführlich unter H.II.1.a)aa)(1).
1062 ArbkR/*Lörcher*, § 10, Rn. 24.
1063 Statt vieler etwa *Däubler*, S. 177 ff. m. w. N.; *Kissel*, § 20, Rn. 23; *Witter*, S. 63 ff.; a. A. *Buchholtz*, S. 206 ff.; *Konzen*, JZ 1986, 157, 162 m. w. N.; *Otto*, § 4, Rn. 55 m. w. N.; unentschlossen *Paukner*, S. 114 f.
1064 Vgl. dazu bereits die Argumentation zu Art. 11 EMRK unter H.II.1.a)bb)(1) und die Ausführungen zum ILO-Übereinkommen Nr. 87 und 98 unter H.II.1.b)aa)(2) bzw. H.II.1.b)bb).

bb) Umfang des garantierten Streikrechts

Nachdem gezeigt worden ist, dass Art. 6 Nr. 4 ESC das Streikrecht als subjektives Recht garantiert,[1065] ist zu fragen, ob dieses Streikrecht unbegrenzt gewährleistet wird oder ob auch Einschränkungen des Streikrechts – wie das statusbezogene Streikverbot für Beamte – noch mit Art. 6 Nr. 4 ESC vereinbar sind.

Diesbezüglich ist zunächst festzuhalten, dass Art. 6 Nr. 4 ESC kein unbeschränktes Streikrecht garantiert. Vielmehr darf das Streikrecht nach Art. 31 Abs. 1 ESC Einschränkungen unterworfen werden, wenn diese gesetzlich vorgeschrieben und in einer demokratischen Gesellschaft zum Schutze der Rechte und Freiheiten anderer oder zum Schutze der öffentlichen Sicherheit und Ordnung, der Sicherheit des Staates, der Volksgesundheit und der Sittlichkeit notwendig sind. Da es in Deutschland (abgesehen von der landesgesetzlichen Regelung in Rheinland-Pfalz) kein förmliches Gesetz gibt, welches das Streikrecht für Beamte einschränkt, läuft Art. 31 ESC als Rechtfertigungsgrund für das statusbezogene Streikverbot zunächst leer. Denkbar wäre es allerdings – ähnlich wie der EGMR[1066] – den Begriff „gesetzlich vorgeschrieben" weit auszulegen, mit der Folge, dass für eine gesetzlich vorgeschriebene Einschränkung des Streikrechts auch „Richterrecht" ausreichen würde. Da das statusbezogene Streikverbot für Beamte von der nationalen Rechtsprechung nach wie vor ganz überwiegend anerkannt wird,[1067] könnte das Streikverbot somit auf Basis der weiten Auslegung des Begriffs „gesetzlich vorgeschrieben" nach Art. 31 Abs. 1 ESC gerechtfertigt sein.

Allerdings hat der EGMR „Richterrecht" dann nicht als „gesetzlich vorgesehene" Einschränkung eines Rechts ausreichen lassen, wenn es um die *Bestimmung* von Grenzen der garantierten Rechte aus der EMRK geht. Solche Grenzen würden sich nämlich nur aus der Auslegung der EMRK selbst ergeben können. Lediglich bei der *Umsetzung* dieser Grenzen in nationales Recht kann das Erfordernis einer gesetzlichen Regelung nach Ansicht des EGMR auch durch „Richterrecht" erfüllt werden. Diese Differenzierung des EGMR ist auch überzeugend, denn würde ein völkerrechtliches Menschenrechtsinstrument durch Verweis auf die nationale Rechtsprechung eingeschränkt werden können, hätten es die Staaten selbst in der Hand, den Inhalt dieses Menschenrechts-

1065 S. dazu bereits unter H.II.1.c)aa).

1066 Zur weiten Auslegung des Begriffs „gesetzlich vorgesehen" durch den EGMR ausführlich bereits unter H.II.1.a)cc)(1)(d).

1067 S. dazu ausführlich F.

instruments zu bestimmen.[1068] Auf Grundlage dieser Überlegung muss die vom EGMR vorgenommene Differenzierung bei der weiten Auslegung des Begriffs „gesetzlich vorgesehen“ somit auch bei einer weiten Auslegung des in Art. 31 Abs. 1 ESC verwandten Begriffs „gesetzlich vorgeschrieben“ gelten. Mithin darf die nationale Rechtsprechung dort nicht zur Einschränkung des von Art. 6 Nr. 4 ESC garantierten Streikrechts herangezogen werden. Da genau dies jedoch der Fall wäre, kann das statusbezogene Streikverbot für Beamte nicht unter Hinweis auf die nationale Rechtsprechung nach Art. 31 Abs. 1 ESC gerechtfertigt werden.

Denkbar wäre es somit allenfalls, die Einschränkung des Streikrechts durch das statusbezogene Streikverbot für Beamte mit einem Hinweis auf eine entsprechende Spruchpraxis des Europäischen Ausschusses für Soziale Rechte zu rechtfertigen.[1069] Allerdings hält der Ausschuss eine Einschränkung des Streikrechts aufgrund eines statusbezogenen Streikverbots für Beamte für nicht mit Art. 6 Nr. 4 ESC vereinbar.[1070] Die Bundesregierung ist von dieser Ansicht des Europäischen Ausschusses für Soziale Rechte jedoch – jedenfalls in Bezug auf die Bundesrepublik Deutschland – nicht überzeugt. Ihrer Auffassung nach gilt der Art. 6 Nr. 2 und 4 ESC nämlich für Beamte der Bundesrepublik Deutschland aufgrund einer Erklärung vom 28.9.1961, die einen förmlichen Vorbehalt bezüglich dieses Vorschrift darstellen soll, nicht.[1071] Ob die Bundesregierung diesen Einwand zu Recht vorträgt, wurde bisher vom Europäischen Ausschuss für Soziale Rechte nicht explizit beantwortet. Jedoch deuten die Äußerungen des Ausschusses eher in die Richtung, dass der Ausschuss von einer Anwendbarkeit des Art. 6 Nr. 2 und 4 ESC auch auf die Beamten der Bundesrepublik Deutschland ausgeht. Zwar hat der Ausschuss – nach anfänglichen Kritiken – die Anwendung des Art. 6 ESC auf deutsche Beamte nicht weiter geprüft,[1072] diese Haltung aber in letzter Zeit jedenfalls insoweit revidiert, als er zumindest bei den Beamten, welche in Aktiengesellschaften arbeiten (Post, Telekom, Postbank, Bahn), doch wieder eine Überprüfung des deutschen Rechts anhand des Art. 6 ESC vorgenommen hat. So hat der Ausschuss sich kritisch zu den eingeschränkten kollektiven Rechten von in privaten Aktiengesellschaften be-

1068 Vgl. ArbkR/*Lörcher*, § 10, Rn. 26.
1069 ArbkR/*Lörcher*, § 10, Rn. 26.
1070 Vgl. Digest of the Case Law of the European Committee of Social Rights 2008, S. 57. Dort heißt es: „Therefore prohibiting all public officials from exercising the right to strike is not in conformity with Article 6 § 4.“.
1071 Vgl. Conclusions IV of the European Committee of Social Rights, 1975, S. 44 ff.; *Lörcher*, ArbuR 2009, 229, 233.
1072 Vgl. Conclusions VII of the European Committee of Social Rights, 1981, S. 39.

schäftigten Beamten geäußert und einen Verstoß gegen Art. 6 Nr. 2 ESC mit der Begründung angenommen, dass die Beamten keine Hoheitsgewalt ausüben würden.[1073]

Auch die neuesten Aussagen des Ausschusses zum Streikrecht für Beamte in seinen *Conclusions* von 2006[1074] deuten darauf hin, dass der Ausschuss die deutsche Rechtslage am gesamten Art. 6 ESC misst. In den *Conclusions* von 2006 wollte der Ausschuss bezüglich eines Urteils des BVerwG vom 7.6.2000,[1075] in welchem das Gericht den Beamten, die für eine Tätigkeit bei einer privaten Tochtergesellschaft der Telekom beurlaubt waren, grundsätzlich ein Streikrecht zusprach,[1076] nämlich wissen, ob sich das Urteil auf alle verbeamteten Post- und Bahnangestellten beziehen würde, die keine Hoheitsgewalt ausüben.[1077] Aus dieser Nachfrage lässt sich folgern, dass der Ausschuss hier – sollte das Urteil kein so weitreichendes Streikrecht zusprechen – einen Verstoß gegen Art. 6 Nr. 4 ESC „wittert" und deshalb eine genaue Erläuterung des Urteils verlangt.

Insgesamt lässt sich aus den Äußerungen des Europäischen Ausschusses für Soziale Rechte somit folgern, dass er wieder eine umfassende Prüfung der Vereinbarkeit des deutschen Rechts mit Art. 6 ESC vornimmt und sich nicht mehr durch die Erklärung der Bundesregierung aus dem Jahre 1961 beschränken lassen will.[1078] Somit gilt das in Art. 6 Nr. 4 ESC garantierte Streikrecht nach Ansicht des Europäischen Ausschusses für Soziale Rechte auch für die deutschen Beamten und das Streikrecht kann durch ein statusbezogenes Streikverbot für diese nicht eingeschränkt werden. Berücksichtigt man jedoch, dass der Ausschuss in Verbindung mit dem Streikverbot für Beamte in der Bundesrepublik Deutschland immer wieder auf das funktionsbezogene Kriterium der hoheitlichen Tätigkeit abstellt, spricht viel dafür, dass der Ausschuss zumindest ein funktionsbezogenes Streikverbot, welches bloß für hoheitlich tätige Beamte gilt, für mit Art. 6 Nr. 4 ESC vereinbar halten würde.

cc) Bedeutung der Auslegung des Europäischen Ausschusses für Soziale Rechte

Wie gezeigt worden ist, verstößt das in der Bundesrepublik Deutschland geltende statusbezogene Streikverbot für Beamte nach den Aussagen des Euro-

---

1073 Conclusions XVII-1 of the European Committee of Social Rights, 2004, S. 203.
1074 Conclusions XVIII-1 of the European Committee of Social Rights, 2006, S. 306.
1075 BVerwG 7.6.2000, NVwZ 2001, 810.
1076 *Niedobitek*, ZBR 2010, 361, 367.
1077 Conclusions XVIII-1 of the European Committee of Social Rights, 2006, S. 306.
1078 So auch *Lörcher*, ArbuR 2009, 229, 233, Fn. 43.

päischen Ausschusses für Soziale Rechte – trotz des förmlichen Vorbehalts der Bundesrepublik Deutschland hinsichtlich des Art. 6 Nr. 2 und 4 ESC vom 28.9.1961 – gegen Art. 6 Nr. 4 ESC.[1079] Fraglich ist deshalb, inwieweit die Aussagen des Europäischen Ausschusses für Soziale Rechte für die Interpretation des innerstaatlichen Rechts als bindend anzusehen sind und somit, ob die Gerichte bei der Berücksichtigung der Vorgaben der ESC an das Verständnis des Ausschusses gebunden sind.[1080] Wäre das nicht der Fall, könnten die Gerichte die ESC möglicherweise nämlich auch so auslegen, dass sie nicht für Beamte gelten würde oder ein statusbezogenes Streikverbot für Beamte mit der ESC vereinbar wäre.

Diese Freiheit steht den Gerichten allerdings nicht zu, denn ein völkerrechtliches Menschenrechtsinstrument wie die ESC kann nicht von allen Vertragsstaaten je nach ihrem eigenen Recht unterschiedlich ausgelegt werden, da dies dem Zweck von übernationalen Menschenrechten widersprechen würde.[1081] Sobald somit eine Institution mit Interpretationskompetenz Aussagen über den Inhalt der garantieren Rechte der ESC trifft, sind diese grundsätzlich daher auch für die nationalen Gerichte bindend.

Als eine solche Institution mit Interpretationskompetenz ist der Europäischen Ausschuss für Soziale Rechte auch anzusehen. Der Ausschuss ist nämlich durch das „Turiner Änderungsprotokoll" von 1991[1082] für die rechtliche Beurteilung der Vereinbarkeit mit der ESC und damit zwingend auch für die Interpretation zuständig gemacht worden.[1083] Zwar ist dieses Änderungsprotokoll noch nicht förmlich in Kraft getreten, da es unter anderem von der Bundesrepublik Deutschland nicht ratifiziert worden ist, jedoch wird es dennoch in allen Bestimmungen angewandt, die nicht dem bisherigen Wortlaut der ESC widersprechen.[1084]

1079 S. dazu bereits H.II.1.c)bb).

1080 Die grundsätzliche Pflicht zur Berücksichtigung der Vorgaben der ESC ergibt sich aus der Völkerrechtsfreundlichkeit der Verfassung (vgl. Präambel und Art. 1 Abs. 2, 24, 25 und 26 GG).

1081 ArbkR/*Lörcher*, § 10, Rn. 27.

1082 Deutsche Übersetzung abrufbar unter: http://www.coe.int/fr/web/conventions/full-list/-/conventions/rms/090000168007bd3b.

1083 Vgl. Art. 24 Abs. 2 ESC in der durch Art. 2 des Turiner Protokolls geänderten Fassung; ArbkR/*Lörcher*, § 10, Rn. 27.

1084 ArbkR/*Lörcher*, § 10, Rn. 27, Fn. 26.

Die dem Ausschuss durch das „Turiner Änderungsprotokoll" von 1991 zugewiesene Interpretationskompetenz steht ihm dabei auch allein zu[1085] und wurde durch das kollektive Beschwerdeprotokoll von 1995[1086] sogar noch verstärkt, da seit dem in einem gerichtsähnlichen Verfahren Kollektivbeschwerden bei ihm eingereicht werden können und der Ausschuss auch insoweit die Interpretationshoheit über die ESC erhalten hat.[1087]

Hinzu kommt, dass auch der EGMR der Interpretation des Europäischen Ausschusses für Soziale Rechte eine maßgebliche Bedeutung beimisst, indem er selbst zur Auslegung der EMRK auf die Spruchpraxis des Ausschusses verweist und das sogar selbst dann, wenn die entsprechende Bestimmung vom beklagten Staat nicht anerkannt worden ist.[1088]

Zu guter Letzt untermauert auch eine gegenüber der Bundesrepublik Deutschland ausgesprochene Empfehlung des Ministerkomitees (Art. 29 ESC), welche die weitestgehende Reaktion gegenüber einem Vertragsstaat bei Verstößen gegen Bestimmungen aus der ESC ist,[1089] die innerstaatliche Bedeutung der Auslegung der ESC durch den Europäischen Ausschuss für Soziale Rechte. Dort wurde der Bundesregierung – unter anderem unter Bezugnahme auf die Kritik des Europäischen Ausschusses für Soziale Rechte – empfohlen, „in angemessener Weise die negative Schlussfolgerung

1085 Nach Art. 24 Abs. 2 ESC in der durch Art. 2 des Turiner Protokolls geänderten Fassung beurteilt der Ausschuss „aus rechtlicher Sicht die Übereinstimmung des innerstaatlichen Rechts und der innerstaatlichen Praxis mit den Verpflichtungen der betreffenden Vertragsparteien aus der Charta". Die Aufgabe des Regierungsausschusses beschränkt sich hingegen im Wesentlichen auf die Auswahl eventueller Fälle für eine Empfehlung des Ministerkomitees „nach sozial- und wirtschaftspolitischen sowie anderen politischen Gesichtspunkten" (vgl. Art. 27 Abs. 3 S. 2 ESC in der durch Art. 4 des Turiner Protokolls geänderten Fassung). Da diese Funktionstrennung dem bisherigen Wortlaut der ESC nicht widerspricht, besteht also (zumindest in der Praxis) die alleinige Interpretationskompetenz des Europäischen Ausschusses für Soziale Rechte. So überzeugend ArbkR/*Lörcher*, § 10, Rn. 27, Fn. 27.

1086 Deutsche Übersetzung abrufbar unter: http://www.coe.int/fr/web/conventions/full-list/-/conventions/rms/090000168007cdc4; dass die Bundesrepublik Deutschland dieses Protokoll noch nicht ratifiziert hat, ist für die objektive Funktion des Ausschusses unerheblich.

1087 ArbkR/*Lörcher*, § 10, Rn. 27.

1088 Vgl. dazu F.I.3.b); zur Entscheidung insgesamt EGMR 12.11.2008, NZA 2010, 1425 – *Demir und Baykara/Türkei*; ArbkR/*Lörcher*, § 10, Rn. 27.

1089 ArbkR/*Lörcher*, § 10, Rn. 28.

des Ausschusses … zu berücksichtigen".[1090] Obwohl die Bundesregierung trotz dieser Empfehlung keinen Handlungsbedarf sieht,[1091] wird durch diese Formulierung mehr als deutlich, dass auch das Ministerkomitee die Auslegung des Europäischen Ausschusses für Soziale Rechte für die Bundesrepublik Deutschland für verbindlich erachtet. Eine vom Verständnis des Europäischen Ausschusses für Soziale Rechte abweichende Auslegung des Art. 6 Nr. 4 ESC kann man den Gerichten daher allenfalls bei Vorliegen eines triftigen Grundes zugestehen.[1092] Ein solcher triftiger Grund für eine abweichende Auslegung des Art. 6 Nr. 4 ESC durch die Gerichte ist jedoch nicht ersichtlich. Daher sind die Gerichte an die Auslegung des Europäischen Ausschusses für Soziale Rechte in dieser Sache gebunden und müssen das statusbezogene Streikverbot für Beamte – zu Recht – als unvereinbar mit Art. 6 Nr. 4 ESC ansehen.

dd) Zwischenergebnis

Das in der Bundesrepublik Deutschland geltende Streikverbot für Beamte verstößt somit auch gegen Art. 6 Nr. 4 ESC. Eine mit Art. 6 Nr. 4 ESC vereinbare Rechtslage könnte in Deutschland aber über die Einführung eines funktionsbezogenen Streikverbots für Beamte erreicht werden, da die bisherigen Aussagen des Europäischen Ausschusses für Soziale Rechte den Schluss zulassen, dass der Ausschuss ein solches funktionsbezogenes Streikverbot durchaus für mit Art. 6 Nr. 4 ESC vereinbar halten könnte. Ein solches Streikverbot kann in der Bundesrepublik Deutschland am effektivsten über die bereits vorgestellte Lösung – die Einführung eines funktionsbezogenen Streikverbots für Beamte durch eine Änderung der Verbeamtungspraxis in Verbindung mit einer konventionskonformen Auslegung der deutschen Rechtslage durch die Gerichte[1093] – eingeführt werden.

Die Einführung eines funktionsbezogenen Streikverbots mittels einer konventionskonformen Auslegung der deutschen Rechtslage durch die Gerichte wäre in diesem Fall auch mit Art. 31 Abs. 1 ESC vereinbar, da die Gerichte die sich aus den Aussagen des Europäischen Ausschusses für Soziale Rechte ergebende Beschränkung des Streikrechts lediglich in nationales Recht *umsetzen* und nicht selbst eine Beschränkung des von Art. 6 Nr. 4 ESC garantierten Streikrechts *bestimmen* würden.[1094]

1090 Deutsche Übersetzung der Empfehlung zur Anwendung der Europäischen Sozialcharta durch Deutschland während des Zeitraums von 1993–1994 (13. Kontrollzyklus Teil IV), beschlossen vom Ministerkomitee am 3.2.1998, unter ArbuR 1998, 156.

1091 Vgl. BT-Drucks. 13/11415, S. 18 f.

1092 Vgl. ArbkR/*Lörcher*, § 10, Rn. 27; *Bepler*, FS-Wissmann, S. 97, 107 m. w. N.

1093 Vgl. zu den verschiedenen Lösungsansätzen zur Einführung eines funktionsbezogenen Streikverbots für Beamte bereits unter H.II.1.a)cc).

1094 Vgl. dazu H.II.1.c)bb).

d) *Verstoß des Streikverbots gegen Normen der UNO*

In Betracht kommt auch ein Verstoß des in der Bundesrepublik Deutschland geltenden statusbezogenen Streikverbots für Beamte gegen Art. 8 des internationalen Pakts über wirtschaftliche, soziale und kulturelle Rechte (UN-Sozialpakt) und darüber hinaus gegen Art. 22 des internationalen Pakts über bürgerliche und politische Rechte (UN-Zivilpakt).

aa) *Verstoß des Streikverbots gegen Art. 8 UN-Sozialpakt*

In Bezug auf den UN-Sozialpakt ist zunächst festzuhalten, dass dieser das Streikrecht in Art. 8 Abs. 1 lit. d ausdrücklich anerkennt[1095] und die Bundesrepublik Deutschland den UN-Sozialpakt ratifiziert hat.[1096] Der Inhalt und die Grenzen des im UN-Sozialpakt garantierten Streikrechts bleiben – jedenfalls vom Wortlaut ausgehend – allerdings weitestgehend unklar.[1097] So ergibt sich aus Art. 8 Abs. 2 des UN-Sozialpakts lediglich, dass das Streikrecht für Angehörige der Streitkräfte, der Polizei oder der öffentlichen Verwaltung rechtlichen Einschränkungen unterworfen werden kann. Neben dem Wortlaut lässt sich zur Konkretisierung des von Art. 8 Abs. 1 lit. d des UN-Sozialpakts garantierten Streikrechts aber auch noch die Spruchpraxis des UN-Sozialpaktausschusses, welcher für die Auslegung und Anwendung des UN-Sozialpakts zuständig ist, heranziehen.[1098] Zur Beantwortung der Frage, ob das in der Bundesrepublik Deutschland geltende statusbezogene Streikverbot für Beamte gegen Art. 8 Abs. 1 lit. d des UN-Sozialpakts verstößt, sind somit Art. 8 Abs. 2 des UN-Sozialpakts und die Spruchpraxis des UN-Sozialpaktausschusses zu berücksichtigen.

Im Hinblick auf die Spruchpraxis des UN-Sozialpaktausschusses ist dabei zunächst festzustellen, dass der UN-Sozialpaktausschuss – trotz der in Art. 8 Abs. 2 des UN-Sozialpakts vorgesehenen Einschränkungsmöglichkeit – bereits Ende 1998 in dem in der Bundesrepublik Deutschland geltenden statusbezogenen Streikverbot für Beamte eine Verletzung des Art. 8 Abs. 1 lit. d des UN-Sozialpakts sah und deshalb empfahl, dass Beamten, welche nicht mit unverzichtbaren Diens-

1095 Art. 8 Abs. 1 lit. d des UN-Sozialpakts lautet: „Die Vertragsstaaten verpflichten sich, folgende Rechte zu gewährleisten: [...] d) das Streikrecht, soweit es in Übereinstimmung mit der innerstaatlichen Rechtsordnung ausgeübt wird.".

1096 BGBl. 1973 II, S. 1569.

1097 Vgl. auch *Jeschke*, S. 77.

1098 ArbkR/*Lörcher*, § 10, Rn. 54 ff.

ten betraut sind, das Streikrecht zugestanden werden sollte.[1099] Diesen Standpunkt behielt der Ausschuss – unter Bezugnahme auf die gleichlautende Kritik des ILO-Sachverständigenausschusses und des Menschenrechtsausschusses – auch in seinen abschließenden Bemerkungen aus dem Jahre 2001 bei und lehnte dort sogar ausdrücklich die das Streikverbot rechtfertigen sollende Argumentation der Bundesregierung aus dem vierten Staatenbericht ab, wonach ein Beamtenstreikrecht unvereinbar mit der Treuepflicht sei und dem Zweck des Berufsbeamtentums widersprechen würde.[1100] Diese ausdrückliche Ablehnung der Argumentation der Bundesregierung durch den Ausschuss ist vor allem deshalb bemerkenswert, weil der Ausschuss bei seinen sonstigen geäußerten Kritikpunkten nicht auf das jeweilige Vorbringen der Bundesregierung eingeht.[1101] Indem der Ausschuss die Argumentation der Bundesregierung somit ausnahmsweise explizit ablehnt, stellt der Ausschuss klar, dass er die Argumentation der Bundesregierung nicht teilt.

Diese ablehnende Haltung gegenüber der Argumentation der Bundesregierung begründet der UN-Sozialpaktausschuss damit, dass sich die mit dem statusbezogenen Beamtenstreikverbot einhergehende weitreichende Einschränkung des Streikrechts nicht auf Art. 8 Abs. 2 des UN-Sozialpakts stützen lasse, da der Begriff der öffentlichen Verwaltung restriktiv verstanden werden müsse. Indem der Ausschuss hierzu vergleichend unter anderem auf den ILO-Sachverständigenausschuss und dessen Auslegung des ILO-Übereinkommens Nr. 98 verweist und der UN-Sozialpaktausschuss bereits vorher Bezug auf die Kritik des ILO-Sachverständigen-

---

1099 Concluding observations of the Committee on Economic, Social and Cultural Rights: Germany. 04/12/98. E/C.12/1/Add.29, Abs. 19 und 31. Dort heißt es: „The Committee notes that, with few exceptions civil servants in Germany do not enjoy the right to strike, which constitutes a violation of article 8.2 of the Covenant. […] The Committee recommends that civil servants not involved in essential services be accorded the right to strike.“.

1100 Concluding observations of the Committee on Economic, Social and Cultural Rights: Germany. 24/09/01. E/C.12/1/Add.68, Abs. 22. Dort heißt es: „The Committee reiterates its concern, in line with the Human Rights Committee and the ILO Committee of Experts, that the prohibition by the State party of strikes by public servants other than public officials who do not provide essential services, such as judges, so-called Beamte and teachers, constitutes a restriction of the activities of trade unions that is beyond the scope of article 8 (2) of the Covenant. The Committee disagrees with the State party's statement that ‚a strike would be incompatible with this duty of loyalty and would run counter to the purpose of a professional civil service' (E/C.12/4/Add.3, para. 82), as this interpretation of ‚the administration of the State' mentioned in article 8 (2) of the Covenant exceeds the more restrictive interpretations by the Committee, the ILO (Convention No. 98) and the European Court of Justice.“.

1101 So auch *Lörcher*, ArbuR 2009, 229, 238.

und Menschenrechtsausschusses an dem in der Bundesrepublik Deutschland geltenden Streikverbot für Beamte genommen hat, wird deutlich, dass er den Begriff der öffentlichen Verwaltung aus Art. 8 Abs. 2 des UN-Sozialpakts nicht nur restriktiv, sondern genauso auslegen will, wie der ILO-Sachverständigen- und Menschenrechtsausschuss die vergleichbaren Begriffe („öffentliche Beamte" im ILO-Übereinkommen Nr. 98; „Staatsverwaltung" in Art. 11 Abs. 2 EMRK) in ihren völkerrechtlichen Verträgen. Da Einschränkungen des Streikrechts dort allenfalls für Beamte, die hoheitliche Tätigkeiten ausüben,[1102] möglich sind, wird man die Äußerungen des UN-Sozialpaktausschusses so verstehen müssen, dass auch nach Art. 8 Abs. 2 des UN-Sozialpakts nur solche Beamte einem Streikverbot unterworfen werden dürfen, die hoheitlich tätig sind. Da das in der Bundesrepublik Deutschland geltende Streikverbot jedoch nicht nur für hoheitlich tätige Beamte, sondern für alle Beamten gilt, lässt sich das in der Bundesrepublik Deutschland geltende statusbezogene Streikverbot für Beamte nach Ansicht des UN-Sozialpaktausschusses folglich nicht nach Art. 8 Abs. 2 des UN-Sozialpakts rechtfertigen.

Trotz dieser Ansicht des UN-Sozialpaktausschusses beharrt die Bundesregierung allerdings auf ihrer Meinung, dass ein statusbezogenes Streikverbot für Beamte durch Art. 8 Abs. 2 des UN-Sozialpakts gerechtfertigt sei. So vertritt sie in ihrer Antwort im 5. Staatenbericht nach wie vor die Meinung, dass Art. 8 Abs. 2 des UN-Sozialpakts ein statusbezogenes Beamtenstreikverbot als Einschränkung des „Streikrechts für den öffentlichen Dienst ausdrücklich" zulassen würde.[1103] Wäre das nicht der Fall, hätte die Bundesregierung bei der Ratifizierung des Pakts diesbezüglich nämlich eine Vorbehaltserklärung abgegeben, wie sie es bei der Ratifizierung der ESC des Europarats getan hat.[1104]

Diese Argumentation der Bundesregierung kann allerdings bereits aufgrund ihres hypothetischen Charakters nicht überzeugen.[1105] Ferner schreibt sich die Bundesregierung mit dieser Argumentation im Ergebnis selbst die Auslegungskompetenz zu, was dem Sinn von allgemein gültigen internationalen Menschenrechten – der Schaffung von international einheitlichen Standards – zuwider laufen würde.[1106] Hinzu kommt, dass die Bundesregierung argumentiert, dass Art. 8 Abs. 2 des UN-Sozialpakts ein statusbezogenes Beamtenstreikverbot als Einschränkung

1102 Vgl. hierzu bereits ausführlich H.II.1.a) und H.II.1.b).

1103 Vgl. 5. Staatenbericht der Bundesrepublik Deutschland nach Artikel 16 und 17 des Internationalen Pakts über wirtschaftliche, soziale und kulturelle Rechte, 2008, E/C.12/DEU/5, S. 47 f.

1104 Vgl. zur Erklärung im Rahmen der ESC-Ratifizierung bereits unter H.II.1.c)bb).

1105 So auch *Lörcher*, ArbuR 2009, 229, 238.

1106 So auch *Lörcher*, ArbuR 2009, 229, 238.

des „Streikrechts für den öffentlichen Dienst" zulassen würde, der UN-Sozialpakt in Art. 8 Abs. 2 jedoch von der „öffentlichen Verwaltung" spricht. Damit bezieht der wirkliche Wortlaut des Art. 8 Abs. 2 des UN-Sozialpakts einen deutlich engeren Personenkreis ein, als es die Bundesregierung mit dem weitreichenden Begriff des „öffentlichen Dienstes" in ihrer Argumentation suggeriert.[1107] Außerdem spricht gegen die Argumentation der Bundesregierung, dass die Zulassung von „Einschränkungen" durch Art. 8 Abs. 2 des UN-Sozialpakts nicht gleichzusetzen ist mit der Zulassung eines generellen Verbots des Beamtenstreiks. Vielmehr müssen alle Ausnahmen auf ihre jeweilige Rechtfertigung überprüft werden.[1108]

So sieht es im Ergebnis auch der UN-Sozialpaktausschuss. Dieser wiederholt nämlich in seiner abschließenden Bemerkung aus dem Jahre 2011 erneut die Ansicht, dass das in der Bundesrepublik Deutschland geltende statusbezogene Streikverbot für Beamte über die nach Art. 8 Abs. 2 des Pakts zulässigen Einschränkungen hinausgeht.[1109] Darüber hinaus legt der Ausschuss der Bundesrepublik Deutschland nach wie vor nahe, Maßnahmen zu treffen, um sicherzustellen, dass Angehörige des öffentlichen Dienstes, die keine unverzichtbaren Dienste erbringen, ihr Streikrecht in Übereinstimmung mit Art. 8 des UN-Sozialpakts und dem ILO-Übereinkommen Nr. 87 in Anspruch nehmen können.[1110] Zwar bezieht der Ausschuss sich nun auf das ILO-Übereinkommen Nr. 87 statt auf das ILO-Übereinkommen Nr. 98, jedoch kann auch dort das Streikrecht bloß für hoheitlich tätige Beamte eingeschränkt werden.[1111] Trotz der geänderten Bezugnahme wird man die Aussagen des Ausschusses daher so verstehen müssen, dass weiterhin ein Streikverbot allenfalls für hoheitlich tätige Beamte mit Art. 8 Abs. 1 lit. d des UN-Sozialpakts vereinbar ist. Da das in der Bundesrepublik Deutsch-

---

1107 Vgl. dazu auch *Lörcher*, ArbuR 2009, 229, 238.

1108 So überzeugend *Lörcher*, ArbuR 2009, 229, 238.

1109 Concluding observations of the Committee on Economic, Social and Cultural Rights: Germany. 12/07/11. E/C.12/DEU/CO/5, Abs. 20. Dort heißt es: "The Committee reiterates its concern, as in 2001, that the prohibition by the State party of strikes by public servants other than those who provide essential services constitutes a restriction of the activities of trade unions that is beyond the purview of the restrictions allowed under article 8 (2) of the Covenant (art. 8).".

1110 Concluding observations of the Committee on Economic, Social and Cultural Rights: Germany. 12/07/11. E/C.12/DEU/CO/5, Abs. 20. Dort heißt es: "The Committee once again urges the State party to take measures to ensure that public officials who do not provide essential services are entitled to their right to strike in accordance with article 8 of the Covenant and ILO Convention No. 87 concerning Freedom of Association and Protection of the Right to Organise (1948).".

1111 Vgl. dazu bereits ausführlich unter H.II.1.b)aa)(1)(b).

land geltende Streikverbot jedoch nicht nur für hoheitlich tätige Beamte, sondern für alle Beamten gilt, ist das in der Bundesrepublik Deutschland geltende statusbezogene Streikverbot für Beamte folglich nach der Auslegung des UN-Sozialpaktausschusses unvereinbar mit Art. 8 Abs. 1 lit. d des UN-Sozialpakts.

Weil der direkte und unmittelbar anwendbare UN-Sozialpakt[1112] von der Bundesrepublik Deutschland ratifiziert wurde,[1113] ist er Teil des einfachen innerstaatlichen Rechts geworden und wirkt somit – genau wie die ILO-Übereinkommen Nr. 87 und 98 – jedenfalls über die völkerrechtsfreundliche Auslegung des Grundgesetzes auf Art. 33 Abs. 4 und 5 GG ein.[1114] Somit ist auch der UN-Sozialpakt bei der Auslegung des Art. 33 Abs. 4 und 5 GG von den Gerichten zu berücksichtigen. Im Rahmen dieser Berücksichtigungspflicht sind die Gerichte dabei an die oben dargestellte Auslegung des Art. 8 Abs. 1 lit. d des UN-Sozialpakts durch den UN-Sozialpaktausschuss gebunden, da sie grundsätzlich von der Auslegung des UN-Sozialpaktausschusses nur wegen eines triftigen Grundes abweichen dürfen[1115] und ein solcher triftiger Grund hier nicht ersichtlich ist. Im Ergebnis sind die Gerichte somit auch aufgrund von Art. 8 Abs. 1 lit. d des UN-Sozialpakts gehalten, das in der Bundesrepublik Deutschland geltende statusbezogene Streikverbot für Beamte für rechtswidrig zu erachten.

bb) Verstoß des Streikverbots gegen Art. 22 UN-Zivilpakt

Neben dem eben gezeigten Verstoß gegen Art. 8 des UN-Sozialpakts kommt auch ein Verstoß des in der Bundesrepublik Deutschland geltenden statusbezogenen Streikverbots für Beamte gegen Art. 22 des UN-Zivilpakts in Betracht. Genau wie der UN-Sozialpakt wurde nämlich auch der UN-Zivilpakt von der Bundesrepublik Deutschland ratifiziert[1116] und ist somit Teil des innerstaatlichen Rechts im Range einfacher bundesgesetzlicher Vorschriften.[1117] Somit ist der UN-Zivilpakt für die Bundesrepublik Deutschland verbindlich.[1118]

1112 Vgl. CESCR General comment No. 9, The domestic application of the Covenant, 03/12/98, E/C.12/1998/24, Abs. 4. Dort heißt es: "In general, legally binding international human rights standards should operate directly and immediately within the domestic legal system of each State party, thereby enabling individuals to seek enforcement of their rights before national courts and tribunals.".

1113 BGBl. 1973 II, S. 1569.

1114 Vgl. dazu die Ausführungen zum ILO-Übereinkommen Nr. 87 unter H.II.1.b)aa)(2) bzw. ILO-Übereinkommen Nr. 98 unter H.II.1.b)bb).

1115 ArbkR/*Lörcher*, § 10, Rn. 56; vgl. insoweit auch die Ausführungen unter H.II.1.b)aa)(2).

1116 BGBl. 1973 II, S. 1533.

1117 Vgl. BVerwG 22.4.1977, PersV 1978, 354, 362.

1118 ArbkR/*Lörcher*, § 10, Rn. 61.

Allerdings garantiert Art. 22 des UN-Zivilpakts dem Wortlaut nach kein Streikrecht, sondern nur allgemein das Recht auf Koalitionsfreiheit.[1119] Dieser Wortlaut hatte den UN-Menschenrechtsausschuss in einer Zulässigkeitsentscheidung im Jahre 1986 dazu veranlasst, festzustellen, dass der UN-Zivilpakt das Streikrecht nicht garantieren würde. Als Begründung führte der Ausschuss dabei unter anderem die Entstehungsgeschichte des Art. 22 des UN-Zivilpakts an.[1120] So sei in dem ursprünglich geplanten einheitlichen Entwurf eines Menschenrechtspakts mit 73 Artikeln, welcher im Entwurfsartikel 16 das Recht auf Vereinigungsfreiheit garantierte und im Entwurfsartikel 27 das Recht gewährleistete, Gewerkschaften zu bilden und ihnen beizutreten, eine Gewährleistung des Streikrechts nicht vorgesehen gewesen. Zwar sei im Rahmen der Erörterungen dieser Entwurfsartikel durch die Menschenrechtskommission im Jahre 1952 ein Abänderungsantrag zum Entwurfsartikel 27 gestellt worden, der die Einführung eines Streikrechts vorsah; allerdings sei dieser Antrag abgelehnt worden. Ein Vorschlag oder Antrag das Streikrecht in den Entwurfsartikel 16 einzufügen, sei erst gar nicht unterbreitet bzw. gestellt worden.

Auch im Rahmen der später durchgeführten Aufspaltung des einheitlichen Entwurfs des Menschenrechtspakts in den UN-Sozialpakt und den UN-Zivilpakt sei eine ausdrückliche Streikgarantie im Zusammenhang mit dem UN-Zivilpakt nie diskutiert worden. Bei der Erörterung der beiden Paketentwürfe durch den Dritten Ausschuss der Generalversammlung sei zwar der Entwurfsartikel 8 des UN-Sozialpakts (bei dem es sich um den ehemaligen Entwurfsartikel 27 handelte) erst nach Einfügen einer ausdrücklichen Streikrechtsgarantie angenommen worden. Bezüglich des Entwurfs des UN-Zivilpakts sei jedoch kein ähnlicher Änderungsantrag vorgelegt oder diskutiert worden. Da somit weder bezüglich des Entwurfsartikels 16, der später als Art. 22 dem UN-Zivilpakt zugeschlagen wurde, noch bezüglich des gesamten UN-Zivilpakts bei der Aufspaltung des Menschenrechtspaketentwurfs die Aufnahme einer Streikgarantie diskutiert wurde, sprach die Entstehungsgeschichte nach Ansicht des UN-Menschenrechtsausschusses gegen die Annahme, dass der Art. 22 des UN-Zivilpakts ein Streikrecht gewährleistet.

Neben der Entstehungsgeschichte des UN-Zivilpakts sprach für den UN-Menschenrechtsausschuss darüber hinaus auch ein Vergleich zwischen dem UN-Zivil- und dem UN-Sozialpakt gegen die Gewährleistung des Streikrechts durch

1119 Art. 22 Abs. 1 des UN-Zivilpakts lautet: „Jedermann hat das Recht, sich frei mit anderen zusammenzuschließen sowie zum Schutz seiner Interessen Gewerkschaften zu bilden und ihnen beizutreten.“.

1120 UN-Menschenrechtsausschuss-Entscheidung vom 18.7.1986, Mitteilung Nr. 118/1982 – Ziff. 6.4, EuGRZ 1987, 47, 50 f.

Art. 22 des UN-Zivilpakts.[1121] Mit Blick auf den UN-Sozialpakt stellte der UN-Menschenrechtsausschuss nämlich fest, dass dessen Art. 8 das Streikrecht explizit zusätzlich zu dem Recht, Gewerkschaften zu bilden und ihnen beizutreten, anerkenne und dass aus dieser gesonderten Aufzählung des Streikrechts folge, dass das Streikrecht kein impliziter Bestandteil des Rechts, Gewerkschaften zu bilden und ihnen beizutreten, sein könne. Wäre das Streikrecht nämlich ein impliziter Bestandteil des Rechts, Gewerkschaften zu bilden und ihnen beizutreten, wäre eine gesonderte Nennung des Streikrechts überflüssig. Auf Basis dieser Überlegung kam der UN-Menschenrechtsausschuss für Art. 22 des UN-Zivilpakts sodann zu dem Ergebnis, dass dieser das Streikrecht nicht garantieren würde, da dieser – anders als Art. 8 des UN-Sozialpakts – das Streikrecht nicht ausdrücklich neben dem Recht, Gewerkschaften zu bilden und ihnen beizutreten, nenne. Hätte das Streikrecht auch von Art. 22 des UN-Zivilpakts garantiert werden sollen, hätte dies nach Ansicht des Menschenrechtsausschusses vielmehr auch dort ausdrücklich erwähnt werden müssen, da es – wie der Art. 8 des UN-Sozialpakts belegen würde – kein impliziter Bestandteil des Rechts, Gewerkschaften zu bilden und ihnen beizutreten, sei.

Diese Ansicht des UN-Menschenrechtsausschusses war jedoch nicht unumstritten. So vertraten fünf Mitglieder des Ausschusses eine abweichende Meinung, indem sie das Streikrecht auch von Art. 22 des UN-Zivilpakts erfasst sahen, da es „unangebracht gewesen wäre, besondere Tätigkeiten wie das Führen eines Streiks“ dort explizit zu erwähnen.[1122] Diese Auffassung begründeten sie damit, dass Art. 22 das weit gespannte Recht der Vereinigungsfreiheit schützen würde, deren Ausübung die Vornahme bestimmter Tätigkeiten – wie etwa das Streiken – erlauben müsse, da das Recht der Vereinigungsfreiheit sonst leer laufen würde. Daher seien – neben dem Streikrecht – etwa auch das Recht, Versammlungen abzuhalten, oder das Recht, Tarifverhandlungen zu führen, nicht explizit genannt worden, vom Schutzbereich aber dennoch erfasst. Mit dieser Ansicht blieben sie jedoch in der Minderheit.

In Anbetracht der Tatsache, dass somit die Mehrheit des UN-Menschenrechtsausschusses die Ansicht vertrat, dass Art. 22 des UN-Zivilpakts das Streikrecht nicht gewährleistet, ist es erstaunlich, dass eben dieser Ausschuss Ende 1996 Bedenken gegenüber dem in der Bundesrepublik Deutschland geltenden Streikverbot für Beamte geäußert hat. So stellte der UN-Menschenrechtsausschuss fest, dass ein Streikverbot, welches auch für Beamte gilt, die keine Staatsgewalt ausüben und die nicht unverzichtbaren Tätigkeiten nachgehen, gegen Art. 22 des

1121 UN-Menschenrechtsausschuss-Entscheidung vom 18.7.1986, Mitteilung Nr. 118/1982 – Ziff. 6.4, EuGRZ 1987, 47, 51.

1122 Minderheitsvotum der Mitglieder *Higgins*, *Lallah*, *Mavrommatis*, *Opsahl* und *Wako*, EuGRZ 1987, 51 f.

UN-Zivilpakts verstoßen könnte.[1123] Zwar hat der UN-Menschenrechtsausschuss diese Aussage in Bezug auf die Bundesrepublik Deutschland in seinen bisher letzten abschließenden Bemerkungen nicht mehr wiederholt,[1124] dennoch lässt sich dieser Spruchpraxis entnehmen, dass er seine Ansicht stillschweigend geändert hat und nun – zumindest im Ergebnis dem damaligen Minderheitsvotum folgend – davon ausgeht, dass das Streikrecht von Art. 22 des UN-Zivilpakts umfasst ist.[1125] Dieser Meinungswandel des UN-Menschenrechtsausschusses ist auch zu begrüßen, denn um das mit der Koalitionsfreiheit grundsätzlich verfolgte Ziel – die Interessen der Arbeitnehmer zu fördern und zu verteidigen – effektiv erreichen zu können, ist das Streikrecht als Druckmittel zwingend erforderlich und sollte daher immer als Bestandteil des Rechts, Gewerkschaften zu bilden und ihnen beizutreten, angesehen werden.[1126]

Der besagten Spruchpraxis des UN-Menschenrechtsausschusses lässt sich – neben der Garantie des Streikrechts durch Art. 22 des UN-Zivilpakts – aber auch entnehmen, dass der Ausschuss dieses Streikrecht nicht für unbeschränkt gewährleistet erachtet. Der Ausschuss hielt nämlich nicht jedes Streikverbot für Beamte für unvereinbar mit Art. 22 des UN-Zivilpakts, sondern nur ein solches Streikverbot, welches *auch* für Beamte gilt, die keine Staatsgewalt ausüben (die mit anderen Worten also nicht hoheitlich tätig sind) und die nicht unverzichtbaren Tätigkeiten nachgehen. Im Umkehrschluss würde daher jedenfalls ein Streikverbot, welches *nur* für hoheitlich tätige Beamte gilt, die unverzichtbaren Tätigkeiten nachgehen, nach Ansicht des UN-Menschenrechtsausschusses noch mit Art. 22 des UN-Zivilpakts vereinbar sein. In Anbetracht der Tatsache, dass der UN-Sozialpaktausschuss ein Streikverbot für Beamte allerdings bereits dann mit Art. 8 des UN-Sozialpakts für vereinbar hält, wenn es nur für hoheitlich tätige Beamte gilt,[1127] und auch nach den sonstigen völkerrechtlichen Vorschriften ein Streikverbot für Beamte bereits dann zulässig ist, wenn es nur hoheitlich tätige

---

1123 Concluding Observations of the Human Rights Committee: Germany. 08/11/96. CCPR/C/79/Add.73, Abs. 18. Dort heißt es: „The Committee is concerned that there is an absolute ban on strikes by public servants who are not exercising authority in the name of the State and are not engaged in essential services, which may violate article 22 of the Covenant.".

1124 Concluding observations on the sixth periodic report of Germany, adopted by the Committee at its 106th session. 12/11/2012. CCPR/C/DEU/CO/6.

1125 So auch ArbkR/*Lörcher*, § 10, Rn. 63; wohl auch *Joseph/Castan*, Rn. 19.30.

1126 Vgl. insoweit etwa auch die unter H.II.1.b)aa)(1)(b) bereits dargestellte überzeugende Ansicht des ILO-Sachverständigenausschusses.

1127 S. dazu bereits H.II.1.d)aa).

Beamte erfasst,[1128] spricht viel dafür, dass sich der UN-Menschenrechtsausschuss dieser verbreiteten Rechtsansicht zum Zwecke der Vereinheitlichung der internationalen Rechtsstandards anschließen und in Zukunft ebenfalls bereits dann ein Streikverbot für Beamte mit Art. 22 des UN-Zivilpakts für vereinbar halten wird, wenn dieses nur für hoheitlich tätige Beamte gilt. Das bisher einmalige zusätzliche Abstellen auf die Ausübung unverzichtbarer Tätigkeiten ist daher als „Ausrutscher" zu beurteilen. Mithin wäre ein Streikverbot, welches nur für hoheitlich tätige Beamte gilt, mit Art. 22 des UN-Zivilpakts noch vereinbar. Da das in der Bundesrepublik Deutschland geltende Streikverbot allerdings nicht nur für hoheitlich tätige Beamte, sondern für alle Beamten gilt, ist das in der Bundesrepublik Deutschland geltende statusbezogene Streikverbot für Beamte folglich nach der Auslegung des UN-Menschenrechtsausschusses mit Art. 22 des UN-Zivilpakts unvereinbar.

Da der UN-Zivilpakt – genau wie der UN-Sozialpakt – Teil des innerstaatlichen Rechts geworden ist,[1129] wirkt er jedenfalls über die völkerrechtsfreundliche Auslegung des Grundgesetzes auf Art. 33 Abs. 4 und 5 GG ein und ist somit auch bei der Auslegung des Art. 33 Abs. 4 und 5 GG von den Gerichten zu berücksichtigen.[1130] Im Rahmen dieser Berücksichtigungspflicht sind die Gerichte dabei an die oben dargestellte Auslegung des Art. 22 des UN-Zivilpakts durch den UN-Menschenrechtsausschuss gebunden, da sie grundsätzlich von der Auslegung des UN-Menschenrechtsausschusses nur wegen eines triftigen Grundes abweichen dürfen[1131] und ein solcher triftiger Grund hier nicht ersichtlich ist. Zwar ist die Auffassung des UN-Menschenrechtsausschusses zum Art. 22 des UN-Zivilpakts nicht ganz so eindeutig, wie die Auffassung des UN-Sozialpaktausschusses zur Auslegung des Art. 8 des UN-Sozialpakts.[1132] Jedoch stellt allein diese Restunsicherheit keinen triftigen Grund zum Abweichen von der „vermuteten" Auslegung des UN-Menschenrechtsausschusses dar, weil sich – wie oben dargelegt worden ist – zumindest eine sehr starke Tendenz des UN-Menschenrechtsausschusses dahin gehend erkennen lässt, das in der Bundesrepublik Deutschland geltende statusbezogene Streikverbot mit Art. 22 des UN-Zivilpakts für unvereinbar zu halten. Im Ergebnis sind die Gerichte somit auch aufgrund von Art. 22 des UN-Zivilpakts gehalten, das in der Bundesrepublik Deutschland geltende statusbezogene Streikverbot für Beamte für rechtswidrig zu erachten.

1128 S. zur EMRK unter H.II.1.a)aa), zur ILO unter H.II.1.b), zur ESC unter H.II.1.c).
1129 S. dazu bereits am Anfang dieses Abschnitts (H.II.1.d)bb)).
1130 Vgl. dazu bereits die Ausführungen zum UN-Sozialpakt unter H.II.1.d)aa).
1131 Vgl. insoweit die Ausführungen unter H.II.1.b)aa)(2).
1132 S. dazu bereits ausführlich unter H.II.1.d)aa).

cc) Zwischenergebnis

Wie gezeigt worden ist, verstößt das in der Bundesrepublik Deutschland geltende statusbezogene Streikverbot für Beamte somit sowohl gegen Art. 8 des UN-Sozialpakts als auch gegen Art. 22 des UN-Zivilpakts.[1133] Mit diesen Vorschriften vereinbar wäre allerdings ein funktionsbezogenes Streikverbot, welches nur die hoheitlich tätigen Beamten erfasst. Zur Herstellung einer mit den Vorschriften der UNO konformen Rechtslage bietet sich somit auch hier die bereits vorgestellte Lösung – die Einführung eines funktionsbezogenen Streikverbots für Beamte durch eine Änderung der Verbeamtungspraxis in Verbindung mit einer konventionskonformen Auslegung der deutschen Rechtslage durch die Gerichte[1134] – an.

e) Zwischenergebnis

Somit verstößt das in der Bundesrepublik Deutschland geltende statusbezogene Streikverbot gegen Art. 11 EMRK, gegen die ILO-Übereinkommen Nr. 87 und 98, gegen Art. 6 Nr. 4 ESC, gegen Art. 8 des UN-Sozialpakts und gegen Art. 22 des UN-Zivilpakts. Allerdings kann die völkerrechtswidrige deutsche Rechtslage durch die Einführung eines funktionsbezogenen Streikverbots für hoheitlich tätige Beamte mittels der bereits vorgestellten Lösung – der Einführung eines funktionsbezogenen Streikverbots für Beamte durch eine Änderung der Verbeamtungspraxis in Verbindung mit einer konventionskonformen Auslegung der deutschen Rechtslage durch die Gerichte[1135] – in Einklang mit den eben genannten völkerrechtlichen Übereinkommen gebracht werden.

2. Europarecht

Nachdem gezeigt wurde, dass das in der Bundesrepublik Deutschland geltende statusbezogene Streikverbot für Beamte mit dem Völkerrecht unvereinbar ist,[1136] soll abschließend untersucht werden, ob auch das Europarecht ein (funktionsbezogenes) Streikrecht für Beamte vorschreibt und somit das in der Bundesrepublik Deutschland geltende statusbezogene Streikverbot für Beamte auch gegen das

1133 S. zu Art. 8 des UN-Sozialpakts bereits unter H.II.1.d)aa) und zu Art. 22 des UN-Zivilpakts bereits unter H.II.1.d)bb).

1134 Vgl. zu den verschiedenen Lösungsansätzen zur Einführung eines funktionsbezogenen Streikverbots für Beamte bereits unter H.II.1.a)cc).

1135 Vgl. zu den verschiedenen Lösungsansätzen zur Einführung eines funktionsbezogenen Streikverbots für Beamte bereits unter H.II.1.a)cc).

1136 Zur Unvereinbarkeit des Streikverbots für Beamte mit dem Völkerrecht s. bereits ausführlich unter H.II.1.

Europarecht verstößt. Dazu ist zu untersuchen, ob die EU-Verträge den Beamten ein Streikrecht einräumen oder sich ein solches Streikrecht möglicherweise aus EU-Sekundärrecht ergibt.

a) *Vertrag über die Arbeitsweise der Europäischen Union (AEUV)*

In Bezug auf den AEUV lässt sich zunächst festhalten, dass dieser Vertrag ausdrücklich kein Streikrecht garantiert. In Art. 153 Abs. 1–4 AEUV werden der EU jedoch umfangreiche Regelungskompetenzen zugeschrieben, sodass sich ein Streikrecht möglicherweise aus dem EU-Sekundärrecht, also aus Verordnungen oder Richtlinien, ergeben könnte. Allerdings ist die EU aufgrund von Art. 153 Abs. 5 AEUV vertragsrechtlich gehindert, im Bereich des Arbeitsentgelts, des Koalitionsrechts, des Streikrechts sowie des Aussperrungsrechts sekundäres Unionsrecht zu setzen. Somit ergibt sich ein Streikrecht weder aus dem AEUV selbst noch kann es durch EU-Sekundärrecht begründet werden. Entsprechendes gilt für ein Streikrecht speziell für Beamte. Somit verstößt das in der Bundesrepublik Deutschland geltende statusbezogene Streikverbot mangels gegenteiliger Vorgaben nicht gegen den AEUV.

b) *Vertrag über die Europäische Union (EUV)*

Im Hinblick auf den EUV ist ebenfalls zunächst festzustellen, dass sich aus diesem ausdrücklich kein Streikrecht ergibt, auch nicht für Beamte. Jedoch schreibt der Art. 6 Abs. 1 EUV die mit den EU-Verträgen gleichrangige Geltung der EU-Grundrechtecharta (EU-GrCharta) vor. Dort wird in Art. 28 EU-GrCharta das Streikrecht ausdrücklich gewährleistet. Somit könnte sich ein Streikrecht für Beamte aus Art. 6 Abs. 1 EUV in Verbindung mit Art. 28 EU-GrCharta ergeben.

Allerdings bindet Art. 28 EU-GrCharta stets bloß die Organe, Einrichtungen und sonstigen Stellen der EU. Für die Mitgliedstaaten sind die Vorgaben der EU-GrCharta hingegen „ausschließlich bei der Durchführung des Rechts der Union“ zu beachten (Art. 51 Abs. 1 EU-GrCharta). Nach allgemeiner Ansicht führen die Mitgliedstaaten dann Unionsrecht durch, wenn sie Verordnungen und ausnahmsweise unmittelbar anwendbare Richtlinien vollziehen oder nationales Recht durchführen, das der Umsetzung von Richtlinien dient.[1137] Die Mitgliedstaaten führen also Unionsrecht durch, wenn sie sekundäres Unionsrecht umsetzen. Folglich müssten die Mitgliedstaaten bei der Ausgestaltung des Streikrechts das in Art. 28 EU-GrCharta gewährleistete Streikrecht nur dann beachten,

---

1137 ArbkR/*Heuschmid*, § 11, Rn. 13; *Buchholtz*, S. 366; *Ludwig*, EuR 2011, 715, 719.

wenn die im jeweiligen Mitgliedstaat geltenden Regelungen zum Streikrecht der Umsetzung von sekundärem Unionsrecht dienen. Da der europäische Gesetzgeber, wie bereits dargelegt worden ist, jedoch nicht dazu befugt ist, sekundäres Unionsrecht im Bereich des Streikrechts zu setzen,[1138] können die Regelungen zum Streikrecht in den EU-Mitgliedstaaten bereits rein denklogisch nicht der Durchführung des Rechts der Union dienen.[1139] Denkbar wäre es allenfalls, dass die EU aus Art. 28 EU-GrCharta eine Regelungskompetenz für das Arbeitskampfrecht herleiten und somit diesbezüglich auf dieser Grundlage Verordnungen oder Richtlinien erlassen könnte. Eine solche Möglichkeit besteht für die EU jedoch nicht, denn sie besitzt nach dem Grundsatz der begrenzten Einzelermächtigung (Art. 5 Abs. 1 EUV) keine Regelungskompetenz für das Arbeitskampfrecht und die Charta dehnt gemäß Art. 51 Abs. 2 EU-GrCharta den Geltungsbereich des Unionsrechts nicht über die Zuständigkeiten der Union hinaus aus und begründet weder neue Zuständigkeiten noch neue Aufgaben für die Union, noch ändert sie die in den Verträgen festgelegten Zuständigkeiten und Aufgaben.[1140] Die originäre Kompetenz dafür, Regelungen zum Streikrecht zu treffen, verbleibt daher bei den Mitgliedstaaten selbst (vgl. Art. 4 Abs. 1 EUV). Somit dienen die Regelungen zum Streikrecht in den EU-Mitgliedstaaten nicht der Durchführung des Rechts der Union und folglich sind die Mitgliedstaaten bei der Ausgestaltung des Streikrechts nicht an Art. 28 EU-GrCharta gebunden.

Im Ergebnis sieht der EUV damit weder ausdrücklich ein Streikrecht vor, noch lässt sich dieses bindend für die Mitgliedstaaten aus Art. 6 Abs. 1 EUV in Verbindung mit Art. 28 EU-GrCharta entnehmen. Somit verstößt das in der Bundesrepublik Deutschland geltende statusbezogene Streikverbot mangels gegenteiliger Vorgaben weder gegen den EUV noch gegen die EU-GrCharta.

c) Zwischenergebnis

Die EU-Verträge garantieren somit weder selbst ein Streikrecht für Beamte noch räumen sie der EU die Kompetenz ein, das Streikrecht zu regeln, sodass sich ein Streikrecht für Beamte auch nicht aus EU-Sekundärrecht ergeben kann. Vielmehr obliegt allein den Mitgliedstaaten die Kompetenz, das Arbeitskampfrecht (und

---

1138 S. dazu H.II.2.a); *Buschmann*, FS-Kempen, S. 255, 264.

1139 So auch Calliess/Ruffert/*Krebber*, Art. 28 EU-GrCharta, Rn. 4; a. A. *Buchholtz*, S. 366, die eine Durchführung von Unionsrecht nicht für ausgeschlossen hält, da die EU auf Grundlage eines anderen Kompetenztitels das Streikrecht (am Rande) mitregeln könne.

1140 *Lindner*, DÖV 2011, 305, 309.

somit auch die Einführung eines Streikverbots für Beamte) zu regeln. Da die Mitgliedstaaten somit nach den europarechtlichen Vorgaben frei in der Gestaltung ihres Arbeitskampfrechts sind, verstößt das in der Bundesrepublik Deutschland geltende statusbezogene Streikverbot für Beamte nicht gegen Europarecht.

3. Ergebnis

Im Ergebnis verstößt das in der Bundesrepublik Deutschland geltende statusbezogene Streikverbot folglich gegen die EMRK, gegen die ILO-Übereinkommen Nr. 87 und 98, gegen die ESC, gegen den UN-Sozialpakt und gegen den UN-Zivilpakt, nicht aber gegen den AEUV und EUV. Wie bereits oben festgestellt worden ist,[1141] kann die völkerrechtswidrige deutsche Rechtslage allerdings durch die Einführung eines funktionsbezogenen Streikverbots für hoheitlich tätige Beamte mittels der bereits vorgestellten Lösung – der Einführung eines funktionsbezogenen Streikverbots für Beamte durch eine Änderung der Verbeamtungspraxis in Verbindung mit einer konventionskonformen Auslegung der deutschen Rechtslage durch die Gerichte[1142] – in Einklang mit den eben genannten Übereinkommen gebracht werden.

1141 S. bereits unter H.II.1.e).

1142 Vgl. zu den verschiedenen Lösungsansätzen zur Einführung eines funktionsbezogenen Streikverbots für Beamte bereits unter H.II.1.a)cc).

I. Fazit und Ausblick

Abschließend lässt sich festhalten, dass das in der Bundesrepublik Deutschland geltende statusbezogene Streikverbot für Beamte in seiner jetzigen Gestalt nicht aufrechterhalten werden kann. Zwar ist es unter alleiniger Berücksichtigung der deutschen Rechtslage überzeugend, den Beamten unter Hinweis auf das Erfordernis eines tariflichen Streikziels oder unter Hinweis auf eine sonst vorliegende Störung der Paritätsgrundlage das Streikrecht zu verwehren.[1143] Berücksichtigt man zur Beurteilung der Rechtmäßigkeit des in der Bundesrepublik Deutschland geltenden statusbezogenen Streikverbots für Beamte darüber hinaus jedoch auch die Vorgaben des Völkerrechts, ist das in der Bundesrepublik Deutschland geltende statusbezogene Streikverbot für Beamte rechtswidrig. Ein statusbezogenes Streikverbot verstößt nämlich gegen Art. 11 EMRK,[1144] gegen Art. 2 des ILO-Übereinkommens Nr. 87,[1145] gegen Art. 1 des ILO-Übereinkommens Nr. 98,[1146] gegen Art. 6 Nr. 4 ESC,[1147] gegen Art. 8 des UN-Sozialpakts[1148] und gegen Art. 22 des UN-Zivilpakts.[1149] Mit diesen völkerrechtlichen Vorgaben ist lediglich ein funktionsbezogenes Streikverbot vereinbar, welches nur die hoheitlich tätigen Beamten erfasst. Das funktionsbezogene Kriterium der „hoheitlichen Tätigkeit" ist dabei so zu verstehen, dass die Beamten nur dann hoheitlich tätig sind, wenn ihre Tätigkeit schwerpunktmäßig hoheitlich ist.[1150] Zwar folgt dieses Verständnis lediglich aus den Vorgaben der EMRK, jedoch lässt sich dieses Verständnis im Sinne der Rechtsklarheit und Kohärenzsicherung auch auf die übrigen völkerrechtlichen Übereinkommen übertragen, da diese zumindest keine einem solchen Verständnis widersprechenden Inhalte aufweisen. Zur Herstellung einer völkerrechtskonformen Rechtslage muss das in der Bundesrepublik Deutschland jahrzehntelang nahezu unstreitig geltende statusbezogene Streikverbot für Beamte[1151] somit dahin gehend modifiziert werden, dass es nur noch für (schwerpunktmäßig) hoheitlich tätige Beamte gilt.

1143 S. zur Vereinbarkeit des Streikverbots mit der nationalen Rechtslage unter H.I.
1144 S. dazu ausführlich H.II.1.a).
1145 S. dazu ausführlich H.II.1.b)aa).
1146 S. dazu ausführlich H.II.1.b)bb).
1147 S. dazu ausführlich H.II.1.c).
1148 S. dazu ausführlich H.II.1.d)aa).
1149 S. dazu ausführlich H.II.1.d)bb).
1150 S. dazu ausführlich H.II.1.a)aa)(2)(b)(bb).
1151 S. zur Historie des Streikverbots für Beamte E.

Angesichts der langjährigen Geltung des statusbezogenen Streikverbots für Beamte würde sich ein solches funktionsbezogenes Streikverbot für Beamte am effektivsten mittels einer Verfassungsänderung einführen lassen.[1152] Allerdings wird es zu einer solchen Verfassungsänderung aufgrund der tatsächlichen politischen Verhältnisse nicht kommen. Vor dem Hintergrund, dass der Gesetzgeber sich generell sträubt das Streikrecht gesetzlich zu regeln und für eine Verfassungsänderung die Zustimmung von zwei Dritteln der Mitglieder des Bundestages und zwei Dritteln der Stimmen des Bundesrates erforderlich ist, ist es nämlich nahezu ausgeschlossen, dass eine solche Maßnahme eine realistische Chance auf Umsetzung hat.

Wie diese Untersuchung gezeigt hat, kann das funktionsbezogene Streikverbot für Beamte allerdings auch sehr effektiv und praxistauglich über eine Kombination von zwei in der Literatur vorgeschlagenen Maßnahmen eingeführt werden.[1153] So lässt sich die Kollisionslage zwischen nationalen und völkerrechtlichen Vorgaben nämlich über die Einführung eines funktionsbezogenen Streikverbots für Beamte mittels einer Änderung der Verbeamtungspraxis in Verbindung mit einer völkerrechtskonformen Auslegung der deutschen Rechtslage durch die Gerichte lösen. Denn indem die Verbeamtungspraxis dahin gehend geändert wird, dass Beamte fortan nur noch für hoheitliche Tätigkeiten eingestellt werden, kommt das nach wie vor geltende statusbezogene Streikverbot – jedenfalls dann, wenn aufgrund der geänderten Verbeamtungspraxis nur noch hoheitlich tätige Beamte existieren – faktisch einem auf hoheitlich tätige Beamte beschränkten funktionsbezogenen Streikverbot gleich.[1154]

Solange es jedoch noch Bestandsbeamte gibt, die nicht hoheitlich tätig sind, können allein mit der Änderung der Verbeamtungspraxis die völkerrechtlichen Vorgaben nicht eingehalten werden. Die in der Übergangsphase noch existierenden Bestandsbeamten, die nicht hoheitlich tätig sind, würden nämlich trotz der Änderung der Verbeamtungspraxis dem Streikverbot unterliegen und das deutsche Recht würde somit weiterhin gegen die völkerrechtlichen Vorgaben verstoßen. Daher kann ein völkerrechtskonformer Zustand erst erreicht werden, wenn den nicht hoheitlich tätigen Bestandsbeamten von den Gerichten mittels völkerrechtskonformer Auslegung des Art. 33 Abs. 4 und 5 GG ein Streikrecht zuerkannt wird. Unter dieser Voraussetzung können die nicht hoheitlich tätigen Bestandsbeamten nämlich von ihrem nach den völkerrechtlichen Vorgaben zu-

1152 S. dazu ausführlich H.II.1.a)cc)(3)(c) und H.II.1.a)cc)(6).

1153 S. dazu ausführlich H.II.1.a)cc)(6).

1154 Zur Änderung der Verbeamtungspraxis s. H.II.1.a)cc)(4)(b).

stehenden Streikrecht Gebrauch machen, ohne dass sie aufgrund ihrer Streikteilnahme Disziplinarverfügungen fürchten müssen. Zwar wäre die Verwaltung nach wie vor verpflichtet, gegen die streikenden nicht hoheitlich tätigen Bestandsbeamten Disziplinarverfügungen zu erlassen.[1155] Gegen diese Disziplinarverfügungen könnten sich die streikenden nicht hoheitlich tätigen Bestandsbeamten aber erfolgreich gerichtlich zur Wehr setzen, da die gegen sie erlassenen Disziplinarverfügungen aufgrund des ihnen von den Gerichten mittels völkerrechtskonformer Auslegung des Art. 33 Abs. 4 und 5 GG zugesprochenen Streikrechts rechtswidrig wären.[1156] Damit würden die nicht hoheitlich tätigen Bestandsbeamten zwar „auf dem Papier" dem Streikverbot für Beamte unterfallen, im Ergebnis könnten sie sich – mangels drohender Konsequenzen – aber problemlos an Streiks beteiligen. Über diesen Weg wird den nicht hoheitlich tätigen Bestandsbeamten somit faktisch ein Streikrecht gewährt, was wiederum dazu führt, dass die völkerrechtlichen Vorgaben auch gegenwärtig erfüllt werden. Im Sinne schneller Ergebnisse ist hierbei bereits den Fachgerichten (und nicht erst dem BVerfG) die Möglichkeit zur völkerrechtskonformen Auslegung des Art. 33 Abs. 4 und 5 GG zuzugestehen, da die Fachgerichte – wie gezeigt worden ist – nicht uneingeschränkt nach § 31 BVerfGG an die bisher zu Art. 33 Abs. 4 und 5 GG ergangene Rechtsprechung des BVerfG gebunden sind.[1157] Dass die nicht hoheitlich tätigen Bestandsbeamten sich zur Garantie ihres Streikrechts dabei zunächst gegen die Disziplinarverfügung über den Rechtsweg wehren müssen, ist zwar unschön, muss aufgrund der Trägheit des Gesetzgebers aber hingenommen werden.[1158] Hier können die Gerichte durch eine einheitliche und klare Rechtsprechung den Beamten aber zumindest die Furcht vor der Rechtswegbeschreitung nehmen.

Hinzu kommt, dass diese Rechtswegbeschreitung nur in der Anfangszeit nötig sein wird. Hat sich in der Rechtsprechung die Abweisung der Disziplinarverfügung aufgrund einer Streikteilnahme von nicht hoheitlich tätigen Bestandsbeamten nämlich etabliert, führt dies wiederum dazu, dass aufgrund der gefestigten Rechtsprechung die Verwaltung die Disziplinarverfügungen nicht mehr zwingend erlassen muss, da eine Streikteilnahme von nicht hoheitlich tä-

---

1155 S. dazu ausführlich H.II.1.a)cc)(4)(a).

1156 Zur Möglichkeit der konventionskonformen Auslegung durch die Fachgerichte s. H. II.1.a)cc)(1).

1157 S. dazu ausführlich H.II.1.a)cc)(1)(b)(dd).

1158 Da die Anzahl der nicht hoheitlich tätigen Beamten wegen der Änderung der Verbeamtungspraxis mit der Zeit immer weiter abnehmen wird, wird der Gesetzgeber für diese stetig kleiner werdende Gruppe auch nicht gewillt sein, seine Trägheit im Hinblick auf die gesetzliche Ausgestaltung des Streikrechts aufzugeben.

tigen Bestandsbeamten dann in aller Regel keinen Verdacht einer Dienstpflichtverletzung mehr begründen wird. Eine solche „Unterlassung" des Erlasses der Disziplinarverfügung wäre auch mit der Bindung an Recht und Gesetz (Art. 20 Abs. 3 GG) vereinbar, da die Verwaltung sich für die Bestimmung eines Verdachts einer Dienstpflichtverletzung nun bloß an der deutschen Rechtsprechung orientiert, statt die Rechtsprechung des EGMR in deutsches Recht hereinzuinterpretieren, was die Kompetenz der Exekutive überschreiten würde.[1159]

Mit der hier vorgeschlagenen Lösung wären zudem auch die verfassungsrechtlichen Vorgaben gewahrt, denn damit ein Streik der nicht hoheitlich tätigen Bestandsbeamten durch ein legitimes Streikziel gerechtfertigt ist, wäre es ausreichend, dass der Streik unmittelbar auf die Gestaltung von Arbeitsbedingungen gerichtet ist. Eine solche Ausrichtung könnte etwa dadurch gewährleistet werden, dass die Beamten sich an Streiks für den Tarifvertrag für den Öffentlichen Dienst (TVöD) beteiligen, da ihre Besoldung in aller Regel an diesen gekoppelt ist.[1160] Dass eine solche Lösung grundsätzlich möglich ist, hat auch das BVerwG anerkannt, indem es feststellt, dass die Beamtenbesoldung in die Tarifverhandlungen für den öffentlichen Dienst einbezogen werden könne, ohne dass die Balance des beamtenrechtlichen Regelungsgefüges gefährdet wird.[1161]

Auch die gegen ein generelles Streikrecht für Beamte vorgebrachte Paritätsstörung bleibt bei dieser Lösung aus, da mit den nicht hoheitlich tätigen Bestandsbeamten lediglich eine vernachlässigbare und immer geringer werdende Anzahl der streikberechtigten Angehörigen des öffentlichen Dienstes über privilegierte Rechte verfügt und die – etwa bei Streiks für den TVöD – zusätzliche Streikteilnahme dieser stetig abnehmenden Beamtengruppe nicht dazu führt, dass das Kräfteverhältnis zu Ungunsten des Arbeitgebers bzw. des Dienstherrn verschoben wird.[1162]

Da eine Verfassungsänderung aus politischen Gründen nicht zu erwarten ist, ist im Ergebnis eine Kombination aus der Änderung der Verbeamtungspraxis und einer völkerrechtskonformen Auslegung des Art. 33 Abs. 4 und 5 GG durch die Fachgerichte somit am besten geeignet, um die Kollisionslage zwischen nationalen und völkerrechtlichen Vorgaben zu lösen. Über diesen Weg wird nämlich sowohl den völker- als auch den verfassungsrechtlichen Anforderungen Genüge getan, ohne dass der Gesetzgeber tätig werden muss. Positiver „Nebeneffekt" dieser Lösung ist, dass mit ihr die oftmals als ungerecht empfundene Situation beseitigt

1159 S. dazu bereits unter H.II.1.a)cc)(6).

1160 S. zu dieser Möglichkeit bereits unter H.II.1.a)cc)(6).

1161 BVerwG 27.2.2014, NZA 2014, 616, 622; s. zur Entscheidung bereits ausführlich unter F.X.

1162 S. zu alledem ausführlich unter H.II.1.a)cc)(6).

wird, dass, selbst wenn Beamte und Angestellte des öffentlichen Dienstes die gleiche Tätigkeit ausüben, den Beamten ein Streik untersagt ist, die Angestellten des öffentlichen Dienstes jedoch streiken dürfen. Zum einen wird durch die Änderung der Verbeamtungspraxis nämlich zukünftig verhindert, dass Beamte und Angestellte des öffentlichen Dienstes die gleichen Tätigkeiten ausüben und zum anderen wird durch die völkerrechtskonforme Auslegung des Art. 33 Abs. 4 und 5 GG durch die Fachgerichte gewährleistet, dass alle Bestandsbeamten, die – genau wie die Angestellten des öffentlichen Dienstes – nicht hoheitlich tätig sind, streiken dürfen.[1163]

Offen bleibt bei der hier vorgeschlagenen Lösung zur Einführung eines funktionsbezogenen Streikverbots für Beamte lediglich die jeweils im Einzelfall zu klärende Frage, wann genau die jeweiligen Beamten hoheitlich tätig sind und wann nicht. Hier wird die Rechtsprechung nicht umhin kommen, Anforderungskataloge aufzustellen, anhand derer sich im Einzelfall ermitteln lässt, ob schwerpunktmäßig hoheitlich gehandelt wird.[1164] Grundsätzlich kann diese Frage aber immer bejaht werden, wenn die Beamten in Bereichen der Verwaltung tätig sind, in denen hoheitsrechtliche Befugnisse im Sinne des Art. 33 Abs. 4 GG ausgeübt werden.[1165] Solche Befugnisse werden vor allem in der klassischen Eingriffsverwaltung (etwa bei der Polizei) ausgeübt. Aber auch im Bereich der Leistungsverwaltung können hoheitsrechtliche Befugnisse ausgeübt werden, insbesondere dort, wo staatliche Leistungen zur Existenzsicherung von Menschen und Unternehmen aufgrund hoheitlicher Maßnahmen vergeben werden (beispielsweise bei der Subventionsvergabe oder bei der Ausführung von sozialrechtlichen Vorschriften).[1166] Für verbeamtete Lehrer wurde eine schwerpunktmäßig hoheitliche Tätigkeit von der Rechtsprechung hingegen bereits verneint,[1167] sodass zumindest dieser Berufsgruppe fortan ein Streikrecht zugesprochen werden muss.

Abschließend sei noch auf die momentan beim BVerfG anhängige Verfassungsbeschwerde zum Streikverbot für Beamte hingewiesen.[1168] Diesbezüglich ist

---

1163 S. dazu bereits unter H.II.1.a)cc)(6).

1164 *Buchholtz*, S. 452; zum Erfordernis einer schwerpunktmäßig hoheitlichen Tätigkeit s. bereits ausführlich unter H.II.1.a)aa)(2)(b)(bb).

1165 S. dazu bereits ausführlich H.II.1.a)aa)(2)(b)(bb).

1166 Entscheidendes Kriterium ist, ob in grundrechtlich geschützte Freiheitsrechte der Bürger eingegriffen wird. S. dazu bereits H.II.1.a)aa)(2)(b)(bb).

1167 BVerfG 19.9.2007, NVwZ 2007, 1396, 1399; BVerwG 27.2.2014, NZA 2014, 616, 619 f.; VG Düsseldorf 15.12.2010, ArbuR 2011, 74, 75; VG Kassel 27.7.2011, ZBR 2011, 386, 388; VG Kassel 27.7.2011, ArbuR 2012, 36, 37.

1168 Anhängig unter dem Az. 2 BVR 1068/14.

zu erwarten, dass das BVerfG das in der Bundesrepublik Deutschland geltende statusbezogene Streikverbot für Beamte ebenfalls für konventionswidrig halten wird. Nur ein funktionsbezogenes Streikverbot, welches lediglich für (schwerpunktmäßig) hoheitlich tätige Beamte gilt, wird das BVerfG aller Wahrscheinlichkeit nach für konventionskonform halten. Sollte das BVerfG zu diesem Ergebnis kommen, hätte dies allerdings nur geringfügige Auswirkungen auf die hier vorgeschlagene Lösung zur Herstellung eines völkerrechtskonformen Zustands in Bezug auf das Streikverbot für Beamte. Da nämlich trotz der Entscheidung des BVerfG – zumindest in absehbarer Zeit – nicht davon auszugehen ist, dass der Gesetzgeber sich der Problematik annehmen und gesetzliche Regelungen erlassen wird, um ein lediglich für hoheitlich tätige Beamte geltendes Streikverbot einzuführen, bedarf es weiterhin der Einführung eines funktionsbezogenen Streikverbots für Beamte mittels der hier vorgeschlagenen Kombination aus der Änderung der Verbeamtungspraxis und der völkerrechtskonformen Auslegung der deutschen Rechtslage durch die Gerichte. Durch die Entscheidung des BVerfG würde sich im Rahmen der Kombinationslösung für die Fachgerichte lediglich die „Problematik" des § 31 BVerfGG und der damit möglicherweise einhergehenden Bindung nicht mehr stellen, da es keine den EGMR-Urteilen widersprechende Rechtsprechung des BVerfG mehr gäbe. Darüber hinaus wäre die Verwaltung aufgrund der Rechtsprechungsänderung des BVerfG bereits von Anfang an nicht verpflichtet, Disziplinarverfügungen gegen streikende nicht hoheitlich tätige Beamte zu erlassen.

Literaturverzeichnis

Bank, Bernhard: Zur Einschränkung der Grundrechte im Beamtenverhältnis, ZBR 1963, 227–229.

Battis, Ulrich: Bundesbeamtengesetz, 4. Auflage, München 2009 (zitiert: *Battis*).

Behrens, Hans-Jörg: Beamtenrecht, 2. Auflage, München 2001 (zitiert: *Behrens*).

Benda, Ernst: Die Bindungswirkung von Entscheidungen des Europäischen Gerichtshofs für Menschenrechte, AnwBl. 2005, 602–608.

Benda, Ernst/*Klein*, Eckart: Verfassungsprozessrecht, 3. Auflage, Heidelberg 2012 (zitiert: *Benda/Klein*).

Bendix, Ludwig: Das Streikrecht der Beamten, 2. Auflage, Berlin 1922 (zitiert: *Bendix*).

Benndorf, Michael: Zur Bestimmung der „hoheitsrechtlichen Befugnisse“ gemäß Art. 33 Abs. 4 GG, DVBl. 1981, 23–28.

Bepler, Klaus: Deutsches Streikrecht und Europäische Sozialcharta (ESC), in: *Kohte*, Wolfhard/*Dörner*, Hans-Jürgen/*Anzinger*, Rudolf (Hrsg.), Arbeitsrecht im sozialen Dialog - Festschrift für Hellmut Wissmann zum 65. Geburtstag, München 2005, S. 97–113 (zitiert: *Bepler*, FS-Wissmann).

Bergmann, Jan: Diener dreier Herren? – Der Instanzrichter zwischen BVerfG, EuGH und EGMR, EuR 2006, 101–115.

Bettermann, Karl August: Grenzen der Grundrechte, 2. Auflage, Berlin 1976 (zitiert: *Bettermann*).

Bitsch, Christian: Streikrecht für Beamte?, ZTR 2012, 78–85.

Blanke, Thomas: Koalitionsfreiheit und Streikrecht im öffentlichen Dienst, ArbuR 1989, 1–10.

Bochalli, Alfred: Grundriss des deutschen Beamtenrechts, Köln 1965 (zitiert: *Bochalli*).

Boecken, Winfried/*Düwell*, Franz Josef/*Diller*, Martin/*Hanau*, Hans (Hrsg.): Gesamtes Arbeitsrecht, Kommentar, Baden-Baden 2016 (zitiert: NK-ArbR/*Bearbeiter*).

Böhm, Monika: Abschied vom Streikverbot im Beamtenrecht?, PersV 2012, 164–170.

Böhm, Monika: Wege zur Stärkung der Mitbestimmung im öffentlichen Dienst, ZBR 2013, 181–187.

Brinktrine, Ralf: Hat das grundgesetzliche Streikverbot für Beamte eine europäische Zukunft?, ZG 2013, 227–241.

Brinktrine, Ralf/*Schollendorf*, Kai (Hrsg.): Beck'scher Online-Kommentar Beamtenrecht Bund, 3. Edition (Stand: 1.3.2016) (zitiert: BeckOK-BRB/*Bearbeiter*).

Brox, Hans/*Rüthers*, Bernd: Arbeitskampfrecht, 2. Auflage, Stuttgart 1982 (zitiert: Brox/Rüthers/*Bearbeiter*).

Buchholtz, Gabriele: Streiken im europäischen Grundrechtsgefüge – Zum Harmonisierungspotenzial des Art. 6 Nr. 4 ESC in der Anwendung des EGMR und des EuGH, Tübingen 2014 (zitiert: *Buchholtz*).

Buschmann, Rudolf: Arbeitskampf zwischen Europäischem Unionsrecht, Europäischen und Internationalen Menschenrechten und Verfassungsrecht, in: *Schubert*, Jens (Hrsg.), Anforderungen an ein modernes kollektives Arbeitsrecht – Festschrift für Otto Ernst Kempen, Baden-Baden 2013, S. 255–277 (zitiert: *Buschmann*, FS-Kempen).

Calliess, Christian/*Ruffert*, Matthias: EUV/AEUV – Das Verfassungsrecht der Europäischen Union mit Europäischer Grundrechtecharta, Kommentar, 4. Auflage, München 2011 (zitiert: Calliess/Ruffert/*Bearbeiter*).

Cremer, Hans-Joachim: Zur Bindungswirkung von EGMR-Urteilen, EuGRZ 2004, 683–700.

Däubler, Wolfgang (Hrsg.): Arbeitskampfrecht, 3. Auflage, Baden-Baden 2011 (zitiert: ArbkR/*Bearbeiter*).

Däubler, Wolfgang: Der Streik im öffentlichen Dienst, 2. Auflage, Tübingen 1971 (zitiert: *Däubler*).

Defren, Ralf: Der haftungsrechtliche Beamtenbegriff, Berlin 2002 (zitiert: *Defren*).

Dietz, Rolf: Grundfragen des Streikrechts, JuS 1968, 1–10.

Di Fabio, Udo: Das beamtenrechtliche Streikverbot, München 2012 (zitiert: *Di Fabio*).

Distel, Josef: Das Berufsbeamtentum heute – Tradition und Fortschritt, in: Protokoll des 7. ordentlichen Kongresses der Deutschen Postgewerkschaft in Karlsruhe 1963, Frankfurt a. M. 1964, S. 242–259 (zitiert: *Distel*, Protokoll des 7. ordentlichen Kongresses der Deutschen Postgewerkschaft).

Doucet, Michel (Begr.): Wörterbuch Recht und Wirtschaft – Teil 1: Französisch – Deutsch, 7. Auflage, München 2014 (zitiert: *Doucet*).

Dürig, Günter: Der Grundrechtssatz von der Menschenwürde, AöR 81, 117–157.

Epping, Volker/*Hillgruber*, Christian (Hrsg.): Beck'scher Online-Kommentar Grundgesetz, 28. Edition (Stand: 1.3.2016) (zitiert: BeckOK-GG/*Bearbeiter*).

Erdmann, Gerhard: Die deutschen Arbeitgeberverbände im sozialgeschichtlichen Wandel der Zeit, Neuwied 1966 (zitiert: *Erdmann*).

Finger, Hans-Joachim: Ist das Berufsbeamtentum bei der Deutschen Bundesbahn noch zeitgemäß?, ZBR 1964, 65–72.

Fischbach, Oskar Georg: Die hergebrachten Grundsätze des Berufsbeamtentums, DVBl. 1951, 99–105.

Fischer, Thomas: Strafgesetzbuch und Nebengesetze, Kommentar, 63. Auflage, München 2016 (zitiert: *Fischer*).

Forsthoff, Ernst/*Hueck*, Alfred: Die politischen Streikaktionen des Deutschen Gewerkschaftsbundes anlässlich der parlamentarischen Beratung des Betriebsverfassungsgesetzes in ihrer verfassungs- und zivilrechtlichen Bedeutung – Zwei Rechtsgutachten, Schriftenreihe der Bundesvereinigung der Deutschen Arbeitgeberverbände, Heft 6, Köln 1952 (zitiert: *Forsthoff/Hueck*).

Gamillscheg, Franz: Kollektives Arbeitsrecht, Band I – Grundlagen, Koalitionsfreiheit, Tarifvertrag, Arbeitskampf und Schlichtung, München 1997 (zitiert: *Gamillscheg*).

Gersdorf, Hubertus: Caroline-Urteil des EGMR – Bedrohung der nationalen Medienordnung, AfP 2005, 221–227.

Gooren, Paul: Das Ende des Beamtenstreikverbots, ZBR 2011, 400–406.

Hebeler, Timo: Noch einmal: Gibt es ein Streikrecht für Beamte?, ZBR 2012, 325–330.

Heckötter, Ulrike: Die Bedeutung der Europäischen Menschenrechtskonvention und der Rechtsprechung des EGMR für die deutschen Gerichte, Köln 2007 (zitiert: *Heckötter*).

Heintschel-Heinegg, Bernd v. (Hrsg.): Beck'scher Online-Kommentar StGB, 30. Edition (Stand: 1.3.2016) (zitiert: BeckOK-StGB/*Bearbeiter*).

Heyland, Carl: Das Berufsbeamtentum im neuen demokratischen deutschen Staat, Berlin 1949 (zitiert: *Heyland*).

Hillgruber, Christian/*Goos*, Christoph: Verfassungsprozessrecht, 4. Auflage, Heidelberg 2015 (zitiert: *Hillgruber/Goos*).

Hoffmann, Jan Martin: Zum Streikrecht der Beamten: § 31 Abs. 1 BVerfGG und die konventionskonforme Auslegung von Verfassungsrecht durch die Fachgerichte, NdsVBl. 2012, 151–155.

Hoffmann, Reinhard: Beamtentum und Streik, AöR 91, 141–192.

Hohenester, Hermann: Die Grenzen der Streikfreiheit im Hinblick auf die Arbeitsniederlegung als solche, München 1956 (zitiert: *Hohenester*).

Hueck, Alfred/*Nipperdey*, Hans Carl/*Dietz*, Rolf: Gesetz zur Ordnung der nationalen Arbeit und Gesetz zur Ordnung der Arbeit in öffentlichen Verwaltungen und Betrieben, Kommentar, 4. Auflage, München 1943 (zitiert: *Hueck/Nipperdey/Dietz*).

Ickenroth, Christoph: Das deutsche Beamtenstreikverbot im Lichte der Europäischen Menschenrechtskonvention, Berlin 2016 (zitiert: *Ickenroth*).

Isele, Hellmut Georg: Die europäische Sozialcharta, Wiesbaden 1967 (zitiert: *Isele*).

Isensee, Josef: Beamtenstreik – Zur rechtlichen Zulässigkeit des Dienstkampfes, Bonn-Bad Godesberg 1971 (zitiert: *Isensee*).

Jaeger, Renate: Menschenrechtsschutz im Herzen Europas, EuGRZ 2005, 193–204.

Jarass, Hans D./*Pieroth*, Bodo: Grundgesetz für die Bundesrepublik Deutschland, Kommentar, 14. Auflage, München 2016 (zitiert: *Jarass/Pieroth*).

Jenks, Clarence Wilfried: The International Protection of Trade Union Freedom, London 1957 (zitiert: *Jenks*).

Jeschke, Anja: Der europäische Streik – Konturen und Entwicklungsperspektiven eines gemeineuropäischen Streikrechts, Baden-Baden 2006 (zitiert: *Jeschke*).

Joseph, Sarah/*Castan*, Melissa: The International Covenant on Civil and Political Rights – Cases, Materials, and Commentary, 3. Auflage, Oxford 2013 (zitiert: *Joseph/Castan*).

Jüsgen, Werner: Die hergebrachten Grundsätze des Berufsbeamtentums als Grundlage der Beamtengesetzgebung, DÖV 1951, 474–477.

Junker, Abbo: Grundkurs Arbeitsrecht, 15. Auflage, München 2016 (zitiert: *Junker*).

Kissel, Otto Rudolf: Arbeitskampfrecht – Ein Leitfaden, München 2002 (zitiert: *Kissel*).

Koellreutter, Otto: Deutsches Staatsrecht, Stuttgart 1953 (zitiert: *Koellreutter*).

Konzen, Horst: Europäische Sozialcharta und ultima ratio-Prinzip, JZ 1986, 157–163.

Krück, Hans: Die Koalitionsfreiheit der öffentlichen Bediensteten, in: Max-Planck-Institut für Ausländisches Öffentliches Recht und Völkerrecht (Hrsg.), Die Koalitionsfreiheit des Arbeitnehmers – Rechtsvergleichung und Völkerrecht – The Freedom of the Worker to Organize, Berlin 1980, S. 1283–1295 (zitiert: *Krück*, Koalitionsfreiheit des Arbeitnehmers).

Krüger, Herbert: Allgemeine Staatslehre, 2. Auflage, Stuttgart 1966 (zitiert: *Krüger*).

Kunig, Philip: Beamtenbegriffe, Jura 1991, 556–559.

Lackner, Karl/*Kühl*, Kristian: Strafgesetzbuch, Kommentar, 28. Auflage, München 2014 (zitiert: *Lackner/Kühl*).

Larenz, Karl/*Canaris*, Claus-Wilhelm: Methodenlehre der Rechtswissenschaft, 3. Auflage, Berlin 1995 (zitiert: *Larenz/Canaris*).

Lechner, Hans/*Zuck*, Rüdiger: Bundesverfassungsgerichtsgesetz, Kommentar, 7. Auflage, München 2015 (zitiert: *Lechner/Zuck*).

Legien, Carl: Das Koalitionsrecht der deutschen Arbeiter in Theorie und Praxis, Hamburg 1899 (zitiert: *Legien*).

Leisner, Walter: Der Beamte als Leistungsträger – Die Anwendbarkeit des beamtenrechtlichen Funktionsvorbehalts (Art. 33 Abs. 4 GG) auf die Leistungsverwaltung, in: *Leisner*, Walter (Hrsg.), Das Berufsbeamtentum im demokratischen Staat – Beiträge zum Dienstrecht und zur Dienstrechtsreform, Berlin 1975, S. 121–145 (zitiert: *Leisner*, Anwendbarkeit des beamtenrechtlichen Funktionsvorbehalts).

Lenckner, Theodor: Privatisierung der Verwaltung und „Abwahl des Strafrechts"?, ZStW 106, 502–546.

Lenz, Christofer/*Hansel*, Ronald: Bundesverfassungsgerichtsgesetz, Handkommentar, 2. Auflage, Baden-Baden 2015 (zitiert: *Lenz/Hansel*).

Leppek, Sabine: Beamtenrecht, 12. Auflage, Heidelberg 2015 (zitiert: *Leppek*).

Limbach, Jutta: Die Kooperation der Gerichte in der zukünftigen europäischen Grundrechtsarchitektur, EuGRZ 2000, 417–420.

Lindner, Josef Franz: Dürfen Beamte doch streiken?, DÖV 2011, 305–309.

Lörcher, Klaus: Das Menschenrecht auf Kollektivverhandlung und Streik – auch für Beamte, ArbuR 2009, 229–242.

Löwisch, Manfred (Hrsg.): Arbeitskampf- und Schlichtungsrecht, Heidelberg 1997 (zitiert: Löwisch/*Bearbeiter*).

Löwisch, Manfred/*Rieble*, Volker: Tarifvertragsgesetz, Kommentar, 3. Auflage, München 2012 (zitiert: *Löwisch/Rieble*).

Ludwig, Thomas Claus: Zum Verhältnis zwischen Grundrechtecharta und allgemeinen Grundsätzen, EuR 2011, 715–734.

Mangoldt, Hermann v./*Klein*, Friedrich (Begr.): Kommentar zum Grundgesetz, 6. Auflage, München 2010 (zitiert: v. Mangoldt/Klein/Starck/*Bearbeiter*).

Mann, Roger: Auswirkungen der Caroline-Entscheidung des EGMR auf die forensische Praxis, NJW 2004, 3220–3222.

Mason, Timothy: Sozialpolitik im Dritten Reich, 2. Auflage, Opladen 1978 (zitiert: *Mason*).

Maunz, Theodor/*Dürig*, Günter (Begr.): Grundgesetz, Kommentar, Loseblatt, München, Stand: 76. Ergänzungslieferung 2015 (zitiert: Maunz/Dürig/*Bearbeiter*).

Maunz, Theodor (Begr.)/*Schmidt-Bleibtreu*, Bruno/*Klein*, Franz/*Bethge*, Herbert (Fortgef.): Bundesverfassungsgerichtsgesetz, Kommentar, Loseblatt, München, Stand: 48. Ergänzungslieferung 2016 (zitiert: Maunz/Schmidt-Bleibtreu/Klein/Bethge/*Bearbeiter*).

Mayer, Otto: Deutsches Verwaltungsrecht, Band I, 3. Auflage, Leipzig 1924 (zitiert: *Mayer*).

Metzler-Müller, Karin/*Rieger*, Reinhard/*Seeck*, Erich/*Zentgraf*, Renate (Bearb.): Praxis der Kommunalverwaltung, Beamtenstatusgesetz (BeamtStG), Loseblatt, Stand: Ergänzungslieferung Juni 2014 (zitiert: PdK-BeamtStG/*Bearbeiter*).

Meyer, Jürgen: Von der „sozialen Adäquanz" zur „Verhältnismäßigkeit der Kampfmaßnahmen", ZRP 1974, 253–257.

Meyer-Ladewig, Jens: Europäische Menschenrechtskonvention, Handkommentar, 3. Auflage, Baden-Baden 2011 (zitiert: *Meyer-Ladewig*).

Mommsen, Theodor: Römische Geschichte – Von Sullas Tode bis zur Schlacht von Thapsus, Band III, 13. Auflage, Berlin 1922 (zitiert: *Mommsen*).

Müller-Glöge, Rudi/*Preis*, Ulrich/*Schmidt*, Ingrid (Hrsg.): Erfurter Kommentar zum Arbeitsrecht, 16. Auflage, München 2016 (zitiert: ErfK/*Bearbeiter*).

Münch, Ingo v.: Beamtenstreik und Sozialstaatsprinzip, ZBR 1970, 371–376.

Neumann, Franz: Koalitionsfreiheit und Reichsverfassung – Die Stellung der Gewerkschaften im Verfassungssystem, Berlin 1932 (zitiert: *Neumann*).

Niedobitek, Matthias: Denationalisierung des Streikrechts – auch für Beamte?, ZBR 2010, 361–368.

Nikisch, Arthur: Arbeitsrecht, Band II – Koalitionsrecht, Arbeitskampfrecht und Tarifvertragsrecht, 2. Auflage, Tübingen 1959 (zitiert: *Nikisch*).

Nipperdey, Hans Carl: Die Ersatzansprüche für die Schäden, die durch den von den Gewerkschaften gegen das geplante Betriebsverfassungsgesetz geführten Zeitungsstreik vom 27. – 29. Mai 1952 entstanden sind, Schriftenreihe der Bundesvereinigung der Deutschen Arbeitgeberverbände, Heft 9, Köln 1953 (zitiert: *Nipperdey*).

Nußberger, Angelika: Auswirkungen der Rechtsprechung des Europäischen Gerichtshofs für Menschenrechte auf das deutsche Arbeitsrecht, RdA 2012, 270–277.

Ossenbühl, Fritz/*Cornils*, Matthias: Staatshaftungsrecht, 6. Auflage, München 2013 (zitiert: *Ossenbühl/Cornils*).

Otto, Hansjörg: Arbeitskampf- und Schlichtungsrecht, München 2006 (zitiert: *Otto*).

Paepcke, Fritz: Im Übersetzen leben, Tübingen 1986 (zitiert: *Paepcke*).

Paukner, Katharina: Streikrecht entsandter ausländischer Arbeitnehmer im inländischen Betrieb, Berlin 2009 (zitiert: *Paukner*).

Polakiewicz, Jörg/*Kessler*, Adriana: Das Streikverbot für deutsche BeamtInnen, NVwZ 2012, 841–845.

Potthoff, Heinz: Probleme des Arbeitsrechtes, Jena 1912 (zitiert: *Potthoff*).

Ramm, Thilo: Das Koalitions- und Streikrecht der Beamten, Köln 1970 (zitiert: *Ramm*).

Ramm, Thilo: Der nichtgewerkschaftliche Streik (II. Teil), ArbuR 1971, 97–107.

Rebhahn, Robert: Das Kollektive Arbeitsrecht im Rechtsvergleich, NZA 2001, 763–774.

Reuß, Wilhelm: Arbeitskampf im Bereich der öffentlichen Verwaltung, DVBl. 1968, 57–62.

Reuß, Wilhelm: Beamtenstreik? Eine Betrachtung zur geltenden Rechtslage in der Bundesrepublik Deutschland, DB 1969, 1798–1800.

Richardi, Reinhard/*Wlotzke*, Otfried/*Wißmann*, Hellmut/*Oetker*, Hartmut (Hrsg.): Münchener Handbuch zum Arbeitsrecht, Band II, Kollektivarbeitsrecht/Sonderformen, 3. Auflage, München 2009 (zitiert als: MünchHdbArbR/*Bearbeiter*).

Riegel, Reinhard: Überlegungen zum Arbeitnehmerbegriff und zum Streikrecht nach internationalem und europäischem Gemeinschaftsrecht, ZTR 1993, 223–228.

Ritscher, Wolfgang: Koalitionen und Koalitionsrecht in Deutschland bis zur Reichsgewerbeordnung, Stuttgart 1917 (zitiert: *Ritscher*).

Rohleder, Kristin: Grundrechtsschutz im europäischen Mehrebenen-System, Baden-Baden 2009 (zitiert: *Rohleder*).

Rolfs, Christian/*Giesen*, Richard/*Kreikebohm*, Ralf/*Udsching*, Peter (Hrsg.): Beck'scher Online-Kommentar Arbeitsrecht, 40. Edition (Stand: 1.6.2016) (zitiert: BeckOK-ArbR/*Bearbeiter*).

Rüthers, Bernd: Streik und Verfassung, Köln 1960 (zitiert: *Rüthers*).

Sachs, Michael (Hrsg.): Grundgesetz, Kommentar, 7. Auflage, München 2014 (zitiert: Sachs/*Bearbeiter*).

Saul, Klaus: Staat, Industrie, Arbeiterbewegung im Kaiserreich, Düsseldorf 1974 (zitiert: *Saul*).

Schaffarzik, Bert: Europäische Menschenrechte unter der Ägide des Bundesverfassungsgerichts, DÖV 2005, 860–868.

Schaks, Nils: Anmerkung zum Urteil des BVerwG vom 27.2.2014 (2 C 1/13) – Zum Streikverbot für Beamte, NVwZ 2014, 736–744.

Scheffer, Klaus: Grundrechte und Beamtenrecht, Tübingen 1966 (zitiert: *Scheffer*).

Scherer, Inge: Grenzen des Streikrechts in den Arbeitsbereichen der Daseinsvorsorge – Schutz der Bürger vor gezielter Schädigung durch Streiks, Berlin 2000 (zitiert: *Scherer*).

Schilling, Jan Moritz: Deutscher Grundrechtsschutz zwischen staatlicher Souveränität und menschenrechtlicher Europäisierung – Zum Verhältnis zwischen

Bundesverfassungsgericht und Europäischem Gerichtshof für Menschenrechte, Tübingen 2010 (zitiert: *Schilling*).

Schindler, Dietrich: Werdende Rechte. Betrachtungen über Streitigkeiten und Streiterledigung im Völkerrecht und Arbeitsrecht, in: *Giacometti*, Zaccaria/ *Schindler*, Dietrich (Hrsg), Festgabe für Fritz Fleiner zum 60. Geburtstag, Tübingen 1927, S. 400–431 (zitiert: *Schindler*, FS-Fleiner).

Schlaich, Klaus/*Korioth*, Stefan: Das Bundesverfassungsgericht, 10. Auflage, München 2015 (zitiert: *Schlaich/Korioth*).

Schmalz, Nikolaus: Die Rechtsfolgen eines Verstoßes gegen die Europäische Menschenrechtskonvention für die Bundesrepublik Deutschland, Frankfurt a. M. 2007 (zitiert: *Schmalz*).

Schnapp, Friedrich: Beamtenstatus und Streikrecht, Herford 1972 (zitiert: *Schnapp*).

Schneider, Egbert: Die Vereinbarkeit des deutschen Arbeitskampfrechts mit den Übereinkommen Nr. 87 und 98 der Internationalen Arbeitsorganisation, Bonn 1998 (zitiert: *Schneider*).

Schnellenbach, Helmut: Beamtenrecht in der Praxis, 8. Auflage, München 2013 (zitiert: *Schnellenbach*).

Schönke, Adolf/*Schröder*, Horst (Begr.): Strafgesetzbuch, Kommentar, 29. Auflage, München 2014 (zitiert: Schönke/Schröder/*Bearbeiter*).

Schubert, Claudia: Das Streikverbot für Beamte und das Streikrecht aus Art. 11 EMRK im Konflikt, AöR 2012, 92–117.

Schwerdtner, Peter: Fürsorgetheorie und Entgelttheorie im Recht der Arbeitsbedingungen, Heidelberg 1970 (zitiert: *Schwerdtner*).

Seifert, Achim: Recht auf Kollektivverhandlungen und Streikrecht für Beamte, KritV 2009, 357–377.

Seiter, Hugo: Zur Gestaltung der Arbeitskampfordnung durch den Gesetzgeber, RdA 1986, 165–188.

Siebrecht, Fritz: Das Recht im Arbeitskampf, Schriftenreihe der Bundesvereinigung der Deutschen Arbeitgeberverbände, Heft 35, 3. Auflage, Düsseldorf 1964 (zitiert: *Siebrecht*).

Strauß, Thomas: Funktionsvorbehalt und Berufsbeamtentum, Berlin 2000 (zitiert: *Strauß*).

Summer, Rudolf: Gedanken zur beamtenrechtlichen Fürsorgepflicht, PersV 1988, 76–89.

Thieme, Werner: Der öffentliche Dienst in der Verfassungsordnung des Grundgesetzes, Göttingen 1961 (zitiert: *Thieme*).

Tomandl, Theodor: Grundprobleme des Arbeitskampfrechts in rechtsvergleichender Sicht, ZfA 1974, 187–206.

Wacke, Gerhard: Grundlagen des öffentlichen Dienstrechts, Tübingen 1957 (zitiert: *Wacke*).

Wagner, Fritjof: Die Grundrechte im Beamtenverhältnis, RiA 1986, 130–132.

Wahsner, Roderich: Vom Koalitionsverbot zum Aussperrungsverbot – Zur Geschichte von Koalitionsfreiheit und Aussperrung, in: *Bieback*, Karl-Jürgen [u. a.], Streikfreiheit und Aussperrungsverbot, Neuwied 1979, S. 144–183 (zitiert: *Wahsner*, Streikfreiheit und Aussperrungsverbot).

Warneck, Wiebke/*Clauwaert*, Stefan: Better Defending and Promoting Trade Union Rights in the Public Sector, Part II, Country reports, Brüssel 2009 (zitiert: *Warneck/Clauwaert*).

Wedler, Wilfried: Das Grundrecht auf Streik, Göttingen 1964 (zitiert: *Wedler*).

Weiß, Norman: Von Paukenschlägen und steten Tropfen – Anmerkungen zur Bedeutung und Wirkung von EGMR-Urteilen aus staats- und völkerrechtlicher Sicht, EuZA 2010, 457–468.

Werres, Stefan: Der Einfluss der Menschenrechtskonvention auf das Beamtenrecht, DÖV 2011, 873–881.

Wertenbruch, Wilhelm: Alimentations- oder Lohntheorie im Beamtenrecht?, ZBR 1963, 200–205.

Wichmann, Manfred/*Langer*, Karl-Ulrich: Öffentliches Dienstrecht, 7. Auflage, Stuttgart 2014 (zitiert: Wichmann/Langer/*Bearbeiter*).

Wisskirchen, Alfred: Ausgewählte Fragen der Normenüberwachung, in: Bundesministerium für Arbeit und Sozialordnung/Bundesvereinigung der Deutschen Arbeitgeberverbände/Deutscher Gewerkschaftsbund (Hrsg.), Weltfriede durch soziale Gerechtigkeit – 75 Jahre Internationale Arbeitsorganisation, Baden-Baden 1994, S. 65–75 (zitiert: *Wisskirchen*, Weltfriede durch soziale Gerechtigkeit).

Wißmann, Hinnerk: Anmerkung zum Urteil des VG Osnabrück vom 19.8.2011 (9 A 1/11) – Zum Streikrecht von Berufsbeamten, ZJS 2011, 395–401.

Witter, Jan Michael: Europarechtliche Aspekte des Streikrechts, Hamburg 2008 (zitiert: *Witter*).

Wohlgemuth, Hans Hermann: Staatseingriff und Arbeitskampf, Köln 1977 (zitiert: *Wohlgemuth*).

Wolff, Hans/*Bachof*, Otto/*Stober*, Rolf/*Kluth*, Winfried: Verwaltungsrecht II, 7. Auflage, München 2010 (zitiert: *Wolff/Bachof/Stober/Kluth*).

Zachert, Ulrich: Die Arbeitnehmergrundrechte in einer Europäischen Grundrechtscharta, NZA 2001, 1041–1046.

www.ingramcontent.com/pod-product-compliance
Ingram Content Group UK Ltd.
Pitfield, Milton Keynes, MK11 3LW, UK
UKHW021913290926
8980IPUK00015B/1225

9 783631 752449